U0965740

中 国 医 学 科 学 院
北 京 协 和 医 学 院

年 鉴

YEARBOOK

Chinese Academy of Medical Sciences
Peking Union Medical College

—2015—

中国协和医科大学出版社

图书在版编目（CIP）数据

中国医学科学院北京协和医学院年鉴．2015／中国医学科学院北京协和医学院年鉴编委会编．—北京：中国协和医科大学出版社，2017．5

ISBN 978-7-5679-0548-1

Ⅰ．①中…　Ⅱ．①中…　Ⅲ．①中国医学科学院北京协和医学院-2015-年鉴
Ⅳ．①R-40

中国版本图书馆 CIP 数据核字（2016）第 093097 号

中国医学科学院
北京协和医学院　年　鉴（2015）

编　　者：中国医学科学院北京协和医学院年鉴编委会
责任编辑：杨小杰

出版发行：中国协和医科大学出版社
（北京东单三条九号　邮编 100730　电话 65260431）
网　　址：www. pumcp. com
经　　销：新华书店总店北京发行所
印　　刷：北京新华印刷有限公司

开　　本：787×1092　　1/16 开
印　　张：26．25
彩　　页：8
字　　数：450 千字
版　　次：2017 年 5 月第 1 版
印　　次：2017 年 5 月第 1 次印刷
定　　价：130．00 元

ISBN 978-7-5679-0548-1

（凡购本书，如有缺页、倒页、脱页及其他质量问题，由本社发行部调换）

2014 中美医疗信息化发展高峰论坛

阿根廷卫生部长一行访问医科院

北京协和医学院举行 2014 年开学典礼

北京协和医学院同澳大利亚 Griffith 大学签署合作备忘录

北京协和医学院校友会筹备成立大会

第一批移动实验室检测队凯旋归国的欢迎仪式

国家卫生计生委李斌主任到肿瘤医院调研工作

国家卫生计生委李斌主任在院校接受《柳叶刀》主编专访

国家卫生计生委刘谦副主任赴医学生物学研究所调研

国家卫生计生委孙志刚副主任到整形外科医院调研

国家卫生计生委主任李斌到血液病医院（血液学研究所）视察

国家卫生与计划生育委员会李斌主任、刘谦副主任一行到中国医学科学院医学生物学研究所考察调研

领导干部暨基层党组织负责人学习贯彻十八届四中全会精神专题培训班

首都特色行业院校青年教师教学观摩活动在我校举行

新英格兰杂志执行主编访问院校并做报告

院校机关第五期素质拓展训练培训班

院校领导带队赴阜外医院调研

院校领导带队赴皮肤病医院调研

院校领导带队赴血液病医院调研

院校领导带队赴整形外科医院调研

院校领导带队赴肿瘤医院调研

院校领导赴首都儿科研究所调研

院校领导欢送援塞人员出征并授予“大爱无疆，勇挑重担”锦旗

院校召开 2014 年工作会议

院校召开埃博拉出血热防治药物研发专题会议

院校召开党的群众路线教育实践活动总结大会

院校召开第四届六次教职代会暨第八届六次工代会

院校召开庆祝党建93周年暨“七一”表彰大会

中国医学科学院阜外医院与自然出版集团合作签字仪式

中国医学科学院和细胞出版社共同主办细胞研讨会

中国医学科学院　北京协和医学院
年鉴编委会名单

主　编　曹雪涛　李立明　曾益新

副主编　林长胜　徐德成　詹启敏　赵玉沛　袁　钟

编　委　（以姓氏笔画为序）

万　雷　马　超　马春雨　王宝玺　王健伟
王海涛　孔　群　吕　卫　刘　辉　刘久畅
池　慧　孙晓波　杜悦娇　李迎新　杨敦干
何　仲　张　勤　张丽艳　张剑虹　陈勇军
邵荣光　范晓明　昌　盛　罗明普　金　奇
赵立勋　胡　洋　胡志民　修瑞娟　侯　健
姜艳玲　洪　健　秦　川　贾春岩　顾　恒
徐秀珍　蒋建东　蒋澄宇　舒　燕　游　丹
翟晓梅

京外所、院分布示意图

中国医学科学院
北京协和医学院
北 京
天 津
血液学研究所
放射医学研究所
生物医学工程研究所
南京
皮肤病研究所
成都
输血研究所
昆明
医学生物学研究所

在京所、院分布示意图

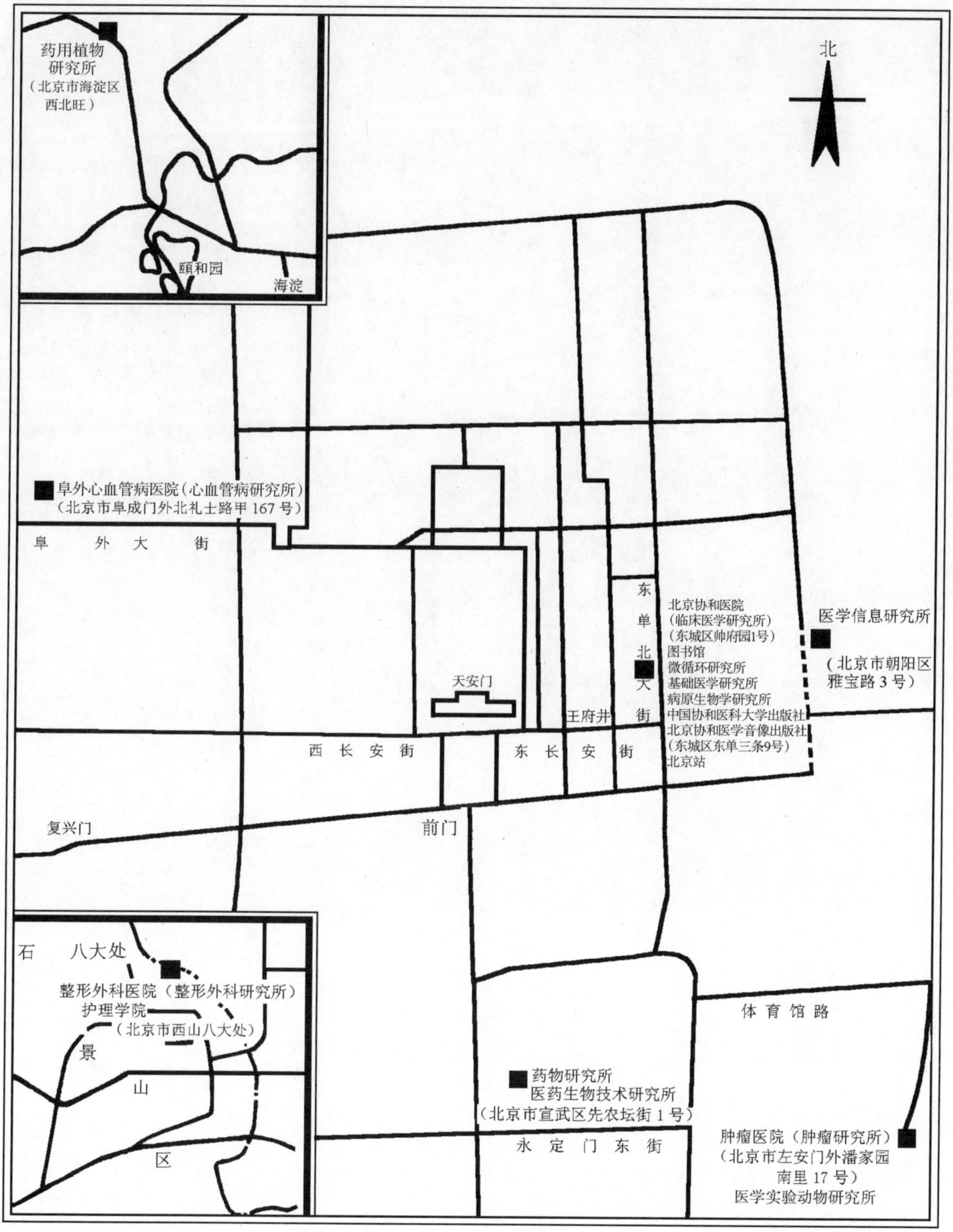
北
药用植物
研究所
（北京市海淀区
西北旺）
颐和园
海淀
阜外心血管病医院（心血管病研究所）
（北京市阜成门外北礼士路甲 167 号）
阜 外 大 街
东
单
北
大
街
北京协和医院
（临床医学研究所）
（东城区帅府园1号）
图书馆
微循环研究所
基础医学研究所
病原生物学研究所
中国协和医科大学出版社
北京协和医学音像出版社
（东城区东单三条9号）
北京站
医学信息研究所
（北京市朝阳区
雅宝路 3 号）
天安门
王府井
西 长 安 街
东 长 安 街
复兴门
前门
石 八大处
整形外科医院（整形外科研究所）
护理学院
（北京市西山八大处）
景
山
区
体 育 馆 路
药物研究所
医药生物技术研究所
（北京市宣武区先农坛街 1 号）
永 定 门 东 街
肿瘤医院（肿瘤研究所）
（北京市左安门外潘家园
南里 17 号）
医学实验动物研究所

目　录

院校重要活动纪事

科研工作

教学工作

医疗卫生工作

产业工作

人才建设与培养

国际交流与合作

规划发展工作

各所、院工作概况

大事记

院校重要活动纪事

中国医学科学院　北京协和医学院 2014年度工作概况

2014年是全面实施院校“十二五”规划的重要一年。一年来，院校全面落实2014年全国卫生与计生工作会议部署，在国家卫生计生委的领导下，加强院校发展内涵建设，重点突破院校发展的瓶颈问题，积极推动院校年初确定的8项重点工作的完成。

一、积极推进院校体制机制建设

（一）理顺院校党组织的隶属关系

在国家卫生计生委领导下，2014年4月，院校党的组织关系由北京市委教育工委转到国家卫生计生委直属机关党委，解决了困扰院校20多年的党组织隶属关系与行政管理关系不统一的问题。目前院校正在协调工青团妇等群众团体组织隶属关系的回归问题。

（二）完成《北京协和医学院章程》的起草，校内讨论、论证和审议过程

按照《高等学校章程制订暂行办法》上报国家卫生计生委，等待国家卫生计生委审批。

二、全面加强党建工作

加强思想建设、组织建设、作风建设、制度建设、反腐倡廉建设，创新党建工作理念，做好院校基层党建工作和各项党务工作。

（一）院校党委组织广大党员认真学习贯彻落实党的十八届三中、四中全会精神

举办3期院校处级以上干部集中轮训班，学习贯彻习近平总书记一系列讲话精神工作。加强新修订的《党政领导干部选拔任用工作条例》等文件的学习与培训。举办院校“与书同行·实现梦想·读讲一本书”活动，弘扬医德医风、勤奋敬业精神，传递正能量。

（二）继续推进和完善院校党政干部分级分类培训

重点加强新提任干部、党务干部、年轻干部和后备干部的思想理论培训。尤其注重院校党委书记带头讲党课，形成党要管党，党委书记带头加强学习型党组织建设的良好氛围。

（三）加强干部队伍建设

2014年经国家卫生计生委同意，院校下属京内研究所党政主要领导补充由院校党委组织、报卫计委备案审批，这提高了院校干部工作的效率。2014年院校为9个所院补充班子成员17人，解决了部分所院长期以来党政一把手空缺或者“超期服役”的问题。院校根据中央精神，积极与上级部门沟通协调，稳妥地做好了院校配偶、子女已移居国（境）外干部的岗位调整工作。

（四）切实落实党风廉政建设党委的主体责任

院校党委认真贯彻落实中纪委十八届三次全会精神，制订了《院校2014年党风廉政建设工作意见》，明确了党风廉政建设党委的主体责任。推进院校纪检监察系统的干部队伍建设和转职能、转方式、转作风。年初召开党风廉政建设工作会进行工作部署，年中召开党风廉政建设工作汇报会，对下属所院落实党风廉政建设党委主体责任情况进

行监督检查。院校领导分别与分管部门和联系所院的负责人进行廉政谈话，一级抓一级，层层抓落实。要求下属医院落实医疗卫生行风建设“九不准”、各所院制订《权力运行防控责任的主管领导和主管部门》，从源头上防治腐败的发生。

（五）严肃财经纪律，规范财务行为

按照国家卫生计生委的部署，院校深入开展了“贯彻执行中央八项规定、严肃财经纪律和‘小金库’专项治理自查自纠工作”。结合院校承担科研任务较多的特点，组织开展了科研经费管理专项检查工作，为进一步规范院校系统科研经费管理、使用工作发挥了积极作用。

三、加强人才队伍建设

（一）加强院校各层次人才的培养和引进

2014 年度院校共有 4 人当选长江学者、1 人当选国家“杰青”、2 人当选国家“优青”、6 人入选“千人计划”、6 人入选“万人计划”；1 个科研团队当选国家自然基金委创新群体；2 个科研团队当选科技部重点领域创新团队，16 人受聘协和学者、10 人当选协和新星、5 个团队当选协和创新团队，16 人入选院校博士后科学基金资助对象。在院校不懈的努力下，目前院校共有中科院院士 10 人，工程院院士 18 人，中组部“千人计划”14 人，长江学者 22 人，杰出青年基金获得者 36 人，教育部长江学者奖励计划创新团队 12 个，国家自然科学基金委创新团队 3 个，协和学者特聘教授 74 人，协和学者讲座教授 14 人，协和新星 56 人，协和创新团队 22 个。

（二）用养结合，注重现有人才的培养

2014 年，邀请各领域著名专家学者，完成了对协和创新团队、协和学者、协和新星当选人员的培训工作，共有 328 位学员参加了学习。

（三）加强人才队伍制度建设

制订了《院校人才引进计划实施方案（2014～2020）》等 7 个高层次人才引进和管理办法，为院校人才队伍建设提供制度保障。

（四）利用院校基本科研业务费，重点支持，重点布局，优化学科布局和平台建设，培育青年人才创新潜力

其中，中国医学科学院基本科研业务费资助经费 2283 万元；北京协和医学院基本科研业务费资助经费 1260 万元。

四、整体推进院校空间建设

积极推进中国医学科学院北区项目施工前期的各项工作。为加快进程，北区工程的项目规划条件办理、项目可行性研究报告编制、设计任务书编制等多项工作平行顺利展开。经过大量艰辛的工作，项目规划条件、项目地震安全性评价报告、建设用地红线范围内搬迁周转方案及经费申报获最终审批；项目社会稳定风险评估工作进入审批阶段，项目可行性研究报告已通过国家卫生计生委组织的评审。

五、优化科研管理，促进资源整合

2014 年，院校共获得国家自然科学基金项目资助 315 项，获资助经费 2.0 亿，与往年相比均有所增长；新增“973”计划、“863”计划等国家重大项目 25 项；国家重大专项（包括课题和子课题）29 项；卫生计生委卫生行业专项 10 项，获得资助经费 1.7 亿元；发表科技论文 5492 篇，其中 SCI 收录论文数为 1622 篇，影响因子在 3.0 以上 777 篇；院校共获 76 项科研成果奖励，其中：国家科技进步奖一等奖 2 项、自然科学奖和科技进步奖二等奖 2 项；教育部高校科研优秀成果奖（科学技术）6 项、中华医学科技奖 9 项、北京市科技奖 9 项。在各项科研领域取得佳绩的同时，院校采取各项措施，加强顶层设计，促进资源整合，不断推动内涵建设：

（一）积极推进医学科技创新工程建设

在多方论证、反复修改、多次与国家卫计委、财政部沟通的基础上，制订《中国医学科学院医学与健康创新工程实施方案》并上报国家卫生计生委和财政部。制订了《院校科研基地暂行管理办法》，为院校医学科技创新工程建设奠定了规划基础。

（二）稳步推进中国医学科学院分院及国家中心建设

天津分院建设取得实质性进展，血液病医院签署了《天津市健康产业园区血液病医院投资建设及运营管理合作协议》，初步完成选址规划及建筑方案设计征集工作。院校与天津市第一中心医院多次探讨双方合作的方式和可行性。与苏州市合作共建的系统医学研究中心举行了奠基仪式，诺奖获得者、加州理工大学前校长巴尔地摩教授参加奠基仪式；与云南省政府合作共建的昆明阜外心血管医院的各项建设工作顺利开展。院校与中国医科大学、首都儿科研究所等其他兄弟单位互访交流，推动落实省部共建协议，探讨相互合作。在国家卫生计生委领导下，国家心血管病中心和国家癌症中心积极开展工作，科学制订发展规划和“三定”方案，各项工作顺利开展。

（三）加强院校中青年科技工作者培养，开拓国际视野

2014 年院校继续举办协和学术沙龙 30 期，影响不断增大，为形成跨学科和跨所院的合作奠定基础；举办院校协和大师讲堂 5 期，邀请包括诺贝尔奖得主在内的国际著名科学家来院校讲学，进一步营造学术思想和学术观点交流融合的氛围；中国医学科学院青年科学家创新联盟及理事会 2014 年举办 5 次座谈、召开 3 次会议并完成换届，继续为单位发展建言献策，充分发挥青年科学家的创造性。

（四）推进医学科技新闻传播

院校与中国科学报社签署战略协议，合作共建《医学科学报》及全媒体平台。经过努力，《医学科学报》于 2014 年 12 月创刊。创刊首期发布由院校信息所制订的全国医院科技影响力排行榜，为各医院促进医学科技发展提供依据，在社会上引起巨大反响。

（五）召开科技奖励大会，表彰先进

继 2012 年后，院校召开第二届科技奖励大会，表彰为院校科技事业的发展做出卓越贡献的老一辈科学家及科技工作者。此次共评选出终身成就奖 3 人、杰出贡献奖 10 人、青年创新奖 10 人、成果转化奖 3 人。

（六）推进院校国际化发展

通过与《细胞》出版社共办首届亚洲 Cell Symposium 研讨会、举办全球慢病联盟（GACD）董事会等国际高层次会议，拓展院校对外交流、提高院校国际影响力；通过接待阿根廷卫生部长等政府官员，《科学》《新英格兰》《柳叶刀》等国际著名期刊主编、负责人，国际著名大学、研究机构的校长和负责人等，多渠道开展国际交流，不断促进院校与国内外机构合作，提升院校地位。

（七）面对埃博拉疫情

院校积极响应国家号召，多次组织召开埃博拉病毒疫情防控工作会、埃博拉出血热防治药物研发研讨会等专题会议，向国家卫生计生委、中办、国办提交论证报告，同时积极组织派遣先遣队员和技术人员，完成派出西非国家先遣组成员和生物安全实验室科研技术人员赴西非工作，充分发挥院校传染病防控科技支撑的国家队作用。

（八）加快科技成果转化，推进科技开发和产业发展

2014 年纳入院校国有资产基础管理范围内的企业共 54 户，资产总额为 40.9 亿元，比去年增长 24.27 %；国有资产总额 17.4 亿元，比去年增长 17.41%；国有资本保值增值率为 124.57%，实现了国有资产保值增值。2014年，院校被评为2013年度企业决算先进单位。

六、推进教学实体化工作

2014年，院校共招生1606人，在校生4726人，授予学位868人，其中授予博士学位498人。在岗博士生指导教师654人，硕士生指导教师845人。院校整合各方资源积极推进教学实体化工作：

（一）实化学院建设，挂牌成立公共卫生学院和人文学院

恢复协和重视公共卫生教育的传统，加强医学生的人文精神培养。

（二）筹建北京协和医学院校友会

经过院校积极地申请协调，2014年北京协和医学院校友会获民政部批复同意筹备成立，院校组织召开了校友会筹备成立大会，通过了校友会章程并选举产生了执行机构、负责人和法人。

（三）推进学系建设活动，加强师资队伍培训

在加强学系建设的基础上，设立青年教师培训项目支持经费，加强各学系青年教师的培训；修订研究生导师资格申报条件，提高导师队伍水平。2014年，院校1名教师获北京市高等学校教学名师奖，3个项目获北京市高等教育教学成果奖，1部教材获北京市高等教育精品教材；院校共评选表彰4名协和教学名师，35名协和优秀教师，4个协和“创新教学团队”。

（四）采取多种措施，积极推进教学改革

改革八年制医学专业招生方式，在招生面试中尝试多站考试；推进预科、基础和临床三段的课程改革；改革教育教学方法，推动开展网络课程（MOOCs）建设；开拓学生的国际视野，聘请国际名师参与教学，大幅增加八年制学生及研究生出国学习和参加学术会议的比例，提高资助力度；设立研究生创新基金，2014年共资助114项，鼓励博士生从事创新性研究；在护理本科生毕业考试中尝试采用客观结构化（OSCE）考试，增强对学生的科学评价。

（五）深入推进学生职业素养工程建设

开展一系列培养医学生职业素养的教育教学改革，完成八年制医学生职业素养培育的整体架构、总目标、分阶段目标和每个阶段任务的设计工作。2014年《学生职业素养培育工程的实效研究》获第三届首都大学生思想政治工作实效优秀奖，《学生职业素养培育的探索与研究》报告获中国卫生思想政治工作促进会医学科研分会优秀研究成果奖。

（六）多层次开展国际合作

以承办CMB百年庆典为契机，成功举办第六届协和国际医学教育研讨会，与国内外知名大学的专家、学者探讨医学教育的挑战和发展趋势，扩大了院校在医学教育领域的影响；与芝加哥大学、UCLA公共卫生学院、澳大利亚Griffith大学、加拿大多伦多大学等国际知名大学签署协议，加强校际间的交流合作。

七、推动院校下属各医院协同发展

2014年，院校所属6家医院共有床位数5428张，门急诊人次595万，手术10.1万，出院人次22.5万，各类数据较去年相比均有不同程度的提高。在医疗服务量持续增加的同时，各医院保障医疗服务质量，积极参与推进公立医院改革；进一步完善规章制度，加强质量监督，切实保障医疗安全；加强平安医院建设，为医护人员创造安心、放心的良好工作环境。

为推进所属各医院协同发展，更好地实现管理、服务和协调职能，2014年由院校领导带队，对院校所属六家医院进行专题调研，与各医院领导班子、中层干部、一线工作人员进行座谈，听取意见，总结经验，并形成报告，探索加强各医院转化医学研究，促进各医院医、教、研协同发展的有效途径。

以加强卫生行风“九不准”为抓手，加强医德医风建设，在 2014 年在北京市卫生计生委组织开展的全市三级医院及医务人员学习贯彻“九不准”评估中，院校所属阜外医院、协和医院在 47 家三级医院中排名前 10 名。

院校积极参与援藏、援疆、救灾、义诊等活动，体现国家队责任。2014 年，院校选派 3 批医疗队援藏、10 名干部援疆、2 名博士服务团成员赴疆工作；接收 8 名西藏自治区人民医院进修生进行培养；完成陕西省人民医院医务人员业务培训工作，共计培训 78 名医务人员。

八、做好“党的群众路线教育实践活动”整改落实工作

院校党委围绕坚决反对四风，按照《院校党的群众路线教育实践活动整改方案》的时限和内容，坚持破立并举，注重建章立制，建立整改措施台账，实行销号式管理，教育实践活动形成常态化、常抓不懈、保持长效，做到活动收尾而作风建设不收场，把作风建设不断引向深入。主动开展自查工作，把制订的 16 项整改任务、64 条整改措施、新制订的 18 个规章制度、修订完善的 42 个现有规章制度，分解到领导班子成员、机关处室，一项一项抓紧落实，基本按照整改时限完成，取得了明显成效。

2015 年是院校“十二五”规划的收官之年，也是院校改革发展的重要一年。我们将全面贯彻党的十八大、十八届三中、四中全会及 2015 年全国卫生计生工作会议精神，高举中国特色社会主义伟大旗帜，以邓小平理论、“三个代表”重要思想、科学发展观及习近平总书记系列讲话精神为指导，巩固党的群众路线教育实践活动成果，转变工作作风、求真务实、开拓进取，注重顶层设计，加强组织领导，充分调动各方积极性，攻坚克难，锲而不舍，做好“十二五”期间院校改革发展的各项工作，将院校的各项工作落到实处，为院校各项事业发展，为国家医药卫生事业进步、医学科技创新、医学人才培养，为“健康梦”“协和梦”的实现做出新的贡献！

（院校党政办公室　编）

联系电话：（010）65105518

团结一心　锐意进取　为院校各项事业的发展做出新的成绩

——李立明在院校四届六次教职代会暨八届六次工代会上的讲话
（2014 年 2 月 26 日）

各位代表、同志们：

院校四届六次教职代会暨八届六次工代会在院校全体教职工的关心、支持和全体代表的共同努力下，顺利完成了大会各项议程，即将闭幕。

会议期间，各位代表以高度的责任感和主人翁精神，认真履行代表职责，听取和审议了院校工作报告、院校财务工作报告、工会工作报告、工会财务经审工作报告和教职代会提案委员会工作报告。在会议前期，院校工会已经把有关报告发给了各代表团征求意见，各代表团进行了认真的讨论，积极建言献策，提出了许多宝贵的意见和建议，这对全面落实 2014 年全国卫生计生工作会议部署，加强院校内涵建设，重点突破制约院校发展的深层次矛盾和问题，积极推动院校事业全面、协调、可持续发展，具有十分重要的意义。会后各有关部门要认真梳理和研究各代表团意见，为院校的科学决策提供更好的依据和细化、完善的思路，进一步完善院校 2014 年的工作重点。

2013 年，是中国改革开放 35 周年。35 年来，我们党紧紧依靠人民群众，全力推进改革开放，成功开创和不断发展中国特色社会主义，党和国家各项事业取得举世瞩目的伟大成就，中国人民的面貌、社会主义中国的面貌、中国共产党的面貌都发生了历史性变化，中华民族迎来了伟大复兴的光明前景。

2013 年，院校在国家卫生计生委和北京市教工委等上级部门的领导下，在各所院和全体职工的大力支持下，各方面工作都取得了显著的进步。人才队伍建设经过“十二五”期间连续的建设和支持后，初见成效；空间建设取得实质性的突破；内涵建设不断深入，在人才、内设研究中心的考核评价机制建设，发挥学术委员会决策咨询作用，医科院分院建设，教学实体化建设，加强国际交流合作等方面进行了积极的探索。院校医、教、研、防、产各项事业均取得了较为突出的成绩。

2013 年，院校各级工会组织认真学习贯彻院校党委指示精神，坚持工会工作正确方向，围绕中心、服务大局，在推动民主管理工作，加强职工之家建设，促进教职工综合素质提高，关爱困难职工，开展丰富多彩的文体活动等方面，做了大量工作，取得了积极的成效。在此，我谨代表院校党委向院校广大职工致以亲切的问候！向各级党政和工会组织表示衷心的感谢！

2014 年 2 月 18 日，院校召开了党的群众路线教育实践活动总结大会，标志着院校于 2013 年 7 月 18 日正式启动的教育实践活动取得了阶段性成果。半年多来，院校在国家卫生计生委党组的领导下，在第三督导组的指导下，以“照镜子、正衣冠、洗洗澡、治治病”的总体要求，坚决反对“四风”，贯彻落实中央八项规定，着力解决群众反映强烈的突出问题和重点难点问题，改进工作作风，进一步加强了党与群众的密切联系，将教育实践活动成果转化为推动工作的强大动力。职工代表大会，会员代表大会，是我国社会主义民主建设的重要途径之一，是党的群众路线工作的重要体现。2014 年是院校推进体制机制建设，实现战略发展目标，推进各项事业发展的关键一年，院校工会作为党联系群众的纽带和党群工作的重要助手，教职代会和工代会作为党委领导下教职工行使民主权利，参与民主管理和民主监督的重要渠道，要在完成院校各项重点工作方面发挥积极作用。借此机会，就做好今后的工作，我讲四点意见：

一、加强理论学习，巩固群众路线教育实践活动成果

各级干部要带头学习，深刻领会马列主义、毛泽东思想的精神实质，以邓小平理论和“三个代表”重要思想为指导，深入贯彻落实科学发展观，认真学习党的十八届三中全会和习近平总书记系列讲话精神，进一步巩固群众路线教育实践活动成果，做好各项整改落实工作，积极推进规章制度建设，用制度保障好的作风建设。牢固树立宗旨意识和服务意识，认真学习贯彻党中央即将出台的《关于加强基层服务型党组织建设的意见》，大力推进服务型党组织建设，真心实意为群众解难事、办实事、做好事。积极解决群众提出的问题，关心群众生活，提高院校的凝聚力，促进院校事业的发展。

二、进一步推进民主管理工作，完善工作制度

从院校的实际情况出发，全面贯彻落实教育部第 32 号令《学校教职工代表大会规定》，进一步完善教职工代表大会制度，把履行会员代表大会职能与教职工行使民主参与、民主管理、民主监督权利结合起来，使民主管理工作渠道畅通、落到实处。要积极推进院校各单位内部事务公开制度，不断扩大干部职工对院校内部事务参与、管理和监督的力度。

在推进民主管理的过程中，要充分依靠广大教职工，调动广大教职工的积极性和创造性，充分发挥民主党派、各专家委员会的作用，凝聚广大教职工的智慧和力量，体现广大教职工的意志和利益，为院校事业的发展集思广益、建言献策。2013 年，院校在《北京协和医学院章程》制订工作中，广泛征求了教职代会代表的意见，取得了良好的效果。今后，院校将进一步完善重要决策出台前的咨询、论证工作程序，形成重要决策出台前充分调研、广泛听取专家意见和征询学术委员会、教职代会意见的常态机制。

三、牢固树立群众观点，全心全意为职工群众服务

2013 年 4 月，习近平总书记在全国总工会机关与全国劳动模范代表座谈时强调，工会工作要顺应时代要求、适应社会变化，善于创造科学有效的工作方法，把竭诚为职工群众服务作为工会一切工作的出发点和落脚点，全心全意为广大职工群众服务，让职工群众真正感受到工会是“职工之家”，工会干部是最可信赖的“娘家人”。各级党委和政府要加强和改善对工会的领导，支持工会开展工作。

院校下属各单位要加强和改善对工会的领导，支持工会开展工作。由于院校干部的调整，院校也将尽快启动工会的换届工作，充实和加强工会的力量，支持工会开展工作。

院校各级工会组织要牢固树立起群众观念，以解决职工群众最关心、最直接、最现实的利益问题为重点，树立群众利益无小事的思想，时刻把教职工的安危冷暖放在心上，尤其是要关心我们的青年职工队伍建设，为他们的事业发展、个人成长和生活难题提供实实在在的帮助，满腔热忱地为教职工做好事、办实事、解难事，使工会干部真正成为职工群众的贴心人。

工会组织要充分发挥教育职能，在广大教职工中深入开展主题教育活动，用以爱国主义为核心的民族精神和以改革创新为核心的时代精神激励教职工，用社会主义荣辱观引导教职工，用伟大的救死扶伤精神鼓舞教职工。通过开展“职工之家”建设、开展丰富多彩的教育、文化等活动，营造积极向上、愉快和谐的良好氛围。

四、围绕中心，创新进取，为院校的腾飞发展努力奋斗

国家卫生计生委对院校事业的发展寄予期望，2013 年，李斌主任先后六次亲临院校及所院听取汇报，指导工作。面对机遇和挑战，我们要团结一心，出实策、鼓实劲、办实事，不图虚名，不务虚功，结合国家对医药卫生科技、高等医学教育和医疗卫生服务的总体要求，发挥自己的优势，积极参与国家科技创新体系建设和我国医药卫生体制改革的工作，为“中国梦”“健康梦”的实现贡献力量！工会、教职代会组织要继续发挥群众组织的工作优势，进一步解放思想，加强学习，深入研究工作中面临的新情况和新问题，探索新形势下做好工作的新思路、新办法，不断创新工作方式和载体，引导广大教职工围绕中心，创新进取，为院校的腾飞发展努力奋斗。

各位代表，同志们，新的起点、新的任务，赋予我们新的责任、新的使命。各所院、各部门在会后要加强对会议精神的宣传与落实，达成广泛共识，带动广大教职工，团结一心、锐意进取，把院校各项事业继续推向前进，为院校各项事业的发展做出新的贡献！

谢谢大家！

李立明在院校党风廉政建设工作会议上的讲话

（2014 年 3 月 14 日）

同志们：

下午好！

这次会议，既是工作会，又是学习会。刚才曹院长传达了习近平总书记在十八届中央纪委三次全会上的重要讲话，罗明普同志传达了 2014 年全国卫生计生系统纪检监察工作会议精神和医疗卫生行风案件查办工作会议精神，林书记代表院校党委和行政班子作了党风廉政建设工作报告，新任所院党政主要领导向院校领导递交了《党风廉政建设责任书》。结合十八届中央纪委三次全会和全国卫生计生系统纪检监察工作会议精神，下面我讲五点意见。

一、认真学习贯彻习近平总书记在十八届中央纪委三次全会的重要讲话精神

1 月 14 日，习近平总书记在十八届中央纪委三次全会上发表了重要讲话。总书记站在党和国家全局的高度，科学分析了当前党风廉政建设和反腐败工作面临的形势，明确提出了当前和今后一个时期党风廉政建设和反腐败工作的指导思想、总体思路和主要任务，强调要以深化改革推进党风廉政建设和反腐败斗争，进一步严明党的组织纪律，增强全党的组织纪律性。讲话具有很强的理论性、思想性和指导性，是我们当前和今后一个时期抓好党风廉政建设和反腐败斗争的重要遵循，对巩固党的执政地位、确保国家长治久安具有极其重要的意义。我们一定要认真学习、深刻领会，切实把思想和行动统一到总书记重要讲话精神上来。

要通过学习习近平总书记重要讲话，深刻认识当前党风廉政建设和反腐败斗争的形势，党风廉政建设和反腐败斗争的主要任务，深刻认识以深化改革推进党风廉政建设和反腐败斗争的部署要求，尤其要深刻认识严明党的组织纪律在落实从严治党方针中的极端重要性。党要管党、从严治党，靠什么管，凭什么治？就是要靠严明纪律。咱们院校最近的几件事情也都证明了干部出问题，都是因为纪律的突破。因此我们院校党的各级组织要加强对党员、干部遵守政治纪律的教育，纪检部门要把维护党的政治纪律放在首位，确保全院校广大党员干部在思想上政治上行动上同党中央保持高度一致。

院校近期还要举行学习习近平总书记和十八届三中全会精神集中轮训班，各级党组织和广大党员干部都要把学习贯彻好习近平总书记重要讲话精神作为当前和今后一个时期的重要政治任务，统一思想，坚定信心，更加扎实有效地推进党风廉政建设和反腐败斗争。

二、把握形势，切实增强抓好反腐倡廉建设的责任感和使命感

党的十八大以来，院校深入推进党风廉政建设，取得了新的进展和成效。2013 年 12 月 25 日和 27 日，国家卫生计生委惩治和预防腐败体系建设第一检查组在委主任、党组书记李斌同志的带领下，对院校机关与肿瘤医院惩治和预防腐败体系建设工作进行了检查。

国家卫生计生委检查后书面反馈意见指出，医科院进一步重视和推进惩防体系建设，取得了较好的阶段性成效。

1. 领导高度重视，认真落实党风廉政

建设责任制。医科院党政领导班子、特别是党政主要负责同志高度重视惩防体系建设工作。每年将惩防体系建设任务分解落实到部门和个人，与业务工作同部署、同落实、同检查、同考核，并与新任职的部门和单位负责同志签订廉政责任书。在大家的共同努力下，基本上形成了党委统一领导、党政齐抓共管、纪委组织协调、部门各负其责的工作局面。

2. 切实改进作风，积极落实中央八项规定精神。2013 年以来，医科院党委认真贯彻落实中央八项规定有关要求，通过丰富的形式积极开展群众路线教育实践活动，扎实改进工作作风。院校领导发挥表率作用，深入群众，广泛听取干部职工意见建议。文件简报得到有效精简，公务经费支出大幅降低。

3. 开展学习宣传，注重加强干部思想教育。2013 年医科院结合党的群众路线教育实践活动，采取了多种有效的方式对干部、职工开展宣传教育。比如进行专题辅导讲座，举办专题培训班，举办先进事迹报告会等各种主题教育活动等。

4. 完善制度建设，不断规范权力运行。经过不断的制度建设，医科院各项工作规则和会议制度都较为健全。工作中贯彻执行民主集中制，坚持“三重一大”事项集体讨论决定制度，并及时按委党组有关要求上报会议纪要。持续推进廉政风险防控工作，重视决策的公开透明，基本形成了对各项权力运行全过程的监控机制，工作取得了明显的成效。

5. 纪检监察机构履职能力稳步提升。院校领导重视和支持纪检监察工作，多次协调解决有关问题。纪检监察组织机构健全，人员配备齐整，监督职能履行较为充分，重视开展调查研究，不断加强自身能力建设。

6. 重视加强对二级单位惩防体系建设的指导。从对肿瘤医院的抽查情况来看，医科院重视加强对所属二级单位反腐倡廉及纠风工作的指导，积极推动惩防体系各项工作开展。肿瘤医院在惩防体系建设的教育、监督、制度、纠风、改革、惩处各个方面措施具体，工作扎实。全院干部职工自觉遵守中央八项规定有关要求，不断加强医德医风建设，推动医院整体工作稳步发展。

国家卫生计生委“反馈意见”中提出了惩治和预防腐败体系建设工作存在的不足及建议，一是进一步提高反腐倡廉教育的有效性；二是进一步加强制度的执行力；三是继续坚决反对“四风”；四是继续发挥院校合一的优势和特点，加强医学伦理教育、职业道德教育和纪律法制教育。

我们在肯定成绩的同时，要清醒地看到，当前院校党风廉政建设成效明显和突出问题并存；惩防体系建设力度大和腐败现象易发并存。全院校滋生腐败的土壤依然存在，腐败行为还易发多发，反腐倡廉工作面临的形势仍然严峻。2013 年从有的所院查处的违法违纪案件情况看，有贪污现象；在医药购销领域，药企行贿涉及所属医院的人员较多；在医疗卫生服务方面，收受“红包”等问题还未杜绝；在科研领域，有违反科研道德的行为；院校和有的所院有违反财经纪律、外事纪律、中央八项规定精神的现象。这些情况发人深省。对这些问题，我们必须高度重视，坚决查处和纠正。

加强院校反腐倡廉建设，是践行党的宗旨、建设人民满意的科研、医疗、教学事业发展的客观要求，是院校全面深化改革、实现整合发展的重要保证，也是进一步改进作风、树立良好形象的迫切需要。各单位要切实把思想和行动统一到中央关于反腐倡廉的决策部署上来，切实担负起党风廉政建设和反腐败斗争的责任，以猛药去疴、重典治乱的决心，以刮骨疗毒、壮士断腕的勇气，以锲而不舍、持之以恒的精神和毅力，扎实做好反腐倡廉各项工作。确保各项重大改革发展措施落到实处。

三、突出重点，全面推进院校反腐倡廉建设

关于今年院校的反腐倡廉任务，刚才林书记已经进行了全面安排。这里，我再强调几点。

（一）加强顶层设计，扎实推进惩防体系建设

习近平总书记指出："建立健全惩治和预防腐败体系是国家战略和顶层设计。"去年底，中央印发了《建立健全惩治和预防腐败体系 2013～2017 年工作规划》，对今后 5 年党风廉政建设和反腐败工作做出了战略部署，我们要结合工作实际，认真研究制订实施办法。要把防范腐败要求融入院校各项工作措施当中，进一步完善制度、健全机制，坚持用制度管权管事管人，把权力关进制度的笼子里，堵塞一切可能出现的腐败漏洞，保障发展改革各项工作健康顺利推进。继续深入推进廉政（廉洁）风险防控工作，着力构建决策科学、执行坚决、监督有力的权力运行体系，并对高风险权力实行网上动态实时监控。加大对政府投资工程建设项目和科研项目、教学项目、医疗项目实施情况的监督检查，保证资金安全。加强对单位领导干部行使权力的制约和监督，严格执行"三重一大"事项集体讨论决定制度，落实医疗机构主要负责人不直接分管人事、财务、基建和采购工作的制度，并逐步在研究所、院推行。深化党务公开、政务公开、院务公开，完善各类办事公开制度。重视和加强舆论监督，及时回应社会关切。加强反腐倡廉宣传教育和廉政文化建设，弘扬新风正气。

（二）以零容忍的态度，坚决惩治腐败

要始终保持惩治腐败的高压态势，坚持有案必查、有腐必惩，做到法治无特区、反腐无例外，不论什么人，只要触犯了党纪国法，都要发现一起、查办一起，一查到底、绝不姑息。要坚持突出重点、重拳出击，严肃查办领导干部和院校机关工作人员违法违纪案件；严肃查办医药购销、基建工程、政府采购中的商业贿赂案件；严肃查办损害群众利益的不正之风案件。要坚持抓早抓小，坚持对干部严管即是厚爱。各级领导干部都要对权力心存敬畏，不要有侥幸心理，始终牢记"手莫伸，伸手必被捉"的道理。要严格责任追究，对发生重大腐败案件和不正之风长期滋生蔓延的单位，实行"一案双查"，既要追究当事人责任，也要追究相关领导责任。

（三）严明组织纪律，凝聚全院校干事创业的智慧和力量

习近平总书记强调，"组织纪律性是党性修养的重要内容"。在严格执行党的政治纪律的同时，要严明党的组织纪律。党员领导干部要强化党的意识，做到忠诚于组织，任何时候都要与党同心同德。要认真落实各项组织制度，切实增强组织观念、程序观念，在涉及重大事项、重要问题时都必须按规定向组织请示报告，决不能我行我素、自行其是。要增强大局观念，想问题、办事情都要围绕中心、服务大局。各所院要认真落实国家卫生计生委和北京市委的部署安排，严守党纪政纪和行业纪律，形成上下一股劲，步调一致地执行中央决策部署。决不能毫无纪律观念，不允许公开发表不符合事实、不负责任的言论。要加大对重点工作任务落实情况的监督检查力度，对于执行不力的，要严肃问责，必要时在全院校通报批评。

（四）贯彻落实八项规定，强化作风建设

作风问题具有顽固性、长期性的特点，改进作风是一场持久战，不能有丝毫松懈和麻痹情绪。要通过落实中央八项规定、纠正"四风"问题，进一步坚定党员干部理想信念，努力做到公私分明、克己奉公、严格自律，并把这种要求内化于心，外化为行动，促进作风建设上台阶。院校要继续做好表率，保持纠正“四风”问题的良好势头，抓好整改措施的落实，建立健全长效工作机制，防止出现反弹和“回潮”。要大兴调查研究之风，多做雪中送炭的工作，千方百计解决群众反映强烈的问题，促进中央的各项政策要求在全院校落地生根。要按照中央的要求，积极稳妥推进公务用车改革，抓好“三公”经费、会议费等预算管理。要加大监督曝光力度，对于违反规定的，发现一起、及时查处一起、实名通报一起。在这方面决不能留口子、讲情面、打折扣、搞变通。

（五）认真落实党风廉政建设责任制党委的主体责任

党的十八届三中全会规定，党委在落实党风廉政建设责任制中负主体责任。习近平总书记在十八届中央纪委第三次全会上明确指出，党委的主体责任是：把好选人用人关，防止出现选人用人上的不正之风和腐败问题；坚决纠正损害群众利益的行为；强化对权力运行的制约和监督，从源头上防治腐败；领导和支持执纪执法机关严肃查处违纪违法问题；党组织主要负责同志要管好班子，带好队伍，管好自己，作廉洁从政的表率。院校各级党组织要牢固树立不抓党风廉政建设就是严重失职的意识。主要领导是第一责任人，重要工作要亲自部署、重大问题要亲自过问、重点环节要亲自协调、重要案件要亲自督办；领导班子其他成员要根据分工对职责范围内的党风廉政建设负领导责任，实行“一岗双责”。各职能部门要各负其责，紧密结合业务工作，切实抓好反腐倡廉各项任务的贯彻落实。各级纪检监察机构要履行好监督责任，既要协助领导班子加强党风廉政建设和组织协调反腐败工作，又要督促检查相关部门落实惩治和预防腐败工作任务，严肃查处腐败问题。要健全责任分解、检查监督、倒查追究的完整链条，谁负责的环节出了问题，就要打谁的板子，追究谁的责任。

四、标本兼治，努力推动行业作风持续好转

加强卫生计生行风建设，直接关系人民群众的切身利益，关系事业改革发展成败，关系广大卫生计生工作者在人民群众心目中的形象，历来受到党中央、国务院的高度重视。1 月 19 日，刘延东副总理专门作出重要批示：红包、大处方、过度医疗、商业贿赂等现象群众深恶痛绝，这些顽疾损害群众健康和利益，违背救死扶伤的医疗宗旨，违反国家对公立医院公益性的定位，必须坚决认真加以整治。请卫生计生委将“九不准”具体化，做到可操作可督查，改革机制，完善政策，创新方式，切实解决这一问题，办好人民满意的医疗。刘延东副总理的批示深刻阐明了纠正行业不正之风的重要性和紧迫性，对下一步工作提出了明确的思路和要求。院校和各医院要以落实医疗卫生行风建设“九不准”为切入点和突破口，坚决纠正医药购销和医疗服务中的不正之风，全面整肃公共卫生服务损害群众利益的行为，以行风的实际转变效果赢得人民群众的支持和拥护。重点做好以下几项工作：

（一）大力加强宣传教育

要将宣传教育贯穿行风建设的始终，大力加强法制和纪律教育，促进广大从业人员牢固筑起拒腐防变的思想道德防线。要大力弘扬正面典型，采用多种形式学习宣传行业先进典型，弘扬主旋律，传播正能量。要结合“服务百姓健康行动”、“三好一满意”、优质服务先进单位创建活动等，凝练并践行卫生职业精神，体现社会主义核心价值观，鼓舞广大从业人员增强职业荣誉感和使命感，以崇高的行业道德水准和人文精神服务人民群众，引领社会风尚。

（二）严肃查处违反“九不准”的行为

“九不准”是国家卫生计生委按照中央党的群众路线教育实践活动整改要求制订的，是向全社会作出的庄严承诺，也是广大从业人员的是非标准和行为底线。立了规矩，就要执行；设了底线，就要坚守，必须通过严肃惩戒违规行为，让“九不准”和建立医药购销领域商业贿赂不良记录等规定真正成为带电的高压线，这既是对党员领导干部讲的，也是对包括专业技术人员在内的所有从业人员讲的。对违反“九不准”的，不论其能力多强、贡献多大，都要依法依规严肃处理。国家卫生计生委要求，对责令暂停执业活动的医疗卫生人员，各省级卫生计生行政部门要在本省（区、市）范围内进行通报；对吊销执业证书的，国家卫生计生委一律在全系统通报，并向社会公布，坚决将行业害群之马驱逐出医疗卫生队伍；对顶风违纪、行为和情节严重、影响恶劣的典型案件，上级卫生计生行政部门和医疗卫生机构要直接组织调查，对隐瞒不报、压案不查、包庇袒护的，要严肃追究领导责任。

（三）深入推进源头治理

卫生计生行业和教育行业的不正之风纠而复生、难以根治，根源在于体制机制存在弊端，需要深化改革、综合施治，彻底铲除腐败滋生蔓延的土壤。要深化医药卫生体制改革，特别是加快推进公立医院改革，坚持公立卫生医疗机构面向城乡居民提供基本医疗卫生服务的主导地位，摒弃逐利性，回归公益性。严格规范医药购销行为，完善药品和高值医用耗材集中招标采购制度，切实降低部分药械的虚高价格。完善公立医院绩效考核评价体系，加强对医院医疗质量、服务行为、费用控制、财务运行的监管，并将监管结果应用到公立医院综合考核评价和院长考核中。深化医院收入分配和人事制度改革，逐步建立符合行业特点的人事薪酬制度，提高医务人员的收入待遇水平。充分利用信息化手段解决就医、住院等环节的不正之风，实现“阳光就医”、“阳光用药”。

（四）健全行风建设工作机制

按照中央精神和中央纪委的有关要求，国家卫生计生委认真贯彻落实“谁主管、谁负责”和“管行业必须管行风”的要求，及时调整了与驻委组局在纠风工作中的职责分工，将承担日常工作的办事机构由驻委监察局调整到医政医管局。院校也将参照国家卫生计生委和北京市教委的做法，在党委常委会研究后对承担纠风日常工作的办事机构做出调整，机关的有关部门要积极稳妥地做好交接，确保行风建设工作有人管、有人干，只能加强、不能削弱。各所院是行风建设的责任主体，行政领导班子主要负责人、行政领导班子其他成员、各职能部门要各负其责、各尽其职，把行风建设的要求融入业务工作之中。院校和各所院的纪检监察机构要加强对行风建设责任制落实情况的监督检查，严格履行职责。

五、严守各项公务规定，持续深入推进作风建设

作风建设只有进行时，永远没有完成时。在中共中央制订和颁布八项规定后，上级有关部门陆续出台了一系列规范公务行为的规章制度，健全改进作风的常态化机制。在2月26日院校工作会的大会总结时，我曾经做过一个介绍，由于参会人员范围不同，下面我再和大家一起做一个简单的回顾，希望大家严格遵守。

2013年8月，中共北京市委办公厅、市政府办公厅印发了《关于在正风肃纪专项整治中严明若干纪律规定的意见》（京办发〔2013〕24号），简称“七个严禁”，即严禁公款大吃大喝，严禁超标准配车、借占用其他单位的车辆，严禁违规收受、赠送礼品、购物卡和会员卡，严禁公款出国（境）旅游，严禁违反规定开展各种评比达标表彰活动，严禁超标准修建办公场所，严禁擅自增设审批项目和审批条件。

2013年11月，国家卫生计生委办公厅印发了《卫生计生系统工作会议管理办法》，（国卫办委办发〔2013〕33号），文件规定了会议的分类、会议审批、会议费管理、职责分工、会议纪律、责任追究。譬如，此次党建和党风廉政建设会，即属于《办法》中的三类会议，会期不得超过2天，参会人员不得超过150人，其中工作人员控制在参会代表的10%以内，会议在四星级以下（含四星）的定点饭店召开。会议费综合定额每人每天450元，其中住宿费240元、饮食费130元，其他费用（会场租金、印刷等）80元。会议费开支实行综合定额控制，各项费用之间可以调剂使用。院校最高能召开的会议即三类会议。此次院校工作会即严格按照会议管理办法进行组织。

2013年12月，国家卫生计生委、国家中医药管理局印发了加强医疗卫生行风建设“九不准”（国卫办发〔2013〕49号），即不准将医疗卫生人员个人收入与药品和医学检查收入挂钩，不准开单提成，不准违规收费，不准违规接受社会捐赠资助，不准参与推销活动和违规发布医疗广告，不准为商业目的统方，不准违规私自采购使用医药产品，不准收受回扣，不准收受患者“红包”。

2013年12月，国家卫生计生委印发了《因公临时出国管理办法》（国卫国际发〔2013〕53号），明确了职责分工、审批程序、规范措施、监督检查。提出从严控制直属和联系单位司局级领导干部以专家身份出国参加学术活动，原则上1年不得超过1次。司局级及以下人员依次根据工作需要从严掌握出国次数。严格控制出国团组人数，团组人员构成应当符合任务需要，总人数不能超过6人。严格控制出访国家（地区）数和在外停留时间，每次出访最多不超过3个国家和地区（含经停国家和地区，不出机场的除外）；在外停留时间不超过10天；出访2国不超过8天；出访1国不超过5天；赴拉美、非洲等航班衔接不便的情况，出访2国不超过9天，出访1国不超过6天。

2013年12月，财政部印发了《中央和国家机关差旅费管理办法》（财行〔2013〕531号），详细规定了城市间交通费、住宿费、伙食补助费、市内交通费、报销管理，监督问责等。

2014年1月，国家卫生计生委印发了规范国内公务接待工作的通知（国卫办函〔2014〕5号），其中以党政机关国内公务接待管理规定为依据，对公务接待的接洽程序、迎接、住宿、餐饮、用车等进行了详细规定。如餐饮方面，详细规定了接待对象应当按照规定标准自行用餐，确因工作需要，接待单位可以安排工作餐一次，并严格控制陪餐人数，接待对象在10人以内的，陪餐人数不能超过3人；超过10人的，不得超过接待对象人数的三分之一。

以上这些规章制度具体、细致、可操作性强，要求我们必须严格遵守。

“一分部署，九分落实”。院校反腐倡廉任务已经明确，关键是创造性地把各项部署化为具体方案、变成具体措施，一步一个脚印、稳扎稳打抓好落实，扎实工作，善做善成。

面对新形势新任务，院校各级纪检监察机构和广大纪检监察干部，要按照忠诚可靠、服务人民、刚正不阿、秉公执纪的要求，切实加强自身建设。认真转职能、转方式、转作风，聚焦中心任务，集中精力履行监督、办案、问责的职责，提高履职能力，充分发挥职能作用。院校和所院要进一步加强纪检监察干部队伍建设，支持和保障纪检监察机构依纪依法履行职责，为他们开展工作创造条件。要健全纪检监察机构，加强纪检监察力量，选派政治坚定、作风正派、业务精通的干部充实纪检监察队伍。

同志们，党风廉政建设和反腐败工作任重道远、使命光荣。让我们紧密团结在以习近平同志为总书记的党中央周围，坚定信心，再接再厉，深入推进党风廉政建设和反腐败斗争，为推进院校医、教、研、防、产各项工作，实现中国梦、健康梦作出新的更大贡献！

李立明在北京协和医学院 2014 年毕业典礼上的致辞

（2014 年 7 月 11 日）

各位老师，同学们：

大家上午好！

今天，我们在这典雅质朴的医学殿堂共同见证 2014 届毕业生顺利完成学业的辉煌时刻。我谨代表院校，向圆满完成学业，即将踏上人生新征程的毕业生们致以热烈的祝贺！向专程前来与同学们共享学业成功喜悦的清华大学姜胜耀副校长表示热烈的欢迎！向为培养学生倾注心血、辛勤耕耘、无私奉献的全体教职员工致以崇高的敬意！向为同学们成长托付希望并提供坚强后盾的亲属们致以诚挚的问候！

光阴似箭，岁月如梭，当你们步入这座繁华与宁静一墙之隔的校园时，你们也许怀着对未来的无限憧憬和些许的忐忑，如今，你们已穿上学位服，洋溢着自信的微笑，成为今天毕业典礼的主角。在协和的记忆里，你们经历了自习室里的苦读、实验室里的探索、图书馆里的沉思和大查房里的争论，体会了迷茫中的彷徨、挫折后的失落、挑战后的无悔和成功后的喜悦，你们在不断超越自我的过程中破茧成蝶，完成了人生中最重要的一次成长与蜕变！今天，注定将成为你们人生中一个特别的、值得记忆的日子。

对于母校，今天也是一个尤其值得纪念的日子。90 年前，这里走出了协和第一届毕业生，包括 3 名医学生和 1 名护理学生。他们是医学博士刘绍光、侯祥川、梁宝平和护理专业曾宪章。也是在这白玉石广场上，他们留下了协和历史上珍贵的瞬间。90 年过去了，一如首届毕业典礼布置者在礼堂外面的平台上摆放开满红花的石榴，象征着教育的硕果累累一样，我们的毕业生已经济济一堂，其中不乏我国现代医学的学科奠基人和学术大师，实现了在学校开幕仪式上洛克菲勒基金会主席文森特宣布的办学目的，即不是培养大量的一般医师，而是训练领导者，以便他们能够在中国的医学院校、医院和卫生组织中充当领导和教师。第一届毕业生中，刘绍光创办了中央药物研究所并任所长，是以现代科学方法研究中药的创始人之一，在我国建立中国中医研究院时作为骨干力量调入并发挥作用。侯祥川是中国生理学会和中国生化学会创始人之一，解放后在第二军医大学和军事医学科学院的建设中发挥了重要作用，主持了军用口粮和辐射技术研究。曾宪章成为国立第一助产学校的教务长，成为我国妇幼卫生事业的拓荒者。他们用一生践行着学校的办学目的，为我们树立了榜样。

同学们，明天你们即将奔赴祖国四面八方，在不同的单位成为医疗、教学、科研、卫生事业管理、公共卫生等行业的工作者，你们将开始承担不同的角色和责任，去实践学校的办学目的。在同学们即将启程之际，我谈几点想法与大家共勉。

第一，坚守理想。北京协和医学院已走过 97 年的历程，洛克菲勒基金会负责为协和提供基金资助的官员雷蒙德曾经对学校作过如下的描述：“激动人心的故事——人与命运搏斗，失败摧不毁的理想”。无论是我们的学校，还是从学校走出的前辈，在近、现代与祖国、民族同坎坷、共命运的历程中，能做出成绩、追求卓越，根本的一条就是对理想的执着和坚守。希望这种对理想的坚守和执着能融入你们的血脉。在人生的历程中，经历失败和挫折是常态，在未来的事业和生活中，遇到挫折和失败时，希望你们不忘初心，坚守理想，成功就在峰回路转处。

第二，追求真理。曾经看到一个在协和选修课程的同学写下这样一段话：是什么力量，可以让这所巴掌大的校园输出这么多院士？是什么力量可以让繁华与安宁一墙相隔？大门的外面是最繁华的王府井，大门的里面就是安宁的求知，是怎样的力量可以让人如此心如止水？当我真的走进这所校园才明白，一个医生，一个科研工作者，最美丽的精神，就是对科学、对真理最孜孜不倦的追求，这种精神在协和可以看得通通透透。对科学、对真理的追求充分体现在我们最初的校训“科学济人道”中，希望你们在未来的工作中，坚守对科学、对真理不断地探索，让手术刀在科学之光的照耀下闪烁出生命的光芒。更希望你们在未来的学术之路上不盲从，不为浮躁的学术风气所污染，坚持严谨的态度，严格的要求、严密的方法。

第三，学会包容。协和的教育给了同学们独立的人格和创新的精神。古人云“君子和而不群”，希望同学们在未来的职业生涯中，在保持独立人格和创新精神的同时，更要学会包容，学会与意见不同的人和睦相处，学会握手，因为医学的一个突出特点就是团队工作，良好的团队合作精神和沟通交流能力才能使未来的职业之路更为顺畅。现代医学科学发展面临的现实是，越来越复杂的生命现象，越来越脆弱的生态环境，越来越高超的科学技术，越来越淡薄的人文环境。为此，世界卫生组织提出了“整合医学”和“综合防治”的理念，就是要我们用包容之心、医防结合、博采众长、循证实践，为大众的健康改善和生活质量的提升做出贡献。

第四，追求卓越。随着社会经济的快速发展和新型城镇化的快速实现，人们对健康和防病的需求不断增加，卫生保健服务的供需矛盾将成为现代社会永恒的主题。同时，我国的改革，包括医改均已进入深水区，社会阶层的快速分化进一步加剧了利益诉求的多元化状况，导致的利益冲突复杂程度前所未有。反映到医疗卫生行业，伤医事件时有发生，医护工作者的劳动强度不断加大。虽然政府已采取一系列措施，但这种情况在短期内还会存在。在这种情况下，同学们依然选择了医学这一职业，令人钦佩。希望同学们在未来的工作中，追求卓越，养成终身学习的习惯，不仅要掌握学科的前沿知识，练就精湛的医术，更要培养起良好的职业素养。医学是一门仁学，是温暖的科学。除客观的诊断和治疗之外，还应包括心灵的沟通、情感的交流、温馨的祝福、热情的鼓励。让我们以同情、正直、利他的职业品质及高度的社会和职业责任去实践我们最初许下的“健康所系，性命相托”的誓言。

最后，享受生活。虽然，选择医学就选择了终生学习和繁忙，选择医学就选择了无怨无悔的付出。但作为你们的师长，还是希望你们能学会享受生活。要坚持锻炼，以强健的体魄面对繁重的工作；要培养生活情趣，正如胡适先生所言，利用一些时间“多发展一些非职业的兴趣”，往往会“无心插柳柳成荫”，可以为你们创造更多的发展空间和机遇；希望你们不仅事业有成，而且生活幸福，善待自己，善待家人，享受人生。

同学们，在你们即将跨出校门的这一刻，无数的叮咛，无数的牵挂，我想以两句话与你们共勉：

自强不息，崇尚生命，坚守出发时的梦想。

砥砺品行，潜心医术，追求有灵魂的卓越。

同学们，我相信，母校的名字，早已与你们血脉相连。在今后的岁月里，无论你们身在何方，无论你们从事何业，无论是成功还是坎坷，协和永远是你们心灵的港湾，倾诉的家园。今年，北京协和医学院校友会经国务院批准终于成立了，我们的校友会作为全国第20个国家级校友会，将成为密切校友和母校联系的纽带与桥梁，欢迎你们与校友会保持联系，关心母校发展状况、为母校发展建言献策。也希望你们常回家看看！我们期待着你们事业有成、捷报频传。最后，衷心祝愿同学们一帆风顺、鹏程万里！

谢谢大家！

牢记使命 传承文化 放飞梦想

——曹雪涛在2014年开学典礼上的讲话

(2014年8月29日)

尊敬的各位老师、各位新同学：

大家上午好！在这金秋送爽的时节，我们欢聚在这神圣的医学殿堂，隆重举行北京协和医学院2014年开学典礼。在此，我代表院校全体师生员工热烈欢迎各位新同学的到来！向辛勤培育你们的家长和老师们致以衷心的感谢和崇高的敬意！

北京协和医学院是我国现代医学的摇篮和现代医学教育体系的开创者，至今已走过近百年的光辉历程。上世纪初，创业者汲取了当时医学和教育学改革和发展的先进思想，建立了一套符合医学人才成长规律的教学方法和培养制度，形成了严谨、科学、求真的工作作风。在此基础上历代相传并不断补充完善，“协和”逐渐形成了独树一帜的办学特色，即坚持医学精英教育，实行高进优教严出，注重能力素质培养，强调三高三基三严，开放办学博采众长，传扬优良文化传统。逐渐形成的“协和”传统与特色孕育出了以精英教育为本质的“协和”精神。

同学们，北京协和医学院无论在国内还是在国外都是一个名望很高、代表我国医学教育水平的医学院校。同时，我想说的是，当你们来到今日的协和，你们就来到了可能与任何一所大学都不同的学校。协和人牢记“严谨、博精、创新、奉献”的校训，依托院校分布在全国的18个研究所、6个医院、7所学院，发挥得天独厚的医、教、研合一的体制优势，培养和造就了一批又一批的高素质医学人才。来到协和，你们就是来到了院校这所大师云集、英才辈出的“大学校”，这所“大学校”没有大的独立的校园，却有着大的学科布局、大的学术氛围和大的相互支撑的研究体系。在此，作为师长，我想提几点期望和建议，以帮助你们顺利地开启这一段新的人生历程：

来到协和，希望大家领悟“协和”精神，牢记自己所承担的光荣使命。各位同学怀着济世救人、服务社会的从医理想踏入协和大门。作为协和的新生力量，大家应该为协和感到骄傲和自豪，同时更应当感受到自己身上的重大责任。协和人一直把国家需求、人民疾苦看作最亟须解决的课题，我希望同学们能继承这种以天下为己任的精神，牢记自己所承担的使命，胸怀大志，淡泊名利，放眼未来，充分发挥自己的聪明才智，不断增强自己的知识储备，练就真才实学，为将来实现自己的理想打下坚强基础。今天，你们在这里庄严宣誓，我希望你们能将誓言、将“协和”精神融化到血液中，根植在心灵里，落实在行动上。时刻牢记国家对你们的期望和重托，将来在各自的学习和工作中，以创造性的劳动为我国的医药卫生事业贡献自己的热血和青春。

来到协和，希望大家传承“协和”精神，主动锤炼自己各方面能力。你们以骄人的成绩来到协和，但希望你们懂得，比考分更重要的是知识和技能，而比知识和技能更重要的则是获取知识和技能的能力。协和有孕育大师的良好环境：在这里，诞生了我国第一支青霉素、惠及几代中国人的脊髓灰质炎疫苗——“糖丸”；在这里，有全国唯一的医学国家实验室、5个国家重点实验室、10个部门开放实验室等一系列高水平科研平台；在这里，有28名两院院士领衔的一大批高水平科教人才。在这里，你们将领略到探索与创新的无限乐趣，为自己的进步找到力量之源。相信这些财富，能更好激发同学们的创新潜能、勇攀医学科学的高峰。希望大家不要仅把眼界囿于有限的校园，要充分利用这些财富，丰富经历、提高能力，为将来走向社会打下坚实基础，努力成为专业人才、栋梁之才、领军人才。

来到协和，希望大家发扬“协和”精神，为祖国的医药卫生事业做出贡献。近百年来，协和人以“协和”精神共勉，以先进的教育理念和教育模式为国家培养了一大批享誉国内外的著名临床医学家、医学科学家、护理学家和医政管理家，他们以严谨的医风、高尚的医德、精湛的医术和强烈的社会责任感成为人们心中的楷模。更有难以计数的协和人，在自己平凡的岗位上，用辛勤工作践行着追求卓越、甘于奉献的“协和”精神，也以自己的实际行动肩负起实现国人“健康梦”的光荣使命。正是我们几代协和人的共同奋斗和不懈努力，才铸造了协和崇高的声誉，谱写了协和辉煌的篇章。希望你们能接过先辈的接力棒，挥洒青春、砥砺前行，将个人梦想与医疗卫生事业、与祖国和民族进步融为一体，为我国的医药卫生事业做出贡献，汇聚起实现中国梦的磅礴力量！

同学们，你们是学校的建设者，也是学校的主力军，希望你们能够积极地投身于学校的各项活动中，促进学校各项事业的发展。我们一直深信：协和的每一个学子，都是学校的宝贵资源和财富。你们是优秀的，因为来到协和；你们是优秀的，因为学在协和；你们必将是优秀的，因为你们出自协和。

同学们，美好的大学画卷已经展开，崭新的人生旅程在等你开拓，希望你们从大处着眼，小处着手，点滴做起，逐步积累，以饱满的热情、积极的心态迎接新生活、新挑战。相信未来的医学大师就在你们中间产生！你们今天以协和为光荣，协和明天定会以你们为骄傲！

祝大家在协和学习好！工作好！生活好！身体好！

谢谢大家！

曾益新在北京协和医学院庆祝 2014 年教师节暨表彰大会上的讲话

（2014 年 9 月 10 日）

尊敬的各位老师、各位同学，同志们：

大家上午好！

今天我们相聚在这里，共同庆祝属于我们教师自己的节日：第 30 个教师节，在此，我谨代表院校向全体教师致以节日的祝贺和诚挚的问候！向为院校的改革与发展呕心沥血、付出辛勤汗水，在教学、科研、医疗、管理和后勤服务等岗位上恪尽职守、默默耕耘的全体教职员工，向关心、支持学校建设与发展的老领导、老专家、老教授们致以衷心的感谢和崇高的敬意！并向在大会上获得表彰的各位老师和教育工作者表示热烈的祝贺！

国之本在于教，教之本在于师。昨天习近平总书记在北京师范大学视察时说“教师是太阳底下最崇高的职业”，这是对我们老师们的最大鼓励！中华民族自古便有尊师重教的优良传统。1985 年第一个教师节至今，30 年时光匆匆而过。这 30 年，是中华民族尊师重教的光荣传统得以发扬光大的 30 年。教师节是平凡的节日，却有着感人至深的特殊内涵！选择了教师，也就选择了艰辛和奉献，更是选择了崇高与自豪。为了学校的工作，我们广大教师不讲条件、不计报酬，克服了各种个人的困难，工作中无论怎样繁忙，生活中不管有多少烦恼，总是面带微笑地走进课堂！课堂授课时的循循善诱，临床带教时的悉心指导，无时无处不在的德行熏陶，都成为天底下最美丽、最珍贵的正能量，正是大家的诸多付出和爱心，使学生的青春乐章更加轻快，使学生的智慧之泉更加清澈，使学生的职业情操更加高尚。也正是这种奉献和收获，才一直支撑着协和这个金字招牌，才使协和的优良传统和优秀文化源远流长！

北京协和医学院已经走过 97 周年的历程，回顾协和 97 周年的历史，“名教授”作为久负盛名的“协和三宝”之一，一直是推进学校事业的中坚力量，是院校弥足珍贵的教育资源和宝贵财富。他们以教书育人的人本精神，严谨博精的治学精神，勤奋奉献的敬业精神，遵循医学教育的规律，总结出一套优秀的协和育人传统，并结合医学教育的发展不断改革创新，在中国现代医学教育领域辛勤耕耘，倾心育人，终得桃李满天下，铸就了协和今天的辉煌，推进了中国现代医学教育事业的发展，在中国现代医学教育事业的发展史上写下了浓墨重彩的一笔。

回顾过去一年里，我校的教育教学工作者辛勤耕耘，挥洒汗水，取得了教育教学以及各项工作的累累硕果：崔丽英教授荣获第十届北京市高等学校教学名师奖；1 部教材入选“2013 年度北京市高等教育精品教材”；3 项教学成果荣获“第七届北京市教育教学成果奖”；在林东昕、乔友林两位导师的悉心培养下，我校 2 篇博士学位论文被评为 2013 年全国优秀博士学位论文。而且，更为可喜的是，我校的公共卫生学院和人文学院在全体教职员工的共同努力下，宣告正式成立并已经逐步启动和完善招生培养和科研教学工作，为加强医学专业教育中的公卫和人文知识，为促进专业教育和人文教育的有机融合提供了基础。学校教学工作的实体化关键是要有组织和制度的保障，学系建设的工作也在不断推进，我们共计设立 54 个学系，基础学院 11 个，临床学院 22 个，护理学院 3 个，公卫学院 5 个，人文学院 4 个，药学专业 5 个，其他专业 5 个，这些学系面向各个系统承担教学任务，得益于小规模特色办学经费的支持，每个学系都有了基本的办学经费，为提高教学岗位的吸引力、聘请国内外兼职名师、提高教学质量提供了基础。教学改革的工作也在逐步推进，包括预科与基础课的整合、横向和纵向专业课的整合、慕客网络课程的开设、小组讨论课比重的加大等等，这一系列的措施将对协和教育事业的发展起到推动作用。

以上这些成绩的取得，离不开我们这支素质高、业务精、勇于奉献的优秀教师和教学管理队伍，离不开全院校教职员工的共同奋进。在此，我谨代表学校党政班子向辛勤工作的全校教职员工表示衷心的感谢和崇高的敬意！希望全校师生员工以今天受到表彰的同志为榜样，学习他们学为人师、行为世范的高尚品格，学习他们默默耕耘、无私奉献的卓越精神，继续为深化我校教育教学改革、提高教育质量做出更加积极的贡献。

同志们，再过 9 天，我们将迎来中华医学基金会（CMB）的百年庆典，我们的学校也将在三年后迎来百年校庆，医学是超越民族和国界的人类共同事业。20 世纪初，洛克菲勒基金会从纽约来到北京，不惜重金打造“亚洲最好的医学院”，历经百年的筚路蓝缕，完美演绎了“中国宫殿里的西方医学”，打造了当代中国最为优秀的医学院校，站在世界医学发展下一个百年的世纪之交，面对全球卫生事业及我国医疗卫生改革和发展新的机遇和挑战，协和人身上肩负着更为重要和伟大的使命和责任。院校将以此为契机，进一步系统梳理协和的办学理念、目标定位、办学特色和培养模式，进一步全面深刻传承协和精神和协和文化，全面推进教学实体化和教学改革的各项计划和工作真正落地。希望全校师生员工以推动医学教育的进步、学校的发展为己任，继承协和的优良传统，发扬与时俱进、开拓创新、奋发有为的创业精神，把协和人“谋大事、创大业”的志向和魄力应用到学校改革发展中来，让我们在“传承百年协和文化、精神”和“承载伟大中国梦、健康梦”的时代使命中，共同打造我国乃至世界医学事业发展的“协和梦”！

最后，祝大家节日愉快、身体健康、工作顺利、阖家幸福！

科 研 工 作

2014 年度院校科研工作概况

2014 年是“十二五”科技计划实施的关键之年，是院校改革发展的战略机遇期。党的十八大提出实施创新驱动发展战略，对科技创新提出了更高的要求。十八届三中全会做出了全面深化科技体制改革的重大决定，对科技体制改革进行了新的部署。在《国家中长期科学和技术发展规划纲要(2006~2020 年)》(以下简称《科技规划纲要》)提出的“自助创新、重点跨越、支撑发展、引领未来”的方针指导下，以创新驱动发展为目标，围绕加快推进院校医学科技创新体系建设，通过加强项目整合、平台建设等措施，使院校自主创新能力和科技支撑体系建设等方面得到了明显提升，实现了院校整体科研水平的稳步发展。

一、院校科研概况

2014 年院校新中标院校级以上项目 1045 项，经费 9.5 亿元。其中国家重大专项 35 项，重大科技计划 4 项，国家自然科学基金项目 316 项，各部委级课题 100 项。2014 年院校到位科研经费总数约为 7.86 亿元。全年科技计划执行情况良好，724 项课题按计划结题。全年共完成科技成果鉴定(含登记) 32 项，共获得各类科技成果奖励 45 项，其中国家科技进步一等奖 2 项、二等奖 1 项，国家自然科学二等奖 1 项，省部级科技奖励 9 项，高校科技奖励 6 项，中华医学科技奖 9 项，其他奖励 17 项。全年申请专利 209 项，授权专利 175 项。根据各所院截至 2014 年 12 月 31 日上报的数据显示，院校 2014 年度共发表科技论文 4403 篇，SCI 收录论文数为 1603 篇，其中影响因子在 3.0 以上 667 篇(统计数据截至 2014 年 12 月 31 日)。

二、项目申报及获资助情况

顺利完成《重大新药创制》国家重大科技专项“创新药物研究开发平台建设”项目的任务指标。完成“中央级科研院所基本科研业务费”和“中央高校基本科研业务费”的实施工作。基本科研业务费主要资助优秀团队、优秀个人和院校优先资助领域，今年共设立 16 个项目，资助经费 2283 万元。利用中央高校基本科研业务费组织了“协和青年科研基金”评审，共选拔资助 146 项课题，经费 1260 万元。

三、成果与奖励情况

在 2014 年度共获得奖项 45 项。国家级奖励 4 项，其中自然科学类二等奖 1 项，(第一完成单位基础医学研究所张学等遗传病致病基因和致病基因组重排的新发现)；科技进步奖一等奖 2 项(第一完成单位肿瘤医院赫捷，食管癌规范化治疗关键技术的研究及应用推广；第二完成单位血研所韩忠朝，成体干细胞救治放射损伤新技术的建立于应用)；二等奖 1 项(第一完成单位药物所庾石山，中草药微量活性物质识别与获取的关键技术及应用)。省部级奖励 15 项，其中北京市科学技术奖 9 项，高校科技奖 6 项；中华医学科技奖 9 项；其他社会奖 17 项。

四、基地建设情况

目前，院校现有 5 个国家重点实验室，10 个部门开放实验室和近 30 个省部级实验室(中心)。国家重点实验室注重自身内涵建设和实验室运行管理，特别是加大优秀人才的引进和培养力度，提升科技竞争实力。

在2014年新增的23人次优秀人才中，有17人次分别来自分子肿瘤学国家重点实验室、医学分子生物学国家重点实验室，实验血液学国家重点实验室和心血管疾病国家重点实验室。优秀人才的涌现，有力地推动了依托单位的整体发展实力，也为疾病防控，临床治疗的新路径、新标准、新技术和新方法的提出提供了重要的科技支撑。

院校加强内设研究中心的建设，整合内部优势资源，注重所院间协同创新发展。院校组织专家对11个内设研究中心进行了总结评估，并将专家评估意见反馈给各依托单位，各研究中心根据专家意见进行了整改。

五、合作与交流情况

院校自2012年11月7日举办中国医学科学院协和学术沙龙首期活动，已陆续举办47期，共邀请123名教授围绕47个主题开展了报告、交流和讨论，累积参加人数近1500人次。2014年前三季度共举办协和学术沙龙12期，邀请41名教授围绕12个主题做了专题报告，约374人参加了沙龙。学术沙龙营造浓厚的学术氛围，为院校内外基础、临床和药物等领域的专家搭建了平等交流学术思想和观点的平台，有利于形成跨学科和跨所院的科研合作。

为进一步提升药研院在国内外的影响力，聚焦药物研发最新进展，2014年药研院开始组织系统药学论坛，目前已经组织系列活动3期。以“中药研发新模式、新理念”“药物合成生物学”“化学生物学”为主题，邀请国内药物研发领域院士、知名专家及课题内研究人员，报告新药研究进展，探讨新药研究思路，展望新药研究未来，进一步推动了课题的实施，促进了本课题的实施及药研院与国内科研单位的学术交流。

六、2014年科技工作亮点

（一）部分领域取得突破性进展

2014年院校围绕国家战略需求，选择具有前瞻性的关键医学科技问题开展研究，在白血病研究、疫苗研制、食管鳞癌研究、免疫学、心血管病研究等方面，取得重要进展。

（二）科技人才队伍建设取得显著进展

院校加快顶尖科学家和优秀骨干人才的引进和培养工作，引进海外优秀人才加入所院研究团队。注重对青年人才的培养，对优秀团队和青年人才给予重点支持。

（三）有效发挥院校学术委员会的作用

自2013年第五届学术委员会换届以来，院校加强学术委员会对院校重点工作决策时的咨询、参谋作用的顶层设计，建立了重大问题、科研项目立项和推荐优秀人才学术委员会评议机制。

（科技管理处　编）

联系电话：（010）65105969

2014年度各所院获奖科研成果题录

一、国家级奖项

序号	项目名称	完成单位	主要完成人	奖项
1	食管癌规范化治疗关键技术的研究及应用推广	中国医学科学院肿瘤医院	赫　捷，王贵齐，乔友林，王明荣，刘芝华，林东昕，吕　宁，王绿化，肖泽芬，徐宁志，王国清，汪　楣，魏文强，黄国俊，黄　镜	国家科学技术进步奖一等奖
2	遗传病致病基因和致病基因组重排的新发现	中国医学科学院北京协和医学院，中国医科大学附属第一医院	张　学，王宝玺，何春涤，沈　岩，孙　淼	国家自然二等奖
3	中草药微量活性物质识别与获取的关键技术及应用	中国医学科学院药物研究所，北京科莱博医药开发有限责任公司	庾石山，石建功，张东明，于德泉，陈晓光，张建军，王　珂，申竹芳，马双刚，屈　晶	国家科学技术进步奖二等奖
4	成体干细胞救治放射损伤新技术的建立与应用	军事医学科学院附属医院，中国医学科学院血液病医院（血液学研究所）	陈　虎，韩忠朝，毛　宁，胡亮钉，张　斌，吴祖泽等	国家科技进步一等奖（第二单位）

二、省级奖项

序号	项目名称	完成单位	主要完成人	奖项
1	提高心血管核医学诊断水平的关键技术研究及应用	中国医学科学院阜外医院	何作祥，方　纬，窦克非，杨敏福，赵世华，刘秀杰	北京市科学技术三等奖
2	体外膜肺氧合技术在危重心脏病救治中的应用与推广	中国医学科学院阜外医院	王　巍，龙　村，黑飞龙，胡盛寿，宋云虎，吉冰洋，罗新锦，于　坤，刘晋萍，李景文	北京市科学技术三等奖
3	直肠癌综合治疗关键技术的建立，优化及推广	中国医学科学院肿瘤医院	周志祥，蔡建强，金　晶，冉宇靓，欧阳汉，梁建伟，王　勇，侯惠荣，毕新宇，赵　宏	北京市科学技术奖二等奖
4	发明绿茶儿茶素治疗尖锐湿疣的研究与应用	中国医学科学院肿瘤医院	程书钧，王德昌，章文华，穆秀珍，童　彤，高燕宁	北京市科学技术奖三等奖
5	自体造血干细胞移植治疗恶性实体瘤的临床与实验研究	中国医学科学院肿瘤医院	石远凯，孙　燕，吴冠青，罗克桓，潘　峰，吴世凯	北京市科学技术奖三等奖

续 表

序号	项目名称	完成单位	主要完成人	奖项
6	HPV DNA 检测技术筛查宫颈癌的效果评价及临床应用研究	中国医学科学院肿瘤医院，襄桓县妇幼保健院	乔友林，赵方辉，章文华，潘秦镜，张 洵，陈 凤	北京市科学技术奖三等奖
7	中国过敏性疾病诊疗体系建立及关键技术研究	中国医学科学北京协和医院	尹 佳，叶世泰，乔秉善，孙劲旅，周俊雄，王良录，李 宏，王瑞琦，顾建青，程 璇，牛占坡，张宏誉，顾瑞金，关 凯，文昭明	北京市科学技术奖二等奖
8	疑难性心肌肥厚疾病诊断技术研究	中国医学科学北京协和医院	方 全，程中伟，田 庄，曾 勇，方理刚，张抒扬，严晓伟，朱文玲，崔全才，赵大春，程康安，陈太波，陈 未，谢洪智，刘永太	北京市科学技术奖三等奖
9	药物晶型理论与关键技术应用研究	中国医学科学院药物研究所	杜冠华，吕 扬，张 丽，杨世颖，龚宁波，杨德智，何国荣，邢 逞，杨庆云，谢 平，孙加琳，胡 帆，田 硕，吴 松，宋俊科	北京市科学技术奖一等奖

三、高校科技奖项

序号	项目名称	完成单位	主要完成人	奖项
1	自体造血干细胞移植治疗恶性实体瘤的临床与实验研究	中国医学科学院肿瘤医院	石远凯，孙 燕，吴冠青，罗克桓，潘 峰，吴世凯，王奇璐，刘印玉，雷英衡，张红志，周生余，韩晓红，何小慧，冯奉仪，陆士新	高等学校科学研究优秀成果奖科技进步奖一等奖
2	发明绿茶儿茶素治疗尖锐湿疣	中国医学科学院肿瘤医院	程书钧，王德昌，章文华，穆秀珍，童 彤，高燕宁，白瑾峰，郭素萍	高等学校科学研究优秀成果奖科技进步奖二等奖
3	胶原基功能型引导组织再生修复材料的研制与应用	北京协和医学院生物医学工程研究所	张其清，刘玲蓉，李学敏，袁 平，关 嫚	技术发明奖二等奖
4	适宜国情的艾滋病抗病毒治疗和免疫重建研究	中国医学科学院北京协和医院	李太生，王福生，王爱霞，谢 静，张 政，金 磊，邱志峰，韩 扬，李雁凌，王焕玲，吕 玮，刘正印，马小军，宋晓璟	科技进步奖一等奖
5	肌萎缩侧索硬化发病机制，早期诊断和治疗研究	中国医学科学院北京协和医院	崔丽英，李晓光，刘明生，管宇宙，邹彰钰，王 悦，蒴 凡，李本红，杜 华，吴 双	科技进步奖二等奖
6	中枢神经系统损伤后神经再生修复的关键技术与机理研究	中国医学科学院北京协和医院	王任直，包新杰，沈 沁，冯 铭，关 健，魏俊吉	自然科学奖二等奖

四、中华医学奖项

序号	项目名称	完成单位	主要完成人	奖项
1	提高心血管核医学诊断水平的关键技术研究及应用	中国医学科学院阜外医院	何作祥，杨敏福，方 纬，赵世华，窦克非，刘秀杰	中华医学科技奖二等奖
2	炎症标志物在冠状动脉性疾病中的临床应用	中国医学科学院阜外医院	李建军，陆宗良，惠汝太，徐 波，郭远林，朱成刚，吴娜琼，徐瑞霞，李小林	中华医学科技奖三等奖
3	自体造血干细胞移植治疗恶性实体瘤的临床与实验研究	中国医学科学院肿瘤医院	石远凯，孙 燕，吴冠青，罗克桓，潘 峰，吴士凯，王琦璐，刘印玉，雷英衡，张红志	中华医学科技奖二等奖
4	结直肠癌综合治疗关键技术的优化与推广应用	中国医学科学院肿瘤医院	蔡建强，周志祥，金 晶，应建明，毕新宇，赵 宏，梁建伟，侯惠荣	中华医学科技奖三等奖
5	中国过敏性疾病诊疗体系建立及关键技术研究	中国医学科学院北京协和医院	尹 佳，叶世泰，乔秉善，孙劲旅，周俊雄，王良录，李 宏，王瑞琦，顾建青，程 璇，牛占坡，张宏誉，顾瑞金，关 凯，文昭明	中华医学科技奖三等奖
6	基于流式细胞术的细胞表型和分子表型的临床系列应用研究	中国医学科学院北京协和医院	崔 巍，韩 冰，张之南，郭 野，黄春梅，陈 倩，刘定华，王 斐，杨 卓，吴 卫，邹 农，刘 蕊	中华医学科技奖三等奖
7	肌萎缩侧索硬化发病机制、早期诊断和治疗研究	中国医学科学院北京协和医院	崔丽英，李晓光，刘明生，管宇宙，邹章钰，王 悦，蒴 凡，李本红，杜 华，吴 双	中华医学科技奖三等奖
8	疑难性心肌肥厚疾病诊断技术研究	中国医学科学院北京协和医院	方 全，程中伟，田 庄，曾 勇，方理刚，张抒扬，严晓伟，朱文玲，崔全才，赵大春，程康安，陈太波，陈 未，谢洪智，刘永太	中华医学科技奖三等奖
9	GP73在肝癌早期诊断，治疗效果评价和术后复发监测中的应用	中国医学科学院北京协和医院	毛一雷，杨华瑜，徐海峰，田亚平，桑新亭，卢 欣，张宏冰，张锦春	中华医学科技奖三等奖

五、其他社会奖项

序号	项目名称	完成单位	主要完成人	奖项
1	肌萎缩侧索硬化发病机制、早期诊断和治疗研究	中国医学科学院北京协和医院	崔丽英，李晓光，刘明生，管宇宙，邹章钰，王 悦，蒴 凡，李本红	华夏医学科技奖三等奖
2	《血管保卫战》	中国医学科学院北京协和医院	刘昌伟，刘 暴，来志超，吴巍巍，叶 炜，郑月宏，许剑秋，李拥军	华夏医学科技奖医学科普奖
3	体外膜肺氧合技术在危重心脏病救治中的应用与推广	中国医学科学院阜外医院	王 巍，龙 村，黑飞龙，胡盛寿，宋云虎，吉冰洋，罗新锦，于 坤，刘晋萍，李景文	华夏医学科技奖三等奖

续 表

序号	项目名称	完成单位	主要完成人	奖项
4	自体造血干细胞移植治疗恶性实体瘤的临床与实验研究	中国医学科学院肿瘤医院	石远凯，孙 燕，吴冠青，罗克桓，潘 峰，吴世凯，王奇璐，雷英衡，张红志，韩晓红	中国抗癌协会科技奖一等奖
5	适合于中低收入国家的子宫颈癌快速筛查与相关技术研究	中国医学科学院肿瘤医院，襄桓县妇幼保健院	乔友林，赵方辉，张 洵，李淑敏，潘秦镜，陈凤，胡尚英	中国抗癌协会科技奖二等奖
6	结直肠癌综合治疗关键技术的优化与推广应用	中国医学科学院肿瘤医院	蔡建强，周志祥，金 晶，应建明，冉宇靓，王 勇，毕新宇，赵 宏，梁建伟，姜 军，杨 林，依荷芭丽·迟，侯惠荣，孙力超，杨治华	华夏医学科技奖一等奖
7	提高肺癌放疗疗效的临床及转化研究	中国医学科学院肿瘤医院	王绿化，赵路军，张 莉，毕 楠，冯勤付，杨 明，惠周光，朱 慧，戴洪海，周宗玫	华夏医学科技奖二等奖
8	适合于中低收入国家的子宫颈癌快速筛查与相关技术研究	中国医学科学院肿瘤医院，襄桓县妇幼保健院	乔友林，赵方辉，潘秦镜，李淑敏，张 洵，陈 汶，陈 凤，胡尚英	华夏医学科技奖三等奖
9	适合于中低收入国家的子宫颈癌快速筛查与相关技术研究	中国医学科学院肿瘤医院，襄桓县妇幼保健院	乔友林，赵方辉，潘秦镜，李淑敏，张 洵，陈 汶，陈 凤，胡尚英，马俊飞，刘 彬	中华预防医学会科学技术奖二等奖
10	功能性生物医学材料的可控自组装机制及其构效关系	中国医学科学院生物医学工程研究所	张其清，刘玲蓉，李学敏	天津市南开区科学技术进步奖二等奖
11	50余种临床常用药物的杂质研究与应用	中国医学科学院药物研究所，中国食品药品检定研究院，华润紫竹药业有限公司	吴 松，张启明，张金兰，郑 琰，杨庆云，宁保明，杜冠华，童元峰，王冬梅，吴彩胜，王月华	中国药学会科学技术奖三等奖
12	基于质谱技术的代谢组学与药物体内分析新方法及其应用	中国医学科学院药物研究所，中国医学科学院肿瘤医院，清华大学等	再帕尔·阿不力孜，陈艳华，徐 婧，罗志刚，张瑞萍，贺玖明，杨 维，宋咏梅，唐 飞，黄 江，田亚平，田 鹤，庾石山，白进发，王绿化	中国分析测试协会科学技术奖（CAIA奖）一等奖
13	树鼩实验动物化种群建立及应用	中国医学科学院医学生物学研究所	代解杰，夏雪山，孙晓梅，陆彩霞，冯 悦，匡德宣，王文广，仝品芬，刘 丽，李晓飞，罕园园，胡云章，高家红，江勤芳，蒋蕊鞠	中国实验动物学会科学技术奖（一等奖）

续 表

序号	项目名称	完成单位	主要完成人	奖项
14	常用中（傣）药千斤拔资源调查评价及可持续利用研究	中国医学科学院药用植物研究所云南分所，中国医学科学院药用植物研究所，中国中医科学院中药研究所	张丽霞，高微微，邵爱娟，管燕红，张忠廉，李海涛，牛迎凤，唐德英	中华中医药学会科学技术三等奖
15	中草药 DNA 条形码生物鉴定体系	中国医学科学院药用植物研究所，中国中医科学院中药研究所，湖北中医药大学	陈士林，宋经元，姚　辉，韩建萍，庞晓慧，石林春，林余霖，刘　昶，高　婷，陈科力，李　滢，朱英杰，马新业，罗　坤，李西文	中华中医药学会科学技术一等奖
16	绣线菊等长白山常用中药材活性组分及应用研究	中国医学科学院药用植物研究所，吉林省中医药科学院，中国食品药品检定研究院	董政起 1，王隶书，王　威，程东岩，郭　鹏 5，赫玉芳，张英华，赵海婷，南敏伦	中华中医药学会科学技术二等奖
17	罗汉果遗传育种与良种推广	中国医学科学院药用植物研究所广西分所	马小军，莫长明，缪剑华，白隆华，冯世鑫，王海英，唐　其，刘丽华，石　磊，覃嘉明	中华中医药学会科学技术二等奖

2014年度各所院新获科技部项目题录

序号	单位	项目（课题）分类	项目（课题）编号	项目（课题）名称	项目（课题）项目起止时间	项目（课题）负责人	项目（课题）经费（万元）
1	阜外医院	“973”计划	2014CB541601（前两年）	“豆纹动脉神经复合体”区易发脑出血的遗传、环境危险因素及预警生物标志研究	2014～2019	陈敬洲	199
2	阜外医院	国家支撑计划	2013BAI09B01	冠心病医疗质量改善研究	2014～2015	胡盛寿	738
3	肿瘤医院	国家重点基础研究发展计划（“973”计划）	2015CB553902	表遗传学模式改变对癌前病变发生发展的作用机制	2015.01.01～2019.08.31	焦宇辰	185
4	肿瘤医院	国家重点基础研究发展计划（“973”计划）	2015CB553901	肿瘤易感基因在驱动食管癌癌前病变发生发展中的作用机制	2015.01.01～2019.08.31	林东昕	350
5	肿瘤医院	国家重点基础研究发展计划（“973”计划）	2015CB553900	恶性肿瘤癌前病变发生发展的分子机理研究	2015.01.01～2019.08.31	詹启敏	1600
6	肿瘤医院	国家重点基础研究发展计划（“973”计划）	2015CB553904	癌前病变发生发展中的细胞周期调控异常及其分子机理	2015.01.01～2019.08.31	詹启敏	390
7	肿瘤医院	国家科技支撑计划		恶性肿瘤靶基因捕获等转化医学平台技术研究	2014.01.01～2017.12.31	刘滨磊	252
8	肿瘤医院	国家科技支撑计划	2014BAI09B01	肺癌的早期诊断和综合治疗研究	2014.01.01～2017.12.31	杨　晟	964

续 表

序号	单位	项目（课题）分类	项目（课题）编号	项目（课题）名称	项目（课题）项目起止时间	项目（课题）负责人	项目（课题）经费（万元）
9	肿瘤医院	国家科技支撑计划	2013BAI09B07	基于癌症监测信息网络的肿瘤规范化诊治研究	2014.01.01~2015.12.30	赫　捷	708
10	肿瘤医院	国家重点基础研究发展计划（“973”计划）	2014CB542002	肿瘤异质性的转录组与蛋白质组研究（前两年）	2014.01.01~2015.12.31	高燕宁	175
11	肿瘤医院	国际科技合作项目	2013DFE33110	东西方结肠癌患者预后和化疗疗效相关基因的筛选及验证	2013.12.01~2016.11.30	石远凯	188
12	肿瘤医院	国家高技术研究发展计划（“863”计划）	SS2014AA020519	基于PCL温敏型基因转染系统的构建及其在血液系统疾病治疗中的应用	2014.01.01~2016.12.31	袁　伟	120
13	肿瘤医院	国家高技术研究发展计划（“863”计划）	SS2014AA020601	食管癌多维度分子网络研究	2014.01.01~2016.12.31	吴　晨	815
14	肿瘤医院	国家高技术研究发展计划（“863”计划）	SS2014AA020537	肿瘤干细胞功能性膜蛋白靶标分子鉴定新技术及其抗体靶向药物的研究	2014.01.01~2016.12.31	孙力超	120
15	肿瘤医院	国家科技重大专项		国家一类新药紫杉肽临床研究	2015.01.01~2018.11.30	袁　芃	60
16	肿瘤医院	国家科技重大专项	2014ZX09304003-003-002	西莫替尼转化医学研究	2014.01.01~2016.12.31	石远凯	183.08
17	肿瘤医院	国家科技基础性工作专项	2014FY121100	《中国癌症地图集》编制	2014.05.01~2018.04.13	陈万青	455
18	病原所	“艾滋病和病毒性肝炎等重大传染病防治”科技重大专项	2014ZX10003002-001-003	我国耐药结核病的动态变化趋势	2014.1~2016.12	任仙文	77.78
19	病原所	“艾滋病和病毒性肝炎等重大传染病防治”科技重大专项	2014ZX10004002	人感染新型流感防控技术研究	2014.1~2016.12	周　卓	58.67

续表

序号	单位	项目（课题）分类	项目（课题）编号	项目（课题）名称	项目（课题）项目起止时间	项目（课题）负责人	项目（课题）经费（万元）
20	病原所	国家重点基础研究发展计划（“973计划”）	2015CB554301	慢性丙型病毒性肝炎免疫逃逸与免疫病理研究（中国主要流行株HCV的病毒学特征和抗病毒治疗的应答规律研究）	2015.1.1～2016.12.31	杨威	93.60
21	病原所	国家重点基础研究发展计划（“973计划”）	2015CB554204	重要病原细菌关键生物学特性适应性进化机制的研究	2015.1.1～2016.12.31	孙义成，陈立宏	60.00
22	病原所	国家重点基础研究发展计划（“973计划”）-国家重大科学研究计划	2014CB542502	SHIV感染体液应答特征机制与干预研究	2014.1～2018.8	何玉先	57.80
23	病原所	国家科技基础条件平台		国家人口健康科学数据共享平台基础医学科学数据中心	2014.1～2014.12	杨剑	20.00
24	工程所	“863”计划	SS2015AA021105	人与动物血液样品差异性光谱特征数据库和数学模型的建立	2015.1.1～2017.12.31	李迎新	170
25	工程所	国家科技支撑计划项目	2014BAI10B10	提高民族医疗效的外置技术及器械示范研究	2014.1.1～2017.12.31	吴金鹏	43
26	基础所	“973”计划	2015CB553406	大气细颗粒物化学组分协同微生物引发呼吸道损伤的病理生理机制与干预研究	2015.1～2019.8	蒋澄宇	550
27	基础所	“973”计划	2015CB553802	细胞能量代谢通路对肿瘤细胞免疫耐受的影响	2015.1～2019.8	张宏冰	708
28	基础所	重大科学研究计划	2015CB943001	精子发生中LncRNA及互作复合体表达的动态网络	2015.1～2019.8	余佳	880
29	基础所	重大科学研究计划	2015CB943103	骨骼肌与脂肪细胞转换关键因子的鉴定及功能	2015.1～2019.8	张勇	600

续 表

序号	单位	项目（课题）分类	项目（课题）编号	项目（课题）名称	项目（课题）项目起止时间	项目（课题）负责人	项目（课题）经费（万元）
30	基础所	课题	2014ZX09101042	重大疾病治疗的干细胞药物品种临床试验研究及其制药工艺标准化研发	2014.1~2016.12	韩 钦	2810.83
31	基础所	子课题	2014ZX09507003-003	治疗炎性肠病新药 CAI 的研究	2014.1~2016.12	叶菜英	459.64
32	基础所	子课题	2014ZX09507002-005	表观遗传靶标验证	2014.1~2016.12	王春梅	164.02
33	协和医院	国际科技合作计划	2014DFA31850	中美人群肠易激综合征生物学标志物的异同	2014.4.1	方秀才 费贵军	180.0
34	协和医院	科技重大专项（重大传染病防治）	2014ZX10003003	中国风湿免疫病人群活动性结核病的流行病学调查和治疗效果及预后研究	2014.1.1	刘晓清	1268.51
35	协和医院	子课题国家科技重大专项	2014ZX09102041-008	联合疫苗及新型疫苗研制——葎草、蒿草、圆柏花粉标准化过敏原疫苗	2014.1.1	尹 佳	1316.8
36	协和医院	子课题国家科技重大专项	2014ZX09507009-028	抗 G^- 耐药菌新药的发现与研发——抗革兰阴性菌新药对临床耐药菌体外活性验证	2014.1.1	孙宏莉	176.27
37	协和医院	子课题“973”	2014CB542303	胰腺癌特异性血清循环 miRNA 表达谱的鉴定与功能研究	2014.1.1	张太平	165.0
38	协和医院	“863”计划	2014AA020609	胰腺癌的蛋白质分子网络研究	2014.1.1	郭俊超	814.0
39	协和医院	“863”计划	2014AA020513	三维培养间充质干细胞联合生物材料移植治疗脑梗死的关键技术与机理研究	2014.1.1	包新杰	120.0
40	协和医院	十二五国家科技支撑计划	2014BAI08B03	建立适合中国国情的乳腺癌筛查模式	2014.1.1	孙 强	326.0
41	协和医院	十二五国家科技支撑计划	2014BAI07B06	人免疫功能评价平台建设及临床应用	2014.1.1	李太生	252.0
42	协和医院	十二五国家科技支撑计划	2014BAI04B03	基于分子病理学的垂体瘤个性化及综合治疗研究	2014.1.1	姚 勇	128.0

续 表

序号	单位	项目（课题）分类	项目（课题）编号	项目（课题）名称	项目（课题）项目起止时间	项目（课题）负责人	项目（课题）经费（万元）
43	协和医院	十二五国家科技支撑计划	2014BAI05B02	盆底障碍性疾病的规范化诊疗	2014. 1. 1	朱 兰	505. 0
44	协和医院	十二五国家科技支撑计划	2014BAI06B05	基于基层医院的胎儿孕早中期超声筛查方案的评价研究	2014. 1. 1	姜玉新	386. 0
45	协和医院	十二五国家科技支撑计划	2014BAI09B11	胰腺癌早期诊断和综合治疗的转化医学研究	2014. 1. 1	胡 亚	164. 0
46	放射所	科技部科研院所	2014EG150134	肿瘤放射治疗增敏新药青增素 1 号的临床前研究	2014. 01～2016. 12	樊赛军	110
47	输血所	其他计划项目	2014EG150133	我国输血传播病原体核酸检测关键技术研究	2014. 1～2016. 12	刘 忠	133
48	输血所	“973”计划	2015CB964902	外在环境调控多能干细胞向造血干细胞分化的作用和机理研究	2015. 1. 1～2019. 8. 31	马 峰	66. 87
49	药物所	重大新药创制科技重大专项	2014ZX09507-003	以离子通道为靶标的重大新药创制	2014. 01～2016. 12	黄海洪	2843. 15
50	药物所	重大新药创制科技重大专项	2014ZX09304306	基于中药优势病种的新药研发	2014. 01～2016. 12	屈 晶	1958. 23
51	药物所	重大新药创制科技重大专项	2014ZX0950700909	抗 G^- 耐药菌新药的发现与研发-新型 G^- 耐药菌大环内酯先导物 IPS-001 的发现研究	2014. 01～2016. 12	雷平生	96. 52
52	药物所	重大新药创制科技重大专项	2014ZX09507006-004	儿科用药技术与品种的研究与开发-子课题 4-妥洛特罗贴片的临床前研究	2014. 01～2016. 12	郑稳生	447. 61
53	药物所	重大新药创制科技重大专项	2014ZX09507003-002	以离子通道为靶标的重大新药创制-子课题 2-抗阿尔茨海默病新药 DL0410 的临床前研究	2014. 01～2016. 12	刘艾林	410. 43

续 表

序号	单位	项目（课题）分类	项目（课题）编号	项目（课题）名称	项目（课题）项目起止时间	项目（课题）负责人	项目（课题）经费（万元）
54	药物所	重大新药创制科技重大专项	2014ZX09507-003-001	以离子通道为靶标的重大新药创制-子课题1-抗老年痴呆及轻度认知障碍新药sGC-1061的临床前研究	2014.01~2016.12	彭 英	479.80
55	药物所	重大新药创制科技重大专项	2014ZX09304306-001	基于中药优势病种的新药研发-子课题1-针对复杂性疾病基于多靶点网络调控的脑得生创新中药研发	2014.01~2016.12	屈 晶	482.96
56	药物所	重大新药创制科技重大专项	2013ZX09402103	石药集团-中国医学科学院药物研究所联合实验室建设	2013.01~2016.12	吴 松	86.00
57	药物所	重大新药创制科技重大专项	2014ZX09304-003-005	创新药国际合作集成创新平台-子课题5-1.1类抗凝血药SAR国际合作开发研究	2014.01~2016.12	王 珂	330.20
58	药物所	重大新药创制科技重大专项	2014ZX09507-003-006-008	以离子通道为靶标的重大新药创制-子课题6-离子通道结构解析及靶向候选药的发现研究-任务8-Nav1.7和TREK-1的高通量筛选	2014.01~2016.12	王伟平	51.98
59	药物所	重大新药创制科技重大专项	2014ZX09507-003-006-007	以离子通道为靶标的重大新药创制-子课题6-离子通道结构解析及靶向候选药的发现研究-任务7-Nav1.7和TREK-1的药物分子设计	2014.01~2016.12	徐柏玲	74.18
60	药物所	重大新药创制科技重大专项	2014ZX09507-003-006-003	以离子通道为靶标的重大新药创制-子课题6-离子通道结构解析及靶向候选药的发现研究-任务3-Nav1.7和TREK-1的靶标确认	2014.01~2016.12	王伟平	83.06
61	药物所	重大新药创制科技重大专项	2014ZX09507-003-006-002	以离子通道为靶标的重大新药创制-子课题6-离子通道结构解析及靶向候选药的发现研究-任务2-TREK-1的结构解析	2014.01~2016.12	卢 多	77.63

续 表

序号	单位	项目（课题）分类	项目（课题）编号	项目（课题）名称	项目（课题）项目起止时间	项目（课题）负责人	项目（课题）经费（万元）
62	药物所	重大新药创制科技重大专项	2012ZX09102201-009	中药临床前研究-子课题 9-香青兰有效部位滴丸的临床前研究-任务 3-香青兰总黄酮有效部位药代动力学研究	2012.01～2015.12	王 琰	24.00
63	药物所	国家科技基础条件平台	DDK14-34	面向脂质组学研究的脂质化合物质谱专题数据库	2014.11～2015.10	吴彩胜	15.00
64	药物所	国家科技基础条件平台	APT1302-1	国家标准物质资源共享平台组织运行管理-标准物质资源共享平台数字化加工与共享	2014.05～2.15.05	吕 扬	20.00
65	药物所	国家科技基础条件平台	DDK14-019	北京离子探针中心平台参建单位仪器运行补贴-傅里叶变换离子回旋共振质谱和三重四级杆质谱远程共享服务网络运行费	2014.01～2014.12	张金兰	15.00
66	血研所	国家重大研究计划	2015CB964902	外在环境调控多能干细胞向造血干细胞分化的作用和机理研究	2015.1～2019.12	马 峰	448
67	血研所	国家重大研究计划	2015CB964402	骨髓微环境中关键免疫调节细胞对移植HSC 存活和功能的调控作用及机制研究	2015.1～2019.12	冯晓明	448
68	药生所	“十二五”国家科技重大专项	2014ZX09101005008	盐酸小檗碱治疗糖脂代谢综合征新适应证研究与产品开发	2014.1～2016.12	宋丹青	376.8
69	动研所	重大专项	2014ZX09102044-003	中和抗体临床前体内药效学研究	2014～2016	鲍琳琳	923.91
70	动研所	重大专项	2014ZX10001001	艾滋病功能性治愈的免疫治疗策略研究	2014.1～2016.12	薛 婧	435.84

2014年度各所院新获国家自然基金项目题录

序号	单位	项目（课题）分类	项目（课题）编号	项目（课题）名称	项目（课题）项目起止时间	项目（课题）负责人	项目（课题）经费（万元）
1	阜外医院	面上项目	81470204	从左室影响动脉血气波浪式信号探索陈施呼吸发生机制	2015~2018	孙兴国	70
2	阜外医院	面上项目	81470487	金属蛋白酶 ADAMTS13 表达调控的机制研究	2015~2018	周　洲	80
3	阜外医院	面上项目	81470423	药物靶向抑制黏着斑激酶对心肌梗死后纤维化的作用与机制研究	2015~2018	王　巍	68
4	阜外医院	面上项目	81470578	miR-29c 调控胰岛素样生长因子 1 在深低温停循环后的肠道损伤内源性保护机制的研究	2015~2018	吉冰洋	68
5	阜外医院	面上项目	81470380	MYH7B 基因导致肥厚型心肌病的分子机制	2015~2018	宋　雷	73
6	阜外医院	面上项目	81470509	Meis2 在退行性瓣膜病发病中的作用与机制研究	2015~2018	郑　哲	75
7	阜外医院	面上项目	81470486	ABCB1 基因在 P2Y12 受体拮抗剂类抗血小板药物引发消化道出血中的作用及其分子机制研究	2015~2018	袁晋青	73
8	阜外医院	面上项目	81470459	雄激素通过介导 HCN4 的表达参与心率调节的机制研究	2015~2018	陈柯萍	73
9	阜外医院	面上项目	81470484	溶血磷脂酸激活炎症细胞促进心肌纤维化的研究	2015~2018	陈　曦	73

续 表

序号	单位	项目（课题）分类	项目（课题）编号	项目（课题）名称	项目（课题）项目起止时间	项目（课题）负责人	项目（课题）经费（万元）
10	阜外医院	面上项目	81470446	心肌细胞极化和心脏致密化不全的分子机制研究	2015~2018	寿伟年	75
11	阜外医院	面上项目	81470080	三维斑点追踪技术定量评价心肌缺血动物模型左室功能研究	2015~2018	王　浩	72
12	阜外医院	面上项目	81470485	甲状腺激素模拟剂对甲减大鼠心肌缺血再灌注血管新生的影响	2015~2018	唐熠达	73
13	阜外医院	面上项目	81470424	先天性心脏病引起的肺动脉高压肺血管重构的分子机制研究	2015~2018	魏英杰	73
14	阜外医院	面上项目	81470460	右室心尖部起搏导致心力衰竭的基因机制及干预策略研究	2015~2018	浦介麟	73
15	阜外医院	面上项目	81470503	肥厚型心肌病致病基因复合突变剂量效应及其分子机制研究	2015~2018	王　虎	73
16	阜外医院	面上项目	81470466	心梗后心衰患者小窝蛋白 Caveolin-3 对 SCD 的预测价值及其机制研究	2015~2018	张　澍	68
17	阜外医院	青年科学基金项目	81400041	缺氧诱生因子-1α（HIF-1α）影响先天性心脏病所致肺动脉高压发展的机制研究	2015~2017	潘湘斌	23
18	阜外医院	青年科学基金项目	31401237	利用 Bmp9/Bmp10 基因替换小鼠模型研究 Bmp10 对心室壁发育的分子调控机制	2015~2017	曲秀霞	23
19	阜外医院	青年科学基金项目	81400242	SMYD1 等第二生心区调控基因变异在右心发育不良综合征发生中的机制研究	2015~2017	王恩世	23
20	阜外医院	青年科学基金项目	81400186	重测序研究中国人群先天性心脏圆锥动脉干畸形中 2q24.3 位点的新致病基因	2015~2017	赵　倩	23
21	阜外医院	青年科学基金项目	81400271	心肌缺血损伤及保护的新机制-线粒体 miRNAs 的作用	2015~2017	周程辉	23

续 表

序号	单位	项目（课题）分类	项目（课题）编号	项目（课题）名称	项目（课题）项目起止时间	项目（课题）负责人	项目（课题）经费（万元）
22	阜外医院	青年科学基金项目	81400183	肌浆网钙 ATP 酶小泛素化修饰对糖尿病降糖治疗时间窗口的影响研究	2015～2017	宋光远	23
23	阜外医院	青年科学基金项目	81400034	神经母细胞瘤抑瘤蛋白 1（NBL1）在先天性心脏病肺动脉高压肺血管重构中的作用及分子机制	2015～2017	孟刘坤	23
24	阜外医院	青年科学基金项目	81401443	动脉粥样硬化易损斑块的 PET-CT 分子显像研究	2015～2017	孙晓昕	23
25	阜外医院	青年科学基金项目	81400305	PKCε 通路双重调控 SDF-1/CXCR4 轴介导间充质干细胞归巢与旁分泌治疗 DHCA 诱导肺损伤研究	2015～2017	张燕搏	23
26	阜外医院	应急管理项目	81441010	Wt1 心外膜细胞亚群在哺乳动物心肌再生中的作用研究	2015～2015	聂 宇	10
27	阜外医院	应急管理项目	81441018	正中神经调控抑制慢性心功能不全犬室性心律失常的实验研究	2015～2015	唐 闽	10
28	阜外医院	应急管理项目	81441017	细胞黏附和骨架调节通路基因与主动脉夹层发病机制和遗传易感性研究	2015～2015	樊晓寒	10
29	阜外医院	优秀青年科学基金项目	81422043	心血管疾病遗传流行病学	2015～2017	鲁向锋	100
30	阜外医院	重大研究计划	91439202	WDR35 和 GALNT4 基因在血管内皮细胞功能紊乱及动脉粥样硬化中的作用及机制研究	2015～2018	顾东风	270
31	阜外医院	重点项目	81430006	先心病出生后心脏发育异常致心室退化的机制和干预研究	2015～2019	胡盛寿	320
32	阜外医院	专项基金项目	L1422033	我国冠心病防治的战略研究	2015～2016	胡盛寿	40
33	阜外医院	杰出青年基金项目		肺循环及肺血管病	2015～2018	荆志成	400

续 表

序号	单位	项目（课题）分类	项目（课题）编号	项目（课题）名称	项目（课题）项目起止时间	项目（课题）负责人	项目（课题）经费（万元）
34	肿瘤医院	创新研究群体项目	81321091	食管癌发生发展的分子机理研究	2014.01.01~2016.12.31	詹启敏	600
35	肿瘤医院	重大项目	81490753	肿瘤转移相关 lncRNA 的系统识别和功能研究	2015.01.01~2019.12.31	詹启敏	420
36	肿瘤医院	国际合作项目	81420108025	KLF 家族及其相互作用蛋白在乳腺癌变中的作用	2015.01.01~2019.12.31	刘芝华	300
37	肿瘤医院	国际合作项目	81461148025	组蛋白和 DNA 甲基化对参与乳腺癌侵袭转移 miRNAs 的调节	2014.01.01~2017.12.32	刘芝华	200
38	肿瘤医院	面上项目	81472614	PLCE1 及其反义 RNA 相互作用在食管癌发生发展中的机制研究	2015.01.01~2018.12.31	吴　晨	95
39	肿瘤医院	面上项目	81473282	Shh 信号通路抑制剂治疗 ADPKD 的机制与靶点的确认研究	2015.01.01~2018.12.31	吴冠青	85
40	肿瘤医院	面上项目	81472452	S100A14 在上皮间质转化、肿瘤微环境和肿瘤干细胞调节中的作用及机制研究	2015.01.01~2018.12.31	陈洪岩	85
41	肿瘤医院	面上项目	81472561	微量元素硒调控 Nrf2 信号通路的机制研究	2015.01.01~2018.12.31	徐宁志	80
42	肿瘤医院	面上项目	81472559	ATRX 信号传导通路在肿瘤发生中的作用及其机制研究	2015.01.01~2018.12.31	焦宇辰	80
43	肿瘤医院	面上项目	81472562	PLK1 在 APC 突变相关结直肠癌发生中的作用及机制	2015.01.01~2018.12.31	张　钰	78
44	肿瘤医院	面上项目	81472752	肺腺癌酪氨酸激酶抑制剂治疗耐药的逆转机制研究	2015.01.01~2018.12.31	石远凯	75
45	肿瘤医院	面上项目	11475261	图像引导术中放疗方法研究	2015.01.01~2018.12.31	戴建荣	74
46	肿瘤医院	面上项目	81472791	miRNAs 调节食管癌放疗敏感性分子机制研究及预测疗效模型的建立	2015.01.01~2018.12.31	骆爱萍	72

续 表

序号	单位	项目（课题）分类	项目（课题）编号	项目（课题）名称	项目（课题）项目起止时间	项目（课题）负责人	项目（课题）经费（万元）
47	肿瘤医院	面上项目	81472753	ET方案作用关键基因遗传变异对luminal A型乳腺癌化疗疗效的影响及作用机制的研究	2015.01.01～2018.12.31	袁 芃	72
48	肿瘤医院	面上项目	81472661	膜蛋白介导受IRES调控的cyclinB1促进食管癌转移的作用机制研究	2015.01.01～2018.12.31	宋咏梅	72
49	肿瘤医院	面上项目	81472453	干细胞样循环肿瘤细胞促进三阴性乳腺癌转移的遗传特征研究	2015.01.01～2018.12.31	马 飞	72
50	肿瘤医院	面上项目	81472208	核凋亡诱导因子（NAIF1）影响胃癌增殖迁移和侵袭的功能及网络机制研究	2015.01.01～2018.12.31	黄常志	72
51	肿瘤医院	面上项目	81472013	择瘤繁殖并表达绿色荧光蛋白的重组单纯疱疹病毒检测循环肿瘤细胞	2015.01.01～2018.12.31	刘滨磊	72
52	肿瘤医院	面上项目	81472743	判断多灶肺腺癌原发与转移性质的形态学特征及分子克隆性对比研究	2015.01.01～2018.12.31	林冬梅	64
53	肿瘤医院	面上项目	81472660	参与乳腺肿瘤转移的miRNA筛选及机制研究	2015.01.01～2018.12.31	李 义	64
54	肿瘤医院	面上项目	81472560	干扰蛋白酶活化受体2（PAR2）信号诱导肿瘤干细胞凋亡的分子机制研究	2015.01.01～2018.12.31	汪红英	64
55	肿瘤医院	面上项目	81470122	基于窄带成像技术的鼻咽癌放疗敏感性研究及分子机制探讨	2015.01.01～2016.12.31	倪晓光	30
56	肿瘤医院	面上项目	81470112	胶质瘤中TERT启动子区突变与端粒酶抑制剂治疗敏感性相互关系的研究	2015.01.01～2016.12.31	万经海	30
57	肿瘤医院	面上项目	31470073	EMX2在结直肠癌中的甲基化状态、临床意义及作用机理研究	2015.01.01～2016.12.31	赵东兵	30
58	肿瘤医院	青年科学基金项目	81401947	生活方式与Th1/Th2通路基因多态性对胰腺癌预后交互作用的研究	2015.01.01～2017.12.31	陈应泰	24

续 表

序号	单位	项目（课题）分类	项目（课题）编号	项目（课题）名称	项目（课题）项目起止时间	项目（课题）负责人	项目（课题）经费（万元）
59	肿瘤医院	青年科学基金项目	81402748	8种高危HPV型别的E6癌蛋白对HPV感染和轻度子宫颈癌前病变预后的作用研究	2015.01.01~2017.12.31	胡尚英	23
60	肿瘤医院	青年科学基金项目	81402740	我国城市女性乳腺癌筛查方案的流行病学效果预测与成本效果分析	2015.01.01~2017.12.31	石菊芳	23
61	肿瘤医院	青年科学基金项目	81402531	小细胞肺癌的分子分型及抑癌基因microRNA-150影响生存的机制研究	2015.01.01~2017.12.31	毕　楠	23
62	肿瘤医院	青年科学基金项目	81402528	鼻咽癌放疗后颞叶功能与剂量学关系的研究	2015.01.01~2017.12.31	任雯廷	23
63	肿瘤医院	青年科学基金项目	81402524	SMAC及IAP家族蛋白对直肠癌新辅助同步放化疗疗效的影响及其机理研究	2015.01.01~2017.12.31	卢宁宁	23
64	肿瘤医院	青年科学基金项目	81402464	肺鳞癌候选预后标志物SLC1A3的研究	2015.01.01~2017.12.31	山　灵	23
65	肿瘤医院	青年科学基金项目	81402463	miR-224-RASSF8预测T1期食管鳞癌转移和预后及其分子机制研究	2015.01.01~2017.12.31	薛丽燕	23
66	肿瘤医院	青年科学基金项目	81402448	MicroRNA-203和Bmi-1作为用于谱系追踪食管肿瘤干细胞的标志物的研究	2015.01.01~2017.12.31	余茜颖	23
67	肿瘤医院	青年科学基金项目	81402300	ADAR介导CDK13的RNA编辑在食管鳞癌中的预后和分子作用研究	2015.01.01~2017.12.31	胡学达	23
68	肿瘤医院	青年科学基金项目	81401984	MDSC与p53基因突变促进炎症相关结肠癌发生发展的机制研究	2015.01.01~2017.12.31	李文斌	21
69	肿瘤医院	应急管理项目	81450014	溶瘤病毒OH2对CT26直肠癌模型治疗及安全性的研究	2015.01.01~2015.12.31	刘尚梅	15
70	肿瘤医院	应急管理项目	81450046	DNAJB6在结直肠癌侵袭转移中的作用及分子机制	2015.01.01~2015.12.31	梁建伟	10

续 表

序号	单位	项目（课题）分类	项目（课题）编号	项目（课题）名称	项目（课题）项目起止时间	项目（课题）负责人	项目（课题）经费（万元）
71	肿瘤医院	应急管理项目	81450046	胆碱酯酶抑制剂对骨癌痛吗啡耐受大鼠星形胶质细胞的影响及其机制研究	2015.01.01~2015.12.31	孙　莉	10
72	肿瘤医院	应急管理项目	81441080	MIC1 对食管鳞癌干细胞自我更新的调控作用及靶向干预研究	2015.01.01~2015.12.31	王小兵	10
73	护理	专项基金项目	81350014	社区精神分裂症患者攻击行为风险预测模型的构建	2014.1~2014.12	李　峥	10
74	病原所	国家自然科学基金	81473255	新型 HIV 膜融合抑制剂的作用机制及优化	2015.1.1~2018.12.31	何玉先	100.00
75	病原所	国家自然科学基金	31470266	人冠状病毒 HKU1 S 蛋白介导的细胞进入机制的研究	2015.1.1~2018.12.31	钱朝晖	86.00
76	病原所	国家自然科学基金	31470267	抗病毒信号传导蛋白 TRIM14 的活性调节机制及其体内功能研究	2015.1.1~2018.12.31	周　卓	84.00
77	病原所	国家自然科学基金	31471329	宿主因子 DNAJA1 参与甲型流感病毒复制机制的研究	2015.1.1~2018.12.31	邓　涛	80.00
78	病原所	国家自然科学基金	81471954	丙肝病毒囊膜蛋白来源的膜融合抑制多肽筛选及抗病毒机制研究	2015.1.1~2018.12.31	杨　威	80.00
79	病原所	国家自然科学基金	81471955	丙肝病毒通过挟持 COPI 囊泡运输进而调节 PI4P 水平的研究	2015.1.1~2018.12.31	张磊亮	72.00
80	病原所	国家自然科学基金	31400043	hmsT 3′非翻译区介导的 mRNA 稳定性研究	2015.1.1~2017.12.31	朱　慧	26.00
81	病原所	国家自然科学基金	31400159	肠道病毒 71 型（EV71）诱导线粒体自噬的分子机制研究	2015.1.1~2017.12.31	王　蓓	24.00
82	病原所	国家自然科学基金	81401673	抗粘病毒蛋白 MxB 抑制 HIV-1 病毒复制的机制研究	2015.1.1~2017.12.31	许丰雯	23.00

续表

序号	单位	项目（课题）分类	项目（课题）编号	项目（课题）名称	项目（课题）项目起止时间	项目（课题）负责人	项目（课题）经费（万元）
83	病原所	国家自然科学基金	81401674	miR-1225-3p 参与干扰素抗 HCV 的机制研究	2015.1.1～2017.12.31	程　敏	23.00
84	病原所	国家自然科学基金	81401714	志贺氏菌 VirB 蛋白激活毒力基因转录的分子机理研究	2015.1.1～2017.12.31	高小攀	23.00
85	工程所	重点项目	61431007	基于神经电信号的信息反馈计算模型及应用	2015.1.1～2019.12.31	胡　勇	120
86	工程所	面上项目	81471701	基于光腔衰荡光谱技术的呼吸生物标记物研究	2015.1.1～2018.12.31	王储记	73
87	工程所	会议专项	51410305059	免疫生物材料国际研讨会	2014.8.20～2014.8.22	王　淳	2
88	基础所	面上项目	31470067	人 AXIIR 表达翻译调控的 uORF-核蛋白联合作用新模式的探索	2015.1～2016.12	陈梅红	30
89	基础所	面上项目	31470069	通过系统检测基因间相互作用探索癌症基因功能	2015.1～2018.12	王晓月	80
90	基础所	面上项目	31470813	VSV G 病毒融合蛋白的作用机制研究	2015.1～2018.12	石　磊	89
91	基础所	面上项目	31471016	TSPO 在小神经胶质细胞炎性小体活化中的作用	2015.1～2018.12	张建民	80
92	基础所	面上项目	31471126	载脂蛋白 E 缺失导致昼夜节律紊乱：机制和纠正方案研究	2015.1～2018.12	曹济民	86
93	基础所	面上项目	31471209	组蛋白 H3K56 单甲基化修饰的动态调节及其对靶基因转录活性的影响	2015.1～2018.12	梅品超	90
94	基础所	面上项目	31471227	长链非编码 RNA-Lincred1 参与“GATA 因子转换”调节及红系发育的功能和机制研究	2015.1～2018.12	王　芳	85

续 表

序号	单位	项目（课题）分类	项目（课题）编号	项目（课题）名称	项目（课题）项目起止时间	项目（课题）负责人	项目（课题）经费（万元）
95	基础所	面上项目	31471288	m6A 甲基化 RNA 在小脑神经元细胞增殖与分化过程中的作用与机制研究	2015.1～2018.12	牛亚梅	80
96	基础所	面上项目	31471289	代谢小分子乙酰乙酸以信号分子方式调控骨骼肌再生与骨骼肌疾病的功能与分子机制	2015.1～2018.12	朱大海	85
97	基础所	面上项目	31471343	线粒体内膜蛋白 mitofilin 在神经元退行性变中的作用及机制研究	2015.1～2018.12	佟伟民	90
98	基础所	面上项目	31471377	MyoD 结合的骨骼肌特异长非编码 RNA（linc-MCD）调控 MyoD 功能的分子机制	2015.1～2018.12	张　勇	88
99	基础所	面上项目	81470540	T 淋巴细胞在 α1 肾上腺素受体自身抗体诱导的高血压血管损伤中的作用研究	2015.1～2018.12	闫　莉	70
100	基础所	面上项目	81470579	免疫球蛋白 E 及其受体在腹动脉瘤发病过程中的作用	2015.1～2018.12	王　婧	80
101	基础所	面上项目	81471049	KLF11 影响机体代谢的分子机理研究	2015.1～2018.12	常永生	95
102	基础所	面上项目	81471325	星形胶质细胞 mTOR 通路异常激活在内侧颞叶癫痫中致病机制的研究	2015.1～2018.12	许　琪	80
103	基础所	面上项目	81471574	结核病的 gamma delta T 细胞特异性诊断及其相关配体鉴定研究	2015.1～2018.12	何　维	75
104	基础所	面上项目	81471746	RR 间期和 QT 间期动力学特性联合分析用于心脏自主神经状态评估的研究	2015.1～2018.12	彭　屹	72
105	基础所	面上项目	81471793	超顺磁性组织工程支架与外源磁场协同促进原位成骨的效应及机理研究	2015.1～2018.12	许海燕	73
106	基础所	面上项目	81472053	I 型胶原变异相关重型成骨不全症的基因治疗研究	2015.1～2018.12	赵秀丽	72

续 表

序号	单位	项目（课题）分类	项目（课题）编号	项目（课题）名称	项目（课题）项目起止时间	项目（课题）负责人	项目（课题）经费（万元）
107	基础所	面上项目	81472653	肿瘤细胞来源的微颗粒介导卵巢癌的免疫治疗与化疗	2015.1~2018.12	黄　波	100
108	基础所	面上项目	81472654	分泌型 microRNA 调控巨噬细胞表型机制及其作为诊断标记物可行性探究	2015.1~2018.12	罗云萍	72
109	基础所	青年科学基金项目	81400187	一个新的限制性心肌病致病基因鉴定及致病机制研究	2015.1~2017.12	卢超霞	23
110	基础所	青年科学基金项目	81400278	Id 蛋白在人胚胎干细胞基态和中胚层分化过程中的作用	2015.1~2017.12	杨　隽	23
111	基础所	青年科学基金项目	81401690	红内期恶性疟原虫 is-ncRNAs 的功能研究	2015.1~2017.12	魏春燕	23
112	基础所	青年科学基金项目	81402943	环核苷酸/PDEs 与 SIRT1 蛋白在慢性气道炎症反应中的相互调节及羧胺三唑的抗炎机制研究	2015.1~2017.12	郭　磊	24
113	基础所	青年科学基金项目	31400669	嗜铬细胞瘤蛋白质琥珀酰化的研究——鉴定，功能与机制	2015.1~2017.12	郭正光	24
114	基础所	青年科学基金项目	31401273	胶原蛋白酶 ADAMTS2 在精子发生中的功能研究	2015.1~2017.12	付　俊	23
115	基础所	应急管理项目	81442004	“十三五”医学免疫学发展战略研究	2014.7~2014.12	曹雪涛	5
116	基础所	优秀青年科学基金项目	81422002	心血管疾病的表观遗传机制研究	2015.1~2017.12	陈厚早	100
117	基础所	重大项目	81490531	病原体感染导致肺气血屏障损伤的关键机制和干预新靶点	2015.1~2019.12	蒋澄宇	339
118	基础所	重大研究计划	91440111	中胚层主导性 microRNA 基因簇的鉴定及其“表型弹性”的分子机制探索	2015.1~2017.12	余　佳	80

续 表

序号	单位	项目（课题）分类	项目（课题）编号	项目（课题）名称	项目（课题）项目起止时间	项目（课题）负责人	项目（课题）经费（万元）
119	基础所	重点项目	31430048	基于家系的重性精神疾病间发生重叠分子机制研究	2015.1~2019.12	许　琪	329
120	协和医院	面上项目	31471366	胰腺星形细胞诱导的 AREG/EGFR 信号通路对胰腺癌细胞生物学行为的影响与机制研究	2015.1.1	梁智勇	86
121	协和医院	青年科学基金项目	81400049	可溶性 CD40 配体与内皮型一氧化氮合酶在输血相关急性肺损伤发病机制中的机理研究	2015.1.1	陈唯韫	23
122	协和医院	青年科学基金项目	81400068	CTLA-4 基因变异及表达异常在胸腺瘤患者发生重症肌无力中的作用及其机制研究	2015.1.1	孟云霄	23
123	协和医院	青年科学基金项目	81400664	胰腺癌癌前病变 PanIN 中靶向调控 DPC4 基因的 miR-483-3p 分子的检测和临床病理分析	2015.1.1	于双妮	23
124	协和医院	青年科学基金项目	81400774	GH-IGF1 通路基因多态性与 AGHD 患者认知功能改善个体化差异的关联研究	2015.1.1	阳洪波	23
125	协和医院	青年科学基金项目	81400797	POMC 神经元在回肠转位术改善非肥胖 2 型糖尿病中的作用机制研究	2015.1.1	陈伟杰	21
126	协和医院	青年科学基金项目	81401327	融合表达 IL-10 与变应原的口服腺病毒疫苗防治过敏的实验研究	2015.1.1	马仕坤	23
127	协和医院	青年科学基金项目	81401333	Toll 样受体-4 及其拮抗剂在类风湿关节炎发病机制和治疗中的作用	2015.1.1	李　菁	23
128	协和医院	青年科学基金项目	81401496	射频消融联合索拉非尼对兔 VX2 肝癌模型残留病灶及机体免疫系统的影响	2015.1.1	王志伟	20
129	协和医院	青年科学基金项目	81401600	miR-26a 参与创面愈合调控及机制研究	2015.1.1	龙　笑	23

续 表

序号	单位	项目（课题）分类	项目（课题）编号	项目（课题）名称	项目（课题）项目起止时间	项目（课题）负责人	项目（课题）经费（万元）
130	协和医院	青年科学基金项目	81401725	miR-138 和 miR-129-5p 在骨髓增生异常综合征发生发展中的作用及其机制研究	2015.1.1	杨 卓	23
131	协和医院	青年科学基金项目	81401758	瘦素在人后纵韧带骨化疾病发生中的作用及相关信号通路研究	2015.1.1	冯 宾	23
132	协和医院	青年科学基金项目	81401761	早期强直性脊柱炎的全基因组拷贝数分析及超短 TE 序列成像研究	2015.1.1	陈 俊	23
133	协和医院	青年科学基金项目	81401847	MicroRNA 在孕期低氧致先天性脊柱侧凸发生发展中的作用及机制	2015.1.1	李 政	23
134	协和医院	青年科学基金项目	81402027	错配修复基因 MLH1 在胰腺癌侵袭中的作用和分子机制研究	2015.1.1	刘雯静	23
135	协和医院	青年科学基金项目	81402140	PcG 核心基因 BMI1 和 EZH2 在卵巢癌肿瘤异质性中的作用及相关机制研究	2015.1.1	桂 婷	23
136	协和医院	青年科学基金项目	81402551	干扰素诱导基因 IFIT 家族分子促进 I 型干扰素抗肝癌作用的机制与应用基础研究	2015.1.1	杨莹韵	23
137	协和医院	青年科学基金项目	81403013	叶酸辅助因子对甲氨蝶呤治疗类风湿关节炎疗效的影响及其与甲氨蝶呤的群体药动/药效学研究	2015.1.1	刘东阳	23
138	协和医院	青年科学基金项目	81403015	在抗帕金森病新药的早期人体试验中应用 β+电子发射断层人脑纹状体显像技术评价受体占有率的 PK/PD 研究	2015.1.1	赵 芊	23
139	协和医院	青年科学基金项目	81403224	基于自噬探讨正气的现代医学内涵以及补肾活血温经中药复方防治糖尿病周围神经病变的分子机制	2015.1.1	屈 岭	23

续 表

序号	单位	项目（课题）分类	项目（课题）编号	项目（课题）名称	项目（课题）项目起止时间	项目（课题）负责人	项目（课题）经费（万元）
140	协和医院	青年科学基金项目	81403459	电针百会、足三里穴对脑缺血大鼠 ET-1、内皮素受体 A、B、MMP2 及 VEGF-A 表达的影响	2015.1.1	徐　虹	23
141	协和医院	应急管理项目	81450004	“十三五”规划妇产科学学科发展战略研究	2014.7.8	郎景和	5
142	协和医院	面上项目	81470229	支气管上皮的基因和环境相互作用对哮喘表型的影响：哮喘发病机制的探讨	2015.1.1	高金明	70
143	协和医院	面上项目	81470426	IRAK-M 基因介导巨噬细胞亚群参与心肌梗死后瘢痕修复的机制研究	2015.1.1	陈　未	73
144	协和医院	面上项目	81470585	PVAT 功能改变对骨桥蛋白表达的影响在糖尿病血管内膜增生中的作用及其机制研究	2015.1.1	刘昌伟	70
145	协和医院	面上项目	81470586	蛋白酶体激活促进腹主动脉瘤发生的分子机制研究	2015.1.1	郑月宏	72
146	协和医院	面上项目	81470669	基于二代测序的视网膜变性基因研究	2015.1.1	睢瑞芳	73
147	协和医院	面上项目	81470698	新的聋病相关基因 Math6 在小鼠中致聋机制研究及人类同源基因突变与聋病的相关性分析	2015.1.1	杨　华	73
148	协和医院	面上项目	81470937	A1AR 保护糖尿病肾小管周微环境的非管球反馈机制	2015.1.1	陈丽萌	73
149	协和医院	面上项目	81471024	Nrf2-ARE 信号通路在羟基红花黄色素 A 改善胰岛素抵抗中的作用及机制研究	2015.1.1	朱惠娟	73
150	协和医院	面上项目	81471088	快速高通量的遗传性骨病致病基因检测技术系统的建立和临床应用	2015.1.1	夏维波	73

续 表

序号	单位	项目（课题）分类	项目（课题）编号	项目（课题）名称	项目（课题）项目起止时间	项目（课题）负责人	项目（课题）经费（万元）
151	协和医院	面上项目	81471206	颅内动脉粥样硬化性狭窄性疾病中脑血管新生作用研究	2015.1.1	彭　斌	70
152	协和医院	面上项目	81471207	3D 打印颅脑血管模型的剪切力分析及其与粥样硬化的相关性	2015.1.1	徐蔚海	80
153	协和医院	面上项目	81471440	子宫内膜异位症疼痛的中枢敏化机制研究	2015.1.1	冷金花	90
154	协和医院	面上项目	81471441	子宫内膜异位症的多肽组学研究	2015.1.1	刘海元	70
155	协和医院	面上项目	81471514	子痫前期母胎界面细胞因子网络调节信号研究	2015.1.1	宋亦军	73
156	协和医院	面上项目	81471614	间充质干细胞在原发性胆汁性肝硬化中作用的探究	2015.1.1	费允云	65
157	协和医院	面上项目	81471615	特发性皮肌炎外周血及肺脏 microRNA 表达谱及功能研究	2015.1.1	王　迁	60
158	协和医院	面上项目	81471725	基于光学-核医学-磁共振多模态分子影像监测干细胞结合功能化自组装多肽纳米支架治疗心肌梗死的实验研究	2015.1.1	王怡宁	70
159	协和医院	面上项目	81471885	分子氢调节 RIP 或（和）线粒体 PGAM5/Drp1 蛋白抑制缺血再灌注引起的皮肤组织细胞程序性坏死	2015.1.1	王友彬	69
160	协和医院	面上项目	81472029	干细胞因子 SALL4 在卵巢癌发生发展及判断预后中的作用	2015.1.1	崔　巍	65
161	协和医院	面上项目	81472045	全外显子组测序探寻脊柱肋骨发育不全致病基因的研究	2015.1.1	邱贵兴	100
162	协和医院	面上项目	81472046	先天性脊柱侧凸高致病性拷贝数变异的发现及机制研究	2015.1.1	吴志宏	80

续 表

序号	单位	项目（课题）分类	项目（课题）编号	项目（课题）名称	项目（课题）项目起止时间	项目（课题）负责人	项目（课题）经费（万元）
163	协和医院	面上项目	81472326	胰腺癌中差异表达 lncRNA 的筛选及其功能研究	2015. 1. 1	陈　杰	78
164	协和医院	面上项目	81472327	CHIP/EGFR 信号通路调控胰腺癌转移的分子机制研究	2015. 1. 1	张太平	72
165	协和医院	面上项目	81472446	视黄醇代谢相关基因 LRAT/RDH12 在宫颈鳞癌进展中的作用及机制研究	2015. 1. 1	向　阳	75
166	协和医院	面上项目	81472785	建立 microRNA 预测 FOLFOX 方案治疗晚期结直肠癌疗效模型的研究	2015. 1. 1	白春梅	74
167	协和医院	面上项目	81472870	遗传性血管水肿（HAE）临床异质性的分子机制	2015. 1. 1	支玉香	70
168	协和医院	面上项目	81473639	Wnt/β-catenin 信号通路在大鼠糖尿病周围神经病变髓鞘再生中的作用及中药筋脉通对其影响的研究	2015. 1. 1	梁晓春	74
169	协和医院	专项基金项目	L1422043	转化医学学科发展战略研究	2014. 7. 1	赵玉沛	50
170	协和医院	应急管理项目//科学部综合管理项目	81441013	伏立诺他通过树突状细胞-CC 趋化因子配体 17-调节性 T 淋巴细胞通路抑制动脉粥样硬化的作用及初步机制	2015. 1. 1	叶益聪	10
171	协和医院	应急管理项目//科学部综合管理项目	81441032	显微 CT 应用于内耳膜迷路积水成像的实验研究	2015. 1. 1	蒋子栋	10
172	协和医院	应急管理项目//科学部综合管理项目	81441076	不同病理类型卵巢癌 exosome 的生物物理特点和生物信息学研究	2015. 1. 1	彭　澎	10
173	协和医院	应急管理项目//科学部综合管理项目	81441085	小分子核酸靶向性缓释型纳米载药体系在 HER2 阳性乳腺癌治疗中的初步研究	2015. 1. 1	刘　喆	10

续表

序号	单位	项目（课题）分类	项目（课题）编号	项目（课题）名称	项目（课题）项目起止时间	项目（课题）负责人	项目（课题）经费（万元）
174	协和医院	应急管理项目//委综合管理项目	81450015	胰腺神经内分泌肿瘤中微管相关蛋白MAP-1B、MAP-2和泛素羧基端水解酶L1基因表达与肿瘤复发的关系及预后判断	2015. 1. 1	陈原稼	20
175	协和医院	应急管理项目//委综合管理项目	81450026	先天性小耳畸形的病因及发病机制研究	2015. 1. 1	陈晓巍	10
176	协和医院	应急管理项目	41450006	气象因素对于北京市居民发生急性冠脉综合症的影响	2015. 1. 1	范中杰	30
177	协和医院	应急管理项目	81450063	瘦素基因高表达在子痫前期发病机理、预测、诊断及药物治疗中的机制研究	2015. 1. 1	宋英娜	10
178	整形医院	青年基金	81400565	关于Notch信号通路/微结构在生物钙磷陶瓷诱导成骨中相互作用机制的实验研究	2015～2017	宋国栋	23
179	整形医院	面上项目	81471887	应用目标区域捕获结合二代测序技术定位我国非综合征型唇腭裂的致病突变	2015～2018	吴　镝	70
180	整形医院	面上项目	81470019	基于miR-30c-2-3p调控内质网应激相关IRE1-XBP1信号通路研究缺血预处理和心肌缺血-再灌注损伤的机制	2015～2018	薛富善	70
181	整形医院	青年基金	81401567	全外显子组新一代靶向捕获测序探寻非综合征先天性小耳畸形的致病基因及功能研究	2015～2017	于晓波	23
182	整形医院	面上项目	81471804	软骨分化过程中IGFBP4的细胞特异性动态表达模式及作用研究	2015～2018	刘　霞	70

续 表

序号	单位	项目（课题）分类	项目（课题）编号	项目（课题）名称	项目（课题）项目起止时间	项目（课题）负责人	项目（课题）经费（万元）
183	放射所	面上项目	81472495	STAT 转录因子家族与新型 STAT3 抑制剂在调控乳腺癌放射敏感性与辐射耐受性中的作用及分子机制研究	2015.01~2018.12	沈　强	78
184	放射所	面上项目	81471727	智能化双靶向肿瘤光学/核素/MRI 多模态分子探针的合成及其性能研究	2015.01~2018.12	刘鉴峰	72
185	放射所	面上项目	81471786	超小 Au 纳米团簇作为肿瘤放疗增敏剂的研究	2015.01~2018.12	张晓东	73
186	放射所	青年基金	81402541	NF2 作为调节肺癌放疗疗效新靶向基因的研究	2015.01~2017.12	贺　欣	23
187	放射所	青年基金	81402633	白藜芦醇多聚体 Vam3 和 Vam4 对造血干细胞辐射损伤防护作用研究	2015.01~2017.12	张俊伶	23
188	皮研所	青年基金	31400830	口腔黏膜上皮构建上皮化带血供组织工程气管用于构建气管功能重建大的大动物模型	2015.01~2017.12	刘　浥	24
189	皮研所	面上项目	31470274	HPV16E6、E7 对 DNA 甲基化和组蛋白甲基化及乙酰化的影响及与多种蛋白酶作用机理的研究	2015.1~2018.12	蒋明军	90
190	皮研所	青年基金	81401652	ALS3/EGFR 信号通路在阴道念珠菌病发病机制中的作用研究	2015.1~2018.12	佘晓东	23
191	皮研所	青年基金	81401653	SOCS1 基因沉默调控树突状细胞分化并发挥抗白念珠菌适应性免疫作用的机制研究	2015.1~2018.12	史冬梅	23
192	皮研所	面上项目	81471905	不规则毛霉致原发性皮肤结核菌病的易感基因和毒力基因的筛选和验证	2015.1~2018.12	刘维达	75

续 表

序号	单位	项目（课题）分类	项目（课题）编号	项目（课题）名称	项目（课题）项目起止时间	项目（课题）负责人	项目（课题）经费（万元）
193	皮研所	面上项目	81472872	NCSTN 基因 Notch 信号通路在反常性痤疮发病过程中的作用及其分子机制	2015.1~2018.12	李诚让	70
194	皮研所	面上项目	81472905	Y-分泌酶对角质形成细胞生长及 EGFR 信号通路调控机制的研究	2015.1~2018.12	王宝玺	75
195	输血所	青年科学基金	51403238	负载不同官能团的聚酯材料对白细胞、血小板的黏附及其对血小板功能的影响研究	2015.1~2017.12	钟　锐	25
196	输血所	青年科学基金	71402188	不同生命周期的可替代易腐品的生产管理与采供协调策略研究——以血液为例	2015.1~2017.12	王　婧	18
197	输血所	青年科学基金	81400096	四川绵阳地区献血人群严重发热伴血小板下降综合征病毒学征流行调查	2015.1~2017.12	曾沛斌	23
198	输血所	面上项目	81471956	泛素化特异性蛋白酶 USP18 在丙肝病毒耐受干扰素中的作用及分子机制研究	2015.1~2018.12	陈利民	72
199	输血所	重大研究计划培育项目	91442128	肝脏炎性微环境通过 ISG15/USP18 影响巨噬细胞分化及肝细胞先天免疫导致丙肝病毒耐药的机制研究	2015.1~2017.12	陈利民	90
200	药物所	国家自然科学基金面上项目	81473376	从 DJ-1 介导 JNK 信号通路角度探讨知母宁对帕金森病线粒体功能的作用机制	2015.01~2018.12	陈乃宏	27.20
201	药物所	国家自然科学基金面上项目	81473570	基于治胆从肝理论干预胆石症的作用机制研究	2015.01~2018.12	陈乃宏	50.40
202	药物所	国家自然科学基金面上项目	81473118	五环三萜类天然产物来源的法尼酯 X 受体调节剂的发现、优化与功能研究	2015.01~2018.12	方唯硕	70.00

续 表

序号	单位	项目（课题）分类	项目（课题）编号	项目（课题）名称	项目（课题）项目起止时间	项目（课题）负责人	项目（课题）经费（万元）
203	药物所	国家自然科学基金面上项目	81473256	逆转录酶 RNaseH 活性改变对 NRTIs 和 NNRTIs 体外药效学的影响：以 RNaseH 为靶点研发 HIV 逆转录抑制剂的新思路	2015.01～2018.12	郭　颖	67.00
204	药物所	国家自然科学基金面上项目	81472717	TRB3 抑制 EGFR 降解促进肿瘤进展和耐药的作用及机制	2015.01～2018.12	花　芳	72.00
205	药物所	国家自然科学基金面上项目	81473398	针对 syk 活性抑制的中药小分子物质筛选及其抗气道炎症作用机制研究	2015.01～2018.12	林明宝	73.00
206	药物所	国家自然科学基金面上项目	81473374	中药野拔子基于 α7nAChR/RAGE 调控促进 AD 神经血管单元修复的机制研究	2015.01～2018.12	刘　睿	73.00
207	药物所	国家自然科学基金面上项目	21472245	新颖结构鸢尾三萜类化合物的发现与抗肿瘤活性研究	2015.01～2018.12	倪　刚	80.00
208	药物所	国家自然科学基金面上项目	81473200	左旋丁基苯酞促进阿尔茨海默病神经再生和突触可塑性的作用及机制研究	2015.01～2018.12	彭　英	85.00
209	药物所	国家自然科学基金面上项目	81473096	基于改善理化性质的选择性 S1P1 受体激动剂的研究	2015.01～2018.12	汪小涧	60.00
210	药物所	国家自然科学基金面上项目	81471355	自噬在甲基苯丙胺渴求潜伏中的作用及机制研究	2015.01～2018.12	王贵彬	70.00
211	药物所	国家自然科学基金面上项目	81473383	基于脑梗塞后 HMGB1/血脑屏障/Prxs 炎症反应网络研究小续命汤治疗脑梗塞的作用机制	2015.01～2018.12	王月华	73.00
212	药物所	国家自然科学基金面上项目	81470159	UT 配体的 β-arrestin 信号通路偏向性机制及药物发现	2015.01～2016.12	杨秀颖	30.00
213	药物所	国家自然科学基金面上项目	81470163	钾通道在糖尿病神经性疼痛发生中的作用及机制研究	2015.01～2016.12	于海波	30.00

续 表

序号	单位	项目（课题）分类	项目（课题）编号	项目（课题）名称	项目（课题）项目起止时间	项目（课题）负责人	项目（课题）经费（万元）
214	药物所	国家自然科学基金面上项目	81373794	基于 PPARγ-HSP70 通路探讨姜黄素对阿尔茨海默病的治疗作用及机制分析	2014.01～2017.12	鲍秀琦	28.00
215	药物所	国家自然科学基金青年科学基金项目	21405179	基于同位素代谢标记和定量代谢组学的甲基化代谢谱定量分析方法研究	2015.01～2017.12	陈艳华	25.00
216	药物所	国家自然科学基金青年科学基金项目	81402785	SIRT2 选择性激活剂的设计合成及活性评价	2015.01～2017.12	崔华清	23.00
217	药物所	国家自然科学基金青年科学基金项目	81402997	用于早期肠癌诊断的新型多肽 TCP-1 的代谢特征研究	2015.01～2017.12	冯　茹	24.00
218	药物所	国家自然科学基金青年科学基金项目	81402846	利用海水条件引起的海洋放线菌的指纹差异寻找抗生素先导物	2015.01～2017.12	巩　婷	23.00
219	药物所	国家自然科学基金青年科学基金项目	81402957	新型 PARP1/2 抑制剂抗脑胶质瘤作用及分子机制研究	2015.01～2017.12	季　鸣	23.00
220	药物所	国家自然科学基金青年科学基金项目	21402242	桦褐孔菌中具有抗肿瘤、抑制流感病毒及肝保护活性成分的研究	2015.01～2017.12	刘　超	25.00
221	药物所	国家自然科学基金青年科学基金项目	81403076	天目地黄中环烯醚萜苷类和苯乙醇苷类及其抗糖尿病活性研究	2015.01～2017.12	刘彦飞	23.00
222	药物所	国家自然科学基金青年科学基金项目	81402965	接头蛋白 P62 在肝癌细胞糖酵解过程中的作用及机制研究	2015.01～2017.12	慕　容	23.00
223	药物所	国家自然科学基金青年科学基金项目	81402892	糖组学分析新技术及其在原发性肝癌生物标志物研究中的应用	2015.01～2017.12	铁　偲	23.00
224	药物所	国家自然科学基金青年科学基金项目	81402974	内质网应激与天然产物诱导肿瘤细胞自噬的关系及其抗肿瘤活性研究	2015.01～2017.12	王　燕	23.00
225	药物所	国家自然科学基金青年科学基金项目	81400286	自噬在糖尿病性心肌病发病中的作用与机制	2015.01～2017.12	张晓伟	23.00

续 表

序号	单位	项目（课题）分类	项目（课题）编号	项目（课题）名称	项目（课题）项目起止时间	项目（课题）负责人	项目（课题）经费（万元）
226	药物所	国家自然科学基金青年科学基金项目	81102340	法卡林二醇类天然产物的合成及抗肿瘤活性研究	2012.01~2014.12	陈晓光	5.00
227	药物所	国家自然科学基金国际（地区）合作与交流项目	81361138020	以细菌胞壁（及其他细菌组分）为靶的新型天然化合物：基础理论、新型工具及药物候选物的发掘与发现	2014.01~2018.12	秦海林（蒋建东）	20.00
228	药物所	国家自然科学基金联合基金项目	U1402221	基于云天麻的新型联苄类化合物抗帕金森病作用机制及成药性研究	2015.01~2018.12	陈乃宏	223.00
229	药物所	国家自然科学基金国家重大科研仪器研制专项	21327902	单细胞时空分辨分子动态分析系统-单细胞质谱检测和生物应用研究	2014.01~2018.12	张瑞萍	122.00
230	血研所	国家自然科学基金面上项目	31470951	CD106阳性胎盘间充质干细胞通过ESE-3促进血管新生的机制研究	2015.1~2018.12	韩之波	89
231	血研所	国家自然科学基金面上项目	31471116	骨髓微环境中的中性粒细胞产生的ROS对急性粒系造血的调控作用	2015.1~2018.12	许元富	86
232	血研所	国家自然科学基金面上项目	31471291	长的非编码RNA在人定向型红系造血分化中的作用	2015.1~2018.12	石莉红	85
233	血研所	国家自然科学基金青年项目	81400077	Egr3调控造血干细胞功能的机制研究	2015.1~2017.12	程　辉	23
234	血研所	国家自然科学基金青年项目	81400134	TNFSF15在小鼠AML发病过程中的作用研究	2015.1~2017.12	祁健伟	23
235	血研所	国家自然科学基金青年项目	81400136	$CD4^+CD25^+Foxp3^+$调节T细胞介导的急性髓系白血病免疫逃逸机制研究	2015.1~2017.12	王　迎	23
236	血研所	国家自然科学基金青年项目	81400137	组蛋白甲基化复合物PRC2在ETP T-ALL中作用的研究	2015.1~2017.12	张英驰	23

续 表

序号	单位	项目（课题）分类	项目（课题）编号	项目（课题）名称	项目（课题）项目起止时间	项目（课题）负责人	项目（课题）经费（万元）
237	血研所	国家自然科学基金青年项目	81400150	抗活性氧处理对造血干细胞移植作用及其分子机制研究	2015.1～2017.12	胡林萍	23
238	血研所	国家自然科学基金青年项目	81400153	PUMA 在范可尼贫血发生发展中的作用研究	2015.1～2017.12	纪光臻	23
239	血研所	国家自然科学基金青年项目	81400174	MiRNA-15a/-16 靶向调控 PHF19 基因对多发性骨髓瘤细胞增殖和耐药的影响及机制研究	2015.1～2017.12	郝　牧	23
240	血研所	国家自然科学基金青年项目	81400175	染色体 1q23 上关键基因高表达参与多发性骨髓瘤染色体不稳定和耐药的研究	2015.1～2017.12	安　刚	23
241	血研所	国家自然科学基金青年项目	81400176	HUMSC 介导的 NHL“双靶向免疫治疗”及机制研究	2015.1～2017.12	张砚君	23
242	血研所	国家自然科学基金青年项目	81401295	电压门控型钠通道中介的树突状细胞免疫调节在急性髓系白血病治疗中的作用	2015.1～2017.12	罗悦晨	23
243	血研所	国家自然科学基金青年项目	81402432	BHC80 通过抑制 Snail-LSD1 复合体形成并阻止乳腺癌细胞发生 EMT 和转移的机制研究	2015.1～2017.12	刘婧祎	23
244	血研所	国自然创新研究群体科学基金	81421002	造血干细胞调控与再生机制研究	2015.1～2020.12	程　涛	1200
245	血研所	国自然海外及港澳学者合作研究基金	81428002	凝血因子 VIII 的囊泡运输与血友病的发病机理和治疗研究	2015.1～2016.12	张　斌	20
246	血研所	国家自然科学基金重点项目	81430004	急性髓系白血病细胞干性的调控机制及干预策略	2015.1～2019.12	王建祥	300
247	血研所	国自然应急管理项目	81442003	“十三五”血液学发展战略研究	2015.1～2015.12	程　涛	5
248	血研所	国家自然科学基金面上项目	81470278	Twist-1 在造血干细胞衰老中的作用及作用机制研究	2015.1～2018.12	马小彤	70

续 表

序号	单位	项目（课题）分类	项目（课题）编号	项目（课题）名称	项目（课题）项目起止时间	项目（课题）负责人	项目（课题）经费（万元）
249	血研所	国家自然科学基金面上项目	81470279	IL-12 高效扩增造血干细胞及机制研究	2015. 1～2018. 12	依马秀夫（HideoEma）	90
250	血研所	国家自然科学基金面上项目	81470280	Rheb 在造血干细胞和骨髓微环境的作用研究	2015. 1～2018. 12	袁卫平	75
251	血研所	国家自然科学基金面上项目	81470286	脂筏异常在 ITP 发病中的作用研究	2015. 1～2018. 12	杨仁池	70
252	血研所	国家自然科学基金面上项目	81470289	miR-18a-5p 介导的骨髓衰竭的病理生理机制	2015. 1～2018. 12	郑以州	70
253	血研所	国家自然科学基金面上项目	81470295	DLK1 与骨髓增生异常综合征骨髓衰竭的研究	2015. 1～2018. 12	肖志坚	70
254	血研所	国家自然科学基金面上项目	81470297	骨髓增生异常综合征和骨髓增殖性肿瘤合并骨髓纤维化作用机制研究	2015. 1～2018. 12	黄　刚	75
255	血研所	国家自然科学基金面上项目	81470302	CRISPR/Cas 系统定位修复血友病 A 外周血来源的 iPSCs 基因缺陷的研究	2015. 1～2018. 12	张　磊	70
256	血研所	国家自然科学基金面上项目	81470338	构建骨髓增生异常综合征/继发性白血病小鼠动物模型及其造血干细胞克隆演变机制研究	2015. 1～2018. 12	张　悦	70
257	血研所	国家自然科学基金面上项目	81470339	mRNA 甲基化调控儿童 TEL/AML1 阳性急性淋巴细胞白血病发生发展机制研究	2015. 1～2018. 12	竺晓凡	70
258	药生所	面上项目	21472246	苦参酸类活性小分子探针的化学构建及其全新抗 HCV 机制第一靶标的探索	2015. 1. 1～2018. 12. 31	宋丹青	90
259	药生所	面上项目	31470272	阻断 Vpu 下调 Tetherin 的抗 HIV-1 小分子的作用机理研究	2015. 1. 1～2018. 12. 31	岑　山	80
260	药生所	面上项目	31471150	博来霉素水解酶在应激反应及细胞衰老中的作用机制	2015. 1. 1～2018. 12. 31	何琪杨	86

续 表

序号	单位	项目（课题）分类	项目（课题）编号	项目（课题）名称	项目（课题）项目起止时间	项目（课题）负责人	项目（课题）经费（万元）
261	药生所	面上项目	81472787	基于新一代基因组测序和临床相关分析识别鉴定晚期视网膜母细胞瘤的个体化治疗的新靶点	2015.1.1～2018.12.31	李 亮	72
262	药生所	面上项目	81473097	作用于组织蛋白酶 K 的抗骨质疏松药物的设计、合成与活性研究	2015.1.1～2018.12.31	李卓荣	65
263	药生所	面上项目	81473098	以 ASBT（SLC10A2）为靶点的新型降胆固醇化合物的研究	2015.1.1～2018.12.31	王菊仙	65
264	药生所	面上项目	81473099	基于 P2 区改造的新型 HIV-1 蛋白酶抑制剂的设计、合成及活性研究	2015.1.1～2018.12.31	王玉成	65
265	药生所	面上项目	81473214	microRNA-185 介导的胆固醇代谢调控机制研究	2015.1.1～2018.12.31	王 丽	65
266	药生所	面上项目	81473248	基于 GSK3β 及其相关自噬信号通路的槐定酸类新化合物 IMB-08B 抗肝癌作用机理研究	2015.1.1～2018.12.31	邓洪斌	70
267	药生所	面上项目	81473249	MR-1 阻断对慢粒白血病急性期的疗效及机制研究	2015.1.1～2018.12.31	邵荣光	90
268	药生所	青年科学基金项目	31400045	基于次级代谢产物活性和结构的重楼内生菌多样性及与宿主植物相关性研究	2015.1.1～2017.12.31	方晓梅	26
269	药生所	青年科学基金项目	31401186	EBP50 通过调节自噬活性抑制乳腺癌细胞增殖与转移	2015.1.1～2017.12.31	刘 虹	24
270	药生所	青年科学基金项目	81400140	TRB3 调节 PML-RARα 介导急性粒细胞性白血病的作用和机制	2015.1.1～2017.12.31	李 珂	23
271	药生所	青年科学基金项目	81401675	肠道病毒 71 型毒力位点影响病毒增殖的机制研究	2015.1.1～2017.12.31	张永欣	23

续 表

序号	单位	项目（课题）分类	项目（课题）编号	项目（课题）名称	项目（课题）项目起止时间	项目（课题）负责人	项目（课题）经费（万元）
272	药生所	青年科学基金项目	81402799	N-苯磺酰苦参酸衍生物抗柯萨奇病毒 B3 的构效关系以及活性小分子探针的化学构建	2015.1.1～2017.12.31	高丽梅	23
273	药生所	青年科学基金项目	81402800	基于 MDM2-p53 结构的新型小分子抑制剂 LJ1019 的结构优化及抗肿瘤活性研究	2015.1.1～2017.12.31	薛司徒	23
274	药生所	青年科学基金项目	81402827	新型作用机制抗 HCV 先导物木豆素的结构优化及其构效关系的研究	2015.1.1～2017.12.31	季兴跃	23
275	药生所	青年科学基金项目	81402834	特境新 Amicoumacin 类抗生素的定向资源勘探和高效发现	2015.1.1～2017.12.31	刘少伟	23
276	药生所	青年科学基金项目	81402835	基于肽脱甲酰基酶靶点的抗结核微生物次级代谢产物的发现	2015.1.1～2017.12.31	张德武	23
277	药生所	青年科学基金项目	81402836	基于合成生物学技术获得新型结构核苷肽类化合物的研究	2015.1.1～2017.12.31	雷　璇	23
278	药生所	青年科学基金项目	81402929	以丁酸钠为探针研究组蛋白去乙酰化酶抑制剂促进胆固醇逆转运的分子作用机制	2015.1.1～2017.12.31	杜　郁	23
279	药生所	青年科学基金项目	81402986	Hedgehog 信号介导的自噬途径在斑马鱼成骨细胞分化与活性中的作用研究	2015.1.1～2017.12.31	胡占英	24
280	药生所	应急管理项目	81441093	蓝藻水华淡水环境放线菌多样性及其降解微囊藻毒素的机制研究	2015.1.1～2015.12.31	张玉琴	10
281	动研所	青年基金	81400317	肾脏多巴胺 D2 受体通过 PI3K/Akt 信号传导通路在高血压肾脏炎症反应中的作用机制研究	2015～2017	张艳荣	23

续 表

序号	单位	项目（课题）分类	项目（课题）编号	项目（课题）名称	项目（课题）项目起止时间	项目（课题）负责人	项目（课题）经费（万元）
282	动研所	青年基金	31400787	腺病毒介导的 miRNA 干扰策略抗 MERS-CoV 的研究	2015~2017	姚艳丰	25
283	动研所	面上项目	81472899	基因沉默和基因修复在表皮干细胞治疗显性遗传性皮肤病理论和应用基础	2015~2018	陈　江	70

2014 年度各所院新获其他渠道基金项目题录

序号	单位	项目（课题）分类	项目（课题）编号	项目（课题）名称	项目（课题）项目起止时间	项目（课题）负责人	项目（课题）经费（万元）
1	阜外医院	卫生计生委	201402002	西藏和新疆地区慢性心肺疾病现状调查研究	2014~2016	王增武	3376
2	阜外医院	人社部项目		七氟烷后处理与心肌 β 肾上腺素能信号转导通路的交互作用	2014~2019	姚允泰	3
3	阜外医院	其他部委项目	W2013BJ36	高龄非瓣膜性心房颤动患者长期应用达比加群抗凝治疗的安全性研究	2014~2016	黄晓红	8
4	阜外医院	其他部委项目	W2013BJ37	老年保健患者冠心病介入术后延续性护理的效果研究	2014~2016	李庆印	8
5	阜外医院	地方项目	Z141107002514002	法洛四联症根治术后肺动脉瓣返流提早干预对右心室功能保护的前瞻性随机对照研究	2014~2017	李守军	85
6	阜外医院	地方项目	Z141107002514097	冷冻球囊治疗心房颤动中不同肺静脉前庭构型的疗效预告价值及临床技术推广应用研究	2014~2017	牛国栋	15
7	阜外医院	地方项目	Z141107002514096	冠状动脉分叉病变介入治疗中分支闭塞风险评分模型研究	2014~2017	窦克非	15
8	阜外医院	地方项目	Z141107002514050	急性 A 型主动脉夹层累及冠状动脉救治策略与风险预警的前瞻性研究	2014~2017	孙晓刚	15
9	阜外医院	地方项目	Z141107002514021	3 种大隐静脉获取方式对切口愈合及 1 年静脉桥血管通畅率的影响	2014~2017	宋云虎	15

续 表

序号	单位	项目（课题）分类	项目（课题）编号	项目（课题）名称	项目（课题）项目起止时间	项目（课题）负责人	项目（课题）经费（万元）
10	阜外医院	地方项目	Z141100000214012	6mm 以下小口径可降解仿生血管的研发	2014～2017	周建业	70
11	阜外医院	地方项目	7141009	全外显子组测序克隆中国人肺动脉高压新的疾病基因	2014～2016	荆志成	65
12	阜外医院	地方项目	7142137	心房利尿钠肽对大鼠体外循环术后肺损伤肺血管内皮通透性调节的保护作用及机制研究	2014～2016	张燕搏	18
13	阜外医院	地方项目	7142138	致 LDL 升高和冠心病发生的遗传易感位点的识别和风险评估	2014～2016	鲁向锋	18
14	阜外医院	企业联合项目		CREDIT-II/一项评价第二代 EXCEL 药物洗脱支架和第一代 EXCEL 药物洗脱支架治疗原发原位（De Novo）冠心病患者安全性和有效性的前瞻性、随机对照、盲法、多中心注册临床试验	2014～2020	杨跃进	79
15	阜外医院	企业联合项目		EVOLVW 中国：评估 SYNERGYTM 铂铬合金依维莫司洗脱冠状动脉支架系统（SYNERGYTM 支架系统）治疗动脉粥样硬化病变安全性和疗效的一项前瞻性、多中心研究	2014～2019	杨跃进	158.72
16	阜外医院	企业联合项目		一次性使用左右房联合压力监测导管临床试验	2014～2015	晏馥霞	20
17	阜外医院	企业联合项目		纳米膜单铆室间隔缺损封堵器	2014～2016	胡盛寿	35
18	阜外医院	企业联合项目		ACM306 型一氧化氮治疗仪临床验证试验	2014～2015	昌克勤	9

续 表

序号	单位	项目（课题）分类	项目（课题）编号	项目（课题）名称	项目（课题）项目起止时间	项目（课题）负责人	项目（课题）经费（万元）
19	阜外医院	企业联合项目		评估介入人工生物心脏瓣膜及其植入系统在高手术风险的严重主动脉瓣狭窄及关闭不全患者中的有效性和安全性	2014~2015	王　巍	30
20	阜外医院	企业联合项目		前瞻性、多中心、随机对照的验证药物洗脱外周球囊扩张导管在腘下动脉血管成形术中有效性和安全性的临床试验研究	2014~2015	蒋雄京	3.2
21	阜外医院	企业联合项目		Parachute 经皮介入左心室隔离系统的安全性和有效性	2014~2016	杨跃进	3.9747
22	阜外医院	企业联合项目		临床评价经皮介入人工心脏瓣膜植入术在右室流出道狭窄的先天性心脏病心脏外科纠正术后并发严重肺动脉瓣反流患者中的可行性、安全性和有效性	2014~2016	胡盛寿	6
23	阜外医院	企业联合项目		评价 FIREHAWK 冠脉雷帕霉素靶向洗脱支架系统新增规格（直径 2.25mm）治疗冠心病安全性和有效性的前瞻性、多中心、单组观察登记研究	2014~2019	高润霖	7.1092
24	阜外医院	企业联合项目		评价 FIREHAWK 冠脉雷帕霉素靶向洗脱支架系统新增规格（直径 38mm）治疗冠心病安全性和有效性的前瞻性、多中心、单组观察登记研究	2014~2019	高润霖	7.1092
25	阜外医院	企业联合项目		LAMBRE 左心耳封堵器系统的安全性和有效性	2014~2016	姚　焰	10
26	阜外医院	企业联合项目		便携式心律遥测系统在中国患者人群中的预试验	2014~2015	陈柯萍	2.2

续 表

序号	单位	项目（课题）分类	项目（课题）编号	项目（课题）名称	项目（课题）项目起止时间	项目（课题）负责人	项目（课题）经费（万元）
27	阜外医院	企业联合项目		肺动脉支架临床试验	2014~2017	李守军	6.97345
28	阜外医院	企业联合项目		单次及多次口服硝苯地平缓释片（I）人体生物等效性研究	2014~2014	田 蕾	81.42
29	阜外医院	企业联合项目		安立生坦治疗无法手术的慢性血栓栓塞性肺动脉高压（CTEPH）患者的一项随机、多中心、双盲、安慰剂对照试验	2014~2019	荆志成	72.04
30	阜外医院	企业联合项目		中国男性健康受试者单次及多次口服奈必洛尔片药代动力学试验	2014~2015	李一石	145
31	阜外医院	企业联合项目		一项评估标准治疗添加米屈肼 500mgBID 治疗慢性缺血性心力衰竭患者有效性和安全性的双盲、随机、安慰剂平行对照、多中心临床研究	2014~2015	张 健	20
32	阜外医院	企业联合项目		一项多中心、单治疗组、开放性的 IV 期研究，在中国急性冠脉综合征患者中评估替格瑞洛使用的安全性，以及描述主要心血管事件的发生率	2014~2015	吴永健	50
33	阜外医院	企业联合项目		评价西格列他钠片治疗经饮食和运动不能有效控制血糖 2 型糖尿病患者的疗效与安全性的多中心、随机、双盲、西格列汀平行对照的 III 期临床试验	2014~2016	李光伟	36.739
34	阜外医院	企业联合项目		术中自体血小板分离对心脏手术的血液保护作用	2014~2017	王古岩	20
35	阜外医院	企业联合项目		碘克沙醇 270mg I/mL 在计算机断层血管造影（CTA）扫描患者的开放性、前瞻性、多中心、非干预性研究	2014~2015	吕 滨	20.17

续 表

序号	单位	项目（课题）分类	项目（课题）编号	项目（课题）名称	项目（课题）项目起止时间	项目（课题）负责人	项目（课题）经费（万元）
36	阜外医院	企业联合项目		心脉隆注射液对心力衰竭的治疗机制及疗效研究	2014～2015	张宇辉	14
37	阜外医院	企业联合项目		多中心、随机、开放、对照临床研究评价国产贝尼地平片治疗原发性高血压合并蛋白尿的疗效和安全性	2014～2015	张慧敏	13.81991
38	阜外医院	企业联合项目		改善心脏骤停研究（Improve SCA）	2014～2018	张　澍	18
39	阜外医院	企业联合项目		房颤患者长期口服抗血栓治疗全球登记研究（第二/三阶段）（简称 GLORIA-AF 研究）	2014～2014	杨艳敏	12.48
40	阜外医院	企业联合项目		TEG/血小板图对冠状动脉旁路移植患者术后初学的预测价值研究	2014～2017	纪宏文	20
41	阜外医院	企业联合项目		自体富血小板血浆减少主动脉外科手术异体输血临床研究	2014～2016	纪宏文	10
42	阜外医院	企业联合项目		中国人糖尿病和心脑血管病风险的代谢组学研究：大庆糖尿病研究长期随访	2014～2016	陈燕燕	100
43	阜外医院	企业联合项目		单宁酸对戊二醛固定的牛颈静脉带瓣管道的改性研究	2014～2017	周建业	30
44	阜外医院	企业联合项目		在远端保护装置应用高危的颈动脉狭窄患者中 MOMA 保护装置的安全性和可行性研究	2014～2015	蒋雄京	15
45	阜外医院	企业联合项目		中国健康人群 TnI+3 第 99 百分位值的建立	2014～2015	康金锁	9.845
46	阜外医院	企业联合项目		急性冠脉综合征患者服用替格瑞洛或氯吡格雷前后多途径血小板聚集率的前瞻性观察性研究	2014～2016	梁　岩	3

续 表

序号	单位	项目（课题）分类	项目（课题）编号	项目（课题）名称	项目（课题）项目起止时间	项目（课题）负责人	项目（课题）经费（万元）
47	阜外医院	企业联合项目		完全可降解聚合物心脏缺损封堵器动物实验研究	2014~2016	潘湘斌	12
48	阜外医院	企业联合项目		锁骨下动脉近端/椎动脉狭窄介入治疗对血压的影响的人体受试者研究	2014~2015	蒋雄京	18
49	阜外医院	企业联合项目		XIENCE Xpedition 依维莫司洗脱冠脉支架系统真实世界长期临床应用评估	2014~2020	乔树宾	301
50	阜外医院	企业联合项目		持续泵入硝酸异山梨醇酯对微循环改善和耐药情况研究	2014~2015	毛 懿	5
51	阜外医院	企业联合项目		复杂性紫绀型先天性心脏病应用塞托安保与普通中心静脉导管术后相关性感染的对照研究	2014~2016	袁 素	10
52	阜外医院	企业联合项目		依折麦布与他汀联用对 PCSK9 的影响及其机制探讨	2014~2016	李建军	16
53	肿瘤医院	卫生公益性行业科研专项	201402003	生物标志物在五种高发癌症筛查中的应用研究	2014. 01. 01~2016. 12. 31	赫 捷	2709
54	肿瘤医院	卫生标准制（修）订项目	20141210	中国间变淋巴瘤激酶（ALK）融合基因阳性非小细胞肺癌诊断	2014. 09. 01~2015. 09. 30	石远凯	1
55	肿瘤医院	卫生标准制（修）订项目	20141209	非小细胞肺癌表皮生长因子受体基因突变诊断	2014. 09. 01~2015. 09. 30	石远凯	1
56	肿瘤医院	卫生标准制（修）订项目	20140502	恶性肿瘤患者膳食指导	2014. 05. 01~2015. 05. 31	孙 燕	2
57	肿瘤医院	高等学校博士学科点专项科研基金	20131106130004	组蛋白去乙酰化酶抑制剂与表皮生长因子受体酪氨酸激酶抑制剂对非小细胞肺癌生长抑制协同体内外作用机制研究	2014. 01. 01~2016. 12. 31	石远凯	40

续 表

序号	单位	项目（课题）分类	项目（课题）编号	项目（课题）名称	项目（课题）项目起止时间	项目（课题）负责人	项目（课题）经费（万元）
58	肿瘤医院	高等学校博士学科点专项科研基金	20131106120013	一种食管鳞癌预后相关的长链非编码RNAEP1的功能及作用机制研究	2014.01.01~2016.12.31	李嘉根	4
59	肿瘤医院	高等学校博士学科点专项科研基金	20131106120011	应用核酸适体技术探寻肝癌相关蛋白分子靶标及靶向治疗的研究	2014.01.01~2016.12.31	陈应泰	4
60	肿瘤医院	高等学校博士学科点专项科研基金	20131106120014	乳腺癌防控相关的筛查、诊断和治疗的微观成本核算研究	2014.01.01~2016.12.31	石菊芳	4
61	肿瘤医院	高等学校博士学科点专项科研基金	20131106110015	NRP1影响食管癌细胞侵袭迁移的分子机制研究	2014.01.01~2016.12.31	王明荣	12
62	肿瘤医院	高等学校博士学科点专项科研基金	20131106110017	基于PCL温敏型基因转染系统的构建及其在血液系统疾病治疗中的应用	2014.01.01~2016.12.31	马　洁	12
63	肿瘤医院	人事部留学人员科技活动项目择优资助经费		早期肺癌低量螺旋CT筛查的规范化流程研究	2014.09.01~2015.12.31	赵世俊	3
64	肿瘤医院	人事部留学人员科技活动项目择优资助经费		VE1在甲状腺乳头状癌中的表达及意义	2014.01.17~2016.12.17	鲁海珍	5
65	肿瘤医院	北京市科技计划	Z141107002914187	肺癌早期发现和规范化治疗关键技术研究管理费	2014.01.01~2017.09.30	石远凯	10
66	肿瘤医院	首都临床特色应用研究	Z141107002514046	结外鼻型NK/T细胞淋巴瘤预后标志物初探	2014.06.01~2017.06.30	冯晓莉	22.5
67	肿瘤医院	首都临床特色应用研究	Z141107002514010	不同亚型乳腺癌术前化疗方案的优化以及探索相关生物标记行的研究	2014.06.01~2017.06.30	徐兵河	127.5
68	肿瘤医院	首都临床特色应用研究	Z141107002514047	不同影像类型和大小的临床I期非小细胞肺癌淋巴转移规律和清扫式的研究	2014.06.01~2017.06.30	毛友生	22.5

续 表

序号	单位	项目（课题）分类	项目（课题）编号	项目（课题）名称	项目（课题）项目起止时间	项目（课题）负责人	项目（课题）经费（万元）
69	肿瘤医院	首都临床特色应用研究		“首都市民健康项目培养-埃克替尼用于EGFR/FISH”阳性的食管癌或食管胃结合部埃的前瞻性临床研究	2014.06.01～2017.12.31	黄　镜	15
70	肿瘤医院	北京市科技计划	D141100000214006	早期肺癌筛查和影像学诊断研究	2014.01.01～2017.09.30	吴　宁	170
71	肿瘤医院	首都卫生发展科研专项	首发 2014-4-4028	R-CHOP 样方案治疗弥漫大 B 细胞淋巴瘤耐药的骨髓分子标志研究	2014.06.01～2017.05.31	车轶群	10
72	肿瘤医院	首都卫生发展科研专项	首发 2014-1-4022	不可切除结直肠癌肝转移化疗联合局部治疗的多中心前瞻性随机对照研究	2014.06.01～2017.05.31	蔡建强	175.188
73	肿瘤医院	首都卫生发展科研专项	首发 2014-1-4021	胸腹全腔镜与常规三切口手术治疗食管癌前瞻性多中心随机对照研究	2014.06.01～2017.05.31	赫　捷	105.27
74	肿瘤医院	首都卫生发展科研专项	首发 2014-2-4023	中国北方鼻咽癌个体肿瘤放射敏感性及分子特征研究	2014.06.01～2017.05.31	高　黎	52
75	肿瘤医院	首都卫生发展科研专项	首发 2014-2-4024	腹部增强 CT 检查联合应用低电压和低浓度碘对比剂的体模和临床研究	2014.06.01～2017.05.31	赵心明	33.14
76	肿瘤医院	首都卫生发展科研专项	首发 2014-2-4025	设置甲状腺占位性病变自动定性诊断程序	2014.06.01～2017.05.31	牛丽娟	39
77	肿瘤医院	首都卫生发展科研专项	首发 2014-2-4026	遗传性甲状腺髓样癌早期干预性治疗临床研究	2014.06.01～2017.05.31	张　彬	51.93
78	肿瘤医院	首都卫生发展科研专项	首发 2014-2-4027	甲状腺癌上纵隔淋巴转移外科治疗的优化方案研究	2014.06.01～2017.05.31	徐震纲	30.4
79	肿瘤医院	北京市科技计划	D141100000214005	肺癌早期发现和规范化治疗关键技术研究	2014.01.01～2017.09.30	石远凯	450
80	肿瘤医院	北京市自然科学基金	7144238	EMX2 基因在结直肠癌中的甲基化状态及作用机理研究	2014.01.01～2015.12.30	王　健	8

续 表

序号	单位	项目（课题）分类	项目（课题）编号	项目（课题）名称	项目（课题）项目起止时间	项目（课题）负责人	项目（课题）经费（万元）
81	肿瘤医院	北京市自然科学基金	7144237	G-CSF 对于 G-MDSC 的调控及其在结肠炎相关结肠癌发生发展中的作用研究	2014. 01. 01～2015. 12. 30	袁　伟	8
82	肿瘤医院	北京市自然科学基金	7142140	HER2/UPAR 通路对乳腺肿瘤休眠和细胞周期的调控机制	2014. 01. 01～2016. 06. 30	王　靖	15
83	肿瘤医院	北京市自然科学基金	7142139	2006～2010 北京市妇女乳腺癌全人群高精度相对生存率分析	2014. 01. 01～2016. 06. 30	陈万青	18
84	肿瘤医院	北京市自然科学基金	7141011	食管鳞癌诊断及预后相关长链非编码RNA 分子标志物研究	2014. 01. 01～2017. 06. 30	赫　捷	65
85	肿瘤医院	北京市自然科学基金	7141010	基于高通量分析技术的肺鳞癌基因突变谱研究	2014. 01. 01～2017. 06. 30	石远凯	65
86	肿瘤医院	北京市科技计划	D141100000214003	肺癌分子靶向药物靶点检测的规范化流程研究	2014. 01. 01～2017. 09. 27	韩晓红	120
87	肿瘤医院	北京市教育委员会科学研究与研究生培养共建项目		科学研究与研究生培养共建项目-科研项-CYR61 表达对膀胱癌肌层浸润的作用机制及临床意义	2014. 01. 01～2014. 12. 31	高燕宁	30
88	肿瘤医院	北京市教育委员会共建项目建设计划		乳腺癌化疗的药物基因组学研究	2011. 01. 01～2013. 01. 01	林东昕	49
89	肿瘤医院	卫生部医药卫生科技发展研究中心课题	W2013FZ19	分子诊断技术在复发性卵巢癌个体化治疗中的应用研究	2013. 12. 01～2015. 12. 31	李淑敏	30
90	肿瘤医院	中央保健专项资金	w2013BJ40	老年晚期肺鳞癌一线化疗疗效和预后相关分子标志物的研究	2014. 01. 01～2016. 12. 31	秦　燕	7
91	肿瘤医院	国际合作项目（非科技部）		体外 YQ23-SECT 对人癌细胞株模型联合放射治疗增效作用实验研究	2014	张　伟	82. 2
92	肿瘤医院	国际合作项目（非科技部）		单核苷酸多态与中国人群食管鳞癌和胃癌的发病风险	2014	林东昕	49. 1

续 表

序号	单位	项目（课题）分类	项目（课题）编号	项目（课题）名称	项目（课题）项目起止时间	项目（课题）负责人	项目（课题）经费（万元）
93	肿瘤医院	外专局		microRNA 联合 CA199 进行胰腺癌早诊研究	2014	陈应泰	8
94	肿瘤医院	外专局		microRNA 联合 cathepsinS 进行结肠癌诊断的研究	2014	解亦斌	7.7
95	肿瘤医院	外专局		高效 NK 细胞混合培养体系的建立	2014	李爱东	
96	肿瘤医院	外专局		G-CSF 对 G-MDSC 的调控及其在结肠炎相关结肠癌	2014	马　洁	16
97	肿瘤医院	外专局		Th17 细胞在结肠炎相关结直肠癌发生发展过程中的作用	2014	袁　伟	7.7
98	肿瘤医院	横向课题		SNG1218 等四个化合物的急性毒性研究和对慢性髓细胞白血病的抗肿瘤药效学研究	2014	马　洁	4.8
99	肿瘤医院	横向课题		酪氨酸激酶抑制剂对裸鼠原位移植人肝癌（MHCC-97H）模型的药效学实验观察	2014	马　洁	4.8
100	肿瘤医院	横向课题		Melsant 对人癌裸鼠模型的抑制作用观察	2014	马　洁	6
101	肿瘤医院	横向课题		广东省赛莱拉-暨南干细胞研究与储存院士工作站	2014	陆士新	20
102	肿瘤医院	横向课题		YGD 癌症阻断剂抑制 AOM/DSS 诱导结肠炎相关性结肠的实验研究	2014	马　洁	7.5
103	肿瘤医院	横向课题		羧甲基纤维素钠负载吉西他滨肿瘤局部缓释化疗的实验研究	2014	马　洁	14
104	肿瘤医院	横向课题		MIC-1 血清检测技术的非专利技术转让合同	2014	张　伟	20

续 表

序号	单位	项目（课题）分类	项目（课题）编号	项目（课题）名称	项目（课题）项目起止时间	项目（课题）负责人	项目（课题）经费（万元）
105	肿瘤医院	横向课题		IC-162 对人肝癌（hp2）抑瘤作用观察	2014	马　洁	5
106	肿瘤医院	横向课题		IC-162 对人肝癌（Huh7）抑瘤作用观察	2014	马　洁	5
107	肿瘤医院	横向课题		SNG-1153 对人肺癌（H460）抑瘤作用观察	2014	马　洁	5
108	护理学院	北京市教育科学“十二五”规划重点课题	ADA14120	北京市护理学专业学位硕士研究生评价体系的而研究	2015. 1 ~ 2017. 6	李　峥	5
109	护理学院	中华护理学会 2014 年度立项科研课题	zHKY201412	中国护理理论体系的研究建设	2014. 3 ~ 2015. 2	刘华平，李　峥	3
110	护理学院	CMB 青年护理教师培训项目		心力衰竭护理临床指南制订的研究	2014. 6 ~ 2016. 6	康晓凤	3. 15
111	护理学院	CMB 青年护理教师培训项目		生活方式干预对北京社区围绝经期妇女心血管疾病危险因素的 3 年随访效果研究	2014. 6 ~ 2016. 6	吴丽萍	3. 15
112	信息所	国家社科基金	14BTQ032	面向知识服务的健康知识组织体系构建研究	2014. 6 ~ 2016. 12	侯　丽	20. 00
113	信息所	国家社科基金	14CGL051	社区全科团队服务绩效激励机制研究	2014. 6 ~ 2016. 12	李永斌	20. 00
114	信息所	国家社科基金	14BGL140	二、三级综合医院适宜规模研究	2014. 6 ~ 2016. 12	雷海潮	20. 00
115	信息所	卫生计生委项目		保健管理信息系统功能规范制定	2014. 10 ~ 2015. 3	代　涛	50. 00
116	信息所	卫生计生委项目		县级公立医院综合改革试点专项督导	2014. 7 ~ 2014. 10	代　涛	7. 00
117	信息所	卫生计生委项目		人口健康信息数据开放政策研究	2014. 6 ~ 2014. 9	代　涛	16. 00
118	信息所	卫生计生委项目		中国人口健康信息化评价与实证研究	2014. 6 ~ 2014. 12	代　涛	20. 00
119	信息所	卫生计生委项目		新农合跨省就医即时结报系统设计与实现	2014. 6 ~ 2015. 12	代　涛	16. 00
120	信息所	卫生计生委项目		人口健康政策法规评估系统建设研究	2014. 5 ~ 2014. 12	代　涛	50. 00

续 表

序号	单位	项目（课题）分类	项目（课题）编号	项目（课题）名称	项目（课题）项目起止时间	项目（课题）负责人	项目（课题）经费（万元）
121	信息所	卫生计生委项目		卫生计生治理体系与治理能力建设研究	2014.3~2014.10	代　涛	6.00
122	信息所	卫生计生委项目		促进健康服务业发展策略研究	2014.4~2015.1	代　涛	10.00
123	信息所	卫生计生委项目		国家药物政策白皮书研究	2014.3~2014.10	代　涛	8.92
124	信息所	卫生计生委项目		公立医院改制研究	2013.12~2014.5	代　涛	15.00
125	信息所	卫生计生委项目		新农合跨省就医费用核查和即时结报试点工作方案研究	2014.11~2015.12	代　涛	30.00
126	信息所	卫生计生委项目		妇幼卫生科技进展信息研究	2014.1~2014.12	王　芳	7.80
127	信息所	卫生计生委项目		中国社区卫生服务模式现状研究	2014.2~2014.8	王　芳	9.00
128	信息所	卫生计生委项目		改善居民健康档案利用效率策略研究	2014.7~2014.12	朱　坤	6.72
129	信息所	卫生计生委项目		计划生育科技信息研究（2014）	2014.1~2014.12	姚　楠	8.00
130	信息所	卫生计生委项目		国家新农合信息平台数据存储与处理系统研究	2014.6~2015.12	胡红濮	12.00
131	信息所	卫生计生委项目		中国人口健康信息化现状研究	2014.6~2014.10	胡红濮	15.00
132	信息所	卫生计生委项目		省级新农合药物目录差异性研究	2014.12~2015.4	胡红濮	9.00
133	信息所	卫生计生委项目		跨省就医骗保识别模型构建研究	2014.6~2015.12	李亚子	6.00
134	信息所	卫生计生委项目		国家人口基础信息库建设项目-新农合数据交换	2014.6~2015.6	李亚子	10.00
135	信息所	卫生计生委项目		卫生计生政策法规研究报告电子库	2014.11~2015.3	杨肖光	3.00
136	信息所	卫生计生委项目		有关国家药物政策基本框架及主要内容研究	2014.4~2014.11	陈　瑶	4.03
137	信息所	卫生计生委项目		《社会组织和公立医疗机构接受企业捐赠和资助的国际经验研究》	2014.11~2015.2	马晓静	7.60
138	信息所	卫生计生委项目		县级公立医院综合改革调查研究	2014.7~2014.8	黄　菊	2.00

续 表

序号	单位	项目（课题）分类	项目（课题）编号	项目（课题）名称	项目（课题）项目起止时间	项目（课题）负责人	项目（课题）经费（万元）
139	信息所	卫生计生委项目		药物政策与基本药物制度研究报告汇编	2014. 3～2014. 12	白　冰	6. 04
140	信息所	卫生计生委项目		中央保健管理信息系统需求设计	2014. 6～2015. 3	钱　庆	40. 00
141	信息所	卫生计生委项目		我国医学临床研究网络架构和运行机制研究（一）	2014. 10～2015. 10	贾晓峰	5. 00
142	信息所	卫生计生委项目		我国医学科技计划改革发展战略研究（一）	2014. 11～2014. 12	贾晓峰	4. 00
143	信息所	卫生计生委项目		我国医学临床研究网络架构和运行机制研究（二）	2014. 10～2015. 10	汪　楠	5. 00
144	信息所	卫生计生委项目		我国医学科技计划改革发展战略研究（二）	2014. 11～2014. 12	汪　楠	6. 00
145	信息所	卫生计生委项目		国家医学科技发展决策咨询与支持（一）	2012. 10～2015. 10	李　扬	10. 00
146	信息所	卫生计生委项目		肿瘤治疗相关技术评价	2014. 3～2014. 12	谢俊祥	9. 98
147	信息所	卫生计生委项目		国家医学科技发展决策咨询与支持（二）	2012. 10～2015. 10	高东平	10. 00
148	信息所	国家药监局项目		药品注册管理政策研究	2014. 12～2015. 12	欧阳昭连	12. 00
149	信息所	其他部委项目		国家人口与健康科学数据共享平台专职人员人事管理及人才派遣后补助协议	2015. 1～2015. 12	代　涛	300. 00
150	信息所	其他部委项目		国家人口与健康科学数据共享平台标准宣贯实施与监测	2014. 11～2015. 12	代　涛	100. 00
151	信息所	其他部委项目		国家人口与健康科学数据共享平台卫生决策专题服务	2014. 7～2015. 7	代　涛	105. 00
152	信息所	其他部委项目		国家人口与健康科学数据共享平台国际合作项目	2014. 7～2015. 12	代　涛	200. 00

续 表

序号	单位	项目（课题）分类	项目（课题）编号	项目（课题）名称	项目（课题）项目起止时间	项目（课题）负责人	项目（课题）经费（万元）
153	信息所	其他部委项目		中国儿童恶性肿瘤防控战略综合研究	2014.01~2015.12	田 玲	39.86
154	信息所	其他部委项目		科研云环境下医药卫生知识服务系统构建研究	2014.1~2014.12	钱 庆	80.04
155	信息所	其他部委项目		医药卫生大数据核心技术研发	2014.1~2014.12	李 姣	99.60
156	信息所	其他部委项目		中国工程科技知识中心医药卫生专业知识服务系统开发	2014.1~2014.12	李 姣	48.45
157	信息所	其他部委项目		中国工程科技知识中心医药卫生专业知识服务系统测试	2014.1~2014.12	侯 丽	12.80
158	信息所	其他部委项目		中国工程科技知识中心医药卫生专题知识加工	2014.2~2014.6	李军莲	70.50
159	信息所	其他部委项目		医药卫生专业知识服务系统——医药卫生领域数据集成与加工	2014.1~2014.12	李军莲	18.75
160	信息所	其他部委项目		养老康复家用等医疗器械产业发展研究	2014.9~2015.5	池 慧	46.00
161	信息所	其他部委项目		医药卫生知识服务系统用户需求与用户行为研究	2014~2015	胡志民	12.24
162	信息所	地方项目		北京市区域医疗中心服务模式与信息支撑体系研究	2014.7~2014.12	代 涛	20.00
163	信息所	地方项目		北京卫生计生“十三五”规划前期研究（医疗服务体系建设及京津冀协同发展课题	2014.11~2015.1	代 涛	10.00
164	信息所	地方项目		北京城市癌症早诊早治项目卫生经济学评价（2013~2014 年度）	2013.09~2014.09	邱五七	65.00
165	信息所	地方项目		公办民营社区卫生服务机构运行模式探索研究	2014.8~2016.8	王 芳	16.00

续 表

序号	单位	项目（课题）分类	项目（课题）编号	项目（课题）名称	项目（课题）项目起止时间	项目（课题）负责人	项目（课题）经费（万元）
166	信息所	地方项目		红山区基层医疗机构技术劳务价格调整研究	2014.9~2015.8	朱　坤	8.00
167	信息所	地方项目		北京市人口健康信息服务保障体系研究	2014.7~2014.12	胡红濮	27.80
168	信息所	地方项目		北京市人口健康信息资源分析及利用研究	2014.7~2014.12	胡红濮	29.40
169	信息所	地方项目		基于结构方程的医学高等院校的科研竞争力评价研究	2013.1~2015.12	安新颖	10.00
170	信息所	地方项目		威海市医药产业科技发展规划	2014.7~2015.12	池　慧	25.00
171	信息所	国际合作		基本医疗卫生制度实施路径研究	2014.4~2015.12	代　涛	48.39
172	信息所	国际合作		网络化的医疗卫生服务体系建设研究	2014.4~2015.12	代　涛	24.44
173	信息所	国际合作		世界卫生组织在华合作中心管理与信息资源整合利用研究	2014.7~2015.12	代　涛	13.40
174	信息所	国际合作		中国全球卫生战略研究-卫生系统与全民健康覆盖子课题	2014.4~2015.1	代　涛	5.00
175	信息所	国际合作		中国卫生信息化发展现状调查及国内外发展经验对比研究	2013.1~2013.12	代　涛	25.41
176	信息所	国际合作		“针对妇女的暴力行为”相关指南的翻译	2014.3~2014.4	王　芳	3.60
177	信息所	国际合作		湖南新型农村合作医疗案例研究	2013.6~2014.3	李　建	9.06
178	信息所	国际合作		邀请美国国立卫生研究院学者来华学术交流	2014.1~2014.12	李　姣	3.00
179	信息所	与企业联合项目		公立医院补偿机制研究	2014.4~2014.12	代　涛	10.00

续 表

序号	单位	项目（课题）分类	项目（课题）编号	项目（课题）名称	项目（课题）项目起止时间	项目（课题）负责人	项目（课题）经费（万元）
180	信息所	与企业联合项目		提升新农合经办能力和服务水平-跨省就医费用协查机制和即时结报相关政策研究	2014.12~2015.11	代 涛	35.47
181	信息所	与企业联合项目		中法药物政策研讨会	2014.8~2014.11	代 涛	20.00
182	信息所	与企业联合项目		少数民族地区儿童早期发展项目（2014年）	2014.5~2015.4	王 芳	50.64
183	信息所	与企业联合项目		联合国人口基金第七周期促进国家生殖健康相关政策实施项目——乳腺癌筛查方法及效果评估综述	2014.12	王 芳	5.00
184	信息所	与企业联合项目		妇幼健康服务工作简讯编发（2014年）	2014.1~2014.12	王 芳	7.78
185	信息所	与企业联合项目		社会抚养费征收管理研究	2013.9~2014.10	朱 坤	10.00
186	信息所	与企业联合项目		北京市西城区社区卫生服务模式创新研究	2014.5~2014.10	袁莎莎	4.50
187	信息所	与企业联合项目		卫生计生领域实施政府绿色租用的研究	2014.11-2015.11	田淼淼	10.00
188	信息所	与企业联合项目		医学信息援疆援藏服务	2014~2015	黄利辉	7.00
189	信息所	与企业联合项目		郴州市第一人民医院改革与发展实证研究	2014.7~2014.12	王小万	16.60
190	信息所	与企业联合项目		中国慢性阻塞性肺疾病药物经济学评价	2013.12~2016.12	李 建	15.00
191	信息所	与企业联合项目		农村高血压防治关键技术实证研究	2014.10~2015.5	冯芮华	5.66
192	信息所	与企业联合项目		北京市卫生信息化顶层设计	2014.7~2015.6	胡红濮	15.84
193	信息所	与企业联合项目		县级医疗机构信息化与医疗质量的相关性研究	2014.9~2015.12	李亚子	6.30
194	信息所	与企业联合项目		重大专项办课题研究	2014~2015	唐小利	20.00

续 表

序号	单位	项目（课题）分类	项目（课题）编号	项目（课题）名称	项目（课题）项目起止时间	项目（课题）负责人	项目（课题）经费（万元）
195	信息所	与企业联合项目		面向“重大新药创制”科技重大专项的专业化信息服务	2013. 12～2014. 12	唐小利	20. 00
196	信息所	与企业联合项目		新药创制重点领域信息门户建设与服务	2014. 9～2015. 8	唐小利	10. 00
197	信息所	与企业联合项目		重大传染病防治重点领域信息门户建设与服务	2014. 9～2015. 8	唐小利	10. 00
198	信息所	与企业联合项目		重点领域信息门户服务管理	2014. 9～2015. 8	唐小利	5. 00
199	信息所	与企业联合项目		“艾滋病预防与控制”领域网络信息跟踪保障示范平台	2013. 5～2014. 4	唐小利	3. 00
200	信息所	与企业联合项目		面向“艾滋病和病毒性肝炎等重大传染病防治”科技重大专项的专业化信息服务	2013. 12～2014. 12	张　玢	20. 00
201	信息所	与企业联合项目		基于科学与技术关联分析测度转化研究：方法与实证	2014. 12～2015. 12	杜　建	3. 00
202	信息所	与企业联合项目		中国国际医用仪器设备展览会暨技术交流会英文网站开发	2014. 6～2014. 10	钱　庆	2. 20
203	信息所	与企业联合项目		NSTL 联合目录系统运行功能完善与拓展	2014. 08～2015. 07	方　安	30. 00
204	信息所	与企业联合项目		医药卫生科技发展研究中心网站开发	2014. 05～2015. 12	方　安	10. 00
205	信息所	与企业联合项目		NSTL 期刊规范文档建设方案研究	2014. 09～2015. 08	王军辉	15. 00
206	信息所	与企业联合项目		国外发达国家新型的科技评价制度研究	2014. 1～2014. 12	安新颖	5. 00
207	信息所	与企业联合项目		植物营养素文献检索与分析项目	2014. 1～2014. 12	安新颖	6. 40
208	信息所	与企业联合项目		中日友好医院科研竞争力评价	2014. 10～2015. 5	李海存	1. 00
209	信息所	与企业联合项目		NSTL 网络服务系统整合 PMC 全文系统方案研究	2014. 1～2014. 12	李　姣	20. 00
210	信息所	与企业联合项目		国家科技重大专项推动创新驱动发展	2014. 1～2014. 12	贾晓峰	5. 00

续 表

序号	单位	项目（课题）分类	项目（课题）编号	项目（课题）名称	项目（课题）项目起止时间	项目（课题）负责人	项目（课题）经费（万元）
211	信息所	与企业联合项目		中国艾滋病防治信息“艾滋病科研动态”	2014-01-012014-12-31	胡世平	8.00
212	信息所	与企业联合项目		中国重点产业科技竞争力与发展潜力研究——生物医药子课题	2014.1.1~2014.12.31	胡世平	2.00
213	信息所	与企业联合项目		中国重点产业科技竞争力与发展潜力研究-生物医药子课题	2014.1.1~2014.12.31	孙晓北	2.00
214	信息所	与企业联合项目		Micro CT 国内外现状及发展趋势的研究	2014.11.5~2015.1.31	谢俊祥	3.77
215	信息所	与企业联合项目		医学信息学分析	2014.12.15~2015.3.3	高东平	4.00
216	信息所	与企业联合项目		亚健康评价研究	2014.6~2015.6	欧阳昭连	5.00
217	信息所	与企业联合项目		药政时事 2014	2014.7~2015.12	欧阳昭连	12.00
218	信息所	与企业联合项目		科技报告等五种非刊文献编目数据的清洗与规范	2014.1~2015.5	任慧玲	25.00
219	信息所	与企业联合项目		国外医学新书评介	2014.1~2014.12	任慧玲	15.00
220	信息所	与企业联合项目		科技信息资源生产、传播、服务的大变革（二）	2014.6~2015.6	任慧玲	6.00
221	信息所	与企业联合项目		NSTL 联合目录元数据体系建设研究	2014.1.1~2014.12.31	葛红梅	20.00
222	信息所	与企业联合项目		数据加工流程调整和加工系统改造：NSTL 医学文献元数据标准规范和流程改造	2014.8.1~2015.12.31	葛红梅	25.00
223	病原所	卫生行业科研专项	201402001	科学化精细化多学科综合诊疗模式的建立	2014~2016	金 奇	508.00
224	病原所	北京市自然科学基金	7154226	志贺氏菌三型分泌系统 ATPase 的结构和功能研究	2015.1~2016.6	高小攀	8.00

续 表

序号	单位	项目（课题）分类	项目（课题）编号	项目（课题）名称	项目（课题）项目起止时间	项目（课题）负责人	项目（课题）经费（万元）
225	病原所	国际合作-CRP-ICGEB基金（国际遗传工程和生物技术中心联合研究资助项目）	CRP/CHN14-02	脂肪酶在绿脓杆菌六型分泌系统中的功能研究	2015.1~2017.12	杨国威	37.36
226	病原所	国际合作-AERAS基金会（全球结核病疫苗基金会）	——	结核分枝杆菌新发感染流行病学调查	2014.7~2015.6	高 磊	132.87
227	工程所	天津市科技计划一般项目	14JCYBJC17400	心肌组织修复温敏型载药近红外荧光水凝胶的研究	2014.4~2017.3	吕 丰	10
228	工程所	天津市科技计划重点项目	14JCZDJC38200	关节软骨修复用时空控释bFGF胶原基复合材料优化基础	2014.4~2017.3	李学敏	20
229	工程所	天津市科技计划重点项目	15JCZDJC	高频超声浅表器官灰阶血流成像技术的研究	2015.4~2018.3	杨 军	20
230	工程所	天津市科技计划重点项目	15JCZDJC	还原敏感性靶向多功能聚合物囊泡的构建及其抗肿瘤研究	2015.4~2018.3	张琳华	20
231	工程所	天津市科技计划一般项目	15JCYBJC	靶向输送及可控释放的嵌合光敏剂纳米载药体系的构建	2015.4~2018.3	马桂蕾	10
232	工程所	天津市科技计划青年项目	15JCQNJC	丝素蛋白/Fe3O4杂化微囊合成及其内耳给药研究	2015.4~2018.3	周志敏	6
233	工程所	天津市科技计划国际合作项目	15RCGFSY00146	一种新型的结合电刺激PLGA微针的开发	2015.4~2018.3	王 淳	30
234	工程所	国家外专项目		壳聚糖微囊化分泌表达血管内皮抑制素的肿瘤靶向共生菌口服治疗结肠癌的研究	2014.5~2014.12	张海玲	3
235	工程所	国家外专项目		分子影像与干细胞治疗	2014.5~2014.12	孔德领	5

续 表

序号	单位	项目（课题）分类	项目（课题）编号	项目（课题）名称	项目（课题）项目起止时间	项目（课题）负责人	项目（课题）经费（万元）
236	工程所	天津市外专项目	20121200035	引智项目“神经纤维微电流测量方法研究”	2014.1~2014.12	刘志朋	6.5
237	工程所	与企业联合项目	横向 1401	生物电阻抗人体成份分析仪躯干细分核心技术	2014.2.20~2015.2.19	沙　洪	15
238	工程所	与企业联合项目	横向 1402	一种腹部健康干预机制机械装置的开发研究	2014.3.15~2014.12.30	吴金鹏	50
239	工程所	与企业联合项目	横向 1403	腕带式半导体激光治疗仪开发	2014.5.10~2015.5.9	杨基春	50
240	工程所	与企业联合项目	横向 1404	调 Q 激光皮肤病治疗手柄的研发	2014.9.1~2015.8.31	阴慧娟	12
241	工程所	与企业联合项目	横向 1405	建设联合实验室	2014.11.1~2015.10.30	冷希岗	20
242	工程所	与企业联合项目	横向 1407	普鲁兰基纳米药物载体透过胎盘屏障的机制及其调控策略研究	2014.1~2016.12	张其清	10
243	工程所	与企业联合项目	横向 1408	PLGA 多孔微球细胞载体研究	2014.2.1~2015.7.30	周志敏	2
244	基础所	北京市科委		遗传病诊断基因组学技术体系的建立		张　学	200
245	基础所	北京市自然	7154222	ALDH1A3 维持结肠癌干细胞干性的机理研究	2015.1~2017.12	冯海凉	8
246	基础所	人事部留学回国人员科技活动项目	20140901	通过定量检测基因相互作用研究癌症分子机制	2014.1~2014.12	王晓月	10
247	基础所	诺和诺德-协和糖尿病基金		抑制 FTO 能否调节 ghrelin 的表达且具有糖尿病治疗作用	201.4~2017.4	葛　微	30
248	整形医院	行业专项	2015SQ00049	半侧颜面短小畸形优化治疗方案研究	2014~2017	曹谊林	640
249	整形医院	首特重点项目	z141107002514007	不同纯化方法的脂肪移植治疗半侧颜面短小综合征软组织畸形的研究	2014~2017	祁佐良	85
250	整形医院	首特一般项目	z141107002514048	数字化三维重建评估体系在先天小耳畸形的应用研究	2014~2018	于晓波	15

续 表

序号	单位	项目（课题）分类	项目（课题）编号	项目（课题）名称	项目（课题）项目起止时间	项目（课题）负责人	项目（课题）经费（万元）
251	整形医院	首特一般项目	z141107002514049	基于数字化技术的成人半侧小面畸形综合治疗效果评估	2014~2019	唐晓军	15
252	整形医院	首特一般项目	z141107002514095	“递进式”上颌骨截骨牵引治疗成年唇腭裂病人上颌骨发育不足	2014~2020	宋　涛	15
253	整形医院	人事部留学回国启动基金		“Ad-BMP2-GFP、Ad-PG-RFP 共转染 rBMsCs 复合 Nhac/PLA 支架的体外实验研究	2014~2017	靳小雷	3
254	整形医院	企业合作		局部麻醉药膏的使用对激光治疗的影响	2014~2018	黄绿萍	3.5
255	放射所	天津基金重点	14JC2DTC35800	SKP2 作为食管癌放射治疗的新靶向基因研究	2014.04~2017.03	王小春	20
256	放射所	天津基金重点	14JCZDJC36400	迷迭香酸保护造血干细胞防治骨髓抑制作用及机制	2014.04~2017.03	徐文清	20
257	放射所	天津科技支撑	14ZCZDSY00001	肿瘤放射治疗辐射防护新药的临床前研究	2014.04~2017.03	樊赛军	75
258	放射所	天津面上	14JCYBJC28800	DNA 修复蛋白 MSH2 和 RAD51 的合成致死作用研究	2014.04~2017.03	杜利清	10
259	放射所	天津面上	14JCYBJC26700	NICD 对辐射残留损伤的 MC3T3E1 细胞的生长和功能的影响	2014.04~2017.03	孙元明	10
260	放射所	天津基金青年	14JCQNJC10900	PHA-L 激活 TLR5-NFκB 通路防治放射性肠炎的作用与机制	2014.04~2017.03	龙　伟	6
261	放射所	天津科普项目	14KPXM01SY0009	基于大数据的核辐射知识科普云的研发	2014.09~2015.09	樊赛军	10
262	放射所	卫计委标准		GB14883.1 食品安全国家标准 食品中放射性物质检验 总则	2014.06~2015.06	武　权	3

续 表

序号	单位	项目（课题）分类	项目（课题）编号	项目（课题）名称	项目（课题）项目起止时间	项目（课题）负责人	项目（课题）经费（万元）
263	放射所	卫计委标准		GB14883.2 食品安全国家标准 食品中放射性物质氢-3 的测定	2014.06~2015.06	武 权	3
264	放射所	卫计委标准		GB14883.3 食品安全国家标准 食品中放射性物质锶-89 和锶-90 的测定	2014.06~2015.06	武 权	3
265	放射所	卫计委标准		GB14883.4 食品安全国家标准 食品中放射性物质钷-147 的测定	2014.06~2015.06	武 权	3
266	放射所	卫计委标准		GB14883.5 食品安全国家标准 食品中放射性物质钋-210 的测定	2014.06~2015.16	武 权	3
267	放射所	卫计委标准		GB14883.6 食品安全国家标准 食品中放射性物质镭-226 和镭-228 的测定	2014.06~2015.06	武 权	3
268	放射所	卫计委标准		GB14883.7 食品安全国家标准 食品中放射性物质天然钍和铀的测定	2014.06~2015.06	武 权	3
269	放射所	卫计委标准		GB14883.8 食品安全国家标准 食品中放射性物质钚-239、钚-240 的测定	2014.06~2015.06	武 权	3
270	放射所	卫计委标准		GB14883.9 食品安全国家标准 食品中放射性物质碘-131 的测定	2014.06~2015.06	武 权	3
271	放射所	卫计委标准		GB14883.10 食品安全国家标准 食品中放射性物质铯-137 的测定	2014.06~2015.06	武 权	3
272	放射所	卫计委标准		核和辐射事故医学应急处理导则	2014.06~2015.05	佘 义	6
273	放射所	卫计委标准		职业性放射性疾病诊断总则	2014.06~2015.05	邢志伟	6
274	皮研所	公益行业专项	2015SQ00242	我国麻风病高危人群利福平/礼服喷丁化学预防干预研究	2015.6~2018.6	王宝玺	486
275	皮研所	卫计委	20140207	梅毒诊断标准修订	2014.6~2015.5	王千秋	5

续 表

序号	单位	项目（课题）分类	项目（课题）编号	项目（课题）名称	项目（课题）项目起止时间	项目（课题）负责人	项目（课题）经费（万元）
276	皮研所	江苏省自然科学基金	BK20141065	基于胞外小体的麻风病分子免疫机制及其相关分子标志物的研究	2014.7~2016.6	王洪生	10
277	皮研所	横向合作		关于注射用头孢曲松钠治疗梅毒兔感染实验建立药效模型研究	2014.6~2014.12	尹跃平	44.94
278	皮研所	横向合作		5-氨基-4-酮戊盐酸（5-ALA）介导的PDT法抑制痤疮杆菌的体外药效学研究	2014.7~2014.12	李新宇	10
279	输血所	地方项目	2014SZ0025	血液病原体灭活效果评价新技术的研发及验证平台建立	2014.1~2015.12	杨春晖	30
280	输血所	地方项目	2014SZ0072	中药的抗病毒作用检测及效果评估	2014.1~2014.12	李世林	3.2
281	输血所	地方项目	2014HH0065	基于人源性血红蛋白第三代血液代用品的联合开发	2014.7~2017.6	王　红	20
282	输血所	地方项目	2014JQ0058	基因原位置换技术调控Gata1在hESC向造血细胞分化过程的时序表达特性	2014.1~2016.12	陈　波	10
283	输血所	地方项目	2014SZ0123	血液制品深度开发关键技术及相关产品产业化开发	2014.7~2017.6	李长清，刘嘉馨	210
284	输血所	地方项目	2014SZ0127	血液净化、透析系统（设备及耗材）的研制和开发	2014.1~2016.12	王　红	60
285	输血所	地方项目	2014SZ0239	我国输血传播病原体核酸检测关键技术研究	2014.1~2016.12	刘　鱼	20
286	输血所	地方项目	2014SZ0125	诊断分析仪器的研发及产业化	2014.1~2017.12	刘　鱼	5
287	输血所	地方项目	2014SZ0122	干细胞产业关键技术和治疗用候选产品的研究开发	2014.7~2017.6	马　峰	50

续 表

序号	单位	项目（课题）分类	项目（课题）编号	项目（课题）名称	项目（课题）项目起止时间	项目（课题）负责人	项目（课题）经费（万元）
288	输血所	与企业联合项目	2014 产研 001	关于建立脐带血 CD34+细胞来源的 ips 细胞系及其商业化模式开发的探索性研究	2014.01~2014.12	马 峰	40
289	输血所	与企业联合项目	2014 产研 002	抗凝血酶 III 制剂中试前研发	2014.01.06~2014.12.31	李长清	134
290	输血所	与企业联合项目	2014 产研 003	蛋白 C 浓缩物制剂中试前研发	2014.01.06~2014.12.31	李长清	134
291	输血所	与企业联合项目	2014 产研 004	技术服务协议（蛋白 C 和蛋白 S 活性检测）	2014	林方昭	2.16
292	输血所	与企业联合项目	2014 产研 005	项目合作协议书（基于 HLA-II 相关遗传基因研究肾虚证 HBV 持续感染的机制）	2014.01.02~2014.03.31	纪 欣	2.38
293	输血所	与企业联合项目	2014 产研 007	血管性血友病因子浓缩物的中试前研制	2014.01.01~2014.12.31	李长清	47.64
294	输血所	与企业联合项目	2014 产研 008	静注人免疫球蛋白制品质量评价研究	2014.01.01~2014.12.31	李长清	84.92
295	输血所	与企业联合项目	2014 产研 009	技术服务协议书（静注免疫球蛋白供给与需求）	2014.04.01~2015.3.31	王 婧	1
296	输血所	与企业联合项目	2014 产研 010	技术服务协议书（普定县献浆行为意向及招募措施与策略）	2014.04.01~2015.3.31	王 婧	1
297	输血所	与企业联合项目	2014 产研 011	技术服务协议书（黄平县献浆行为意向及招募措施与策略）	2014.04.01~2015.3.31	王 婧	1
298	输血所	与企业联合项目	2014 产研 012	乳腺癌相关基因检测委托检测协议书	2014.03~2015.03	李世林	11
299	输血所	与企业联合项目	2014 产研 015	关于和金域联合共建实验室的补充协议	2012.06.01~2015.05.31	林方昭	按样品量计费
300	输血所	与企业联合项目	2014 产研 016	血液过滤及保存质量研究协议书	收到测试样品后 40 个工作日内完成	王 红	2
301	输血所	与企业联合项目	2014 产研 017	变静水压力循环技术应用于病原体灭活	2014.05~2015.04	春 晖	10
302	输血所	与企业联合项目	2014 产研 018	变静水压力循环技术应用于病原体灭活	2014.05~2015.04	曾沛斌	10

续 表

序号	单位	项目（课题）分类	项目（课题）编号	项目（课题）名称	项目（课题）项目起止时间	项目（课题）负责人	项目（课题）经费（万元）
303	输血所	与企业联合项目	2014 产研 019	一次性使用去白细胞过滤血袋过滤性能评价协议书		王 红	2
304	输血所	与企业联合项目	2014 产研 020	技术服务协议（对神经外科提供的血液样品进行相关检测）		钟 锐	2.4
305	输血所	与企业联合项目	2014 产研 022	新型高分子材料包裹血红蛋白评价协议书		王 红	2
306	输血所	与企业联合项目	2014 产研 023	白细胞滤器过滤性能研究		王 红	3
307	输血所	与企业联合项目	2014 产研 024	凝血因子 VIII、IX 质控品的研制与开发	2014.03~2016.03	林方昭	75.02
308	输血所	与企业联合项目	2014 产研 025	D-二聚体及 FDP 质控品的研制与开发	2014.03~2016.03	林方昭	70.73
309	输血所	与企业联合项目	2014 产研 026	抗凝血酶 III 活性检测试剂盒	2014.03~2016.09	林方昭	61.49
310	输血所	与企业联合项目	2014 产研 027	人 Fib 治疗白血病引起的获得性 Fib 缺乏症的疗效及安全性的多中心临床研究	2014~2015	林方昭	8.25
311	输血所	与企业联合项目	2014 产研 028	血小板保存袋质量研究协议		王 红	7
312	输血所	与企业联合项目	2014 产研 029	流式细胞术科学研究项目合作协议书	2014.07.14~2015.07.13	马 峰	280 元/组
313	输血所	与企业联合项目	2014 产研 030	共建“抗 D 免疫球蛋白研发联合实验室”协议书	2014.07~2016.06	宋 宁	40
314	输血所	与企业联合项目	2014 产研 031	人凝血酶原复合物（PCC）治疗血友病乙患者的疗效及安全性的多中心、开放性临床研究	2014.08~2014.12	林方昭	5.67
315	输血所	与企业联合项目	2014 产研 032	评价人凝血因子 VIII 治疗血友病 A 患者的疗效及安全性的多中心、单臂、开放性临床研究	2014~2015	林方昭	3.6
316	输血所	与企业联合项目	2014 产研 033	技术协作研发协议（血小板去白细胞输血器用滤膜材料产业化）	2014.07.01~2015.12.31	刘嘉馨	50

续 表

序号	单位	项目（课题）分类	项目（课题）编号	项目（课题）名称	项目（课题）项目起止时间	项目（课题）负责人	项目（课题）经费（万元）
317	输血所	与企业联合项目	2014 产研 034	血小板贮存袋保存血小板质量及功能研究协议		王　红	30
318	输血所	与企业联合项目	2014 产研 035	胎盘多肽注射液对免疫细胞的双向调节作用	2014. 09. 15～2015. 12. 31	李长清	20. 25
319	输血所	与企业联合项目	2014 产研 036	“凝血质控品开发”技术服务	2014. 11. 30～2015. 11. 29	林方昭	6. 02
320	输血所	与企业联合项目	2014 产研 037	人凝血因子 VIII 制品质量评价	2014. 12	林方昭	0. 6
321	输血所	与企业联合项目	2014 产研 038	评价人纤维蛋白原治疗获得性纤维蛋白原减少症疗效及安全性的阳性药平行对照、随机、双盲、多中心临床研究	2014～2015	林方昭	2. 64
322	输血所	与企业联合项目	2014 产研 039	部分凝血试剂研发技术服务协议书	2014. 01. 01～2014. 12. 31	林方昭	5. 99
323	输血所	与企业联合项目	2014 产研 041	KIR 基因与造血干细胞移植预后的关系研究	2014. 01～2014. 12	刘　忠	3
324	输血所	与企业联合项目	2014 产研 042	脐带血安全有效性系列技术研究与应用	2014. 12～2017. 11	刘　忠	30
325	输血所	横向科研项目	2014 产研 043	合作开展德宏州献血者核酸检测效果评估及献血者隐匿性 HBV 感染追踪研究	2014. 10. 20～2017. 10. 19	刘　鱼	5
326	药物所	公益性行业科学研究专项	201402001	科学化精细化多学科综合诊疗模式的建立	2014. 06～2017. 06	蒋建东	496. 00
327	药物所	北京市自然科学基金预探索项目	7143181	来源于抗癌植物八角莲内生真菌 Penicillium sp. 的活性杂萜类化合物研究	2014. 01～2014. 12	邹建华	6. 00
328	药物所	北京市自然科学基金青年项目	7144227	基于自噬调节作用机制的地骨皮多靶点抗糖尿病药效物质基础	2014. 01～2015. 12	杨桠楠	8. 00
329	药物所	北京市自然科学基金面上项目	7142115	PDE4D4/5 作为治疗阿尔茨海默病认知障碍潜在新靶标的研究	2014. 01～2016. 12	王真真	18. 00

续 表

序号	单位	项目（课题）分类	项目（课题）编号	项目（课题）名称	项目（课题）项目起止时间	项目（课题）负责人	项目（课题）经费（万元）
330	药物所	北京市自然科学基金面上项目	7142114	新型聚乙烯亚胺衍生物非病毒载体的合成及其递送 siRNA 药物的抗肿瘤研究	2014.01~2015.12	黄 伟	16.00
331	药物所	北京市自然科学基金重点项目	2141004	新型非病毒载体的构建、筛选及递送 siRNA 治疗恶性肿瘤的研究	2014.01~2016.12	高钟镐	65.00
332	药物所	北京市科委创新品种临床前研究	Z141100000514018	新型调脂创新药物 IMM-H007 临床前开发研究	2014.01~2015.12	朱海波	120.00
333	药物所	北京市科委创新品种临床前研究	Z141100000514014	基于脂蛋白受体介导的紫杉醇肿瘤靶向脂微球研发	2014.01~2015.12	刘玉玲	147.11
334	药物所	北京市科技创新基地培育与发展工程专项	Z141102004414062	创新药物非临床药物代谢及 PK/PD 研究北京市重点实验室 2014 年度科技创新基地培育与发展工程专项项目	2014.07~2015.08	李 燕	50.00
335	药物所	北京市基础教育阶段创新人才培养项目	无	糖类药物重要活性片段合成研究	2014.01~2015.12	雷平生	10.00
336	药物所	中美合作项目	无	用于治疗帕金森病及其他神经退行性疾病小分子化合物的设计、合成和活性研究的合作开发	2014.03~2019.03	吴 松	0.00
337	药物所	中美合作项目	无	技术服务合同（美国爱仕达生物技术有限责任公司）	2014.10~2019.09	黄海洪	99.20
338	药物所	与企业联合项目	2014110031000566	3 种化合物对小鼠 Lewis 肺癌移植瘤实验研究	2013.12~2014.12	张 丹	4.00
339	药物所	与企业联合项目	2014110031000567	TP7、TP9 两种化合物抗肿瘤作用预实验研究	2013.12~2014.12	张 丹	2.00
340	药物所	与企业联合项目	2014110031000568	短葶山麦冬皂苷 C 等 9 个样品血液凝固和血栓形成药效活性初探	2013.12~2014.12	朱海波	10.00

续 表

序号	单位	项目（课题）分类	项目（课题）编号	项目（课题）名称	项目（课题）项目起止时间	项目（课题）负责人	项目（课题）经费（万元）
341	药物所	与企业联合项目	2014110031000569	LC-MS/MS 法测定盐酸小檗碱临床实验样本	2013. 12～2014. 10	王　琰	8. 00
342	药物所	与企业联合项目	2014110031002112	疏血通注射液不同活性部位中活性相关关键多糖研究	2014. 01～2015. 01	张金兰	20. 00
343	药物所	与企业联合项目	2014110031002113	AE624 原料药化学结构确证	2013. 11～2014. 01	贺文义	6. 00
344	药物所	与企业联合项目	2014110031002114	植物物种鉴定	2013. 12～2014. 06	马　林	0. 60
345	药物所	与企业联合项目	2014110031002115	KHP-1017 等三种化合物抗肺纤维化药效学筛选	2014. 01～2015. 01	胡卓伟	5. 00
346	药物所	与企业联合项目	2014110031002116	前列地尔注射液对比格犬心肌缺血复灌损伤保护作用初步探究	2014. 01～2014. 06	朱海波	18. 40
347	药物所	与企业联合项目	2014110031002117	瑞通立抗急性缺血性脑卒中药效学实验研究	2014. 03～2016. 03	杜冠华	180. 00
348	药物所	与企业联合项目	2014110031002118	基于国际专利数据的中药创新情报研究	2013. 09～2014. 12	杜冠华	3. 30
349	药物所	与企业联合项目	2014110031002931	HX 系列 6 个样品抗 AD 小鼠体内初筛实验	2014. 03～2015. 09	朱海波	3. 50
350	药物所	与企业联合项目	2014110031002932	BGN 调血脂活性初步筛选实验	2014. 02～2015. 06	朱海波	5. 00
351	药物所	与企业联合项目	2014110031002933	人工麝香体外检测方法研究	2014. 03～2016. 03	王晓良	50. 00
352	药物所	与企业联合项目	2014110031002934	三七伤药片的急性毒性	2013. 11～2014. 12	张建军	0. 70
353	药物所	与企业联合项目	2014110031003870	芳活素生物活性检测	2014. 01～2014. 12	侯　琦	14. 00
354	药物所	与企业联合项目	2014110031003871	两种工艺制备的芪红胶囊对大鼠心肌缺血药效学比较性评价	2014. 03～2014. 07	朱海波	6. 00
355	药物所	与企业联合项目	2014110031003872	植物物种鉴定	2014. 03～2014. 12	马　林	0. 60
356	药物所	与企业联合项目	2014110031003873	卡巴他赛的实验室制备工艺	2014. 04～2015. 04	方唯硕	25. 00
357	药物所	与企业联合项目	2014110031003874	EG 化合物临床前药代动力学研究	2014. 04～2024. 04	李　燕	50. 00

续 表

序号	单位	项目（课题）分类	项目（课题）编号	项目（课题）名称	项目（课题）项目起止时间	项目（课题）负责人	项目（课题）经费（万元）
358	药物所	与企业联合项目	2014110031003875	1-甲基4-苯基哌啶盐酸盐的合成	2014.03~2014.04	王德心	1.10
359	药物所	与企业联合项目	2014110031003876	重组 EV71 疫苗原液 VLP 的圆二色谱测试	2014.03~2014.06	司伊康	0.10
360	药物所	与企业联合项目	2014110031003877	银杏叶提取物注射液抗小鼠脑缺血有效性初步评价	2014.03~2015.03	朱海波	10.00
361	药物所	与企业联合项目	2014110031003878	中药材品种鉴定及质量检验	2014.04~2015.04	马 林	2.00
362	药物所	与企业联合项目	2014110031003879	高纯度鱼油对大鼠心肌缺血药效学初步评价	2014.03~2015.03	朱海波	4.00
363	药物所	与企业联合项目	2014110031003880	双环醇对药物性肝损伤的保护作用及机制研究	2014.04~2015.04	李 燕	50.00
364	药物所	与企业联合项目	2014110031003881	S-（+）-MUSCONE 的圆二色谱测试	2014.04~2014.07	司伊康	0.05
365	药物所	与企业联合项目	2014110031005248	盐酸椒苯酮胺代谢产物的合成研究	2014.05~2015.04	张 翔	18.00
366	药物所	与企业联合项目	2014110031005249	先导化合物药代特点快速筛选	2014.03~2015.04	张金兰	3.00
367	药物所	与企业联合项目	2014110031005250	氟康唑中杂质成分细胞毒活性测定及结构检测	2014.02~2014.12	张培成	8.60
368	药物所	与企业联合项目	2014110031005251	药物杂质的合成	2014.04~2014.12	冯文化	8.00
369	药物所	与企业联合项目	2014110031005252	盐酸乐卡地平的圆二色谱测试	2014.02~2014.07	司伊康	0.05
370	药物所	与企业联合项目	2014110031006571	1.1 类化学新药 HTS 抗乙型肝炎病毒的体内药效学研究	2014.05~2015.05	蒋建东	12.00
371	药物所	与企业联合项目	2014110031006572	化合物 PEP801 脑缺血药效学补充试验	2014.05~2015.05	王晓良	30.00
372	药物所	与企业联合项目	2014110031006573	苯磺顺阿曲库铵	2014.05~2014.09	司伊康	0.15
373	药物所	与企业联合项目	2014110031006574	化合物对 PPARs 受体作用活性筛选评价	2014.06~2014.12	申竹芳	5.00
374	药物所	与企业联合项目	2014110031006575	Diapin 抗糖尿病药效作用初步评价	2014.06~2015.06	申竹芳	20.00

续 表

序号	单位	项目（课题）分类	项目（课题）编号	项目（课题）名称	项目（课题）项目起止时间	项目（课题）负责人	项目（课题）经费（万元）
375	药物所	与企业联合项目	2014110031007451	柳兰中黄酮类成分分离及结构鉴定	2014.06~2015.05	林 生	10.00
376	药物所	与企业联合项目	2014110031007452	十个化合物的学习记忆初筛实验	2014.06~2015.06	王晓良	10.00
377	药物所	与企业联合项目	2014110031007453	非洛地平及格列喹酮晶型探索性研究	2014.06~2014.09	吕 扬	10.00
378	药物所	与企业联合项目	2014110031007454	活性硫酸寡糖合成研究探索试验	2014.07~2017.12	雷平生	30.00
379	药物所	与企业联合项目	2014110031007455	天然药物 ZAG 系列样品对顺铂致小鼠肝肾损伤的保护作用	2014.06~2015.06	张 丹	15.00
380	药物所	与企业联合项目	2014110031007456	胡黄连苷 II 一类新药原料与制剂——胡黄连苷 II 的结构确证	2014.06~2015.10	张培成	6.00
381	药物所	与企业联合项目	2014110031007457	阿维菌素纯度定值	2014.06~2014.09	张金兰	2.00
382	药物所	与企业联合项目	2014110031010646	痹祺胶囊伴随毒性物质基础及连续多次给药伴随毒代动力学研究	2014.05~2016.05	张金兰	33.40
383	药物所	与企业联合项目	2014110031010647	痹祺胶囊单次冲击剂量给药后中毒指标成分在靶器官的暴露及其与毒性指标的关系研究	2014.05~2016.05	张金兰	15.52
384	药物所	与企业联合项目	2014110031010648	米非司酮等品种的杂质鉴定与合成	2014.06~2015.06	冯文化	10.00
385	药物所	与企业联合项目	2014110031010649	鸦胆子油乳注射液对 Lewis 肺癌小鼠胸水模型的影响	2014.06~2015.12	陈晓光	3.70
386	药物所	与企业联合项目	2014110031010650	火把花片对照品的制备与结构测定	2014.09~2015.09	张东明	30.00
387	药物所	与企业联合项目	2014110031010651	YSJN 机理研究-神经递质检测	2014.07~2015.07	杜冠华	10.00
388	药物所	与企业联合项目	2014110031010652	普纳布林大鼠体内代谢产物研究和代谢物谱建立	2014.09~2015.06	张金兰	5.00
389	药物所	与企业联合项目	2014110031010653	鲜地黄和生地黄中梓醇、毛蕊花糖苷和重金属的测定及其 HPLC 指纹图谱的建立	2014.08~2015.07	林 生，王素娟	18.00

续 表

序号	单位	项目（课题）分类	项目（课题）编号	项目（课题）名称	项目（课题）项目起止时间	项目（课题）负责人	项目（课题）经费（万元）
390	药物所	与企业联合项目	2014110031010654	体外肿瘤细胞生长抑制剂及 LPS 诱导巨噬细胞 TNF-α 生成抑制剂筛选	2014.09~2015.01	杜冠华	0.72
391	药物所	与企业联合项目	2014110031010655	前列地尔注射液尾部大粒子（PFAT5）检测	2014.03~2015.03	刘玉玲	1.10
392	药物所	与企业联合项目	2014110031010656	RGX 生物活性检测	2014.01~2015.01	侯 琦	10.00
393	药物所	与企业联合项目	2014110031010657	施普善对氯化钴刺激 PC12 细胞的保护作用	2014.09~2015.03	杜冠华	3.00
394	药物所	与企业联合项目	2014110031010658	头孢曲松钠药物的晶型标准研究	2014.09~2019.09	吕 扬	80.00
395	药物所	与企业联合项目	2014110031010659	头孢噻肟钠药物的晶型标准研究	2014.09~2019.09	吕 扬	80.00
396	药物所	与企业联合项目	2014110031010660	头孢呋辛钠药物的晶型标准研究	2014.09~2019.09	吕 扬	80.00
397	药物所	与企业联合项目	2014110031013017	金芪降糖片治未病（糖尿病前期）的循证研究	2009.11~2013.10	申竹芳	10.00
398	药物所	与企业联合项目	2014110031013018	化痰祛瘀解毒方抗动脉粥样硬化药效学评价	2014.05~2015.10	朱海波	35.00
399	药物所	与企业联合项目	2014110031013019	VEGF 抑制剂抗肿瘤活性研究	2014.10~2015.12	李 燕（小）	27.48
400	药物所	与企业联合项目	2014110031013020	人参皂苷 Rg1 抗药物性肝损伤的药效学研究	2014.09~2016.09	陈乃宏	60.00
401	药物所	与企业联合项目	2014110031013021	人参皂苷 Rg1 抗酒精性肝病的药效学研究	2014.09~2016.09	陈乃宏	90.00
402	药物所	与企业联合项目	2014110031013022	布洛芬有关物质研究	2014.11~2024.11	郑稳生	10.00
403	药物所	与企业联合项目	2014110031013023	中药提取物初步活性筛选与评价研究	2014.11~2015.10	张天泰	30.00
404	药物所	与企业联合项目	2014110031013024	化合物对 PPARs 受体作用活性筛选评价	2014.10~2015.04	申竹芳	6.00

续表

序号	单位	项目（课题）分类	项目（课题）编号	项目（课题）名称	项目（课题）项目起止时间	项目（课题）负责人	项目（课题）经费（万元）
405	药物所	与企业联合项目	2014110031013025	关于委托进行《中国药典》2015 版桑白皮流浸膏质量标准增修订研究的协议	2014.03~2014.12	王素娟	10.00
406	药物所	与企业联合项目	2014110031013026	DT-13 体内抗肿瘤侵袭转移作用研究	2014.12~2015.09	张　丹	14.00
407	药物所	与企业联合项目	2014110031013027	前列地尔注射液对小型猪心肌缺血再灌注保护作用初步研究	2014.10~2015.10	朱海波	25.00
408	药物所	与企业联合项目	2014110031014979	福龙牌降血糖胶囊抗糖尿病作用与机理研究	2014.10~2015.10	申竹芳	14.00
409	药物所	与企业联合项目	2014110031014980	前列地尔注射液（曼新妥）抗大鼠血栓形成和血小板聚集药效活性研究	2014.12~2015.06	朱海波	15.00
410	药物所	与企业联合项目	2014110031014981	苯磺顺阿曲库铵	2014.07~2014.12	司伊康	0.10
411	药物所	与企业联合项目	2014110031014982	低浓度蛋白同化制剂和代谢物及未知禁用物质发现和检测新策略研究	2014.10~2016.12	张金兰	10.00
412	药物所	与企业联合项目	2014110031014983	10KDS 体内抗肿瘤作用的研究	2014.11~2015.11	李　燕（小）	3.50
413	药物所	与企业联合项目	2014110031014984	增生平指纹图谱中主要色谱峰的指认研究	2014.11~2015.05	王素娟	1.60
414	药物所	与企业联合项目	2014110031014985	增生平 HPLC 指纹图谱的建立	2014.11~2015.05	王素娟	1.40
415	药物所	与企业联合项目	2014110031014986	万生堂牌密骨胶囊保健食品项目（暂定名）	2014.11~2017.05	朱　平	15.00
416	药物所	与企业联合项目	2014110031014987	薏苡仁功效成分的分离纯化及其抗肿瘤活性的筛选	2014.12~2015.12	陈若芸	15.00
417	药物所	与企业联合项目	2014110031014988	灵芝功效成分的制备及其抗肿瘤活性的筛选	2014.12~2015.12	陈若芸	10.00

续 表

序号	单位	项目（课题）分类	项目（课题）编号	项目（课题）名称	项目（课题）项目起止时间	项目（课题）负责人	项目（课题）经费（万元）
418	药物所	与企业联合项目	2014110031014989	细胞及裸鼠荷瘤模型对 F56 抑制血管形成作用研究	2014.11~2015.11	张 丹	11.00
419	药物所	与企业联合项目	2014110031014990	体外抗肿瘤细胞生长抑制剂及 DPPH，DPPIV 抑制剂筛选	2014.11~2015.05	杜冠华	5.11
420	药物所	与企业联合项目	2014110031014991	药物杂质的合成	2014.12~2015.12	冯文化	5.00
421	药物所	与企业联合项目	2014110031014992	治疗性给予中乌宁碱（WF-1）抗慢性心衰药效学实验	2014.11~2015.11	胡卓伟	15.00
422	药物所	与企业联合项目	2014110031014993	液相质谱联用技术测定济生肾气丸处方成分	2014.09~2015.03	王 琰	1.00
423	药物所	与企业联合项目	暂无	5-氨基水杨酸测定方法探索及肠黏膜样品检测研究	2014.10~2015.10	王 琰	3.80
424	药物所	与企业联合项目	暂无	缺氧复氧致乳鼠原代心肌细胞损伤抑制剂	2014.12~2015.03	杜冠华	0.65
425	药物所	与企业联合项目	暂无	糖氧剥夺致乳鼠原代大脑皮层神经细胞损伤抑制剂；抗肿瘤细胞活性筛选（3个细胞）	2014.12~2015.03	杜冠华	0.32
426	药物所	与企业联合项目	2014110031002108	他达拉非原料药的研究开发	2014.01~2024.01	吴 松	150.00
427	药物所	与企业联合项目	2014110031002109	他达拉非片剂的研究开发	2014.01~2024.01	吴 松	160.00
428	药物所	与企业联合项目	2014110031002110	醋酸乌利司他原料药的研究开发	2014.01~2024.01	吴 松	200.00
429	药物所	与企业联合项目	2014110031002111	醋酸乌利司他片剂的研究开发	2014.01~2024.01	戚 燕	210.00
430	药物所	与企业联合项目	2014110031003868	灵孢多糖注射液工艺质量研究	2014.03~2017.03	潘显道	50.00
431	药物所	与企业联合项目	2014110031003869	新抗肿瘤药物先导物合成及活性研究	2014.03~2017.03	潘显道	70.00
432	药物所	与企业联合项目	2014110031005245	酒石酸唑吡坦原料药的研究与开发	2014.01~2017.12	吉腾飞	120.00
433	药物所	与企业联合项目	2014110031005246	酒石酸唑吡坦舌下片新药的研究与开发	2014.01~2017.12	郑稳生	100.00

续 表

序号	单位	项目（课题）分类	项目（课题）编号	项目（课题）名称	项目（课题）项目起止时间	项目（课题）负责人	项目（课题）经费（万元）
434	药物所	与企业联合项目	2014110031005247	水杨酸乙酯乳糖苷新药的前期研究	2014.04~2016.04	张东明	100.00
435	药物所	与企业联合项目	2014110031006238	中药 ZY021 的研究开发	2014.05~2017.08	庾石山，王晓良	3600.00
436	药物所	与企业联合项目	2014110031006568	白树药材采集及提取物制备工艺研究开发	2014.04~2014.12	陈若芸，申竹芳	15.50
437	药物所	与企业联合项目	2014110031006569	香青兰总黄酮有效部位代谢转化研究	2014.03~2015.12	王 琰	6.00
438	药物所	与企业联合项目	2014110031006570	口服地佐辛药效学研究	2014.04~2015.12	张建军	40.00
439	药物所	与企业联合项目	2014110031007450	委托进行 2015 年版药典附录脂肪乳等特殊注射剂粒度控制方法研究	2013.09~2014.09	刘玉玲	28.00
440	药物所	与企业联合项目	2014110031013016	放射性药物 MY1305 的研究开发	2014.11~2015.04	姚春所	2.00
441	药物所	与企业联合项目	2014110031014994	“葛根素的一种优势药用晶型固体物质及制备方法与用途”发明专利技术转让合同	2014.11~2030.05	吕 扬	60.00
442	药物所	与企业联合项目	2014110031014995	化合物 WJ-38 防治糖尿病神经并发症主要药效学研究	2014.11~2022.11	申竹芳	80.00
443	药物所	与企业联合项目	2014110031014996	塞来昔布分散片的研究开发	2014.11~2023.10	戚 燕	60.00
444	药物所	与企业联合项目	2014110031014997	瑞舒伐他汀钙分散片的研究开发	2014.11~2023.10	戚 燕	60.00
445	药物所	与企业联合项目	2014110031014998	疏清颗粒改为丸剂（微丸）的研究开发	2014.11~2019.11	郑稳生	120.00
446	药物所	与企业联合项目	2014110031014999	茶芎挥发油有效部位的急性毒性研究	2014.10~2015.10	王晓良	35.00
447	药物所	与企业联合项目	2014110031015000	脑心通胶囊治疗糖尿病肾病的药效学初步研究	2014.12~2017.12	申竹芳	100.00
448	血研所	天津市应用基础重点项目	14JCZDJC33000	Akt1 基因修饰的骨髓 MSCs 对小鼠急性肝损伤的实验研究	2014.04~2017.03	冯四洲	20

续 表

序号	单位	项目（课题）分类	项目（课题）编号	项目（课题）名称	项目（课题）项目起止时间	项目（课题）负责人	项目（课题）经费（万元）
449	血研所	天津市应用基础重点项目	14JCZDJC34900	Bcr/Abl 阳性白血病细胞中 NHE1 对依托泊苷耐药影响研究	2014. 04~2017. 03	庞天翔	20
450	血研所	天津市应用基础重点项目	14JCZDJC35100	单核细胞亚群在原发免疫性血小板减少症中的作用研究	2014. 04~2017. 03	杨仁池	20
451	血研所	天津市应用基础青年项目	14JCQNJC10600	Fbxw11 在白血病进展中的作用及治疗策略研究	2014. 04~2017. 03	王丽娜	6
452	血研所	天津市应用基础青年项目	14JCQNJC10700	骨髓衰竭症 γδT 细胞功能研究及其临床意义	2014. 04~2017. 03	葛美丽	6
453	血研所	天津市应用基础一般项目	14JCYBJC23700	间充质干细胞介导双特异抗体针对 NHL 的双靶向治疗研究	2014. 04~2017. 03	张砚君	10
454	血研所	外国文教专家聘请项目	无	多发性骨髓瘤分子细胞遗传与预后分层治疗治疗	2014. 1~2014. 12	邱录贵	8
455	血研所	外国文教专家聘请项目	无	“973”子课题“探索中胚层组织干细胞自我更新和分化的诱导调控手段及疾病治疗方案”	2014. 1~2014. 12	袁卫平	3
456	血研所	外国文教专家聘请项目	无	“973”项目“造血干细胞维持、衰老于再生的调控机制研究”	2014. 1~2014. 12	程　涛	6
457	血研所	人事部留学回国人员择优资助	无	抗原递呈细胞 CD11C 表达缺失对移植物抗宿主病的影响	2014. 1~2014. 12	姜尔烈	3
458	药生所	面上项目	7152097	苄基苦参酸类衍生物全新抗 HCV 的化学生物学机制研究	2015. 1. 1~2017. 12. 31	李迎红	18
459	药生所	青年项目	7154223	逆境因子指导下抗 MRSA 新型抗生素产生菌勘探和高效发现	2015. 1. 1~2016. 12. 31	刘少伟	8

2014年度各所院发表学术论文、科技著作情况统计表

一、论文、论著情况

单位	国外科技期刊（篇）	国内科技期刊（篇）	国际会议		国内会议		科技著作（部）		论文 SCI 收录情况				
			主办	参加	主办	参加	主编著作	参编著作	总收录	SCI≥10. 0	10. 0>SCI≥5. 0	5. 0>SCI≥3. 0	SCI<3. 0
北京协和医院	439	1245							439	10	35	110	284
阜外医院	165	252	2						164	2	19	45	98
肿瘤医院	184	275							176	6	12	55	103
整形医院	90	86	1	1	1	5			90	1	7	16	66
基础医学研究所	93	42	6	52	3	137	7	11	93	4	23	42	24
药物研究所	175	111						5	175		16	43	116
医药生物技术研究所	54	78							54		3	24	27
药用植物研究所	7	138		2	2	6	6	6	120		3	37	80
医学信息研究所	9	141		27	29	229	3	12	5			1	4
实验动物研究所	23	36							23	1	8	8	6
微循环所	8	7		1		2			8		1	3	4
护理学院	7	65		5		22			7				7
病原生物学研究所	40			9		14			40	3	14	21	2
血液学研究所	86	81		1		4		1	92	4	14	25	49
放射医学研究所	18	77		1		68			18	1	1	3	13
生物医学工程研究所	27	33	2	9	2	15			24		5	6	13

续 表

单位	国外科技期刊（篇）	国内科技期刊（篇）	国际会议		国内会议		科技著作（部）		论文 SCI 收录情况				
			主办	参加	主办	参加	主编著作	参编著作	总收录	SCI≥10. 0	10. 0>SCI≥5. 0	5. 0>SCI≥3. 0	SCI<3. 0
皮肤病研究所	35	132		10	2	20			31		2	10	19
输血研究所	21	21			1	1		5	17		2	5	10
医学生物学研究所	32	70		11	1	41		1	27	1	3	12	11
合计	1513	2890	11	129	41	564	16	41	1603	33	168	466	936

2014年度各所院专利、新药证书、医药器械证书情况统计表

单位：项

单位	专利					新药证书														医疗器械				
	专利项目总数	国内专利		国外专利		新药证书总数	新药证书													医疗器械总数	医疗器械			
							西药				中药					生物制剂								
		申请专利数	授权专利数	申请专利数	授权专利数		一类	二类	三类	四类	一类	二类	三类	四类	五类	一类	二类	三类	四类		一类	二类	三类	四类
北京协和医院																								
阜外医院	9	2	9																					
肿瘤医院	103	12	14																					
整形医院	4		4																					
基础医学研究所	31	14	13		4																			
药物研究所	114	73	33	3	5																			
医药生物技术研究所	30	9	17	2	2																			
药用植物研究所	34	25	9																					
医学信息研究所																								
实验动物研究所		2																						

续 表

单位	专利					新药证书														医疗器械				
	专利项目总数	国内专利		国外专利		新药证书总数	新药证书													医疗器械总数	医疗器械			
							西药				中药					生物制剂								
		申请专利数	授权专利数	申请专利数	授权专利数		一类	二类	三类	四类	一类	二类	三类	四类	五类	一类	二类	三类	四类		一类	二类	三类	四类
微循环所																								
护理学院																								
病原生物学研究所	21	4	16	1																				
血液学研究所	2		2																					
放射医学研究所	13	2	2																					
生物医学工程研究所	62	38	24																					
皮肤病研究所	1	1																						
输血研究所	13	5	8																	3		2	1	
医学生物学研究所	29	16	12		1																			
合计	466	203	163	6	12															3		2	1	

2014 年度各所院科技项目执行情况统计表

单位	结题项目数（项）	在研项目数（项）	新中标项目数（项）	其他项目（项）
				项目数
北京协和医院	81	334	122	
阜外医院	61	151	87	
肿瘤医院	151	344	108	
整形医院	16	32	12	
基础医学研究所	50	159	57	
药物研究所	47	109	68	1
医药生物技术研究所	24	88	26	
药用植物研究所	62	239	184	31
医学信息研究所	51	125	111	18
实验动物研究所	12	55	22	
微循环所	8	8	4	
护理学院	4	7	8	
病原生物学研究所	10	81	21	
血液学研究所	24	126	50	
放射医学研究所	31	87	44	
生物医学工程研究所	28	42	40	
皮肤病研究所	24	62	24	
输血研究所	20	26	27	
医学生物学研究所	20	132	33	
合计	724	2207	1048	50

2014年度各所院到位科研项目经费情况统计表

单位	国家自然基金项目经费（万元）													科技部项目经费（万元）								其他项目经费（万元）										合计
	面上项目	重点项目	重大项目	重大研究计划项目	青年科学基金项目	地区科学基金项目	优秀青年科学基金项目	国家杰出青年科学基金项目	创新群体项目	国际合作项目	国家基础科学人才培养项目	联合基金项目	专项项目	国家重大专项	科技支撑计划	重大科学计划	973计划	863计划	基础条件平台建设专项	国际合作项目	其他计划项目	卫生计生委项目	教育部项目	国家发改委项目	人社部项目	国家药监局项目	国家中医药局项目	其他部委项目	地方项目	国际合作项目（非科技部项目）	与企业联合项目	
北京协和医院	931.95				273								150	1939.72	1226.59			2418	89	90		2020	46		32				765.8	48		10030.06
阜外医院	872.3			96.0	183.6		60			224			20	146.1	1033.0		675.0	456.0				1659	31		3				447.7		7739.7	13646.4
肿瘤医院	825.7	160		44	253.2				204	120		16.8		663.6	604.1		681.1	2134.4		188	10	451.9	47						825.5	170.7	70	7470
整形医院	123				54.4															11					3				130		3.5	324.9
基础医学研究所	917	305	280	194	149		100	80		30			29	851	628	1125	1491	767	679	14.3	86.21	1611	350		10			103	57.8	289		10146.31
药物研究所	526.55			44	252.2					20			42	2955.942	182.5		18.45	495	192		72	56.49	25						313.2	94.86	4885.54	10175.73
医药生物技术研究所	441.1				224.6				204			19	10	1921.08	49		54.4	34.8	340										84.4			3382.38
药用植物研究所	684.55				168.2								10	1302.86	304.93		62	50		59	93		28		58	19.6	531	521.28	382.215	82.7	1033.11	5390.445
医学信息研究所	3														121.91							420.69	54			12		1113.08	181.4	146.83	576.67	2629.58
实验动物研究所	31.5				71									623.48	266								2				25		14.4			1033.38

续 表

单位	国家自然基金项目经费（万元）													科技部项目经费（万元）								其他项目经费（万元）										合计
	面上项目	重点项目	重大项目	重大研究计划项目	青年科学基金项目	地区科学基金项目	优秀青年科学基金项目	国家杰出青年科学基金项目	创新群体项目	国际合作项目	国家基础科学人才培养项目	联合基金项目	专项项目	国家重大专项	科技支撑计划	重大科学计划	973计划	863计划	基础条件平台建设专项	国际合作项目	其他计划项目	卫生计生委项目	教育部项目	国家发改委项目	人社部项目	国家药监局项目	国家中医药局项目	其他部委项目	地方项目	国际合作项目（非科技部项目）	与企业联合项目	
微循环所	34																			10										40		84
护理学院													10																13.3			23.3
病原生物学研究所	260.2		5		86.6			80						2385.853			200.1617	18	14			264.2	11						3.4	334.7666		3663.182
血液学研究所	415.55	120	36		179.4				240			20	5		229	368.05		54.5					100		3				106	17		1893.5
放射医学研究所	178.15				47.4																110	24							98			457.55
生物医学工程研究所	58.75	173		0	46.8					90			2	182.11	257.808														50	14.5	159	1033.968
皮肤病研究所	179.1				42									21.02			63		68									3	23.41	30	42.69	472.22
输血研究所	52.4			54	48.8										20			24			133		80						309.3	259.7	471.86	1453.06
医学生物学研究所	66.45				13.8	5								1459.99	614.96		90	863		168									1639.6	20	427	5367.8
合计	6601.29	758	321	432	2094	5	160	160	648	484	0	55.8	278	14452.72	5537.798	1493.05	3335.112	7314.7	1382	540.3	504.21	6507.28	774	0	109	31.6	556	1740.36	5445.425	1548.057	15409.07	78677.77

注：指 2014.01.01~2014.12.31 实际到位经费

2014年度各所院新获各渠道院校级以上基金项目情况统计表

单位	科技部																	国家自然科学基金																省部级												合计
	国家重大专项						科技支撑计划	重大科学计划	"973"计划(项)			"863"计划(项)		基础条件平台		国际合作项目	其他计划项目	面上项目	重点项目(项)		重大项目(项)		重大研究计划项目(项)		青年科学基金项目	地区科学基金项目	优秀青年科学基金项目	国家杰出青年科学基金项目	创新群体项目	国际合作项目	国家基础科学人才培养项目	联合基金项目	专项项目	卫生计生委(项)		教育部(项)		国家发改委	人社部	国家药监局	国家中医药局	其他部委	地方项目	国际合作项目	与企业联合项目	
	药物专项(项)			传染病专项(项)					项目		课题			(个)																				行业专项	其他项目	项目(项)	创新团队(个)							(非科技部)		
	课题	子课题	参加	课题	子课题	参加	(项)	(项)	首席	非首席		项目	课题	牵头单位	参加单位	(项)	(项)	(项)	项目	课题	项目	课题	项目	课题	(项)	(项)	(项)	(项)	(项)	(项)	(项)	(项)	(项)					(项)	(项)	(项)	(项)	(项)	(项)		(项)	
北京协和医院			2	1			6				1		2			1		28							20								10	3		1			1				18	2		96
阜外医院							1				1							19	1				1		9		1	1					1	1					1			2	9		39	87
肿瘤医院			2				3		1		4		3			1	1	20							11				1	2			4	1	5	6			2				24	2	10	108
整形医院																		3							3									1					1				4		1	13
基础医学研究所	1	2						2	1		2							21	1			1		1	6		1						1									1	2	1		44
药物研究所	2	7	5											1	2			15							12					1		1	1	1									9	2	110	169
医药生物技术研究所			1															10							12								1										2			26
药用植物研究所		1	3				2				1						1	21							6							2	1			1			6	2	3	5	30	2	97	184
医学信息研究所																																			33	3				1		13	9	9	44	111
实验动物研究所		1			1	2	1											1							2									1									1			10
微循环所																																														0
护理学院																																	1										4			5
病原生物学研究所						2				3	3				1			6							5									1									1	2		24
血液学研究所								2										13	1						11				1			1	1						1				6	3		40
放射医学研究所																	1	3							2																		7			13
生物医学工程研究所							1						1					1		1													1										6	1	7	22
皮肤病研究所																		4							3									1	1							1	1	1	2	14
输血研究所											1						1	1					1		3																		9		38	54
医学生物学研究所	2						1						1			2		1							1							1											7		9	25
合计	5	11	13	1	1	4	15	4	2	3	13	0	7	1	3	4	4	167	3	1	0	1	2	1	106	0	2	1	2	3	0	5	22	10	39	11	0	0	12	3	3	22	149	25	357	1045

注：

1. 国家重大专项栏目中，课题是指本单位人员为第一负责人牵头承担的课题；子课题是指本单位人员为第一负责人牵头承担的子课题；参加是指本单位人员为第一负责人牵头承担的分任务

2. "973"计划栏目中，项目：包括重大项目和研究专项，课题是指项目下组成课题

3. "863"计划栏目中，项目是指主题项目和重大项目；课题是指项目下课题，为计划任务实施的基本单元

2014年度各所院新获科研项目经费情况统计表

单位	国家自然基金项目经费（万元）													科技部项目经费（万元）								其他项目经费（万元）										合计
	面上项目	重点项目	重大项目	重大研究计划项目	青年科学基金项目	地区科学基金项目	优秀青年科学基金项目	国家杰出青年科学基金项目	创新群体项目	国际合作项目	国家基础科学人才培养项目	联合基金项目	专项项目	国家重大专项	科技支撑计划	重大科学计划	"973"计划	"863"计划	基础条件平台建设专项	国际合作项目	其他计划项目	卫生计生委项目	教育部项目	国家发改委项目	人社部项目	国家药监局项目	国家中医药局项目	其他部委项目	地方项目	国际合作项目（非科技部项目）	与企业联合项目	
北京协和医院	2071				455								165	2761.58	1761		165	934		180		8657	3		3				947	143		18245.58
阜外医院	1190	320		270	207		100	400					40		738.0		199.0					3376			3			16	316		1431.8	8606.8
肿瘤医院	1366		420		252				600	500			45	243.08	1924	2700	1055		188	455		2750	76		8				1692.428	170.7	92.1	14537.31
整形医院	210				46																	640			3				130	3.5		1032.5
基础医学研究所	1672	329	339	80	140		100						5	3433			2738											10	208	30		9084
药物研究所	888.6				263					20		223	122	2644.37					50			496							440.11	99.20	6859.045	12105.33
医药生物技术研究所	748				281								10	376.8															26			1441.8
药用植物研究所	1176				140							458	10	1086.83	270		72				241		3		58	26	1273	505.48	776.315	80	2252.91	8428.535
医学信息研究所																						425.085	60	0	0	12	0	1133.24	211.2	132.3	533.155	2506.98

续 表

单位	国家自然基金项目经费（万元）													科技部项目经费（万元）								其他项目经费（万元）										合计
	面上项目	重点项目	重大项目	重大研究计划项目	青年科学基金项目	地区科学基金项目	优秀青年科学基金项目	国家杰出青年科学基金项目	创新群体项目	国际合作项目	国家基础科学人才培养项目	联合基金项目	专项项目	国家重大专项	科技支撑计划	重大科学计划	“973”计划	“863”计划	基础条件平台建设专项	国际合作项目	其他计划项目	卫生计生委项目	教育部项目	国家发改委项目	人社部项目	国家药监局项目	国家中医药局项目	其他部委项目	地方项目	国际合作项目（非科技部项目）	与企业联合项目	
实验动物研究所	70				48									1359.75	140														18			1635.75
微循环所																																0
护理学院																													14.3			14.3
病原生物学研究所	502				119									136.45			211.4		20			508							8	170.22		1675.07
血液学研究所	990	300			253				1200			20	5			996									3				82	17		3866
放射医学研究所	223				46																110	12							7			398
生物医学工程研究所	73	120											2		43			170											86	44.5	159	697.5
皮肤病研究所	310				70																	491						3	10	30	45.94	959.94
输血研究所	72			90	66												66.87				133								408.2		915.76	1751.83
医学生物学研究所	71				23							67		4234.58	1681			32		292.5									1326		300	8027.08
合计	11632.6	1069	759	440	2409	0	200	400	1800	520	0	768	404	16276.44	6557	3696	4507.27	1136	258	927.5	484	17355.09	142	0	78	38	1273	1667.72	6706.553	920.42	12589.71	95014.3

注：指 2014. 01. 01~2014. 12. 31 实际到位经费

2014年度各所院科研成果及获奖情况统计表

单位	国家级科技奖励															省部级												高校科技奖励												中华医学科技奖			其他社会奖				成果鉴定项目（含登记）	
	最高奖			国际合作奖			自然科学类			科技进步奖			发明奖			特等奖			自然科学类			科技进步奖			发明奖			特等奖			自然科学类			科技进步奖			发明奖											
	一等	二等	三等	一等	二等	三等	一等	二等	三等	一等	二等	三等	一等	二等	三等	一等	二等	三等	一等	二等	三等	一等	二等	三等	一等	二等	三等	一等	二等	三等	一等	二等	三等	一等	二等	三等	一等	二等	三等	一等	二等	三等	一等	二等	三等	其他	省部级	其他
北京协和医院																							1	1								1		1	1							5			1	1	6	
阜外医院																								2																	1	1			1		1	3
肿瘤医院										1													1	3										1	1						1	1	2	3	1		13	
整形医院																																																
基础医学研究所								1																																							1	
药物研究所											1											1																					1		1			1
医药生物技术研究所																																																
药用植物研究所																																											1	2	1		2	
医学信息研究所																																																
实验动物研究所																																																
微循环所																																																
护理学院																																																

续 表

单位	国家级科技奖励															省部级												高校科技奖励												中华医学科技奖			其他社会奖				成果鉴定项目(含登记)	
	最高奖			国际合作奖			自然科学类			科技进步奖			发明奖			特等奖			自然科学类			科技进步奖			发明奖			特等奖			自然科学类			科技进步类			发明奖											
	一等	二等	三等	一等	二等	三等	一等	二等	三等	一等	二等	三等	一等	二等	三等	一等	二等	三等	一等	二等	三等	一等	二等	三等	一等	二等	三等	一等	二等	三等	一等	二等	三等	一等	二等	三等	一等	二等	三等	一等	二等	三等	一等	二等	三等	其他	省部级	其他
病原生物学研究所																																																
血液学研究所										1																																						
放射医学研究所																																																
生物医学工程研究所																																						1						1			2	
皮肤病研究所																																																
输血研究所																																																3
医学生物学研究所																																											1					
合计	0	0	0	0	0	0	0	1	0	2	1	0	0	0	0	0	0	0	0	0	0	1	2	6	0	0	0	0	0	0	0	1	0	2	2	0	0	1	0	0	2	7	5	6	5	1	25	7

2014年度各所院成果鉴定题录

单位	项目名称	第一完成单位	完成人	任务来源	组织鉴定（验收）单位	鉴定（验收）形式	鉴定（验收）时间
北京协和医院	中国过敏性疾病诊疗体系建立及关键技术研究	北京协和医院	尹　佳等	国家科技支撑计划、国家科技重大专项等		会审	2014. 3. 18
北京协和医院	基于流式细胞术的细胞表型和分子表型的临床系列应用研究	北京协和医院	崔　巍等	国家自然科学基金等		会审	2014. 3. 12
北京协和医院	肌萎缩侧索硬化发病机制、早期诊断和治疗研究	北京协和医院	崔丽英等	国家自然科学基金		函审	2014. 3. 13
北京协和医院	疑难性心肌肥厚疾病诊断技术研究	北京协和医院	方　全等	自选		会审	2014. 3. 13
北京协和医院	GP73在肝癌早期诊断，治疗效果评价和术后复发监测中的应用	北京协和医院	毛一雷等	自选		函审	2014. 3. 6
北京协和医院	多层螺旋CT一站式成像在动脉性疾病中的应用	北京协和医院	金征宇等	自选		函审	2014. 8. 20
阜外医院	提高心血管核医学诊断水平的关键技术研究及应用	阜外医院	何作祥，方　纬，窦克非，杨敏福，赵世华，刘秀杰	国家科技支撑计划	北京协和医学院	会议鉴定	2014. 8. 15

续 表

单位	项目名称	第一完成单位	完成人	任务来源	组织鉴定（验收）单位	鉴定（验收）形式	鉴定（验收）时间
阜外医院	体外膜肺氧合技术在危重心脏病救治中的应用与推广	阜外医院	王 巍，龙 村，黑飞龙，胡盛寿，宋云虎，吉冰洋，罗新锦，于 坤，刘晋萍，李景文	国家科技攻关计划	北京协和医学院	会议鉴定	2014.4.1
阜外医院	炎症标志物在冠状动脉性疾病中的临床应用	阜外医院	李建军，陆宗良，惠汝太，徐 波，郭远林，朱成刚，吴娜琼，徐瑞霞，李小林	国家自然科学基金	北京协和医学院	会议鉴定	2014.6.26
阜外医院	杂交技术在危重复杂先天性心脏病治疗中的应用研究及推广	阜外医院	李守军，胡盛寿，花中东，王 旭，闫 军，杨克明，张 浩，晏馥霞，张戈军，潘湘斌，逢坤静，刘晋萍，高华炜，马 凯，陈求名	国家科技攻关计划，“863”计划，“973”计划	北京协和医学院	会议鉴定	2014.7.2
肿瘤医院	胰腺癌三级预防关键技术的研究及应用推广	肿瘤医院	王成锋，林东昕，赵 平，车 旭，吴 晨，王贵齐，赵心明，张建伟，陈应泰，田艳涛，金 晶，孙跃民	国家科技计划	中国医学科学院	函审	2014.4.1
肿瘤医院	抗肿瘤新药临床评价研究技术平台的建立及其在全国的推广应用	肿瘤医院	石远凯，孙 燕，王金万，徐兵河，冯奉仪，储大同，周际昌，张湘茹，王奇璐，李树婷，韩晓红，李 青，周立强，张 频，王子平	国家科技计划	中国医学科学院	会审	2014.3.19
肿瘤医院	子宫恶性肿瘤 MRI 和 CT 检查技术创新与临床应用	肿瘤医院	欧阳汉，王霄英，余小多，周纯武，戴景蕊，陈 雁，王立侠，孙晓伟，朱 颖，刘 侃，林 蒙，叶 枫，宋 颖	国家科技计划	中国医学科学院	函审	2014.2.21
肿瘤医院	检测外周血循环肿瘤细胞新方法及其在检测消化道肿瘤进展中的应用	肿瘤医院	赵晓航，蔡建强，詹启敏，许 杨，孙玉琳，赵 宏，王强斌，阎锡蕴，张建伟，毕新宇，王成锋，乔媛媛，周兰萍，刘 芳，黄 振	国家科技计划	中国医学科学院	函审	2014.1.20
肿瘤医院	肿瘤放疗关键技术和治疗原则的研创、应用及推广	肿瘤医院	李晔雄，戴建荣，高 黎，王绿化，金 晶，肖建平，胡逸民，冯勤付，罗京伟，张志贤，严洁华，秦德兴，殷蔚伯，余子豪，徐国镇，	国家科技计划	中国医学科学院	会审	2013.12.10

续 表

单位	项目名称	第一完成单位	完成人	任务来源	组织鉴定（验收）单位	鉴定（验收）形式	鉴定（验收）时间
肿瘤医院	胰腺癌三级预防关键技术的研究及应用推广	肿瘤医院	王成锋，林东昕，赵　平，车　旭，吴　晨，王贵齐，赵心明，张建伟，陈应泰，田艳涛，金　晶，孙跃民	国家科技计划	中国医学科学院	登记	2014. 4. 1
肿瘤医院	抗肿瘤新药临床评价研究技术平台的建立及其在全国的推广应用	肿瘤医院	石远凯，孙　燕，王金万，徐兵河，冯奉仪，储大同，周际昌，张湘茹，王奇璐，李树婷，韩晓红，李　青，周立强，张频，王子平	国家科技计划	中国医学科学院	登记	2014. 3. 19
肿瘤医院	子宫恶性肿瘤 MRI 和 CT 检查技术创新与临床应用	肿瘤医院	欧阳汉，王霄英，余小多，周纯武，戴景蕊，陈　雁，王立侠，孙晓伟，朱　颖，刘　侃，林　蒙，叶　枫，宋　颖	国家科技计划	中国医学科学院	登记	2014. 2. 21
肿瘤医院	检测外周血循环肿瘤细胞新方法及其在检测消化道肿瘤进展中的应用	肿瘤医院	赵晓航，蔡建强，詹启敏，许　杨，孙玉琳，赵　宏，王强斌，阎锡蕴，张建伟，毕新宇，王成锋，乔媛媛，周兰萍，刘　芳，黄　振	国家科技计划	中国医学科学院	登记	2014. 1. 20
肿瘤医院	胰腺癌三级预防关键技术的研究及应用推广	肿瘤医院	王成锋，林东昕，赵　平，车　旭，吴　晨，王贵齐，赵心明，张建伟，陈应泰，田艳涛，金　晶，孙跃民	国家科技计划	中国医学科学院	登记	2014. 4. 1
肿瘤医院	抗肿瘤新药临床评价研究技术平台的建立及其在全国的推广应用	肿瘤医院	石远凯，孙　燕，王金万，徐兵河，冯奉仪，储大同，周际昌，张湘茹，王奇璐，李树婷，韩晓红，李　青，周立强，张　频，王子平	国家科技计划	中国医学科学院	登记	2014. 3. 19
肿瘤医院	子宫恶性肿瘤 MRI 和 CT 检查技术创新与临床应用	肿瘤医院	欧阳汉，王霄英，余小多，周纯武，戴景蕊，陈　雁，王立侠，孙晓伟，朱　颖，刘　侃，林　蒙，叶　枫，宋　颖	国家科技计划	中国医学科学院	登记	2014. 2. 21
肿瘤医院	检测外周血循环肿瘤细胞新方法及其在检测消化道肿瘤进展中的应用	肿瘤医院	赵晓航，蔡建强，詹启敏，许　杨，孙玉琳，赵　宏，王强斌，阎锡蕴，张建伟，毕新宇，王成锋，乔媛媛，周兰萍，刘　芳，黄　振	国家科技计划	中国医学科学院	登记	2014. 1. 20

续 表

单位	项目名称	第一完成单位	完成人	任务来源	组织鉴定（验收）单位	鉴定（验收）形式	鉴定（验收）时间
基础所	基于成体干细胞亚全能学说理论的集成创新性研究及临床转化应用	北京协和医学院	赵春华，翁习生，陈香美，邱贵兴，张奉春，刘开彦，吴耀炯，余丽梅，王任直，白春梅，于　力，杨荣存，郑伟燕，韩　钦，张　薇，李宗金，杜　杰	“863”计划	北京协和医学院	函审	2014. 8. 26
药物所	基于质谱技术的代谢组学及药物体内分析新方法及其应用	药物所	再帕尔·阿不力孜，陈艳华，徐　婧，罗志刚，张瑞萍，贺玖明，杨　维，宋咏梅，唐　飞，黄　江，田亚平，田　鹤，庾石山，白进发，王绿化	“十一五”国家重大科学研究计划《蛋白质功能的代谢和多肽组学研究》	中国医学科学院	会议	2014. 7. 15
药植所	丹参-“中丹药植 2 号”	药植所	魏建和，杨成民，金　钺，隋　春，陈　萌，王　玲，于　婧，候　双，孔维军，杨美华，刘　娟，郑亭亭，曹　亮，范圣此，褚庆龙，罗红丽		北京市种子管理站	农作物品种鉴定	2014. 12. 31
药植所	丹参-“中丹药植 1 号”	药植所	杨成民，魏建和，金　钺，隋　春，陈　萌，王　玲，于　婧，候　双，孔维军，杨美华，刘　娟，郑亭亭，曹　亮，范圣此，褚庆龙，罗红丽		北京市种子管理站	农作物品种鉴定	2014. 12. 31
工程所	基于快速 SEP 检测的自动脊髓监护系统的研制	工程所	徐圣普，胡　勇，谢小波，伊德尔，崔红岩，乔　怡，王　磊	天津市科技支撑计划	天津市科委	会议验收	2014. 11. 3
工程所	双重载药聚合物纳米囊泡的构建及其靶向联合抗肿瘤研究	工程所	张琳华，宋存先，马桂蕾，唐丽娜，何颖娜，苗博龙	天津市自然科学基金	天津市科委	合同验收	2014. 11. 3
输血所	献血人群中人细小病毒 B19 的系统地理分化和群体遗传研究	输血所	何　苗，高　瞻，徐　敏，候　颖	计划外	四川省卫生和计划生育委员会	函审	2014. 11. 3

续 表

单位	项目名称	第一完成单位	完成人	任务来源	组织鉴定（验收）单位	鉴定（验收）形式	鉴定（验收）时间
输血所	MicroRNA-130a 作为新型抗 HCV 药物的机制研究	输血所	段小琼，陈利民，李世林，李玉佳，杨春晖，曾沛斌，陈　珊，刘　冰，马利利	计划外	四川省卫生和计划生育委员会	函审	
输血所	血液安全数据仓库系统构建研究	输血所	朱　明，黄　毅，何　勖，王　婧，宋巧枝，解　放，胡慧颖，章　品	计划外	四川省卫生和计划生育委员会	函审	

2014 年度各所院申请和获得专利题录

申请国外专利题录

序号	单位	专利名称	专利类别	申请专利号	申请人	申请时间
1	药物所	间苯三酚类衍生物及其在治疗神经退行性疾病中的用途	发明专利	PCT/CN2014/077029	药物所	2014. 5. 8
2	药物所	全人源抗人白介素 17A 单链抗体	发明专利	PCT/CN2014/092517	药物所，北京伟峰益民科技有限公司	2014. 11. 28
3	药物所	与 TRB3 蛋白特异性结合的多肽，其筛选方法、鉴定和用途	发明专利	PCT/CN2014/092516	药物所，北京伟峰益民科技有限公司	2014. 11. 28
4	药生所	CAJANINE STRUCTURE ANALOGOUS COMPOUND PREPARATION METHOD AND USE	发明专利	EP2796442A1	李卓荣，季兴跃，薛司徒，郑光辉，李玉环，陶佩珍，蒋建东	2014. 10. 29
5	药生所	PHENYL-OXAZOLYL DERIVATIVES, PREPARATION METHOD THEREOF AND RELATED APPLICATION OF THE PHENYL-OXAZOLYL DERIVATIVES AS AN IMPDH INHIBITOR	发明专利	US14/383616	仲兆金，李卓荣，张大军，李玉环，王　真，高荣梅，申佳佳	2014. 9. 8
6	病原所	利用甲型流感病毒 HA 及 NA 基因的非编码区（ncrS）序列特征对甲型流感病毒进行亚型基因型定型的新方法	发明专利		邓　涛	2014. 7. 1

申请国内专利题录

序号	单位	专利名称	专利类别	申请专利号	申请人	申请时间
1	阜外医院	一种循环辅助泵的水力学性能测试系统	实用新型专利	201420301855. 3	阜外医院	2014. 6. 6

续表

序号	单位	专利名称	专利类别	申请专利号	申请人	申请时间
2	阜外医院	半叶片转子式轴流血泵	实用新型专利	201420436122.0	阜外医院	2014.8.4
3	肿瘤医院	ELISA方法定量测定人血清中重组人鼠嵌合抗CD20单克隆抗体浓度	发明专利	201410640266.2	石远凯，谢良志，韩晓红，盖文琳，宋媛媛，李　丹，王　寅	2014.11.14
4	肿瘤医院	手足综合征易感性检测试剂盒和SNP在其制备中的应用	发明专利	201410387514.7	徐兵河，马飞，岳健	2014.8.7
5	肿瘤医院	一种检测P53基因SNP位点的试剂及其应用	发明专利	201410386629.4	马　飞，徐兵河，钱海利，高　峰，魏智民，杨　明，朱　峰	2014.8.7
6	肿瘤医院	一种判断曲妥珠单抗辅助治疗乳腺癌疗效的试剂盒及应用	发明专利	201410386781.2	徐兵河，马　飞，郭继红	2014.8.7
7	肿瘤医院	旱生香茶菜乙素xerophilusin B在制备抑制肿瘤生长产品中的应用	发明专利	201410347484.7	赫　捷，孙汉董，陈照丽，普建新，尧　然，王伟光	2014.7.21
8	肿瘤医院	基于蛋白标志物PAK4辅助诊断非小细胞肺癌患者的试剂盒	发明专利	201410341619.9	赫　捷，张百华，陈照丽，周成诚	2014.7.17
9	肿瘤医院	一种$CD3^{+}CD8^{+}CD56^{+}T$细胞亚型促进NK细胞增殖的方法	发明专利	201410169566.7	马　洁，袁　伟，张兴华，韩志楷，王　铮	2014.4.25
10	肿瘤医院	利用DNA免疫共沉淀分离和鉴定DNA结合蛋白的方法	发明专利	201410042740.1	赵晓航，许　杨，林正伟，郭志敏，赵　楠	2014.1.29
11	肿瘤医院	细胞表面标志分子用于检测肝癌循环肿瘤细胞的用途	发明专利	201410039127.4	赵晓航，穆　洪，张　泽，许　杨，孙玉琳，乔媛媛	2014.1.27
12	肿瘤医院	一种用于辅助预测食管鳞癌患者术后生存时间的试剂盒	发明专利	201410001307.3	赫　捷，陈润生，程　京，李嘉根，陈照丽	2014.1.2
13	肿瘤医院	microRNA-548k抑制剂在治疗和/或预防食管鳞状细胞癌中的用途	发明专利	201410068887.8	詹启敏	2014.2.27

续 表

序号	单位	专利名称	专利类别	申请专利号	申请人	申请时间
14	肿瘤医院	FAM135B 抑制剂在治疗和（或）预防食管鳞状细胞癌中的用途	发明专利	201410068807.9	詹启敏	2014.2.27
15	基础所	ZFP28 的变异位点在制备诊断精神分裂症的试剂盒中的用途	发明	201410057496.6	基础所	2014.2.20
16	基础所	一种检测丙型肝炎病毒抗体的微流控纸基芯片及其制备方法	发明	201410041037.9	基础所	2014.1.28
17	基础所	氯喹或氯丙嗪或其衍生物或它们的混合物在制备用于治疗和/或预防肺感染和损伤的药物中的用途	发明	201280035308.9	基础所	2014.1.16
18	基础所	一种治疗肿瘤的重组多肽	发明	201410152549.2	基础所	2014.4.16
19	基础所	三羟基黄酮在制备用于治疗或预防腹主动脉瘤的药物中的用途	发明	201410184290.X	基础所	2014.5.4
20	基础所	miRNA 分子在精神分裂症的诊断和预后中的用途	发明	201410235390.0	基础所	2014.5.29
21	基础所	一种 HER2 核酸适配体及其应用	发明	201410198351.8	基础所	2014.5.12
22	基础所	一种 CD20 核酸适配体及其应用	发明	201410221891.3	基础所	2014.5.23
23	基础所	Linc-RAM 在治疗肌肉疾病中的用途	发明	201410446245.7	基础所	2014.9.3
24	基础所	一种基于多重延伸连接的探针扩增方法、其用途和试剂盒	发明	201410468340.7	基础所	2014.9.15
25	基础所	miR-431 在制备治疗肌肉疾病的药物中的用途	发明	201410496029.3	基础所	2014.9.25
26	基础所	小脑模型	实用新型	201420561113.4	基础所	2014.9.26
27	基础所	梗阻性肾病的蛋白标志物	发明	201410505170.5	基础所	2014.9.26
28	基础所	一种保存尿液样本中核酸的方法及其装置	发明	201410535453.4	基础所	2014.10.11
29	药物所	硝克柳胺化合物晶 I 型、其制法和其药物组合物与用途	发明专利	201410017423.4	药物所	2014.1.15

续表

序号	单位	专利名称	专利类别	申请专利号	申请人	申请时间
30	药物所	硝克柳胺化合物晶Ⅱ型、其制法和其药物组合物与用途	发明专利	201410017408. X	药物所	2014. 1. 15
31	药物所	硝克柳胺化合物晶Ⅲ型、其制法和其药物组合物与用途	发明专利	201410017431. 9	药物所	2014. 1. 15
32	药物所	硝克柳胺化合物晶Ⅳ型、其制法和其药物组合物与用途	发明专利	201410017276. 0	药物所	2014. 1. 15
33	药物所	盐酸托烷司琼晶Ⅱ型物质及制备方法和其组合物与用途	发明专利	201410053127. X	药物所	2014. 2. 17
34	药物所	盐酸托烷司琼晶Ⅲ型物质及制备方法和其组合物与用途	发明专利	201410053495. 4	药物所	2014. 2. 17
35	药物所	制备伏立康唑晶Ⅰ型的方法	发明专利	201410053895. 5	药物所	2014. 2. 17
36	药物所	秦皮甲素晶B型物质及制备方法和其组合物与用途	发明专利	201410053707. 9	药物所	2014. 2. 18
37	药物所	鸦胆苦醇衍生物及其在炎症和免疫功能紊乱疾病中的用途	发明专利	201410054069. 2	药物所	2014. 2. 18
38	药物所	胺基丙二醇类衍生物、其制备方法和其药物组合物与用途	发明专利	201410053128. 4	药物所	2014. 2. 17
39	药物所	含五元芳杂环的氨基丙二醇类化合物、其制备方法及其医药用途	发明专利	201410053130. 1	药物所	2014. 2. 17
40	药物所	甲基聚乙二醇2000-b-聚D、L-乳酸1000~1500嵌段共聚物载多烯紫杉醇纳米胶束制剂	发明专利	201410053888. 5	药物所	2014. 2. 17
41	药物所	一种紫杉烷类长循环纳米粒及其制备方法	发明专利	201410053890. 2	药物所	2014. 2. 17
42	药物所	全人源抗人白介素17A单链抗体	发明专利	201410098197. 7	药物所，北京伟峰益民科技	2014. 3. 17
43	药物所	还原敏感性聚乙烯亚胺衍生物，其制备方法及应用	发明专利	201410112675. 5	药物所	2014. 3. 25
44	药物所	香豆素苷类化合物、其制法和药物组合物与用途	发明专利	201410123128. 7	药物所	2014. 3. 28

续 表

序号	单位	专利名称	专利类别	申请专利号	申请人	申请时间
45	药物所	紫杉醇、多西紫杉醇衍生物及组合物和其抗肿瘤应用	发明专利	201410131312.6	药物所	2014.4.2
46	药物所	二肽及三肽类蛋白酶体抑制剂及其制法和药物用途	发明专利	201410133493.6	药物所	2014.4.3
47	药物所	含噻唑的丙炔酰胺类衍生物及其制法和药物组合物与用途	发明专利	201410133649.0	药物所	2014.4.3
48	药物所	含噁唑的丙炔酰胺类衍生物及其制法和药物组合物与用途	发明专利	201410132933.6	药物所	2014.4.3
49	药物所	褐孔菌内酯、其制法及其药物组合物与应用	发明专利	201410132369.8	药物所	2014.4.3
50	药物所	新型环肽的用途	发明专利	201410133526.7	药物所	2014.4.3
51	药物所	一类多肽或其衍生物、及其在流感病毒感染中的应用	发明专利	201410177499.3	药物所	2014.4.8
52	药物所	一种特异结合 TRB3 的多肽在治疗或预防腹主动脉瘤中的应用	发明专利	201410183997.9	药物所	2014.5.4
53	药物所	用于生物催化黄酮类化合物葡萄糖苷化的基因工程菌	发明专利	201410185256.4	药物所	2014.5.5
54	药物所	用于生物催化黄酮类化合物葡萄糖醛酸苷化的基因工程菌	发明专利	201410184995.1	药物所	2014.5.5
55	药物所	一种回收和利用 Bedaquiline 立体化学异构体的方法	发明专利	201410181018.6	药物所	2014.4.30
56	药物所	喹唑啉酮类 PARP-1 抑制剂及含有它们的组合物和抗肿瘤用途	发明专利	201410177861.7	药物所	2014.4.29
57	药物所	苯并咪唑衍生物及其制法和药物组合物与用途	发明专利	201410182197.5	药物所	2014.4.30
58	药物所	苯基丙烯酮衍生物及其制法和药物组合物与用途	发明专利	201410182217.9	药物所	2014.4.30
59	药物所	4-取代吡咯烷甲酰基硫代吗啉类 DPP-IV 抑制剂	发明专利	201410190522.2	药物所	2014.5.7
60	药物所	含氮杂环取代的吡咯烷甲酰基硫代吗啉类 DPP-IV 抑制剂	发明专利	201410190993.3	药物所	2014.5.7
61	药物所	含苯并咪唑环丙炔酰胺类衍生物及其制法和药物组合物与用途	发明专利	201410208409.2	药物所	2014.5.16

续 表

序号	单位	专利名称	专利类别	申请专利号	申请人	申请时间
62	药物所	一种万古霉素衍生物、其制备方法及其在抗菌方面的应用	发明专利	201410210302.1	药物所	2014.5.19
63	药物所	钠糖共转运体2抑制剂、其制法和其药物组合物与用途	发明专利	201410218852.8	药物所	2014.5.22
64	药物所	一类黄烷化合物，其制备方法及降糖活性	发明专利	201410215130.7	药物所	2014.5.21
65	药物所	一类黄烷化合物在防治神经退行性疾病中的应用	发明专利	201410215128.X	药物所	2014.5.21
66	药物所	一类A环具有甲基的醌式查尔酮化合物，制法与抗炎活性	发明专利	201410218831.6	药物所	2014.5.22
67	药物所	A环具有异戊烯基的醌式查尔酮化合物，制法与抗炎活性	发明专利	201410220017.8	药物所	2014.5.22
68	药物所	一类来源连翘的化合物、其制法及在防治帕金森病的应用	发明专利	201410223754.3	药物所	2014.5.26
69	药物所	一种连翘活性部位的制备及其在防治帕金森病中的应用	发明专利	201410223825.X	药物所	2014.5.26
70	药物所	N6-(1-(4-甲氧基苯基)乙基)-腺苷的制备及用途	发明专利	201410220551.9	药物所	2014.5.23
71	药物所	喹啉类衍生物、其制备方法和用途	发明专利	201410221943.7	药物所	2014.5.23
72	药物所	喹喔啉酮类化合物及其制备方法和抗丙型肝炎病毒之用途	发明专利	201410224594.4	药物所	2014.5.26
73	药物所	寡聚精氨酸共价修饰的壳聚糖、制备方法、筛选及应用	发明专利	201410320869.4	药物所	2014.7.4
74	药物所	色原酮类衍生物和作为荧光染料的用途	发明专利	201410394755.4	药物所	2014.8.12
75	药物所	阿奇霉素和泰利霉素在抗埃博拉病毒感染中的应用	发明专利	201410406568.3	药物所	2014.8.18
76	药物所	利伐沙班晶IV型物质及制备方法和其组合物与用途	发明专利	201410409576.3	药物所	2014.8.20

续 表

序号	单位	专利名称	专利类别	申请专利号	申请人	申请时间
77	药物所	双分子 3-哌啶基-苯丙酮盐酸盐晶 I 型物质及制备方法和其组合物与用途	发明专利	201410414846. X	药物所	2014. 8. 21
78	药物所	双分子 3-哌啶基-苯丙酮盐酸盐晶 II 型物质及制备方法和其组合物与用途	发明专利	201410412706. 9	药物所	2014. 8. 21
79	药物所	双分子 3-哌啶基-苯丙酮盐酸盐晶 III 型物质及制备方法和其组合物与用途	发明专利	201410412689. 9	药物所	2014. 8. 21
80	药物所	卡巴他赛晶 N4 型物质及制备方法和其组合物与用途	发明专利	201410413600. 0	药物所	2014. 8. 21
81	药物所	卡巴他赛晶 N5 型物质及制备方法和其组合物与用途	发明专利	201410412688. 4	药物所	2014. 8. 21
82	药物所	卡巴他赛晶 N6 型物质及制备方法和其组合物与用途	发明专利	201410414834. 7	药物所	2014. 8. 21
83	药物所	大环内酯类药物在抗丝状病毒感染中的应用	发明专利	201410468560. X	药物所	2014. 9. 15
84	药物所	一类黄烷化合物在预防或治疗黑色素瘤中的应用	发明专利	201410507968. 3	药物所	2014. 9. 28
85	药物所	含有喹啉取代基的红霉素 A 酮内酯类抗生素衍生物、其制备方法及应用	发明专利	201410520787. 4	药物所	2014. 9. 30
86	药物所	哥纳香内酯 C 抑制血管平滑肌细胞增殖与迁移的用途	发明专利	201410520677. 8	药物所	2014. 9. 30
87	药物所	丹酚酸 A 在制备抗血管内膜增厚、抗血管成形术后和/或支架内再狭窄药物中的应用	发明专利	201410520658. 5	药物所	2014. 9. 30
88	药物所	递送药物的 pH 敏感型聚合物胶束	发明专利	201410515481. X	药物所	2014. 9. 29
89	药物所	白藜芦醇同系物预防和治疗骨髓抑制的用途	发明专利	201410529265. 0	药物所	2014. 10. 10
90	药物所	白藜芦醇多聚体预防和治疗骨髓抑制的用途	发明专利	201410531793. X	药物所	2014. 10. 10
91	药物所	一种新型的胰岛素-磷脂-壳聚糖自组装微粒载体及其制剂	发明专利	201410584447. 8	药物所	2014. 10. 27
92	药物所	偶氮苯衍生物及其制法和药物组合物与用途	发明专利	201410542375. 0	药物所	2014. 10. 14
93	药物所	含 2-苯胺基-4-噻唑基吡啶衍生物及其制法和药物组合物与用途	发明专利	201410571559. X	药物所	2014. 10. 23

续 表

序号	单位	专利名称	专利类别	申请专利号	申请人	申请时间
94	药物所	一锅法高收率制备新利司他	发明专利	201410583652.2	药物所	2014.10.27
95	药物所	阿比朵尔在抗丝状病毒感染中的应用	发明专利	201410584970.0	药物所	2014.10.27
96	药物所	一种具有生物黏附性的氟尿嘧啶直肠用温度敏感性乳剂及其制备方法	发明专利	201410585101.X	药物所	2014.10.27
97	药物所	含五元芳杂环的取代黄嘌呤类化合物及其制备方法和用途	发明专利	201410645621.5	药物所	2014.11.14
98	药物所	三乙酰基-3-羟基苯基腺苷在制备改善胰岛素抵抗及相关疾病中的应用	发明专利	201410662878.1	药物所	2014.11.19
99	药物所	N6-取代腺苷衍生物和N6-取代腺嘌呤衍生物镇静催眠、抗抑郁、抗惊厥、抗癫痫、抗帕金森氏疾病和防治痴呆的用途	发明专利	201410539423.0	药物所	2014.10.13
100	药物所	以类固醇复合物为中间载体的紫杉醇亚微乳	发明专利	201410053531.7	药物所	2014.2.17
101	药物所	一种胰岛素的脂质复合物及其制备方法和制剂	发明专利	201410174195.1	药物所	2014.4.28
102	药生所	二芳基乙烯结构类似化合物及其制备方法和应用	发明专利	201410203747.7	李卓荣，郑光辉，彭宗根，李玉环，岑　山，季兴跃，金　洁，李健蕊，孙文芳，马　玲	2014.5.14
103	药生所	一组取代苯并杂环胺衍生物及其制备方法和作为IMPDF抑制剂的相关应用	发明专利	201410204281.2	李卓荣，张大军，李玉环，王辉强，仲兆金，王　真，吴林韬，彭宗根	2014.5.14
104	药生所	一种具抗肿瘤协同增效作用的药物组合物	发明专利	2014101364433	秦　烨，刘秀均，甄永苏，高瑞娟，李　毅，李　良，刘旭杰	2014.5.12
105	药生所	自噬基因ATG10参与RNA病毒复制的功能及应用	发明专利	201410418997.2	张靖溥，赵　琼，胡占英	2014.8.25
106	药生所	一种具有抗耐药菌活性的多功能脂质组合物 及其制备方法	发明专利	201410802492.6	李桂玲，侯续成，丁维明，李馨儒，孟艳莎	2014.12.23
107	药生所	替格瑞洛口服自微乳组合物	发明专利	201410148236x	李桂玲，丁维明，侯续成	2014.4.4

续　表

序号	单位	专利名称	专利类别	申请专利号	申请人	申请时间
108	药生所	抗病毒药物及其药物组合物	发明专利	201410399934.7	夏桂民，杨东元，伊恩·雷诺斯，韩　洁	2014.8.15
109	药生所	一种抗肝纤维化药物高通量筛选细胞模型的构建及应用	发明专利	201410466788.5	邵荣光，赵双双，何红伟，王菊仙，王玉成，白晓光，马　艳，李娜仁	2014.9.15
110	药生所	抗结核药物及抗结核药物筛选方法	发明专利	201410109521.0	肖春玲，周　爽，蒙建州，刘忆霜，关　艳，郝雪琴，甘茂萝	2014.4.8
111	药植所	一种人参不定根诱导增殖方法	发明专利	201410698528.0	药植所	2014.11.26
112	药植所	一种沉香精油蒸馏提取装置	发明专利	201410519611.1	药植所海南分所	2014.09.30
113	药植所	一种北缬草组织培养繁殖方法	发明专利	201410482874.5	药植所	2014.09.22
114	药植所	新疆阿魏种子中一种具有抗流感病毒作用的药物的应用	发明专利	201410447244.4	药植所	2014.09.04
115	药植所	一种用于治疗激素依赖性肿瘤的中药组合物及其制备方法	发明专利	201410426304	药植所；董　智	2014.08.26
116	药植所	一种基于 HCPT-PEG 的喜树碱类药物的高载药纳米混悬剂及其制备方法	发明专利	201410362571.X	药植所	2014.07.25
117	药植所	一种喜树碱类药物的纳米粒及其制备方法	发明专利	201410362473.6	药植所	2014.07.25
118	药植所	甘草黄酮类提取物用于制备治疗溃疡性结肠炎药物中应用	发明专利	201410305018	新疆维吾尔自治区中药民族药研究所；药植所	2014.06.27
119	药植所	槟榔有机混合肥料	发明专利	201410252286	药植所海南分所	2014.06.09
120	药植所	槟榔种子催芽方法	发明专利	201410250557	药植所海南分所	2014.06.09
121	药植所	一种罗汉果 SgCS 基因的突变体及其在生产罗汉果甜苷中的用途	发明专利	201410245775	药植所	2014.06.04
122	药植所	马里苷在防治丙酮醛引起的认知功能障碍中的应用	发明专利	201410245310	药植所	2014.06.05

续 表

序号	单位	专利名称	专利类别	申请专利号	申请人	申请时间
123	药植所	一种罗汉果 SgCAS 基因的突变体及其在生产罗汉果甜苷中的用途	发明专利	201410244958	药植所	2014.06.04
124	药植所	一种具有抗肿瘤作用的药物的制备和应用	发明专利	201410220592.8	药植所；新疆维吾尔自治区中药民族药研究所	2014.05.21
125	药植所	一种鉴定沉香真伪的方法	发明专利	201410060370	药植所海南分所	2014.02.24
126	药植所	4β-氮取代呋喃叔胺类鬼臼毒素衍生物及其制备方法与应用	发明专利	201410042781.0	邹忠梅	2014.01.29
127	药植所	隐孔菌提取物在体内和体外抑制流感病毒	发明专利	201410032743	药植所	2014.01.21
128	药植所	一种天然产物 6′-hydroxy justicidin B 在制备治疗慢性粒细胞性白血病药物中的应用	发明专利	201410031920.X	药植所	2014.01.22
129	药植所	具有活血化瘀活性的中药总黄酮组合物及其组成	发明专利	201410026172.6		2014.08.28
130	药植所	风轮菜总黄酮在制备用于阿霉素诱导心脏毒性的保护作用药物中的应用	发明专利	201410026172	药植所	2014.01.20
131	药植所	一种 20（S）-原人参二醇纳米粒及其制备	发明专利	201410009584.9	药植所	2014.01.09
132	药植所	人参皂苷 F1 在制备用于抗动脉粥样硬化药物中的应用	发明专利	201410004066.8	药植所	2014.01.04
133	药植所	一种提高肉豆蔻种子发芽速度和发芽率的方法	发明专利	201410003756	药植所海南分所	2014.01.06
134	药植所	七叶胆苷 X Ⅶ在制备用于防治心脑血管及神经退行性疾病药物中的应用	发明专利	201410003649.9	药植所	2014.01.04
135	药植所	一种和厚朴酚纳米粒及其制备方法	发明专利	201410001498.3	药植所	2014.01.03
136	动研所	一种含 HIV-1 CRF 01-AE 亚型 Pol 基因的杂交免疫缺陷质粒、病毒及应用	发明	201410471676.9	动研所	2014.9.1
137	动研所	一种新的哮喘动物模型的制备方法	发明	201410522117.6	动研所	2014.9.30
138	病原所	一种抑制 HCV 复制的小分子化合物	发明专利		杨　威，牛玉强	
139	病原所	具有抑制 HCV 病毒感染活性的多肽	发明专利		杨　威，迟晓静	

续 表

序号	单位	专利名称	专利类别	申请专利号	申请人	申请时间
140	病原所	一种抗肠道病毒 71 的药物	发明专利		郭　斐	
141	病原所	利用甲型流感病毒 HA 及 NA 基因的非编码区（ncrS）序列特征对甲型流感病毒进行亚型基因型定型的新方法	发明专利		邓　涛	2014. 7. 1
142	放射所	α-黑素细胞刺激素在制备升高白细胞预防辐射损伤药物中的应用	发明专利	201410276873. 5	放射所	2014. 06. 20
143	放射所	DPP4 抑制剂在防治辐射诱导骨髓抑制药物中的应用	发明专利	201410169486. 1	放射所	2014. 04. 21
144	工程所	一种用于诊断分泌性中耳炎的高频超声装置	发明专利	201410102756. 70	工程所	2014. 3. 19
145	工程所	一种用于膀胱治疗仪的温度保护电路	实用新型专利	201420029167. 60	工程所	2014. 1. 17
146	工程所	用以提高药物释放速度的组合式宫内药物释放体	实用新型专利	201420306570. 9	工程所	2014. 6. 10
147	工程所	可以提高药物释放速度的宫内药物释放体	发明专利	201410255542. 3	工程所	2014. 6. 10
148	工程所	用以提高药物释放速度的单体式宫内药物释放体	实用新型专利	201420307701. 5	工程所	2014. 6. 10
149	工程所	壳聚糖版就提缓释凝胶及用途	发明专利	201410505063. 2	工程所	2014. 9. 26
150	工程所	一种基于光腔衰荡光谱技术的血液成分识别与分析仪器	发明专利	201410129565 X	工程所	2014. 03. 31
151	工程所	新型呼吸阻塞部位检测仪	实用新型专利	ZL 201420247257. 2	工程所	2014. 5. 15
152	工程所	一种呼吸阻塞部位检测仪	发明专利	201410203931. 10	工程所	2014. 5. 15
153	工程所	基于体感诱发电位信号的脊髓损伤状况监测方法	发明专利	201410203633. 20	工程所	2014. 5. 15
154	工程所	一种用于深部磁刺激研究的真实人体头部有限元模型	发明专利	2014103470615	工程所	2014. 7. 21
155	工程所	一种模拟真实人体颅脑电特性分析的有限元仿真模型	发明专利	2014103470314	工程所	2014. 7. 21

续 表

序号	单位	专利名称	专利类别	申请专利号	申请人	申请时间
156	工程所	一种用于脑深部经颅磁刺激的H型线圈优化方法	发明专利	2014103463058	工程所	2014. 7. 21
157	工程所	用于磁声耦合成像实验的声换能器五自由度精确定位装置	发明专利	2014103463043	工程所	2014. 7. 21
158	工程所	一种基于声换能器接受特性的磁声图像重建方法及装置	发明专利	2014103238172	工程所	2014. 7. 8
159	工程所	基于低频连续波的磁声耦合成像激励与检测方法及装置	发明专利	2014102641556	工程所	2014. 6. 13
160	工程所	一种用于声学不均匀媒介的磁声耦合成像声压求解方法	发明专利	2014102657130	工程所	2014. 6. 13
161	工程所	一种基于距离测量确定经颅磁刺激刺激量的方法	发明专利	201410265715X	工程所	2014. 6. 13
162	工程所	一种基于格兰杰因果性的脑电源定位方法	发明专利	2014106365555	工程所	2014. 10. 29
163	工程所	一种基于配对样本T检验的事件相关电位分析方法	发明专利	2014108364523	工程所	2014. 12. 29
164	工程所	一种基于头部厚度测量建立标准头的缩放方法	发明专利	2014108334886	工程所	2014. 12. 29
165	工程所	基于正弦波的磁声耦合逆问题的建模和重建方法	发明专利	201410833297X	工程所	2014. 12. 29
166	工程所	一种仿生纳米银的制备方法	发明专利	201410159687. 30	工程所	2014. 07. 02
167	工程所	含巯基壳聚糖衍生物及复合物纳米粒子及制备方法	发明专利	201410113731. 70	工程所	2014. 07. 23
168	工程所	壳聚糖衍生物纳米粒子和载药纳米粒子及制备方法	发明专利	201410113595. 1	工程所	2014. 06. 25
169	工程所	丝素蛋白单组分微囊、丝素蛋白-纳米金杂化微囊及其制备方法	发明专利	201410066374. 30	工程所	2014. 2. 26
170	工程所	氨基多羧酸修饰紫杉醇类化合物的制备方法及用途	发明专利	CN201410034892. 724	工程所	2014. 1. 22
171	工程所	碱性氨基酸修饰氨基四苯基卟啉化合物的制备方法及用途	发明专利	CN201410069404. 6	工程所	2014. 2. 21
172	工程所	一种光相干层析成像系统图像运动伪差校正算法	发明专利	201401455290. 9	工程所	2014. 9. 9

续 表

序号	单位	专利名称	专利类别	申请专利号	申请人	申请时间
173	工程所	基于 FPGA 的医用超声诊断仪实时对数压缩电路构建法	发明专利	201410675185.6	工程所	2014.11.21
174	工程所	过氧化氢敏感型两亲性生物材料 PLG-PEG 及制备方法及用途	发明专利	201410606622.90	工程所	2014.11.03
175	工程所	PLGA-壳聚糖单向缓释膜及制备方法及用途	发明专利	201410669286.2	工程所	2014.11.21
176	工程所	壳聚糖半流体缓释凝胶及用途	发明专利	201410505063.2	工程所	2014.9.28
177	工程所	一种穿戴式袜子型多功能保健仪	实用新型专利	201420226216.50	工程所	2014.5.5
178	工程所	一种穿戴式裤子型多功能保健仪	实用新型专利	201420226761.40	工程所	2014.5.5
179	工程所	一种穿戴式上衣型多功能保健仪	实用新型专利	201420226456.50	工程所	2014.5.5
180	工程所	一种多功能清肺美容仪及其使用方法	发明专利	201410127650.20	工程所	2014.3.31
181	工程所	一种多功能清肺美容仪	实用新型专利	201420151355.60	工程所	2014.3.31
182	皮研所	红色毛癣菌角蛋白酶活性的测定方法	发明专利	2.01411E+11	刘维达，马鹏程，曹玉萍，沈永年	2014.11.17
183	输血所	一种检测人凝血酶原复合物抗凝能力的方法	发明专利	201410757119.3	曹海军，等	2014.12.12
184	输血所	一种人血浆蛋白 C 的冻干稳定剂组合物及其用途	发明专利	201410122754.4	王宗奎，等	2014.03.28
185	输血所	凝血因子Ⅸ质控品制备方法	发明专利	201410449813.9	林方昭，肖小璞，等	2014.9.4
186	输血所	凝血因子Ⅷ质控品制备方法	发明专利	201410449071.X	孙盼，林方昭，等	2014.9.4
187	输血所	D-二聚体质控品的制备方法	发明专利	201410770542.7	苏娜，林方昭，等	2014.12.15
188	生物所	表达和纯化同时缺失外显子 3 和 5 的 α 突触核蛋白选择性剪切体蛋白的方法	发明专利	201410750839.7	马开利，吴正存，黄璋琼，江勤芳，高家红，李聪，罕园园，李云	2014.12.12

续 表

序号	单位	专利名称	专利类别	申请专利号	申请人	申请时间
189	生物所	Ⅱ型、Ⅲ型登革病毒基因拷贝数的绝对定量检测方法	发明专利	201410827117.7	孙强明，黄新伟，席珏敏，赵玉娇，潘　玥，陈俊英，王晓丹，李　多，邱丽娟，姜黎明	2014.12.25
190	生物所	急性高尿酸血症树鼩模型的构建方法	发明	201410188582.4	唐东红，叶尤松，罕圆圆，李桂珍，杨光蕊，贾学云，李润平，念　昕	2014.5.6
191	生物所	RT-PCR 检测树鼩黄嘌呤脱氢酶/氧化酶基因转录水平的方法	发明	201410194650.4	唐东红，叶尤松，罕圆圆，李桂珍，杨光蕊，贾学云，李润平，念　昕	2014.5.9
192	生物所	新蝶呤佐剂及含新蝶呤佐剂的疫苗	发明专利	CN201410313973	王海漩，胡云章，胡凝珠	2014.7.3
193	生物所	甘氨酸锌佐剂及含甘氨酸锌佐剂的疫苗	发明专利	CN201410313922	陈振普，王海漩，胡凝珠，孙　静，李建芳，施建东，乌美妮，李彦涵，胡云章	2014.7.4
194	生物所	甲硫酸去铁胺佐剂及含甲硫酸去铁胺佐剂的疫苗	发明专利	CN201410039464	胡凝珠，罗　婷，王海漩，胡云章，李彦涵，李建芳	2014.1.27
195	生物所	甘草酸二胺佐剂及含甘草酸二铵佐剂的疫苗	发明专利	CN201410039465	胡凝珠，王　宵，王海漩，胡云章，李彦涵，李建芳	2014.1.27
196	生物所	唑来膦酸佐剂及含唑来膦酸佐剂的疫苗	发明专利	CN201410039446	王海漩，李虹娟，胡凝珠，胡云章，李彦涵，李建芳	2014.1.27
197	生物所	一种 b 型流感嗜血杆菌荚膜多糖的制备工艺	发明专利	201410685453.2	廖国阳，朱文勇，寸怡娜，李卫东，马磊等	2014.11.25
198	生物所	一种乙型流感病毒 Vero 细胞冷适应株及其应用	发明专利	201410039467.7	廖国阳，李卫东，马　磊，杨帆等	2014.1.27
199	生物所	一种甲型流感病毒 Vero 细胞冷适应株及其应用	发明专利	201410039468.1	廖国阳，李卫东，杨景晖，周芳烨，马磊等	2014.1.28
200	生物所	IPV 皮内免疫有效性评价用动物模型的建立方法	发明专利	201410140006.9	廖国阳，孙明波，马　磊，寸怡娜等	2014.4.9
201	生物所	一种 b 型流感嗜血杆菌荚膜多糖的制备方法	发明专利	201410685453.2	廖国阳，朱文勇等	2014.11.25

续 表

序号	单位	专利名称	专利类别	申请专利号	申请人	申请时间
202	生物所	主动免疫治疗慢性哮喘的呈递 IL-33 的 VLP 疫苗构建方法	发明专利	201410248884.2	马雁冰，龙　琼，黄惟巍，姚宇峰，杨　旭，孙文佳，金晓媚，李　杨，褚晓杰，刘存宝	2014.6.7
203	生物所	一种特异性的 DNA 病毒基因组定点改造及筛选方法	发明	201410041906.8	寸　韡，李琦涵	2014.1.19

授权国外专利题录

序号	单位	专利名称	专利类别	授权专利号	申请人	申请时间
1	肿瘤医院	Humanized monoclone antibody of macrophage inhibition factor 1 and use thereof	发明专利	PCT/CN2012/079969	张　伟，王小兵，李艳芬，田海梅，李　茉，程冬婉，刘朝阳	2012.8.10
2	肿瘤医院	Use of two microRNA moleculars in lung cancer prognosis and medicine preparation	发明专利	US 8，664，191 B2	詹启敏，王绿化，毕　楠，宋咏梅，曹建忠，刘文扬	2009.7.9
3	肿瘤医院	两个 microRNA 分子在肺癌预后及药物制备中的用途	发明专利	特许第 5546064 号	詹启敏，王绿化，毕　楠	2009.7.9
4	基础所	抗人肿瘤坏死因子相关凋亡诱导配体的受体 DR5 单克隆抗体（AD5-10）及其制法与用途	发明	PCT/CN2005/000271	基础所	2005.3.7
5	基础所	羧胺三唑类化合物及其盐的新用途	发明	PCT/CN2007/002069	基础所	2007.7.4
6	基础所	抗人死亡受体 DR5 单克隆抗体 AD5-10 所识别的抗原决定簇、其衍生物及其用途	发明	PCT/CN2009/071164	基础所	2009.4.3
7	基础所	人乳头瘤病毒 HPV16/58/18/6/11 外壳蛋白病毒样颗粒及其制备方法和用途	发明	PCT/CN2007/070715	基础所	2007.9.18
8	药物所	三乙酰基-3-羟基苯基腺苷及其调血脂的用途	韩国发明专利	10-1380140	药物所	2014.3.26
9	药物所	人参皂苷 RG1、其代谢产物 RH1 和/或 PPT 的用途	美国发明专利	8765695	极粹健康产业股份有限公司，药物所	2014.7.1

续 表

序号	单位	专利名称	专利类别	授权专利号	申请人	申请时间
10	药物所	四环双吡喃香豆素化合物及其抗 HIV 和抗结核菌用途	欧洲发明专利	2216335	药物所	2014. 3. 12
11	药物所	人参皂苷 Rg1、其代谢产物 Rh1 和/或 Ppt 的用途	欧洲发明专利	2133082	极粹健康产业股份有限公司，药物所	2014. 6. 11
12	药物所	2-（α-羟基戊基）苯甲酸钾预防和\或治疗老年痴呆的用途	欧洲发明专利	2332530	药物所	2014. 10. 8
13	药生所	Group of amino substituted benzoyl derivatives And Their Preparation and Their use	发明专利	US8710098B2	蒋建东，余利岩，岑　山，李卓荣，李艳萍，徐　建	2009. 9. 28
14	药生所	Group of amino substituted benzoyl derivatives and their preparation and their use	发明专利	US8710098B2	Jian-dong Jiang，Liyan Yu，Shan Cen，Zhuorong Li，Yanping Li，Jian Xu	
15	生物所	Composite vaccine adjuvant	发明	US 8722030 B2	Yunzhang Hu，Ningzhu Hu，Haixuan Wang	2014. 5. 13

授权国内专利题录

序号	单位	专利名称	专利类别	授权专利号	申请人	申请时间
1	协和医院	一种柱状施源器治疗装置	实用新型	ZL 2013 2 0564893. 3	于　浪，张福泉	2013. 9. 12
2	协和医院	一种新型纳米银骨水泥	发明	ZL 2011 1 0333770. 4	吴志宏，邱贵兴	2011. 10. 28
3	协和医院	动物静脉穿刺给药精确定量装置	实用新型	ZL 2013 2 0402449. 1	王　薇，宋红梅，连冬梅	2013. 7. 8
4	协和医院	一种腔内近距离治疗质控模体	实用新型	ZL 2014 2 0170946. 8	于　浪，邱　杰，胡　克	2014. 4. 10
5	协和医院	一次性直插式三通装置	实用新型	ZL 2014 2 0115820. 0	王晓杰，张雅琴，马玉芬，杨　宏	2014. 3. 14
6	协和医院	一种检测膜蛋白 A3 表达水平的方法	发明	ZL 2010 1 0121278. 6	潘凌亚，尹　婕，闫雪冬	2010. 3. 9
7	协和医院	一种气管插管或切开管套囊充气与测压装置	实用新型	ZL 2013 2 0517580. 2	徐　军，于学忠，郑亮亮，李　晨	2013. 8. 23
8	协和医院	一种气流驱动型持续气道雾化湿化器	实用新型	ZL 2013 2 0551633. 2	徐　军，于学忠，郑亮亮，朱华栋，李　晨	2013. 9. 5

续 表

序号	单位	专利名称	专利类别	授权专利号	申请人	申请时间
9	协和医院	miR-7表达抑制剂在制备治疗系统性红斑狼疮药物中的应用	发明	ZL 2012 1 0285675.6	张 烜，李 扬，沈 濂，吴湘妮	2012.8.10
10	协和医院	一种可主动撑开的用于儿童或青少年的脊柱侧凸、后凸后路生长棒矫形装置	实用新型	ZL 2013 2 0850868.1	蔡思逸，邱贵兴	2013.12.20
11	阜外医院	与冠心病易感性显著关联的易感区域chr5p15的单核苷酸多态性位点及其应用	发明专利	ZL201210186555.0	阜外医院	2012.6.7
12	阜外医院	与冠心病相关的6号染色体易感区域标签单核苷酸多态性位点及其组成的单体型与应用	发明专利	ZL201210187897.4	阜外医院	2012.6.7
13	阜外医院	与冠心病相关的多个基因单核苷酸多态性位点组合及其应用	发明专利	ZL201210185221.1	阜外医院	2012.6.7
14	阜外医院	与冠心病相关的12号染色体易感区域标签单核苷酸多态性位点及其组成的单体型与应用	发明专利	ZL201210185222.6	阜外医院	2012.6.7
15	阜外医院	与冠心病易感性关联的易感区域chr4q32的单核苷酸多态性位点及其应用	发明专利	ZL201210201464.X	阜外医院	2012.6.15
16	阜外医院	一种极小类胚胎样干细胞的制备方法	发明专利	ZL201010259151.0	杨跃进，徐 辉，钱海燕（注：2014.7.23专利权人变更为阜外医院）	2010.8.23
17	阜外医院	一种动脉缩窄环	实用新型专利	ZL201320430470.2	阜外医院	2013.7.19
18	阜外医院	一种循环辅助泵的水力学性能测试系统	实用新型专利	ZL201420301855.3	阜外医院	2014.6.6
19	阜外医院	半叶片转子式轴流血泵	实用新型专利	ZL201420436122.0	阜外医院	2014.8.4
20	肿瘤医院	TGM2检测方法、检测试剂盒及其应用	发明专利	ZL200810132596.5	赵晓航，孙玉琳，周兰萍，乔媛媛，蔡建强，刘 芳，许 杨，曲 佳，张达矜	2008.7.17

续 表

序号	单位	专利名称	专利类别	授权专利号	申请人	申请时间
21	肿瘤医院	一种自身抗原表位、其编码基因及其用途	发明专利	ZL200910136343. X	赵晓航，何　平，刘　飞，孙玉琳，刘　芳，周兰萍，谢　鹏，张金强，安怀杰，李　潜	2009. 5. 11
22	肿瘤医院	辅助诊断肺癌淋巴结转移的试剂	发明专利	ZL201010299919. 7	刘　宇，高燕宁，林冬梅，程书钧，肖　汀，李　琳，谭金晶	2010. 10. 8
23	肿瘤医院	联合定量检测血清中 IL-1β、IL-6、IL-10、IL-17、IL-23 和 TNF-α 在肝癌早期预警中的应用	发明专利	ZL201110002839. 5	曲春枫，杜　君，陈陶阳，王金兵	2011. 1. 7
24	肿瘤医院	microRNA 145 的新用途	发明专利	ZL201110311076. 2	马　洁，袁　伟	2011. 3. 17
25	肿瘤医院	PCL-g-PGMA/明胶复合材料在细胞转染中的应用	发明专利	ZL201110228854. 1	马　洁，袁　伟，李春燕，徐福建，赵　平	2011. 3. 17
26	肿瘤医院	一种 PCL-g-PGMA/明胶复合材料及其制备方法	发明专利	ZL201110228868. 3	马　洁，袁　伟，李春燕，徐福建，赵　平	2011. 3. 17
27	肿瘤医院	一种化疗药物脉冲缓释植入剂及其制备方法	发明专利	ZL201110225438. 6	马　洁，解亦斌，王世亮，赵　平，许健健	2011. 8. 8
28	肿瘤医院	重组 II 型单纯疱疹病毒、其制备方法及应用和肿瘤诊断试剂盒	发明专利	ZL201010162070. 9	刘滨磊，施桂兰，庄秀芬，李　洁，张　郁，张叔人，刘宝印，张友会	2010. 4. 15
29	肿瘤医院	HULC siRNA 及其在制备治疗肝癌的药物中的作用	发明专利	ZL201010512412. 5	詹启敏，李　丹，宋咏梅，童　彤，刘雪峰，付　明	2010. 10. 29
30	肿瘤医院	两个 microRNA 分子在肺癌预后及药物制备中的用途	发明专利	ZL200980158671. 8	詹启敏，王绿化，毕　楠，宋咏梅，曹建忠，刘文扬	2009. 7. 9
31	整形医院	一种用于面部手术的定位装置	实用新型	201320388730. 4	顾云鹏	
32	整形医院	一种外耳矫正支架	实用新型	201320368369. 9	蒋海越	
33	整形医院	一种医用直针导引器	实用新型	201320591910. 2	李养群	
34	整形医院	远距离深部组织缝合器械	发明专利	201010548224. 8	李森恺	

续 表

序号	单位	专利名称	专利类别	授权专利号	申请人	申请时间
35	基础所	PI4KB siRNA 及其在制备抑制 SARS-CoV 感染的药物中的用途	发明	201010511650.4	基础所	2010.10.19
36	基础所	人脂肪来源的间充质干细胞在肾脏、眼底疾病中的用途	发明	200910209321.1	基础所	2009.11.4
37	基础所	TNFα 的抗体及其用途	发明	200910083201.1	基础所	2009.4.28
38	基础所	SIRT1 在制备上调珠蛋白基因表达及在制备治疗贫血药物中的用途	发明	200910180474.8	基础所	2009.10.19
39	基础所	同时表达抗原特异性受体和外源基因的重组逆转录病毒载体、用其修饰的 B-淋巴细胞及其用途	发明	200910085463.1	基础所	2009.5.26
40	基础所	γδT 淋巴细胞中 δ1 链互补决定域 3 的优势序列及其 TCR 受体转染细胞与应用	发明	201110126369.3	基础所	2011.5.17
41	基础所	5-(4-羟基-3-甲氧基苯亚甲基）罗丹宁在制备治疗帕金森氏病药物中的用途	发明	201110060538.8	基础所	2011.3.14
42	基础所	基因修饰 CDR3δ 移植型 γδT 淋巴细胞及其抑癌用途	发明	201010518490.6	基础所	2010.10.26
43	基础所	恶性疟原虫的多表位人工抗原及其用途	发明	200910244058.X	基础所	2009.12.28
44	基础所	靶向清除 HIV/SIV 的复合药物	发明	201110123876.1	基础所	2011.5.13
45	基础所	白细胞介素 3 衍生片段的融合蛋白及其用途	发明	201010234598.2	基础所	2010.7.23
46	基础所	抗人死亡受体 DR5 单克隆抗体 AD5-10 所识别的抗原决定簇、其衍生物及其用途	发明	200980117151.2	基础所	2009.4.3
47	基础所	一种肿瘤特异性靶向多肽及其应用	发明	201310258476.0	基础所	2013.6.26
48	药物所	紫杉醇脂质复合物	发明专利	ZL200810168213.X	药物所	2014.1.1
49	药物所	一种比卡鲁胺的合成工艺	发明专利	ZL200710303794.9	药物所	2014.1.1
50	药物所	双环醇的磷脂复合物及其制备方法	发明专利	ZL200810160957.7	药物所，协和药厂	2014.1.15

续 表

序号	单位	专利名称	专利类别	授权专利号	申请人	申请时间
51	药物所	吲唑及四氢吲唑类化合物及其制法和其药物组合物与用途	发明专利	ZL200710303688.0	药物所	2014.2.12
52	药物所	一种楹树提取物、其制备方法及其组合物与用途	发明专利	ZL200810247396.4	药物所	2014.2.12
53	药物所	以胆固醇复合物为中间载体的紫杉醇亚微乳	发明专利	ZL200910236959.4	药物所	2014.3.5
54	药物所	二聚咖萨因生物碱、其制法和其药物组合物与用途	发明专利	ZL200910091093.2	药物所	2014.4.16
55	药物所	罗红霉素三种晶型物质、制法以及药物组合物与用途	发明专利	ZL200810223650.7	药物所	2014.4.30
56	药物所	大黄酸晶B型固体物质及制备方法与用途	发明专利	ZL201010199465.6	药物所	2014.4.30
57	药物所	化合物制备骨破坏抑制剂的用途	发明专利	ZL200910086481.1	药物所	2014.4.30
58	药物所	N6-取代腺苷衍生物、其制法以及药物组合物与用途	发明专利	ZL200810114594.3	药物所	2014.4.30
59	药物所	一类克洛皂苷及其制法与抗高致病H5N1流感病毒的应用	发明专利	ZL200910084245.6	药物所，中国海洋大学	2014.5.21
60	药物所	硝克柳胺化合物晶V型、其制法和其药物组合物与用途	发明专利	ZL200810227626.0	药物所	2014.6.18
61	药物所	紫杉烷衍生物及其制法和用途	发明专利	ZL200710303687.6	药物所	2014.6.18
62	药物所	紫杉醇胆固醇复合物	发明专利	ZL200910236960.7	药物所	2014.7.16
63	药物所	水杨酸甲酯糖苷类化合物、其合成方法与用途	发明专利	ZL200910082224.0	药物所	2014.7.23
64	药物所	丹酚酸A的β晶型物质、制法以及药物组合物与用途	发明专利	ZL200810223651.1	药物所	2014.7.23
65	药物所	一种含有水杨酸甲酯乳糖苷的药物组合物、片剂及其制备方法	发明专利	ZL201110410629.X	药物所	2014.7.30
66	药物所	黄连碱在预防和治疗心肌缺血性疾病中的应用	发明专利	ZL200910092140.5	药物所	2014.8.6
67	药物所	13a-（S）去氧娃儿藤宁的盐、其制法和药物组合物与用途	发明专利	ZL200910089238.5	药物所	2014.8.20
68	药物所	7-羟基异黄酮的晶C型、其制法和其药物组合物与用途	发明专利	ZL201210543669.6	药物所	2014.8.27

续 表

序号	单位	专利名称	专利类别	授权专利号	申请人	申请时间
69	药物所	岩白菜素的 B 晶型固体物质及其制备方法与用途	发明专利	ZL201010188750.8	药物所	2014.8.27
70	药物所	一种咖萨因生物碱类似物、其制法和药物组合物与用途	发明专利	ZL200910088580.3	药物所	2014.8.27
71	药物所	双环醇亚微乳及其制备方法	发明专利	ZL200810160956.2	药物所，协和药厂	2014.9.3
72	药物所	一类熊果酸皂苷及其制法与抗高致病性 H5N1 流感病毒的应用	发明专利	ZL200910084246.0	药物所，中国海洋大学	2014.9.10
73	药物所	岩白菜素的 C 晶型固体物质及其制备方法与用途	发明专利	ZL201010188765.4	药物所	2014.9.24
74	药物所	水杨酸乙酯苷类化合物、合成方法及其用途	发明专利	ZL201010528676.X	药物所	2014.10.22
75	药物所	一种胰岛素的脂质复合物及其制备方法和制剂	发明专利	ZL201180002259.4	药物所	2014.10.22
76	药物所	4-烷基-6-芳基-3,4-二氢嘧啶-2-硫酮的制备及其作为抗抑郁药物的应用	发明专利	ZL201210198757.7	药物所	2014.10.22
77	药物所	重组人 Rho 激酶在制备药物中的应用	发明专利	ZL201010117580.4	药物所	2014.11.5
78	药物所	丹酚酸 A 预防和（或）治疗脑微血管血栓栓塞性疾病的应用	发明专利	ZL201110127231.5	药物所	2014.11.5
79	药物所	木犀草素 α 晶型物质、其制法和其药物组合物与用途	发明专利	ZL201210535776.4	药物所	2014.11.26
80	药物所	一种腺苷衍生物及其制备方法和应用	发明专利	ZL200910081639.6	药物所	2014.12.3
81	血研所	检测急性淋巴细胞性白血病的基因探针组合物及试剂盒	发明	201210369222.1	程　涛，竺晓凡，胡林萍，张　丽，缪为民	
82	血研所	一种检测上皮性卵巢癌的基因探针组合物及试剂盒	发明	201310155757.3	程　涛，黄宇婷，胡林萍，郝　权	
83	药生所	一株链孢囊菌 C-3560 产生的抗肿瘤抗生素加迪霉素	发明专利	ZL201210156776.3	王　莹，甄永苏，胡继兰，李　毅，范翠敏，尚柏杨	2014.5.7
84	药生所	灰黄青霉、由其产生的抗菌活性化合物及应用	发明专利	ZL201210034285.1	余利岩，王莉宁，张志明，张　涛，游雪甫，胡辛欣，刘红宇，魏玉珍	2014.11.26

续 表

序号	单位	专利名称	专利类别	授权专利号	申请人	申请时间
85	药生所	甲基磺酸乙酯及其盐类、其制备方法和应用以及药物组合物	发明专利	ZL200810097818. 4	肖春玲，郝雪秦，张勇忠，张　明，关　艳	2014. 7. 23
86	药生所	一种广泛耐药摩氏摩根菌及其在新型抗菌药物筛选中的应用	发明专利	ZL201010134384. 8	肖春玲，郑旭东，慕福琴，关　艳，甘茂罗，郝雪秦，刘忆霜	2014. 8. 3
87	药生所	新的尿苷肽类抗生素及	发明专利	ZL 201210172768. 8	陈汝贤，宋丹青，李阳彪，解云英，许鸿章，俞　莹	2014. 10. 16
88	药生所	新型博来霉素类似物及其制备方法和用途	发明专利	ZL 201110302895. 0	陈汝贤，许鸿章，鲁　敏，任　浩，解云英	2014. 11. 5
89	药生所	新颖的尿苷肽类抗生素及其用途	发明专利	ZL 201110450030. 9	解云英，陈汝贤，许鸿章，俞　莹，姚恩泰，何　宁，任　浩，蔡　强	2014. 9. 10
90	药生所	结核菌核糖体蛋白 L12 和 L10 相互作用阻断剂筛选模型及应用	发明专利	ZL 2011 1 0079787. 1	司书毅，林　媛，李　妍，王彦昶，蒋建东，肖春玲，洪　斌，高娜娜	2014. 11. 12
91	药生所	吴茱萸次碱类化合物的用途	发明专利	ZL201110067053. 1	司书毅，许艳妮，刘　祺，蒋建东，洪　斌，李卓荣，姜　威，贺晓波，徐　扬，李永臻，赖芳芳，巫晔翔，李　霓，王智敏，刘　伟	2014. 12. 24
92	药生所	3-氨基-4-烷氧亚胺基哌啶的制备方法	发明专利	ZL 2013 1 0053240. 3	郭慧元，刘明亮，刘秉全，魏增泉，刘开湘，李素杰	2014. 10. 15
93	药生所	微生物来源的炎症因子受体拮抗剂及其制备方法	发明专利	CN102080117B	李　元，吴剑波，陈　晶，张　洋，姜　蓉，郭连宏，石莲英	2014. 10. 1
94	药生所	含醇的他克莫司组合物及其制备方法	发明专利	ZL201110331382. 2	李桂玲，李　眉，丁维明，夏桂民	2014. 10. 29
95	药生所	一种筛选 PknB 抑制剂的反应体系及其筛选方法	发明专利	ZL 2011 1 0138454. 1	余利岩，黄　彬，赵莉莉，苏　静，李秋萍，魏玉珍，张玉琴	2014. 4. 30
96	药生所	2-硫代-6-氮杂尿苷在制备抗 HIV-1 病毒的药物中的应用	发明专利	ZL201210250045. 5	岑　山，张　全，米泽云等	2014. 2. 19

续　表

序号	单位	专利名称	专利类别	授权专利号	申请人	申请时间
97	药生所	一种抗结核病药物高通量筛选模型的构建方法	发明专利	ZL 201110166552.6	岑　山，贾平平，张　义等	2014.10.8
98	药生所	阿霉素的脂质药物组合物	发明专利	ZL 2011 1 0408340.4	夏桂民，安智娇，李　眉，马　洁，李子臣，赵　晨，王玉成，王　旸，李桂玲	2014.5.14
99	药生所	一种异香豆素类抗生素及其制备和应用	发明专利	ZL 2012 1 0473479.1	孙承航，刘少伟，靳　婧，陈　川，刘佳萌，游雪甫，王飞飞，蒋忠科，郭　琳	2014.11.19
100	动研所	一种仙台病毒抗原肽组合物及其在仙台病毒感染检测中的应用	发明	201310094993.9	动研所，北京华阜康生物科技股份有限公司	2013.3.22
101	动研所	一种仙台病毒抗原肽及其在仙台病毒感染检测中的应用	发明	201310095122.9	动研所，北京华阜康生物科技股份有限公司	2013.3.22
102	病原所	用于抑制流行性乙型脑炎病毒的 siRNA	发明专利	ZL201110005104.8	吴志强，金　奇	2011.1.12
103	病原所	一种结核杆菌蛋白抗原的表位肽及其应用	发明专利	ZL201110099465.3	郗雪艳，赵振东，何　维	2011.4.20
104	病原所	一种 H1 亚型特异性保守表位、抗体及其应用	发明专利	ZL201110077459.8	王健伟，赵荣茂，G·弗耐特，郭　丽	2011.3.28
105	病原所	一种检测或辅助检测结核性胸膜炎的试剂盒	发明专利	ZL201210098089.0	刘海鹰，于　杨，张　艳，金　奇	2012.4.5
106	病原所	人源抗 EV71 病毒中和性抗体 EV71FabL4、其制备方法及应用	发明专利	ZL201210212417.5	陈　哲，金　奇	2012.6.21
107	病原所	人源抗 EV71 病毒中和性抗体 EV71FabL11、其制备方法及应用	发明专利	ZL201210209443.2	陈　哲，金　奇	2012.6.21
108	病原所	人源抗 EV71 病毒中和性抗体 EV71FabL6、其制备方法及应用	发明专利	ZL201210211892.0	陈　哲，金　奇	2012.6.21
109	病原所	人源抗 EV71 病毒中和性抗体 EV71FabK7、其制备方法及应用	发明专利	ZL201210207842.5	陈　哲，金　奇	2012.6.21

续 表

序号	单位	专利名称	专利类别	授权专利号	申请人	申请时间
110	病原所	检测或辅助检测耐多药结核分枝杆菌的乙胺丁醇耐药性试剂盒	发明专利	ZL201310024422.8	石大伟，甄　伟，朱国峰	2013.1.23
111	病原所	一种高灵敏度检测和鉴定人多瘤病毒的方法	发明专利	ZL201310174312.X	彭俊平，郭军华，金　奇	2013.5.13
112	病原所	一种高灵敏度检测和鉴定人冠状病毒的方法	发明专利	ZL201310309972.4	彭俊平，郭军华，金　奇	2013.7.23
113	病原所	一种结核分枝杆菌候选抗原多肽及其应用	发明专利	ZL201310072196.0	于　杨，刘海鹰，张　艳，金　奇	2013.3.7
114	病原所	人源 HIV 广谱中和抗体 A16 及其相关生物材料与应用	发明专利	ZL201310154423.4	何玉先，满　来，孟佳子	2013.4.28
115	病原所	抑制 HIV 的短小多肽及药物用途	发明专利	ZL201210280054.9	何玉先，种辉辉	2012.8.8
116	病原所	一种高灵敏度检测人肠道病毒的方法	发明专利	ZL201310261213.5	彭俊平，郭军华，金　奇	2013.6.27
117	病原所	结核分枝杆菌候选抗原多肽及其应用	发明专利	ZL201310072318.6	于　杨，刘海鹰，张　艳，金　奇	2013.3.7
118	工程所	三维超声影像导航下的膀胱自主控制系统	实用新型专利	201320665127.60	工程所	2014.4.2
119	工程所	一种用于膀胱治疗仪的温度保护电路	实用新型专利	201420029167.60	工程所	2014.6.18
120	工程所	一种黄褐斑分型检测装置	实用新型专利	2013207354953.00	工程所	2014.10.1
121	工程所	可程序性释放的生物药物纳米微孔血管支架及制备方法	发明专利	ZL201210285212.X	工程所	2014.4.16
122	工程所	一种痛觉刺激仪	实用新型专利	ZL201320744467.8	工程所	2014.07.02
123	工程所	一种光能理疗保健仪	实用新型专利	ZL201320771657.9	工程所	2014.07.02
124	工程所	一种动物肢体拉伸仪	实用新型专利	ZL20132063278.8	工程所	2014.04.02

续 表

序号	单位	专利名称	专利类别	授权专利号	申请人	申请时间
125	工程所	一种激光治疗终端装置	实用新型专利	ZL201320506021.1	工程所	2014.06.18
126	工程所	一种动物躯体拉伸仪	实用新型专利	ZL201320633128.2	工程所	2014.04.02
127	工程所	新型具有球面弧形衬底的视网膜假体	实用新型专利	ZL 201320863443.4	工程所	2014.9.10
128	工程所	新型具有电磁屏蔽功能的脉搏血氧探头	实用新型专利	ZL 201320895350. X	工程所	2014.7.9
129	工程所	脊髓监护仪	实用新型专利	ZL 201320637111.4	工程所	2014.4.9
130	工程所	新型呼吸阻塞部位检测仪	实用新型专利	ZL 201420247257.2	工程所	2014.8.25
131	工程所	新型宽动态范围脉搏血氧测量系统	实用新型专利	ZL 201320813034.3	工程所	2014.6.4
132	工程所	磁声耦合成像的微弱声信号频域检测处理方法	发明专利	2012100480052	工程所	2014.5.14
133	工程所	对磁声耦合成像中声探头位置精确定位和控制的装置	发明专利	2012100805919	工程所	2014.5.7
134	工程所	生物电评估观看 3D 影像不适的装置及方法	发明专利	2011100302686	工程所	2014.3.26
135	工程所	降低功耗的磁刺激仪及其控制方法	发明专利	2009100684081	工程所	2014.7.4
136	工程所	一种水溶性紫杉醇化合物的制备方法及用途	发明专利	201210201345.40	工程所	2014.5.14
137	工程所	一种水溶性多烯紫杉醇化合物的制备方法及用途	发明专利	201210247786.80	工程所	2014.6.11
138	工程所	可程序性释放的生物药物纳米微孔血管支架及制备方法	发明专利	ZL201210285212. X	工程所	2014.4.16
139	工程所	磁声耦合成像的微弱声信号频域检测处理方法	发明专利	2012100480052	工程所	2012.2.29
140	工程所	对磁声耦合成像中声探头位置精确定位和控制的装置	发明专利	2012100805919	工程所	2012.3.23

续表

序号	单位	专利名称	专利类别	授权专利号	申请人	申请时间
141	工程所	生物电评估观看3D影像不适的装置及方法	发明专利	2011100302686	工程所	2011.1.27
142	放射所	化合物结构及制备方法与用途	发明专利	ZL200910136377.9	放射所	2009.05.12
143	放射所	二甲双胍在对放化疗损伤起保护作用的药物中的应用	发明专利	ZL201210412035.7	放射所	2012.10.24
144	输血所	一种肝素活性的测定方法	发明专利	ZL 201210589118.3	曹海军，等	2012.12.31
145	输血所	一种批式吸附制备血浆蛋白制品的简易装置及方法	发明专利	ZL 201210252349.5	曹海军，等	2012.7.20
146	输血所	人抗凝血酶制剂干热处理过程中的稳定剂	发明专利	ZL 201210582536.x	曹海军，等	2012.12.28
147	输血所	高纯度凝血酶原复合物制品冷冻干燥稳定剂	发明专利	ZL 201110400450.6	曹海军，等	2011.12.6
148	输血所	一种注射器针头套	实用新型	ZL 201320462031.x	曹海军，等	2013.7.31
149	输血所	一种带体积刻度的配制聚丙烯酰胺凝胶玻璃板	实用新型	ZL 201320461994.8	曹海军，等	2013.07.31
150	输血所	一种人抗凝血酶-Ⅲ浓缩物中肝素含量的测定方法	发明专利	ZL 201210589290.9	叶生亮，等	2012.12.31
151	输血所	一种高通量法检测人免疫球蛋白Fc段生物学活性的方法	发明专利	ZL 201210214002.1	张学俊，李长清，等	2012.6.27
152	生物所	实验猕猴遗传数据库管理系统V1.0	软件著作权登记	2014SR104247	和占龙，等	2014.6.3
153	生物所	一种大、小鼠胚胎移植用的胚胎移植器	实用新型	ZL.201420150543.7	唐东红，叶尤松，贾学云，李润平，李桂珍，杨光蕊，念　昕	2014.9.2
154	生物所	一种2型糖尿病疫苗的构建和制备方法	发明专利	CN103933566A	胡云章，胡凝珠，王海漩，李彦涵，李建芳	2014.7.23
155	生物所	树鼩IL-6构建的质粒为标准品的TAQMAN探针实时荧光定量PCR方法	发明专利	ZL2013 1 0104841.2	代解杰，黄晓燕，孙晓梅，罕园园，陆彩霞，匡德宣，王文广，仝品芬，徐　娟，殷安国，李晓飞	2014.8.27
156	生物所	普洱茶免疫佐剂及其在流感疫苗研究中的应用	发明专利	ZL2013 1 0065621.3	李映波，刘洪卿，等	2014.5.14
157	生物所	一种锁阳免疫佐剂及含有该佐剂的流感疫苗	发明专利	ZL2010 1 0230599.X	李映波，程永现，毕湖冰，吕　青，陈芹芹	2013.12.4

续 表

序号	单位	专利名称	专利类别	授权专利号	申请人	申请时间
158	生物所	EV71 型病毒抗原的检测方法	发明专利	ZL2009 1 0094972. 0	李琦涵，谢忠平，龙润乡，董承红，杨　蓉，白慧珠，李　华，崔萍芳	2014. 4. 23
159	生物所	NAD、氢氧化铝复合佐剂及含该复合佐剂的疫苗	发明专利	ZL2012 1 0040896. 7	王　琳，胡云章，胡凝珠，王海漩	2014. 7. 2
160	生物所	一种 EBV 病毒豚鼠动物模型的建立方法	发明专利	ZL2012 1 0047649. X	刘国超，胡云章，胡凝珠，王海漩	2014. 3. 26
161	生物所	重组轮状病毒 VP6 载体蛋白及其制备	发明专利	ZL2012 1 0112598. 4	陈元鼎	2014. 7. 23
162	生物所	携带轮状病毒抗原表位的重组嵌合蛋白及其制备	发明专利	ZL2012 1 0112596. 5	陈元鼎	2014. 7. 2
163	生物所	携带乙肝病毒抗原表位的重组嵌合蛋白及其制备	发明专利	ZL2012 1 0112597. X	陈元鼎	2013. 12. 18

2014年度各所院获新药（含器械）题录

序号	单位	新药名称	类别	新药（器械）证书号	批准时间	项目负责人
1	输血所	一次性使用血小板用去白细胞输血器	Ⅲ类医疗器械	国食药监械（准）字2014第3660297号	2014.02.12	刘嘉馨
2	输血所	正常值凝血质控品	Ⅱ类医疗器械	川食药监械（准）字2014第2400070号	2014.6.17	林方昭
3	输血所	异常值凝血质控品	Ⅱ类医疗器械	川食药监械（准）字2014第2400034号	2014.6.17	林方昭

2014度各所院科技交流与合作项目题录

一、国际合作项目（科技部）

序号	单位	项目名称	项目编号	项目负责人	项目经费（万元）	合作单位	项目执行起止时间
1	协和医院	中美人群肠易激综合征生物学标志物的异同	2014DFA31850	方秀才，费贵军	180	美国	2014.4～2017.3
2	肿瘤医院	中国城市肿瘤防控体系建设的合作研究	2010DFB34180	赵　平	263	美国耶鲁大学	2011.01.01～2014.08.31
3	药物所	以法尼酯衍生物X受体为靶的新药研究	2012DFH30030	方唯硕	144		2012.01～2014.12
4	药物所	中药经典复方作用机制现代研究	2012DFH30070	杜冠华	300		2012.01～2015.12
5	药物所	化合物库的优化与筛选评价研究	2011DFR31240	杜冠华	241		2012.01～2013.12
6	动研所	遗传性视网膜变性基因诊断和基因治疗的实验和临床研究	2010DFB33430	杨志伟	40	北京协和医院	2011.11～2014.10
7	微循环所	动脉粥样硬化、心肌梗塞患者血管内皮损伤机理研究	中瑞科技合作混委会第14次会议文件	修瑞娟	10万元	瑞典卡洛琳斯卡研究院	2002
8	生物所	Sabin-IPV无针注射皮内免疫减少剂量合作研究	2014DFA32870	李映波	279	Bill and Melinda Gates Foundation	2014.12～2017.12

二、国际合作项目（非科技部项目）

序号	单位	项目名称	项目编号	项目负责人	项目经费（万元）	合作单位	项目执行起止时间
1	协和医院	含抗 HBV 药物的抗逆转录病毒治疗方案对 HIV/HBV 共感染者 HBV 特异性细胞免疫应答的作用	1P30AI094189-01A1	谢 静	13	约翰霍普金斯大学艾滋病研究中心国际研究项目	2014. 12～2015. 11
2	协和医院	Genetic Research of Autosomal Recessive Retinal Degenerations in China	CD-CL-0214-0637-PUMCH	睢瑞芳	130	美国抗盲基金会	2014. 2～2016. 1
3	阜外医院	全基因组关联方法筛选特发性肺动脉高压新遗传易感基因的研究	81320108005	荆志成	280	无	2014～2018
4	阜外医院	间充质干细胞移植治疗心肌梗死的报告基因 PET 与 MRI 活体分子成像	81320108014	何作祥	280	无	2014～2018
5	肿瘤医院	体外 YQ23-SECT 对人癌细胞株模型联合放射治疗增效作用实验研究		张 伟	82. 2	New Sagaxza Limitd	2014
6	肿瘤医院	单核苷酸多态与中国人群食管鳞癌和胃癌的发病风险		林东昕	49. 1	NCI	2014
7	基础所	抑制 FTO 能否调节 ghrelin 的表达且具有糖尿病治疗作用		葛 微	30		2014. 4～2017. 4
8	药物所	新一代结核病缩短疗程恶唑烷酮类药物研究	无	尹大力，黄海洪	15. 3 万美元	全球结核病联盟	2013. 07～2014. 06
9	药物所	药物所与大正制药公司合作研究	无	药物所	150 万美元	日本大正制药公司	2009. 02～2014. 02

续 表

序号	单位	项目名称	项目编号	项目负责人	项目经费（万元）	合作单位	项目执行起止时间
10	信息所	基本医疗卫生制度实施路径研究		代 涛	48.39	世界卫生组织	2014.4~2015.12
11	信息所	网络化的医疗卫生服务体系建设研究		代 涛	24.44	世界卫生组织	2014.4~2015.12
12	信息所	世界卫生组织在华合作中心管理与信息资源整合利用研究		代 涛	13.4	世界卫生组织	2014.7~2015.12
13	信息所	中国全球卫生战略研究-卫生系统与全民健康覆盖子课题		代 涛	5	中英全球卫生支持项目	2014.4~2015.1
14	信息所	中国卫生信息化发展现状调查及国内外发展经验对比研究		代 涛	25.41	世界银行	2013.1~2013.12
15	信息所	“针对妇女的暴力行为”相关指南的翻译		王 芳	3.6	世界卫生组织	2014.3~2014.4
16	信息所	中国农村卫生发展项目（简称“卫十一项目”）国际外评咨询支持		王 芳	2.2	荷兰伊拉斯姆斯大学	2014.2~2015.7
17	信息所	湖南新型农村合作医疗案例研究		李 建	9.06	儿基会	2013.6~2014.3
18	信息所	邀请美国国立卫生研究院学者来华学术交流		李 姣	3	国家外专局项目	2014.1~2014.12
19	微循环所	原发性高血压大鼠主动脉与微血管内皮细胞凋亡与增殖机制	NIH HL10081，及UCSD-4069-17-12-2004	修瑞娟	20万元	美国加州 UCSD	2004~

续 表

序号	单位	项目名称	项目编号	项目负责人	项目经费（万元）	合作单位	项目执行起止时间
20	微循环所	前列腺肿瘤干细胞的促血管生成潜能研究		修瑞娟	20 万元	美国加州 UCSD	2009~
21	病原所	新发病原体鉴别项目		王健伟	852.61	法国梅里埃基金会	2012.3.10~2017.3.9
22	病原所	结核分枝杆菌新发感染流行病学调查		高　磊	132.87	AERAS 基金会（全球结核病疫苗基金会）	2014.7~2015.6
23	病原所	脂肪酶在绿脓杆菌六型分泌系统中的功能研究	CRP/CHN14-02	杨国威	37.36	CRP-ICGEB 基金（国际遗传工程和生物技术中心联合研究资助项目）	2015~2017
24	工程所	一种新型的结合电刺激 PLGA 微针的开发	15RCGFSY00146	王　淳	30	英国卡迪夫大学	2015.4.1~2018.3.
25	皮研所	特应性皮炎经皮致敏机制的研究		姚　煦	30	米尔斯坦亚美医学基金会	2014.5~2016.4

三、引进技术人才项目（国家外国专家局）

序号	单位	项目名称	项目编号	项目负责人	项目经费（万元）	合作单位	项目执行起止时间
1	阜外医院	心血管疾病的转化医学和结果评价研究	20141100502	蒋立新	40		2013.1~2015.12
2	阜外医院	冠心病医疗质量改善研究	GDJ20141100005	蒋立新	20		2014.1~2016.12
3	肿瘤医院	microRNA 联合 CA199 进行胰腺癌早诊研究		陈应泰	8	德国波鸿大学	2014
4	肿瘤医院	microRNA 联合 cathepsinS 进行结肠癌诊断的研究		解亦斌	7.7	美国霍普金斯大学	2014

续 表

序号	单位	项目名称	项目编号	项目负责人	项目经费（万元）	合作单位	项目执行起止时间
5	肿瘤医院	高效 NK 细胞混合培养体系的建立		李爱东		美国癌症中心	2014
6	肿瘤医院	G-CSF 对 G-MDSC 的调控及其在结肠炎相关结肠癌		马　洁	16	英国爱丁堡大学	2014
7	肿瘤医院	Th17 细胞在结肠炎相关结直肠癌发生发展过程中的作用		袁　伟	7.7	美国癌症中心	2014
8	整形医院	基于干细胞的组织工程骨和软骨的临床应用研究		曹谊林	9		2014.1~2014.12
9	整形医院	基于数字化外科的面部轮廓个性化整形的最新进展		归　来	8		2014.1~2014.12
10	整形医院	先天性小耳畸形舌形颞筋膜瓣外耳道及听力重建和有限元分析		蒋海越	4		2014.1~2014.12
11	整形医院	血管束失神经支配、压力梯度改变、静脉瓣膜结构变化在反流灌注皮瓣成活机制中的作用		刘元波	4		2014.1~2014.12
12	整形医院	家族性先天性上睑下垂基因定位和转录调控的研究		赵延勇	4		2014.1~2014.12
13	整形医院	“不完全性”脱细胞器官材料在器官再造中的应用		臧梦青	4		2014.1~2014.12
14	整形医院	颅颌面外科诊疗新技术交流		尹宁北	6		2014.1~2014.12
15	基础所	器官移植和器官捐献政策伦理框架研究		翟晓梅	12.9		2014.1.1~2014.12.31

续 表

序号	单位	项目名称	项目编号	项目负责人	项目经费（万元）	合作单位	项目执行起止时间
16	基础所	北京协和医学院面向临床的解剖教学改革与师资培训		马 超	6.6		2014.1.1~2014.12.31
17	基础所	间充质干细胞的编程和重编程作用		赵春华	9		2014.1.1~2014.12.31
18	基础所	MDD 神经环路异常及形成机制		彭小忠	6		2014.1.1~2014.12.31
19	基础所	病毒性疾病的感染组学关键技术平台建立与应用		彭小忠	10		2014.1.1~2014.12.31
20	基础所	非编码 RNA 调控成体干细胞增殖和分化的分子机制		彭小忠	9		2014.1.1~2014.12.31
21	基础所	急性心肌梗死时心脏交感神经活动变化的动力学及其与缺血性心律失常的关系研究		曹济民	6		2014.1.1~2014.12.31
22	基础所	交通相关多大气污染物健康风险时空评价模型构建		许 群	6		2014.1.1~2014.12.31
23	工程所	壳聚糖微囊化分泌表达血管内皮抑制素的肿瘤靶向共生菌口服治疗结肠癌的研究		张海玲	3万	美国明尼苏达大学	2014.5~2014.12
24	工程所	分子影像与干细胞治疗		孔德领	5万	美国斯坦福大学医学院，新加坡国立大学化学与生物分子工程系	2014.5.3~2014.12
25	工程所	引智项目“神经纤维微电流测量方法研究”	20121200035	刘志朋	6.5万	英国卡迪夫大学，美国弗罗里达大学	2014.1~2014.12
26	血研所	多发性骨髓瘤分子细胞遗传与预后分层治疗治疗		邱录贵	8	IOWA 大学，DANA FARBER CANCER INSTITUTE	2014.1~2014.12

续 表

序号	单位	项目名称	项目编号	项目负责人	项目经费（万元）	合作单位	项目执行起止时间
27	血研所	973子课题“探索中胚层组织干细胞自我更新和分化的诱导调控手段及疾病治疗方案”		袁卫平	3	美国印第安纳大学医学院	2014. 1～2014. 12
28	血研所	973项目“造血干细胞维持、衰老于再生的调控机制研究”		程　涛	6	美国加州大学旧金山分校Gladstone心血管疾病研究所	2014. 1～2014. 12
29	皮研所	NO合成酶及上下游调控分子在抗念珠菌感染中的作用机制研究		李　岷	3	美国北卡大学	2014. 1～2014. 12
30	输血所	中美输血传染病检测技术及献血者筛查策略交流		刘　鱼	5. 8		2014. 5～2015. 4
31	输血所	输血传播丙肝病毒感染后干扰素治疗前疗效预测及个体化治疗新技术		陈利民	5		2014. 5～2015. 4

2014 年度各所院发表在影响因子在 3.0~10.0（不含 10）SCI 源期刊论文题录

序号	单位	作者姓名	论文题目	期刊名称	卷期页	影响因子
1	北京协和医院	Naishi Lia, b, Jingyuan Fuc, Debby P. Koonena, Jan Albert Kuivenhovena, Harold Sniederd, Marten H. Hofkera,	Are hypertriglyceridemia and low HDL causal factors in the development of insulin resistance	ATHEROSCLEROSIS	233（1）：130-138	3.971
2	北京协和医院	Jie Wu1, 2, Li-Quan Zhou1, Wei Yu1, Zhi-Guo Zhao1, Xue-Min Xie1, Wen-Tian Wang1, Jian Xiong1, Man Li1, Zheng Xue1, Xing Wang1, Peng Zhang1, Bei-Bei Mao1, De-Long Hao1, Xiang Lv1, and De-Pei Liu1	PML facilitates erythroid differentiation by enhancing the transcriptional activity of GATA-1	BLOOD	123（2）：261-270	9.775
3	北京协和医院	Aiping Ma1, 4, †, Lianmei Wang1, 2, †, Yunzhou Gao3, Zai Chang5, Haiyong Peng2, Ni Zeng1, Yao-Song Gui1, Xinlun Tian1, Xue Li1, Baiqiang Cai1, Hongbing Zhang1, 2 and Kai-Feng Xu1, *	Tsc1 deficiency-mediated mTOR hyperactivation in vascular endothelial cells causes angiogenesis defects and embryonic lethality	HUM MOL GENET	23（3）：693-705	6.677
4	北京协和医院	Guo Tao, Lu Xing-hua, Yang Ai-ming, Zhou Wei-xun, Yao Fang, Wu Xi, Wang Li-yin, Lu Chong-mei, Fei Gui-jun and 5 mor	Enhanced magnifying endoscopy for differential diagnosis of superficial gastric lesions identified with white-light endoscopy	GASTRIC CANCER	17（1）：122-129	4.828

续 表

序号	单位	作者姓名	论文题目	期刊名称	卷期页	影响因子
5	北京协和医院	Li Zhanga, b, Meng Xiaoa, b, He Wanga, b, Ran Gaoa, Xin Fana, b, Mitchell Brownc, Timothy J. Grayc, Fanrong Kongc and Ying-Chun Xu a	Yeast Identification Algorithm Based on the Use of Vitek MS System Selectively supplemented with rDNA sequencing: Proposal of a Reference Assay for Invasive Fungal Surveillance Programs in China.	J CLIN MICROBIOL	52（2）：572-575	4.232
6	北京协和医院	Zheng Li 1, Jinqian Liang 1, William Ka Kei Wu 2, Xin Yu 1, Jun Yu 2, Xisheng Weng 1 and Jianxiong Shen 1, *	Leptin Activates RhoA/ROCK Pathway to Induce Cytoskeleton Remodeling in Nucleus Pulposus Cells.	INT J BIOL SCI	15（1）：1176-1188	4.372
7	北京协和医院	Zhang Wen, Quan Liao, Jianguo Zhao, Ya Hu, Lei You, Zhaohui Lu, Congwei Jia, Yingxin Wei, Yupei Zhao	High Expression of Interleukin-22 and Its Receptor Predicts Poor Prognosis in Pancreatic Ductal Adenocarcinoma.	ANN SURG ONCOL	21（1）：125-132	3.943
8	北京协和医院	戴梦华，刘尚龙，张太平，由　磊，赵玉沛	Oncolytic vaccinia virus in combination with radiation shows synergistic antitumor efficacy in pancreatic cancer	CANCER LETT	344（2）：282-290	5.016
9	北京协和医院	陈　洁，Liu J2，徐蔚海，Xu R2，Hou B3，Cui LY1，高山	Impaired dynamic cerebral autoregulation and cerebrovascular reactivity in middle cerebral artery stenosis.	PLOS ONE	9（2）：e88232	3.534
10	北京协和医院	彭　斌，倪　俊，外院，朱以诚，外院，王建明，周立新，姚　明，外院，外院，高　山，徐蔚海，崔丽英	Implementation of a Structured Guideline-Based Program for the Secondary Prevention of Ischemic Stroke in China.	STROKE	45（2）：515-519	6.018
11	北京协和医院	王绎忱，杨华瑜，徐海峰，卢　欣，桑新亭，钟守先，黄洁夫，毛一雷，Yang H，Xu H，Md XL，Sang X，Zhong S，Huang J，毛一雷	Golgi protein 73, not Glypican-3, may be a tumor marker complementary to α-Fetoprotein for hepatocellular carcinoma diagnosis.	J GASTROEN HEPATOL	29（3）597-602	3.627

续 表

序号	单位	作者姓名	论文题目	期刊名称	卷期页	影响因子
12	北京协和医院	连鹏鹄，李汉忠，纪志刚，孙云峰，彭嘉熙	Moving away from exhaustion：how core self-evaluations influence academic burnout.	PLOS ONE	29，9（1）：e87152	3.534
13	北京协和医院	吕倩雯，尹玉峰，李　芯，单光良，吴湘妮，梁　迪，李永哲	The Status of Rheumatoid Factor and Anti-Cyclic Citrullinated Peptide Antibody Are Not Associated with the Effect of Anti-TNFα Agent Treatment in Patients with Rheumatoid Arthritis：A Meta-Analysis	PLOS ONE	9（2）：e89442	3.534
14	北京协和医院	贾毅弘，王晓军	A Process for Quantifying Aesthetic and Functional Breast Surgery：I. Quantifying Optimal Nipple Position and Vertical and Horizontal Skin Excess for Mastopexy and Breast Reduction	PLAST RECONSTR SURG	133（3）：421e-422e	3.328
15	北京协和医院	张丽帆，张月秋，侍效春，张　峣，邓国华，外院，刘晓清	Utility of T-Cell Interferon-γ Release Assays for Diagnosing Tuberculous Serositis：A Prospective Study in Beijing，China	PLOS ONE	9（1）：e85030	3.534
16	北京协和医院	沈恺妮，外院，周道斌，李　剑	Risk of Multiple Myeloma in Rheumatoid Arthritis：A Meta-Analysis of Case-Control and Cohort Studies	PLOS ONE	9（3）：e91461	3.534
17	北京协和医院	徐蔚海，外院，闫中瑞，姜建东，高　山	Cardiac right-to-left shunt subtypes in Chinese patients with cryptogenic strokes：a multicenter case？control study	EUR J NEUROL	21（3）521-523	3.852
18	北京协和医院	徐蔚海，李明利，牛婧雯，冯　逢，金征宇，高　山	Intracranial Artery Atherosclerosis and Lumen Dilation in Cerebral Small-Vessel Diseases：A High-resolution MRI Study	CNS NEUROSCI THER	20（4）：364-367	3.784

续 表

序号	单位	作者姓名	论文题目	期刊名称	卷期页	影响因子
19	北京协和医院	李 芸，孙秋宁，何志新，付兰芹，何春霞，阎 岩	Treatment of melasma with oral administration of compound tranexamic acid: a preliminary clinical trial.	J EUR ACAD DERMATOL	28（3）：393-394	3.105
20	北京协和医院	陈 洁，徐蔚海，崔丽英，高 山	Microembolic signals predict cerebral ischaemic events in patients with moyamoya disease.	EUR J NEUROL	21（5）：785-790	3.852
21	北京协和医院	李 菁，王 迁，郑文洁，马 杰，张 薇，王文泽，田新平	Hemophagocytic lymphohistiocytosis: clinical analysis of 103 adult patients.	MEDICINE	93（2）：100-105	4.867
22	北京协和医院	叶益聪，谢宏智，曾 勇，赵昔良，田 庄，张抒扬	Optimal Oral Antithrombotic Regimes for Patients with Acute Coronary Syndrome: A Network Meta-Analysis	PLOS ONE	9（3）：e90986	3.534
23	北京协和医院	孙蓬然，贾双征，林 莛，冷金花，郎景和	Genome-wide profiling of long noncoding ribonucleic acid expression patterns in ovarian endometriosis by microarray.	FERTIL STERIL	101（4）：1038-1046	4.295
24	北京协和医院	白会敏，杨佳欣，曹冬焱，黄慧芳，向 阳，吴 鸣，崔全才，陈 杰，郎景和，沈 铿	Ovary and uterus-sparing procedures for low-grade endometrial stromal sarcoma: A retrospective study of 153 cases.	GYNECOL ONCOL	132（3）：654-60	3.687
25	北京协和医院	尹玉峰，梁 迪，赵丽丹，李 扬，刘 伟，任 燕，李永哲，曾小峰，张奉春，唐福林，单广良，张 烜	Anti-cyclic citrullinated Peptide antibody is associated with interstitial lung disease in patients with rheumatoid arthritis.	PLOS ONE	9（4）：e92449	3.534
26	北京协和医院	李 政，沈剑雄，邱贵兴，于海元，王以朋，仉建国，赵 宏，赵 宇，李书纲，翁习生，梁锦前	Unplanned reoperation within 30 days of fusion surgery for spinal deformity.	PLOS ONE	9（3）：e87172	3.534
27	北京协和医院	孙 昭，外院 * 2	The roles of mesenchymal stem cells in tumor inflammatory microenvironment.	J HEMATOL ONCOL	7：14	4.933

续 表

序号	单位	作者姓名	论文题目	期刊名称	卷期页	影响因子
28	北京协和医院	叶 双，杨佳欣，曹冬焱，朱 兰，郎景和，外院，沈 铿	Quality of life and sexual function of patients following radical hysterectomy and vaginal extension.	J SEX MED	11（5）：1334-1342	3.150
29	北京协和医院	吕顺增，杨亚坤，外院5，王任直	The association of CXCR4 expression with prognosis and clinicopathological indicators in colorectal carcinoma patients：a meta-analysis.	HISTOPATHOLOGY	64（5）：701-712	3.301
30	北京协和医院	刘兴荣，苗 齐，刘剑洲，张超纪，王超，马国涛，李晓凤，曹丽华	Innominate pseudoaneurysm subtotally compressing the trachea as a result of blunt trauma.	ANN THORAC SURG	97（3）：1066-1068	3.631
31	北京协和医院	刘 贝，梅 玫，外院*3，张太平，赵玉沛，刘彤华，肖 雨，陈 杰，向红丁，吴海燕，鲁重美，陈原稼，外院*4	α-Internexin：A Novel Biomarker for Pancreatic Neuroendocrine Tumor Aggressiveness.	J CLIN ENDOCR METAB	99（5）：E786-795	6.310
32	北京协和医院	朱朝晖，尹玉峰，郑 堃，李 方，外院，张奉春，张 烜，Yin Y，Zheng K，Li F，Chen X，Zhang F，Zhang X.	Evaluation of synovial angiogenesis in patients with rheumatoid arthritis using 68Ga-PRGD2 PET/CT：a prospective proof-of-concept cohort study.	ANN RHEUM DIS	73（6）：1269-72	9.270
33	北京协和医院	吴群励，外院*6	The Temporal Pattern of cfos Activation in Hypothalamic，Cortical，and Brainstem Nuclei in Response to Fasting and Refeeding in Male Mice	ENDOCRINOLOGY	155（3）：840-853	4.644
34	北京协和医院	徐 虹，张亚敏，孙 华，陈素辉，王富明	Effects of Acupuncture at GV20 and ST36 on the Expression of Matrix Metalloproteinase 2，Aquaporin 4，and Aquaporin 9 in Rats Subjected to Cerebral Ischemia/Reperfusion Injury.	PLOS ONE	9（5）：e97488	3.534

续 表

序号	单位	作者姓名	论文题目	期刊名称	卷期页	影响因子
35	北京协和医院	霍　力，党永红，吕京桥，邢海群，李　方	Application of Dual Phase Imaging of 11C-Acetate Positron Emission Tomography on Differential Diagnosis of Small Hepatic Lesions	PLOS ONE	9（5）：e96517	3.534
36	北京协和医院	田　庄，刘永太，徐　东，李梦涛，赖晋智，郭潇潇，王　辉，朱文玲，王　迁，方　全，曾小峰	Disease activity is related to acute response to vasodilator in pulmonary artery hypertension associated with systemic lupus erythematosus.	CIRC J	78（5）：1240-1244	3.685
37	北京协和医院	王志伟，陈　珏，王怡宁，薛华丹，金征宇，孔令燕，曹　剑，李　烁	Feasibility of low-dose contrast medium high pitch CT angiography for the combined evaluation of coronary, head and neck arteries.	PLOS ONE	9（3）：e90268	3.534
38	北京协和医院	王翠萍，孙　洋，吴焕文，赵大春，陈　杰	Distinguishing adrenal cortical carcinomas and adenomas：a study of clinicopathological features and biomarkers.	HISTOPATHOLOGY	64（4）：567-576	3.301
39	北京协和医院	周沛然，外院，外院 * 4，徐　苓，夏维波，外院，李　梅，邢小平	LRP5 polymorphisms and response to alendronate treatment in Chinese postmenopausal women with osteoporosis.	PHARMACOGENOMICS	15（6）：821-831	3.425
40	北京协和医院	王　琛，周颖磊，蔡　昊，程歆琦，张　薇，康文英，曹欣欣，周道斌，秦绪珍，段明辉，外院，周道斌，李　剑	Markedly elevated serum total N-terminal propeptide of type I collagen is a novel marker for the diagnosis and follow up of patients with POEMS syndrome.	HAEMATOLOGICA	99（6）：e78-80	5.868
41	北京协和医院	池　玥，赵　真，何小东，孙　悦，姜　艳，李　梅，王　鸥，邢小平，周学瀛，孟迅吾，夏维波	A compound heterozygous mutation in SLC34A3 causes hereditary hypophosphatemic rickets with hypercalciuria in a Chinese patient.	BONE	59：114-21	4.461

续 表

序号	单位	作者姓名	论文题目	期刊名称	卷期页	影响因子
42	北京协和医院	徐利玲，李　菁，外院＊5，王　立，乐　偲，赵　岩，外院＊3，郑文洁	Through an ITIM-Independent Mechanism the FcγRIIB Blocks B Cell Activation by Disrupting the Colocalized Microclustering of the B Cell Receptor and CD19.	J IMMUNOL	192（11）：5179-91	5.362
43	北京协和医院	韩　菲，彭　斌，高　山，毛晨晖，崔丽英，幸　兵，朱以诚	Clinical Reasoning：a 42-year-old man with severe headache，fever，and acute coma.	NEUROLOGY	82（2）：e9-13	8.303
44	北京协和医院	孙　毅，曾　勇，朱以诚，冯　逢，徐蔚海，吴晨希，幸　兵，张伟宏，吴培琳，崔丽英，王任直，李　方，外院，朱朝晖	Application of 68Ga-PRGD2 PET/CT for αvβ3-integrin Imaging of Myocardial Infarction and Stroke	THERANOSTICS	4（8）：778-786	7.827
45	北京协和医院	赵肖奕，外院，阮燕萍，外院＊6，张抒扬，方　全，外院＊6，范中杰	Personal black carbon exposure influences ambulatory blood pressure：air pollution and cardiometabolic disease（AIRCMD-China）study.	HYPERTENSION	63（4）：871-877	7.632
46	北京协和医院	林　玮，外院，陈　华，吴庆军，费允云，郑文洁，王　迁，李　萍，李永哲，张　文，赵　岩，曾小峰，张奉春	B cell subsets and dysfunction of regulatory B cells in IgG4-related diseases and primary Sjogren's syndrome：the similarities and differences.	ARTHRITIS RES THER	16（3）：R118	4.117
47	北京协和医院	吴焕文，外院＊5	Prognostic significance of soft tissue extension，International Prognostic Index，and multifocality in primary bone lymphoma：a single institutional experience.	BRIT J HAEMATOL	166（1）：60-68	4.959
48	北京协和医院	李　萍，外院＊4，张　丁	Fluid flow-induced calcium response in osteoclasts：signaling pathways.	ANN BIOMED ENG	42（6）：1250-1260	3.231
49	北京协和医院	外院＊9，肖新华	Lack of testicular seipin causes teratozoospermia syndrome in men.	P NATL ACAD SCI USA	111（19）：7054-7059	9.809

续 表

序号	单位	作者姓名	论文题目	期刊名称	卷期页	影响因子
50	北京协和医院	徐建威，王天笑，由　磊，郑连芳，舒　红，张太平，赵玉沛	Insulin-Like Growth Factor 1 Receptor（IGF-1R）as a Target of MiR-497 and Plasma IGF-1R Levels Associated with TNM Stage of Pancreatic Cancer.	PLOS ONE	9（3）：e92847	3.534
51	北京协和医院	沈松杰，孙　强，梁智勇，外院，任新瑜，外院＊2，周易冬	A Prognostic Model of Triple-Negative Breast Cancer Based on miR-27b-3p and Node Status.	PLOS ONE	9（6）：e100664	3.534
52	北京协和医院	孙雪峰，罗金梅，肖　毅	Continuous positive airway pressure is associated with a decrease in pulmonary artery pressure in patients with obstructive sleep apnoea：A meta-analysis.	RESPIROLOGY	19（5）：670-674	3.495
53	北京协和医院	陈唯韫，朱　斌	Thrombus in left ventricle discovered by transoesophageal echocardiography（TOE）in a patient with acute abdomen：how TOE can be crucial for decision-making in non-cardiac surgery.	BRIT J ANAESTH	113（1）：192-194	4.354
54	北京协和医院	肖健齐，刘晓海，侯　波，姚　勇，邓　侃，冯　铭，幸　兵，连　伟，王任直，冯　逢	Correlations of pituitary tumor transforming gene expression with human pituitary adenomas：a meta-analysis.	PLOS ONE	9（3）：e90396	3.534
55	北京协和医院	王天笑，外院，徐建威，李　剑，曹　喆，周　立，由　磊，舒　红，卢朝晖，外院，张太平，赵玉沛	CHIP is a novel tumor suppressor in pancreatic cancer through targeting EGFR.	ONCOTARGET	5（7）：1969-1986	6.627
56	北京协和医院	刘　芳，王　伟，徐　岩，王　雨，陈连凤，方　全，严晓伟	ABCG1 rs57137919G > A polymorphism is functionally associated with varying gene expression and apoptosis of macrophages	PLOS ONE	9（6）；e97044-	3.534

续 表

序号	单位	作者姓名	论文题目	期刊名称	卷期页	影响因子
57	北京协和医院	吕顺增，赵 峻，张 洁，外院＊5，潘 慧	Tumor necrosis factor α level in cerebrospinal fluid for bacterial and aseptic meningitis：a diagnostic meta-analysis.	EUR J NEUROL	21（8）：1115-1123	3.852
58	北京协和医院	肖 盟，王 贺，外院，外院＊3，徐英春，马小军	Three Clustered Cases of Candidemia Caused by Candida quercitrusa and Mycological Characteristics of This Novel Species.	J CLIN MICROBIOL	52（8）：3044-3048	4.232
59	北京协和医院	吕倩雯，张 文，史 群，郑文洁，外院，张 烜	Response to D. M. Marcus's comment on the TRIFRA study（comparison of Tripterygium wilfordii Hook F vs methotrexate in the treatment of active rheumatoid arthritis）.	ANN RHEUM DIS	73（9）：e57	9.270
60	北京协和医院	罗 玲，曾 勇，李太生，吕 玮，王焕玲，郭伏平，韩 杨，谢 静，邱志峰，李雁凌，宋晓璟，祝 婷，张笑影，李 玲，叶益聪，外院＊12	Prospective echocardiographic assessment of cardiac structure and function in Chinese persons living with HIV.	CLIN INFECT DIS	58（10）：1459-1466	9.416
61	北京协和医院	田树波，于健春，康维明，马志强，叶 欣，曹战江	Association between Dairy Intake and Gastric Cancer：A Meta-Analysis of Observational Studies.	PLOS ONE	9（7）：e101728	3.534
62	北京协和医院	陈 思，王 迁，吴子燕，吴庆军，李 萍，李 静，邓垂文，吴婵媛，外 院，张奉春，李永哲	Associations between TNF-α-308A/G Polymorphism and Susceptibility with Dermatomyositis：A Meta-Analysis.	PLOS ONE	9（8）：e102841	3.534
63	北京协和医院	张东红，温雪梅，张 林，崔 巍	DNA methylation of human telomerase reverse transcriptase associated with leukocyte telomere length shortening in hyperhomocysteinemia-type hypertension in humans and in a rat model.	CIRC J	78（8）：1915-1923	3.685

续 表

序号	单位	作者姓名	论文题目	期刊名称	卷期页	影响因子
64	北京协和医院	陈　伟，外院＊8	Is omega-3 fatty acids enriched nutrition support safe for critical ill patients? A systematic review and meta-analysis.	NUTRIENTS	6（6）：2148-2164	3.148
65	北京协和医院	张静静，陈　华，马艳茹，肖　雨，牛　娜，林　玮，王心慰，梁智勇，张奉春，李　方，张　文，朱朝晖	Characterizing IgG4-related disease with 18F-FDG PET/CT：a prospective cohort study	EUR J NUCL MED MOL I	41（8）：1624-1634	5.217
66	北京协和医院	张东红，外院＊3，王　菲，崔　巍	High-risk human papillomavirus infection associated with telomere elongation in patients with esophageal squamous cell carcinoma with poor prognosis.	CANCER-AM CANCER SOC	120（17）：2673-2683	4.901
67	北京协和医院	杨华夏，刘　慧，徐　东，赵丽丹，王　迁，冷晓梅，郑文洁，张奉春，唐福林，张　烜	Pregnancy-related systemic lupus erythematosus：clinical features，outcome and risk factors of disease flares-a case control study.	PLOS ONE	9（8）：e104375	3.534
68	北京协和医院	牛福生，外院，张振馨，外院＊4，温洪波，外院，高　晶，郭玉璞	A novel mutation in the PSEN2 gene（N141Y）associated with early-onset autosomal dominant Alzheimer's disease in a Chinese Han family.	NEUROBIOL AGING	35（10）：2420 e1-2421e5	4.853（核查）
69	北京协和医院	姚　明，朱以诚，外院＊5	Hippocampal perivascular spaces are related to aging and blood pressure but not to cognition.	NEUROBIOL AGING	35（9）：2118-2125	4.853（核查）
70	北京协和医院	姚　明，外院＊8	Dilated perivascular spaces in small-vessel disease：a study in CADASIL.	CEREBROVASC DIS	37（3）：155-163	3.698
71	北京协和医院	李翊嘉，韩　扬，谢　静，外院＊2，王焕玲，吕　玮，宋晓璟，李雁凌，外院＊3，李太生	CRF01_ AE subtype is associated with X4 tropism and fast HIV progression in Chinese patients infected through sexual transmission.	AIDS	28（4）：521-30	6.557

续表

序号	单位	作者姓名	论文题目	期刊名称	卷期页	影响因子
72	北京协和医院	李单青，李　力，梁乃新	Coexistence of EGFR with KRAS, or BRAF, or PIK3CA somatic mutations in lung cancer: a comprehensive mutation profiling from 5125 Chinese cohorts.	BRIT J CANCER	110（11）：2812-2820	4.817
73	北京协和医院	孙　昭，孟长婷，周　娜，管　梅，白春梅，外院＊4	MicroRNA-1246 enhances migration and invasion through CADM1 in hepatocellular carcinoma	BMC CANCER	14：616	3.319
74	北京协和医院	陶建翎，外院＊4	A multicolor podocyte reporter highlights heterogeneous podocyte changes in focal segmental glomerulosclerosis.	KIDNEY INT	85（4）：972-980	8.520
75	北京协和医院	李乃适，外院＊11	Pleiotropic effects of lipid genes on plasma glucose, HbA1c and HOMA-IR levels;	DIABETES	63（9）：3149	8.474
76	北京协和医院	徐建威，王天笑，曹　喆，黄　华，李　建，刘雯静，刘尚龙，由　磊，周　立，张太平，赵玉沛	MiR-497 downregulation contributes to the malignancy of pancreatic cancer and associates with a poor prognosis.	ONCOTARGET	5（16）：6983-6993	6.627
77	北京协和医院	曹　玮，邱志峰，朱　婷，李燕凌，韩　杨，李太生	CD8+ T cell responses specific for hepatitis B virus core protein in patients with chronic hepatitis B virus infection.	J CLIN VIROL	61（1）：40-46	3.466
78	北京协和医院	李　菁，外院，黄新翔，徐　东，赵　岩，刘万里，曾晓峰	Clinical analysis of 56 patients with rhupus syndrome: manifestations and comparisons with systemic lupus erythematosus: a retrospective case-control study.	MEDICINE	93（10）：e49	4.867
79	北京协和医院	周炜洵，外院，外院＊3	Endoscopic and Histologic Abnormalities of Gastrointestinal Tract in Patients With Hereditary Hemochromatosis.	J CLIN GASTROENTEROL	48（4）：336-342	3.186

续 表

序号	单位	作者姓名	论文题目	期刊名称	卷期页	影响因子
80	北京协和医院	郭潇潇，戴　毅，崔丽英，方　全	A novel dystrophin deletion mutation in a becker muscular dystrophy patient with early-onset dilated cardiomyopathy.	CAN J CARDIOL	30（8）：956. e1-3	3. 940
81	北京协和医院	周沛然，刘　怡，吕　芳，李　梅	Novel Mutations in FKBP10 and PLOD2 Cause Rare Bruck Syndrome in Chinese Patients.	PLOS ONE	9（9）：e107594	3. 534
82	北京协和医院	李　梅，外院＊4，胡莹莹，夏维波，徐　苓	Chinese bone turnover marker study: reference ranges for C-terminal telopeptide of type I collagen and procollagen I N-terminal peptide by age and gender.	PLOS ONE	9（8）：e103841	3. 534
83	北京协和医院	郭　毅，白海亚，龙　笑	Salvage of infected left ventricular assist device with antibiotic beads; management of deep brain stimulator electrodes exposure.	PLAST RECONSTR SURG	134（3）：487e-8e	3. 328
84	北京协和医院	王焕玲，外院＊5	Nocardiosis in 132 patients with cancer: microbiological and clinical analyses.	AM J CLIN PATHOL	142（4）：513-523	3. 005
85	北京协和医院	外院＊15，王维斌	Characterization of microRNA-29 family expression and investigation of their mechanistic roles in gastric cancer.	CARCINOGENESIS	35（2）：497-506	5. 266
86	北京协和医院	吴巍巍，花苏榕，李拥军，叶　炜，刘　暴，郑曰宏，宋晓军	Incidence, risk factors, treatment and prognosis of popliteal artery embolization in the superficial femoral artery interventions.	PLOS ONE	9（9）：e107717	3. 534
87	北京协和医院	李　政，于　欣，梁锦前，外院＊3，沈建雄	Leptin Downregulates Aggrecan through the p38-ADAMST Pathway in Human Nucleus Pulposus Cells.	PLOS ONE	9（10）：e109595	3. 534
88	北京协和医院	叶益聪，赵昔良，陈连凤，张婷婷，张抒扬	Association between serum chemokine CC-motif ligand 17 and coronary artery disease.	INT J CARDIOL	176（2）：541-542	6. 175

续 表

序号	单位	作者姓名	论文题目	期刊名称	卷期页	影响因子
89	北京协和医院	吴晨希，外院＊3，李　方，朱朝晖，外院＊2	Longitudinal PET imaging of muscular inflammation using 18F-DPA-714 and 18F-Alfatide II and differentiation with tumors.	THERANOSTICS	4（5）：546-555	7.827
90	北京协和医院	陈　思，王　迁，吴子燕，李　媛，李　萍，孙　菲，郑文洁，吴庆军，吴婵媛，邓垂文，张奉春，李永哲	Genetic Association Study of TNFAIP3, IFIH1, IRF5 Polymorphisms with Polymyositis/Dermatomyositis in Chinese Han Population.	PLOS ONE	9（10）：e110044	3.534
91	北京协和医院	杨根欢，外院，王占启，刘　暴，叶　炜，倪　冷，曾　嵘，外院＊2，刘昌伟	Protective effect of melatonin on cigarette smoke-induced restenosis in rat carotid arteries after balloon injury.	J PINEAL RES	57（4）：451-458	7.812
92	北京协和医院	孙劲旅，外院，于金森，尹　佳	Mite and booklouse fauna from vacuumed dust samples from beijing.	ALLERGY ASTHMA IMMUN	6（3）：257-62	3.084
93	北京协和医院	外院＊5，韩　冰，外院	Heterozygous missense mutations in the GLRX5 gene cause sideroblastic anemia in a Chinese patient.	BLOOD	124（17）：2750-2751	9.775
94	北京协和医院	贾觉睿智，姜　艳，王　鸥，李　梅，邢小平，Cui L，Yin J，Xu L，夏维波	Suppressed bone turnover was associated with increased osteoporotic fracture risks in non-obese postmenopausal Chinese women with type 2 diabetes mellitus.	OSTEOPOROSIS INT	25（8）：1999-2005	4.165
95	北京协和医院	吴文铭，洪夏飞，傅丽兰，刘尚龙，由　磊，周　立，赵玉沛	The effect of pylorus removal on delayed gastric emptying after pancreaticoduodenectomy：a meta-analysis of 2，599 patients.	PLOS ONE	9（10）：e108380	3.534
96	北京协和医院	外院，李　毅，于学忠，外院，须　晋，外院＊3，外院	the impact of carious platelet indices as prognostic markers of septic shock	PLOS ONE	9（8）：e103761	3.54

续 表

序号	单位	作者姓名	论文题目	期刊名称	卷期页	影响因子
97	北京协和医院	吴 东，罗涵青，周炜洵，钱家鸣，李景南	the performance of three-sample qualitative immunochemical fecal test to detect colorectal adenoma and cancer in gastrointestinal outpatients：an observational study	PLOS ONE	9（9）：e106648	3.534
98	北京协和医院	范 欣，肖 盟，外院＊2，王 贺，徐英春	A Rare Fungal Species，Quambalaria cyanescens，Isolated from a Patient after Augmentation Mammoplasty-Environmental Contaminant or Pathogen?	PLOS ONE	9（10）：e106949	3.534
99	北京协和医院	孔 晶，王 鸥，聂 敏，外院＊2，姜 艳，李 梅，夏维波，孟迅吾，邢小平	Familial isolated primary hyperparathyroidism/hyperparathyroidism-jaw tumour syndrome caused by germline gross deletion or point mutations of CDC73 gene in Chinese.	CLIN ENDOCRINOL	81（2）：222-230	3.353
100	北京协和医院	外院，赵晓斌，外院，李 方，外院＊6，朱朝晖	(68) Ga-PRGD2 PET/CT in the Evaluation of Glioma：A Prospective Study.	MOL PHARMACEUT	11（11）：3923-3929	4.787
101	北京协和医院	外院＊4，靳晓娜，朱朝晖，外院	Comparison of 99mTc-3PRGD2 Integrin Receptor Imaging with 99mTc-MDP Bone Scan in Diagnosis of Bone Metastasis in Patients with Lung Cancer：A Multicenter Study.	PLOS ONE	9（10）：e111221	3.534
102	北京协和医院	吴 洁，邱 玲，国秀芝，外院，程歆琦，张 麟，李鹏昌，邸 茜，外院＊3	Apolipoprotein e gene polymorphisms are associated with primary hyperuricemia in a chinese population.	PLOS ONE	9（10）：e110864	3.534
103	北京协和医院	冯国栋，赵 阳，Tian X，高志强	A new 3-dimensional dynamic quantitative analysis system of facial motion：an establishment and reliability test.	PLOS ONE	9（11）：e113115	3.534

续 表

序号	单位	作者姓名	论文题目	期刊名称	卷期页	影响因子
104	北京协和医院	关　剑，张　卉，张　文，谷雨妹，成　股，孙　洋，张婷婷，贾丛伟，卢朝辉，陈　杰	Retinoic acid inhibits pancreatic cancer cell migration and EMT through the downregulation of IL-6 in cancer associated fibroblast cells.	CANCER LETT	345（1）：132-139	5.016
105	北京协和医院	何怀武，刘大为，隆　云，王小亭	Mind the influence of arterial oxygen tension on central venous oxygen saturation.	CRIT CARE	18（5）：569	5.035
106	北京协和医院	吴文铭，洪夏飞，田　蕊，由　磊，戴梦华，廖　泉，张太平，赵玉沛	An increased total resected lymph node count benefits survival following pancreas invasive intraductal papillary mucinous neoplasms resection：an analysis using the surveillance，epidemiology，and end result registry database.	PLOS ONE	9（9）：e107962	3.534
107	北京协和医院	张　洁，吴文铭，由　磊，赵玉沛	Reply to 'letter to the editor of Annals of Surgical Oncology concerning "robotic versus open pancreatectomy：a systematic review and meta-analysis",' by Petrucciani Niccolò，et al.（ASO-2013-09-1427）.	ANN SURG ONCOL	21（9）：3161-2	3.943
108	北京协和医院	余　卫，林　强，周晓红，邵红宇，孙朋涛	Reconsideration of the relevance of mild wedge or short vertebral height deformities across a broad age distribution.	OSTEOPOROSIS INT	25（11）：2609-15	4.165
109	北京协和医院	胡　展，外院 * 5	National trend in congenital heart disease mortality in China during 2003 to 2010：a population-based study.	J THORAC CARDIOV SUR	148（2）：596-602	3.991
110	北京协和医院	郑　佳，肖新华，张　茜，于　森	DNA methylation：the pivotal interaction between early-life nutrition and glucose metabolism in later life.	BRIT J NUTR	112（11）：1850-1857	3.342

续 表

序号	单位	作者姓名	论文题目	期刊名称	卷期页	影响因子
111	北京协和医院	外院，肖 盟，外院，徐英春，外院	An integrated microfluidic device utilizing dielectrophoresis and multiplex array PCR for point-of-care detection of pathogens.	LAB CHIP	14（20）：3917-24	5.748
112	北京协和医院	外院，范 欣，外院，肖 盟，外院，徐英春，外院	Dominance of CTX-M-type extended-spectrum β-lactamase（ESBL）-producing Escherichia coli isolated from patients with community-onset and hospital-onset infection in China.	PLOS ONE	9（7）：e100707	3.534
113	北京协和医院	陈 霞，侯 勇，江 骥，赵 芊，钟 文，王文祥，姚雪静，李 琳，房建民，张奉春，胡 蓓，外院	Pharmacokinetics, Pharmacodynamics, and Tolerability of Single Ascending Doses of RCT-18 in Chinese Patients with Rheumatoid Arthritis.	CLIN PHARMACOKINET	53（11）：1033-1044	5.486
114	北京协和医院	郭夏楠，卢 强，周祥琴，柳 青，张 学，崔丽英	Re-evaluation of PRRT2 mutations in paroxysmal disorders.	J NEUROL	261（5）：951-953	3.841
115	北京协和医院	叶 双，杨佳欣，游 燕，曹冬焱，白会敏，郎景和，陈 杰，沈 铿	Comparative study of ovarian clear cell carcinoma with and without endometriosis in People's Republic of China	FERTIL STERIL	102（6）：1656-1662	4.295
116	北京协和医院	吕 嫷，杨佳欣，曹冬焱，黄惠芳，吴 鸣，游 燕，陈 杰，郎景和，沈 铿	Role of neoadjuvant chemotherapy in the management of advanced ovarian yolk sac tumor.	GYNECOL ONCOL	134（1）：78-83	3.687
117	北京协和医院	周建芳，外院＊21，杜 斌	Epidemiology and outcome of severe sepsis and septic shock in intensive care units in mainland China.	PLOS ONE	9（9）：e107181	3.534
118	北京协和医院	杜 斌，翁 利	A multidisciplinary approach is key to the development of critical care medicine in mainland china.	CHEST	145（6）：1433	7.132

续 表

序号	单位	作者姓名	论文题目	期刊名称	卷期页	影响因子
119	北京协和医院	杨小波，杜 斌	Does pulse pressure variation predict fluid responsiveness in critically ill patients? A systematic review and meta-analysis	CRIT CARE	18：650	5.035
120	北京协和医院	虞雪融，庞海玉，徐仲煌，闫洪彦，许 力，外院＊4，黄宇光	Multicentre evaluation of perioperative red blood cells transfusions in China.	BRIT J ANAESTH	113（6）：1055-1056	4.354
121	北京协和医院	王 立，外院，陈 华，外院＊2，杨云娇，李永哲，张 烜，外院，王 迁，徐 东，胡朝军，外院＊3，毕娅兰，张奉春，外院	Allogeneic bone marrow mesenchymal stem cell transplantation in patients with UDCA-resistant primary biliary cirrhosis.	STEM CELLS DEV	23（20）：2482-2489	4.202
122	北京协和医院	吕倩雯，外院，张 文，史 群，郑文洁，张 烜，外院	TwHF versus methotrexate in the treatment of rheumatoid arthritis: response to Landewe's comment on the TRIFRA study.	ANN RHEUM DIS	73（10）：e63	9.270
123	北京协和医院	吴晨曦，程午樱，孙 毅，党永红，龚凤英，朱慧娟，李乃适，朱朝晖	Activating Brown Adipose Tissue for Weight Loss and Lowering of Blood Glucose Levels: A MicroPET Study Using Obese and Diabetic Model Mice.	PLOS ONE	9（12）：e113742	3.534
124	北京协和医院	张 丽，王 贺，肖 盟，外院，毛镭篥，赵浩然，外院，徐英春	The Widely Used ATB FUNGUS 3 Automated Readings in China and Its Misleading High MICs of Candida spp. to Azoles: Challenges for Developing Countries' Clinical Microbiology Labs.	PLOS ONE	9（12）：e114004	3.534
125	北京协和医院	外院＊4，吴志宏	Study of osteogenic differentiation of human adipose-derived stem cells（HASCs）on bacterial cellulose.	CARBOHYD POLYM	104：158-65	3.916
126	北京协和医院	夏 宇，王 亮，姜玉新，戴 晴，李小毅，李文波	Sonographic appearance of primary thyroid lymphoma-preliminary experience.	PLOS ONE	9（12）：e114080	3.534

续 表

序号	单位	作者姓名	论文题目	期刊名称	卷期页	影响因子
127	北京协和医院	李　涛，外院＊4，翁习生	MicroRNA expression profile of dexamethasone-induced human bone marrow-derived mesenchymal stem cells during osteogenic differentiation.	J CELL BIOCHEM	115（10）：1683-1691	3.368
128	北京协和医院	外院，刘　洁，外院＊2，马东来，张　学	Novel missense mutations of ABCB6 in two chinese families with dyschromatosis universalis hereditaria.	J DERMATOL SCI	76（3）：255-258	3.335
129	北京协和医院	杨　红，外院，外院＊8，钱家鸣	The incidence of inflammatory bowel disease in Northern China：a prospective population-based study	PLOS ONE	9（7）：e101296	3.534
130	北京协和医院	外院，孟云霄，外院＊8	CTLA4 variants and haplotype contribute genetic susceptibility to myasthenia gravis in northern Chinese population.	PLOS ONE	9（7）：e101986	3.534
131	北京协和医院	吴焕文，外院＊6	clinical characteristics and prognostic factors of bone lymphomas：focus on the clinical significance of multifocal bone involvement by primary bone large B-cell lymphomas	BMC CANCER	14：900	3.319
132	北京协和医院	万雪帅，张浩海，陈翠敏，杨晓波，王安强，朱成佩，傅丽兰，杨华瑜，赵海涛，桑新亭，外院	Clinicopathological features of gallbladder papillary adenocarcinoma.	MEDICINE	93（27）：e131	4.867
133	北京协和医院	贾毅弘，王晓军	A process for quantifying aesthetic and functional breast surgery：I. Quantifying optimal nipple position and vertical and horizontal skin excess for mastopexy and breast reduction.	PLAST RECONSTR SURG	133（3）：421e-422e	3.328
134	北京协和医院	吕倩雯，张　文，史　群，郑文洁，外院，张　烜	The TRIFRA trial：efforts employed to minimise expectation bias.	ANN RHEUM DIS	73（11）：e67	9.270

续表

序号	单位	作者姓名	论文题目	期刊名称	卷期页	影响因子
135	北京协和医院	仝佳丽，朱　兰，陈　娜，郎景和	Endometriosis in association with Herlyn-Werner-Wunderlich syndrome.	FERTIL STERIL	102（3）：790-794	4.295
136	北京协和医院	舒　畅，杜　伟，毛笑非，李　芸，朱　琴，王　伟，晋红中，孙秋宁，外院*2	Possible single-nucleotide polymorphism Loci associated with systemic sclerosis susceptibility：a genetic association study in a chinese han population.	PLOS ONE	9（12）：e113197	3.534
137	北京协和医院	朱惠娟，潘　慧，崔　妍，王相清，李乃适，阳洪波，龚凤英	The changes of serum glypican4 in obese patients with different glucose metabolism status.	J CLIN ENDOCR METAB	99（12）：E2697-7	6.31
138	北京协和医院	李　政，于　欣，沈建雄，梁锦前	Scoliosis in herlyn-werner-wunderlich syndrome：a case report and literature review.	MEDICINE	93（28）：e185	4.867
139	北京协和医院	康军仁，李海龙，陈　伟	Peripherally inserted central catheter-related deep vein thrombosis：contemporary patterns and predictors：comment.	J THROMB HAEMOST	12（11）：1943-1944	5.55
140	北京协和医院	陈　真，李梦涛，徐　东，李　菁，外院*3，赵久良，曾小峰	Protein-losing enteropathy in systemic lupus erythematosus：12 years experience from a chinese academic center.	PLOS ONE	9（12）：e114684	3.534
141	北京协和医院	王卓龙，罗小芳，李梦涛，徐　东，卓　双，外院，张令令，陈　真，高　娜，曾小峰	Resveratrol possesses protective effects in a pristane-induced lupus mouse model.	PLOS ONE	9（12）：e114792	3.534
142	北京协和医院	梁瑞娟，外院，赵肖奕，阮燕萍，廉　慧，范中杰	Effect of exposure to PM2.5 on blood pressure：a systematic review and meta-analysis.	J HYPERTENS	32（11）：2130-2140	4.222
143	北京协和医院	孔祥溢，赵大春，林国乐，周皎琳，崔全才	Recurrent painful perianal subcutaneous angiomatoid fibrous histiocytoma：a case report and review of the literature.	MEDICINE	93（28）：e202	4.867

续 表

序号	单位	作者姓名	论文题目	期刊名称	卷期页	影响因子
144	北京协和医院	张 强，花苏榕，王 储，蔡思逸，张 嘉	The Value of Routine Biopsy during Percutaneous Kyphoplasty for Vertebral Compression Fractures	PLOS ONE	9（12）：e115417	3.534
145	北京协和医院	吴秀华，外院，外院，王 立，外院，赵 岩，郑文洁	Beh? et's Disease Complicated with Thrombosis：A Report of 93 Chinese Cases.	MEDICINE	93（28）：e263	4.867
146	阜外医院	张 浩 [1]	Cardiac progenitor/stem cells on myocardial infarction or ischemic heart disease：what we have known from current research	HEART FAILURE REVIEWS	2014，19（2）：247-258	3.991
147	阜外医院	周 珊 [1]	Effect of one-stop hybrid coronary revascularization on postoperative renal function and bleeding：A comparison study with off-pump coronary artery bypass grafting surgery	Journal Of Thoracic And Cardiovascular Surgery	2014，147（5）：1511-1516	3.991
148	阜外医院	王增武 [1]	Hypertension Control in Community Health Centers Across China：Analysis of Antihypertensive Drug Treatment Patterns	American Journal Of Hypertension	2014，27（2）：252-259	3.402
149	阜外医院	侯 斌 [1]	Surgical Management of Left Circumflex Coronary Artery Fistula：A 25-Year Single-Center Experience in 29 Patients	Annals Of Thoracic Surgery	2014，97（2）：530-6	3.631
150	阜外医院	马 凯 [1]	Arterial Switch for Transposed Great Vessels With Intact Ventricular Septum Beyond One Month of Age	Annals Of Thoracic Surgery	2014，97（1）：189-195	3.631
151	阜外医院	李 燕 [1]，王 丽 [1]	Gated F-18 FDG PET for Assessment of Left Ventricular Volumes and Ejection Fraction Using QGS and 4D-MSPECT in Patients with Heart Failure：A Comparison with Cardiac MRI	PLOS ONE	2014，9（1）：e802271	3.534

续 表

序号	单位	作者姓名	论文题目	期刊名称	卷期页	影响因子
152	阜外医院	敖虎山［1］，王现强［1］	The impact of body mass index on short-and long-term outcomes in patients undergoing coronary artery graft bypass	PLoS One	2014，9（4）：e95223	3. 534
153	阜外医院	李　莎［1］	Association of plasma PCSK9 levels with white blood cell count and its subsets in patients with stable coronary artery disease	ATHEROSCLEROSIS	2014，234（2）：441-445	3. 971
154	阜外医院	闫丽荣［1］	A Pro-Atherogenic HDL Profile in Coronary Heart Disease Patients：An iTRAQ Labelling-Based Proteomic Approach	PLOS ONE	2014，9（5）：e983685	3. 534
155	阜外医院	邹长虹［1］	Frequency and Predictors of Normalization of Left Ventricular Ejection Fraction in Recent-Onset Nonischemic Cardiomyopathy	AMERICAN JOURNAL OF CARDIOLOGY	2014，113（10）：1705-1710	3. 425
156	阜外医院	黄　辰［1］	Sugar sweetened beverages consumption and risk of coronary heart disease：A meta-analysis of prospective studies	ATHEROSCLEROSIS	2014，234（1）：11-16	3. 971
157	阜外医院	贾燕君［1］	Enhanced circulating PCSK9 concentration by berberine through SREBP-2 pathway in high fat diet-fed rats	JOURNAL OF TRANSLATIONAL MEDICINE	2014，12（103）：1-8	3. 991
158	阜外医院	乔思茂［1］	Reduction of Phosphorylated Synapsin I（Ser-553）Leads to Spatial Memory Impairment by Attenuating GABA Release after Microwave Exposure in Wistar Rats	PLOS ONE	2014，9（0）：e955034	3. 534
159	阜外医院	龚　玲［1］，陈金星［1］	The 9p21 Locus Is Associated with Coronary Artery Disease and Cardiovascular Events in the Presence（but Not in the Absence）of Coronary Calcification	PLOS ONE	2014，9（4）：e948234	3. 534

续 表

序号	单位	作者姓名	论文题目	期刊名称	卷期页	影响因子
160	阜外医院	刘雪会 [1]	Coactivator-associated arginine methyltransferase 1 targeted by miR-15a regulates inflammation in acute coronary syndrome	ATHEROSCLEROSIS	2014, 233 (2): 349-356	3.971
161	阜外医院	田　涛 [1]	Intramyocardial autologous bone marrow cell transplantation for ischemic heart disease: A systematic review and meta-analysis of randomized controlled trials	ATHEROSCLEROSIS	2014, 233 (2): 485-492	3.971
162	阜外医院	唐晓芳 [1], 范婧尧 [1]	Impact of new oral or intravenous P2Y12 inhibitors and clopidogrel on major ischemic and bleeding events in patients with coronary artery disease: A meta-analysis of randomized trials	ATHEROSCLEROSIS	2014, 233 (2): 568-578	3.971
163	阜外医院	刘　刚 [1]	Meta-Analysis of the Effect of Statins on Mortality in Patients With Preserved Ejection Fraction	AMERICAN JOURNAL OF CARDIOLOGY	2014, 113 (7): 1198-1204	3.425
164	阜外医院	刘霄燕 [1]	A Common NOS1AP Genetic Polymorphism, rs12567209 G > A, Is Associated With Sudden Cardiac Death in Patients With Chronic Heart Failure in the Chinese Han Population	JOURNAL OF CARDIAC FAILURE	2014, 20 (4): 244-251	3.66
165	阜外医院	蔡　迟 [1]	Comparison of the Prevalence, Clinical Features, and Long-term Outcomes of Midventricular Hypertrophy vs Apical Phenotype in Patients With Hypertrophic Cardiomyopathy	CANADIAN JOURNAL OF CARDIOLOGY	2014, 30 (4): 441-447	3.94
166	阜外医院	陈　敏 [1]	Caffeine Intake and Atrial Fibrillation Incidence: Dose Response Meta-analysis of Prospective Cohort Studies	CANADIAN JOURNAL OF CARDIOLOGY	2014, 30 (4): 448-454	3.94

续 表

序号	单位	作者姓名	论文题目	期刊名称	卷期页	影响因子
167	阜外医院	李小林 [1]，洪立峰 [1]	Significance of red cell distribution width measurement for the patients with isolated coronary artery ectasia	JOURNAL OF TRANSLATIONAL MEDICINE	2014，12（62）：1-6	3.991
168	阜外医院	洪立峰 [1]，李小林 [1]	Relation of Leukocytes and Its Subsets Counts with the Severity of Stable Coronary Artery Disease in Patients with Diabetic Mellitus	PLOS ONE	2014，9（3）：e906633	3.534
169	阜外医院	李小平 [1]	Cleavage of I kappa B alpha by calpain induces myocardial NF-kappa B activation，TNF-alpha expression，and cardiac dysfunction in septic mice	AMERICAN JOURNAL OF PHYSIOLOGY-HEART AND CIRCULATORY PHYSIOLOGY	2014，306（6）：H833-H843	4.012
170	阜外医院	王吴刚 [1]	Quantification of Mitral Regurgitation by General Imaging Three-Dimensional Quantification：Feasibility and Accuracy	JOURNAL OF THE AMERICAN SOCIETY OF ECHOCARDIOGRAPHY	2014，27（3）：268-276	3.987
171	阜外医院	周程辉 [1]	Delayed remote ischemic preconditioning produces an additive cardioprotection to sevoflurane postconditioning through an enhanced heme oxygenase 1 level partly via nuclear factor erythroid 2-related factor 2 nuclear translocation	journal of cardiovascular pharmacology and therapeutics	2014，19（6）：558-566	3.072
172	阜外医院	公　兵 [1]	Is Microplegia Superior to Regular Blood Cardioplegia During Coronary Artery Bypass Grafting?	Annals Of Thoracic Surgery	2014，2（97）：2228-34	3.631

续 表

序号	单位	作者姓名	论文题目	期刊名称	卷期页	影响因子
173	阜外医院	陈金星［1］，邵丽颖［1］，龚　玲［1］	A pharmacogenetics-based warfarin maintenance dosing algorithm from Northern Chinese patients	PLoS One	2014，9（8）：e105250	3.534
174	阜外医院	宋　雷［1］，苏明［1］，王水云［1］	MiR-451 is decreased in hypertrophic cardiomyopathy and regulates autophagy by targeting TSC1	JOURNAL OF CELLULAR AND MOLECULAR MEDICINE	2014，18（11）：2266-2274	3.698
175	阜外医院	刘亚欣［1］	The effect of homocysteine-lowering therapy with folic acid onflow-mediated vasodilation in patients with coronary artery disease：A meta-analysis of randomized controlled trials	Atherosclerosis	2014，235（2014）：31-35	3.971
176	阜外医院	徐　波［1］	Validation of residual SYNTAX score with second-generation drug-eluting stents：one-year results from the prospective multicentre SEEDS study	EUROINTERVENTION	2014，10（1）：65-73	3.758
177	阜外医院	李守军［1］	Surgical outcomes of 380 patients with double outlet right ventricle who underwent biventricular repair	Journal Of Thoracic And Cardiovascular Surgery	2014，148（3）：817-24	3.991
178	阜外医院	马　凯［1］	Palliative pulmonary artery banding versus anatomic correction for congenitally corrected transposition of the great arteries with regressed morphologic left ventricle：Long-term results from a single center	Journal Of Thoracic And Cardiovascular Surgery	2014，148（4）：1566-71	3.991
179	阜外医院	张　恒［1］	Influence of Diabetes Mellitus on Long-Term Clinical and Economic Outcomes After Coronary Artery Bypass Grafting	ANNALS OF THORACIC SURGERY	2014，97（6）：2073-2080	3.741

续 表

序号	单位	作者姓名	论文题目	期刊名称	卷期页	影响因子
180	阜外医院	樊晓寒 [1]	Incidence and predictors of sudden cardiac death in patients with reduced left ventricular ejection fraction after myocardial infarction in an era of revascularisation	HEART	2014, 100 (16): 1242-1249	4.223
181	阜外医院	李小平 [1], 杨新玮 [1]	The Prevalence and Prognostic Effects of Subclinical Thyroid Dysfunction in Dilated Cardiomyopathy Patients: A Single-Center Cohort Study	JOURNAL OF CARDIAC FAILURE	2014, 20 (7): 506-512	3.66
182	阜外医院	王怡璐 [1]	Female sex is associated with worse prognosis in patients with hypertrophic cardiomyopathy in China.	PLoS One	2014, 9 (7): e102969	3.534
183	阜外医院	柳 青 [1]	Function of N-Terminal Pro-Brain Natriuretic Peptide in Takayasu Arteritis Disease Monitoring	Journal Of Rheumatology	2014, 41 (8): 1683-1688	3.173
184	阜外医院	文 莉 [1], 孙明利 [1]	Frequency of supraventricular arrhythmias in patients with idiopathic pulmonary arterial hypertension	Am J Cardiol	2014, 114 (9): 1420-1425	3.425
185	阜外医院	杜 雨 [1]	Continuous renal replacement therapy and mild hypothermia for acute left heart failure after cardiovascular surgery	JOURNAL OF THORACIC AND CARDIOVASCULAR SURGERY	2014, 148 (1): E137-E139	3.406
186	阜外医院	刘 锐 [1]	Treatment of canine asthma by high selective vagotomy	JOURNAL OF THORACIC AND CARDIOVASCULAR SURGERY	2014, 148 (2): 683-689	3.406

续 表

序号	单位	作者姓名	论文题目	期刊名称	卷期页	影响因子
187	阜外医院	李小林［1］	Relationship of Glycated Hemoglobin Levels with Myocardial Injury following Elective Percutaneous Coronary Intervention in Patients with Type 2 Diabetes Mellitus	PLOS ONE	2014，9（7）：e1017197	4.092
188	阜外医院	袁建松［1］，陈　师［1］	Characteristics of Myocardial Postsystolic Shortening in Patients with Symptomatic Hypertrophic Obstructive Cardiomyopathy before and Half a Year after Alcohol Septal Ablation Assessed by Speckle Tracking Echocardiography	PLOS ONE	2014，9（6）：e990146	4.092
189	阜外医院	郑黎晖［1］	Impact of Body Mass Index on Plasma N-Terminal ProB-Type Natriuretic Peptides in Chinese Atrial Fibrillation Patients without Heart Failure	PLOS ONE	2014，9（8）：e1052498	4.092
190	阜外医院	钱　杰［1］	Optical coherence tomography assessment of a PLGA-polymer with electro-grafting base layer versus a PLA-polymer sirolimus-eluting stent at three-month follow-up：the BuMAOCT randomised trial	EUROINTERVENTION	2014，10（7）：806-814	3.758
191	阜外医院	张　晗［1］	The SAMe-TT2R2 Score Far From Clinical Application	CHEST	2014，145（2）：418-419	7.132
192	阜外医院	李　娜［1］	Statin is a two-edged sword in liver enzyme	International Journal Of Cardiology	2014，171（2）：E18	6.175
193	阜外医院	杨艳敏［1］，邵兴慧［1］	Risk factors and incidence of stroke and MACE in Chinese atrial fibrillation patients presenting to emergency departments：A national wide database analysis	INTERNATIONAL JOURNAL OF CARDIOLOGY	2014，173（2）：242-247	6.175

续 表

序号	单位	作者姓名	论文题目	期刊名称	卷期页	影响因子
194	阜外医院	黄 毕 [1]	Low admission platelet counts predicts increased risk of in-hospital mortality in patients with type A acute aortic dissection	INTERNATIONAL JOURNAL OF CARDIOLOGY	2014, 172 (3): E484-E486	6.175
195	阜外医院	李小平 [1]	The clinical correlates and prognostic impact of QRS prolongation in patients with dilated cardiomyopathy: A single-center cohort study	INTERNATIONAL JOURNAL OF CARDIOLOGY	2014, 172 (3): E475-E477	6.175
196	阜外医院	马 凯 [1]	Competing endogenous RNA network in pulmonary arterial hypertension	INTERNATIONAL JOURNAL OF CARDIOLOGY	2014, 172 (3): E527-E528	6.175
197	阜外医院	徐 波 [1]	A Prospective, Multicenter, Randomized Trial of Paclitaxel-Coated Balloon Versus Paclitaxel-Eluting Stent for the Treatment of Drug-Eluting Stent In-Stent Restenosis Results From the PEPCAD China ISR Trial	JACC-CARDIOVASCULAR INTERVENTIONS	2014, 7 (2): 204-211	7.44
198	阜外医院	何明利 [1], 王金娥 [1]	Community-based stroke system of care for Chinese rural areas	Stroke	2014, 45 (8): 2385-2390	6.018
199	阜外医院	王金娥 [1], 何明利 [1]	Community-Based Stroke System of Care for Chinese Rural Areas	Stroke	2014, 45 (8): 2385-90	6.018
200	阜外医院	王继征 [1], 王怡璐 [1], 邹玉宝 [1]	Malignant effects of multiple rare variants in sarcomere genes on the prognosis of patients with hypertrophic cardiomyopathy	European Journal Of Heart Failure	2014, 16 (9): 950-957	6.577
201	阜外医院	徐 波 [1]	Validation and Comparison of the Long-Term Prognostic Capability of the SYNTAX Score-II Among 1, 528 Consecutive Patients Who Underwent Left Main Percutaneous Coronary Intervention	JACC-CARDIOVASCULAR INTERVENTIONS	2014, 7 (10): 1128-1137	7.44

续 表

序号	单位	作者姓名	论文题目	期刊名称	卷期页	影响因子
202	阜外医院	马 凯 [1]	The role of LV in the autograft complication after ROSS operation	Heart	2014, 100 (24): 1987	6.023
203	阜外医院	何 佳 [1]	Reversible tachycardia mediated cardiomyopathy after radiofrequency ablation of idiopathic left ventricular tachycardia	INTERNATIONAL JOURNAL OF CARDIOLOGY	2014, 176 (1): E5-E8	7.078
204	阜外医院	李 莎 [1], 郭远林 [1]	Plasma PCSK9 levels are associated with the severity of coronary stenosis in patients with atherosclerosis	INTERNATIONAL JOURNAL OF CARDIOLOGY	2014, 174 (3): 863-864	7.078
205	阜外医院	王 旭 [1], 王 欣 [1]	Efficiency of radiofrequency ablation for surgical treatment of chronic atrial fibrillation in rheumatic valvular disease	INTERNATIONAL JOURNAL OF CARDIOLOGY	2014, 174 (3): 497-502	7.078
206	阜外医院	王增武 [1]	Survey on prevalence of hypertension in China: Background, aim, method and design	INTERNATIONAL JOURNAL OF CARDIOLOGY	2014, 174 (3): 721-723	7.078
207	阜外医院	蒋 鑫 [1], 王越夫 [1]	Acute hemodynamic response of infused fasudil in patients with pulmonary arterial hypertension: A randomized, controlled, crossover study	International Journal Of Cardiology	2014, 61 (1): 61-65	6.175
208	阜外医院	张 锐 [1]	Isoprostane as a promising biomarker in pulmonary arterial hypertension: Preanalytical and analytical viewpoints. Response to letter to the editor	International Journal Of Cardiology	2014, 177 (2): 623-625	6.175
209	阜外医院	韩雅玲 [1], 徐 波 [1]	A Randomized Comparison of Novel Biodegradable Polymer-and Durable Polymer-Coated Cobalt-Chromium Sirolimus-Eluting Stents	JACC-CARDIOVASCULAR INTERVENTIONS	2014, 7 (12): 1352-1360	7.44

续 表

序号	单位	作者姓名	论文题目	期刊名称	卷期页	影响因子
210	肿瘤医院	梁建伟，史志周（外），沈天允（外），车 旭，王 征，石素胜，徐 昕，蔡 岩，赵 平，王成锋，周志祥，王明荣	Identification of genomic alterations in pancreatic cancer using array-based comparative genomic hybridization	PLOS ONE	9（12）：e114616	3.534
211	肿瘤医院	石 峰（学），商 利（学），潘蓓青（学），汪晓敏（学），蒋焱熠（学），郝佳洁，张 钰，蔡 岩，徐 昕，詹启敏，王明荣	Calreticulin promotes migration and invasion of esophageal cancer cells by up-regulating neuropilin-1 expression via STAT5A.	CLINICAL CANCER RESEARCH	20（23）：6153-62	8.193
212	肿瘤医院	石远凯	Plasma Levels of Heat Shock Protein 90 Alpha Associated with Lung Cancer Development and Treatment Responses	CLINICAL CANCER RESEARCH	20（23）：6016-6022	8.193
213	肿瘤医院	何 顺（学），刘 梅，朱红霞，徐宁志	P21-activated kinase 7 mediates Cisplatin-resistance of esophageal squamous carcinoma cells with aurora-a overexpression.	PLOS ONE	9（12）：e113989	3.534
214	肿瘤医院	赵方辉，朱凤才（外），陈 汶，Juan Li（外），Yue-Mei Hu（外），Ying Hong（外），Yi-Ju Zhang（外），潘秦镜，Jia-Hong Zhu（外），张 洵，Yong Chen（外），Haiwen Tang（外），Helen Zhang（外），Christelle Durand（外），Sanjoy K. Datta（外），Frank Struyf（外），Dan Bi（外）	Baseline prevalence and type distribution of human papillomavirus in healthy Chinese women aged 18 - 25 years enrolled in a clinical trial	INTERNATIONAL JOURNAL OF CANCER	135（11）：2604-11	5.007
215	肿瘤医院	刘 健（学），黄常志，钱海利	Subcellular localization of MTA proteins in normal and cancer cells	CANCER AND METASTASIS REVIEWS	33（4）：843-856	6.449
216	肿瘤医院	马 飞，徐兵河，丁晓燕（学），吕宁	A CLDN1-negative phenotype predicts poor prognosis in triple-negative breast cancer	PLOS ONE	9（11）：e112765	3.534

续 表

序号	单位	作者姓名	论文题目	期刊名称	卷期页	影响因子
217	肿瘤医院	胡兴胜，BaoHui Han（外），孙　燕	A single-arm，multicenter，safety-monitoring，phase IV study of icotinib in treating advanced non-small cell lung cancer（NSCLC）	LUNG CANCER	86（2）：207-212	3.737
218	肿瘤医院	李二妮，李　静，宋　颖，薛　梅，周纯武	A Comparative Study of the Diagnostic Value of Contrast-Enhanced Breast MR Imaging and Mammography on Patients with BI-RADS 3～5 Microcalcifications	PLOS ONE	9（11）：e111217	3.534
219	肿瘤医院	刘一臻（学），蒋焱熠（学），王博石（学），郝佳洁，商　利（学），张彤彤（学），曹　箭，徐　昕，詹启敏，王明荣	A panel of protein markers for the early detection of lung cancer with bronchial brushing specimens	CANCER CYTOPATHOLOGY	122（11）：833-841	3.807
220	肿瘤医院	马　飞，钱海利，徐兵河，李慧慧（外）	Enriched CD44+/CD24-population drives the aggressive phenotypes presented in triple-negative breast cancer（TNBC）	CANCER LETTERS	353（2）：153-9	5.016
221	肿瘤医院	秦秀敏（学），王贵齐	Diagnosis and staging of superficial esophageal precursor based on pre-endoscopic resection system comparable to endoscopic resection	BMC CANCER	14（-）：774	3.319
222	肿瘤医院	蒋兴然（学），余茜颖，范金虎，郭黎平，朱长军（外），姜　伟，陆士新	RFT2 is overexpressed in esophageal squamous cell carcinoma and promotes tumorigenesis by sustaining cell proliferation and protecting against cell death	CANCER LETTERS	353（1）：78-86	5.016
223	肿瘤医院	刘　梅，Jibing Liu（外），王黎明，朱红霞，徐宁志，Yingfa Xie（外）	Association of Serum MicroRNA Expression in Hepatocellular Carcinomas Treated with Transarterial Chemoembolization and Patient Survival.	PLOS ONE	9（10）：e109347	3.534

续 表

序号	单位	作者姓名	论文题目	期刊名称	卷期页	影响因子
224	肿瘤医院	范金虎，王建炳（学），曲宸绪，张雨晴（学），P. R. Taylor（外），C. C. Abnet（外），S. M. Dawsey（外），乔友林	Association between oral leukoplakia and upper gastrointestinal cancers: A 28-year follow-up study in the Linxian General Population Trial	ORAL ONCOLOGY	50（10）：971-975	3.029
225	肿瘤医院	商 利（学），王明荣，刘荟娟（外），郝佳洁，蒋焱熠（学），石峰（学），张 钰，蔡 岩，徐 昕，贾雪梅（外），詹启敏，王明荣	A panel of overexpressed proteins for prognosis in esophageal squamous cell carcinoma	PLOS ONE	9（10）：e111045	3.534
226	肿瘤医院	朱信信（学），杨红鹰	Estrogen receptor, progesterone receptor, and human epidermal growth factor receptor 2 status in invasive breast cancer: a 3, 198 cases study at National Cancer Center, China	BREAST CANCER RESEARCH AND TREATMENT	147（3）：551-555	4.198
227	肿瘤医院	韩 波（学），许 杨，赵晓航	A prolyl-hydroxylase inhibitor, ethyl-3, 4-dihydroxybenzoate, induces cell autophagy and apoptosis in esophageal squamous cell carcinoma cells via up-regulation of BNIP3 and N-myc downstream-regulated gene-1.	PLOS ONE	9（9）：e107204	3.534
228	肿瘤医院	钱海利，Feng Gao（外），马 飞	The efficacy and safety of crizotinib in the treatment of anaplastic lymphoma kinase-positive non-small cell lung cancer: a meta-analysis of clinical trials.	BMC CANCER	14（1）：683	3.39
229	肿瘤医院	孙玉琳，Ni Shi（学），鲁海珍，刘芳，赵晓航，Xinmin Li（外）	ABCC4 Copy Number Variation is Associated with Susceptibility to Esophageal Squamous Cell Carcinoma	CARCINOGENESIS	35（9）：1941-50	5.266
230	肿瘤医院	冯 林，JiaMei Wang（外），曹邦荣（学），张开泰，赫 捷，程书钧	Gene expression profiling in human lung development: an abundant resource for lung adenocarcinoma prognosis	PLOS ONE	9（8）：e105639	3.534

续 表

序号	单位	作者姓名	论文题目	期刊名称	卷期页	影响因子
231	肿瘤医院	李 倩（学），刘 梅，徐兵河，马 飞，罗 扬，蔡锐刚，王黎明，徐宁志	Circulating miR-19a and miR-205 in serum may predict the sensitivity of luminal A subtype of breast cancer patients to neoadjuvant chemotherapy with epirubicin plus paclitaxel.	PLOS ONE	9（8）：e104870	3.534
232	肿瘤医院	王小兵，李艳芬，田海梅，齐 军，李 茉，付 超（外），吴 凡，汪 毅，程冬婉（外），赵文雅（学），张 超（学），王腾（学），饶建宇（外），张 伟	Macrophage inhibitory cytokine 1（MIC-1/GDF15）as a novel diagnostic serum biomarker in pancreatic ductal adenocarcinoma	BMC CANCER	14（0）：578	3.319
233	肿瘤医院	朱闻捷（学），徐兵河	MicroRNA-21 Identified as Predictor of Cancer Outcome：A Meta-Analysis	PLOS ONE	9（8）：e103373	3.534
234	肿瘤医院	章文成（学），朱红霞，肖泽芬	Epidermal Growth Factor Receptor Is a Prognosis Predictor in Patients With Esophageal Squamous Cell Carcinoma	ANNALS OF THORACIC SURGERY	98（2）：513-9	3.631
235	肿瘤医院	张兴茂（学），周志祥	Totally laparoscopic resection with natural orifice specimen extraction for carcinoma of sigmoid colon and rectum：a feasible and innovative technique.	JOURNAL OF CLINICAL GASTROENTEROLOGY	48（7）：e57-61	3.186
236	肿瘤医院	陈照丽，李嘉根，Liqing Tian（外），赫 捷	MiRNA expression profile reveals a prognostic signature for esophageal squamous cell carcinoma.	CANCER LETTERS	350（1-2）：34-42	5.016
237	肿瘤医院	方 仪，高纪东，王 靖	Design of p53-derived peptides with cytotoxicity on breast cancer	AMINO ACIDS	46（8）：2015-24	3.653

续 表

序号	单位	作者姓名	论文题目	期刊名称	卷期页	影响因子
238	肿瘤医院	徐兵河	Association of phosphatase and tensin homolog low and phosphatidylinositol 3-kinase catalytic subunit alpha gene mutations on outcome in human epidermal growth factor receptor 2-positive metastatic breast cancer patients treated with first-line lapatinib plus paclitaxel or paclitaxel alone	BREAST CANCER RESEARCH	16（8）：405	5.888
239	肿瘤医院	Lin Wang（学），山 灵，吕 宁	PIK3CA Gene Mutations and Overexpression: Implications for Prognostic Biomarker and Therapeutic Target in Chinese Esophageal Squamous Cell Carcinoma.	PLOS ONE	9（7）：e103021	3.534
240	肿瘤医院	袁 伟，Chenguang Sui（学），刘 骞，马 洁	Up-regulation of MicroRNA-145 Associates with Lymph Node Metastasis in Colorectal Cancer	PLOS ONE	9（7）：e102017	3.534
241	肿瘤医院	高 佳，律 方，李 佳，吴宗勇，齐 军	Serum Cytokeratin 19 Fragment, CK19-2G2, as a Newly Identified Biomarker for Lung Cancer	PLOS ONE	9（7）：e101979	3.534
242	肿瘤医院	李 聪（学），毕新宇，黄 莹（学），赵建军，李智宇，周健国，张 萌（学），黄 振，赵 宏，蔡建强	Variants Identified by Hepatocellular Carcinoma and Chronic Hepatitis B Virus Infection Susceptibility GWAS Associated with Survival in HBV-Related Hepatocellular Carcinoma	PLOS ONE	9（7）：e101586	3.534
243	肿瘤医院	张韶凯（学），康乐妮（学），Irene J. Chang1, 4（学），赵方辉，胡尚英，陈 汶，石菊芳，张 洵，潘秦镜，李淑敏，乔友林	The natural history of cervical cancer in chinese women: results from an 11-year follow-up study in china using a multistate model.	CANCER EPIDEMIOLOGY BIOMARKERS & PREVENTION	23（7）：1298-305	4.324

续 表

序号	单位	作者姓名	论文题目	期刊名称	卷期页	影响因子
244	肿瘤医院	王博石（学），杨 扬（学），鲁海珍，商 利（学），张 钰，郝佳洁，史志周（学），汪晓敏（学），刘一臻（学），詹启敏，贾雪梅（外），王明荣	Inhibition of atypical protein kinase Cι induces apoptosis through autophagic degradation of β-catenin in esophageal cancer cells	MOL CARCINOGEN	53（7）：514-25	4.269
245	肿瘤医院	许 杨，林正伟（学），赵 楠（学），周兰萍，刘 芳，赵晓航	Receptor Interactive Protein Kinase 3 Promotes Cisplatin-triggered Necrosis in Apoptosis-resistant Esophageal Squamous Cell Carcinoma Cells	PLOS ONE	9（6）：e100127	3.534
246	肿瘤医院	杨 梅（学），黄常志	Overexpression of Nuclear Apoptosis-Inducing Factor 1 Altered the Proteomic Profile of Human Gastric Cancer Cell MKN45 and Induced Cell Cycle Arrest at G1/S Phase	PLOS ONE	9（6）：e100216	3.534
247	肿瘤医院	刘 健（学），许东奎，王海娟，钱海利，黄常志	The subcellular distribution and function of MTA1 in cancer differentiation	ONCOTARGET	5（13）：5153-5164	6.627
248	肿瘤医院	贺 欢，刘芝华	Expression of migfilin is increased in esophageal cancer and represses the Akt-β-catenin activation	AMERICAN JOURNAL OF CANCER RESEARCH	4（3）：270-278	3.968
249	肿瘤医院	吉 喆（学），毕 楠，王静波，惠周光，肖泽芬，冯勤付，周宗玫，陈东福，吕纪马，梁 军，范诚诚（学），刘俪玭（学），王绿化	Risk Factors for Brain Metastases in Locally Advanced Non-Small Cell Lung Cancer With Definitive Chest Radiation	INTERNATIONAL JOURNAL OF RADIATION ONCOLOGY BIOLOGY PHYSICS	89（2）：330-337	4.176
250	肿瘤医院	乔友林，Jose Jeronimo（外），赵方辉，陈 汶，张 洵，康乐妮（学），白 萍，李 静，陈 凤	Lower cost strategies for triage of human papillomavirus DNA-positive women.	INTERNATIONAL JOURNAL OF CANCER	134（12）：2891-901	5.007

续 表

序号	单位	作者姓名	论文题目	期刊名称	卷期页	影响因子
251	肿瘤医院	康乐妮（学），Jose Jeronimo（外），乔友林，赵方辉，陈汶，Melissa Valdez（外），Proma Paul（外），白萍，Roger Peck（外），李静，陈凤，Mark H. Stoler（外），Philip E. Castled（外）	Optimal Positive Cutoff Points for careHPV Testing of Clinician-andSelf-Collected Specimens in Primary Cervical Cancer Screening: an	JOURNAL OF CLINICAL MICROBIOLOGY	52（6）：1954-1961	4.232
252	肿瘤医院	骆爱萍，刘芝华，于新凤（外）	Differentiation-associated genes regulated by c-Jun and decreased in the progression of esophageal squamous cell carcinoma	PLOS ONE	9（5）：e96610	3.534
253	肿瘤医院	潘秦镜，胡尚英，郭会芹，章文华（外），张洵，陈汶，曹箭，姜勇，赵方辉，乔友林	Liquid-based cytology and human papillomavirus testing: a pooled analysis using the data from 13 population-based cervical cancer screening studies from China	GYNECOLOGIC ONCOLOGY	133（2）：172-179	3.687
254	肿瘤医院	章智荣（学），毛友生	Endotracheal and Endobronchial Metastases in a Patient With Stage I Lung Adenocarcinoma	ANNALS OF THORACIC SURGERY	（97）：e135-7	3.631
255	肿瘤医院	李宁，吴令英，王明荣	Copy number changes of 4-gene set may predict early relapse in advanced epithelial	AMERICAN JOURNAL OF CANCER RESEARCH	4（3）：285-292	3.968
256	肿瘤医院	王佳（学），车铁群，黄常志	Identification of a Circulating MicroRNA Signature for Colorectal Cancer	PLOS ONE	9（4）：e87451	3.534
257	肿瘤医院	赵玉达（学），Jie Yang（外），赫捷	Identification of somatic alterations in stage I lung adenocarcinomas by next-generation sequencing.	GENES CHROMOSOMES & CANCER	53（4）：289-98	3.836

续 表

序号	单位	作者姓名	论文题目	期刊名称	卷期页	影响因子
258	肿瘤医院	贺　欢，李　生（学），刘芝华	12-O-tetradecanoylphorbol-13-acetate promotes breast cancer cell motility by increasing S100A14 level in a Kruppel-like transcription factor 4（KLF4）-dependent manner.	JOURNAL OF BIOLOGICAL CHEMISTRY	289（13）：9089-9099	4.6
259	肿瘤医院	赵　倩（学），张　文，Zhifeng Ning（外），刘尚梅，刘滨磊	A Novel Oncolytic Herpes Simplex Virus Type 2 Has Potent Anti-Tumor Activity	PLOS ONE	9（3）：e93103	3.534
260	肿瘤医院	刘清峰，李晔雄	Immunophenotypic and Clinical Differences Between the Nasal and Extranasal Subtypes of Upper Aerodigestive Tract Natural Killer/T-Cell Lymphoma	INTERNATIONAL JOURNAL OF RADIATION ONCOLOGY BIOLOGY PHYSICS	88（4）：806-813	4.176
261	肿瘤医院	陈洪岩，刘芝华	S100 protein family in human cancer	AMERICAN JOURNAL OF CANCER RESEARCH	4（2）：89-115	3.968
262	肿瘤医院	赵　阅（学），詹启敏	Nicotine Activates YAP1 through nAChRs Mediated Signaling in Esophageal Squamous Cell Cancer（ESCC）	PLOS ONE	9（3）：e90836	3.534
263	肿瘤医院	李　琳，Jinjing Tan（学），刘　宇，高燕宁	DLK1 Promotes Lung Cancer Cell Invasion through Upregulation of MMP9 Expression Depending on Notch Signaling	PLOS ONE	9（3）：e91509	3.534
264	肿瘤医院	李　潇（学），童　彤，詹启敏，薛丽燕，付　明，吕　宁，董立佳，Suo Jing（外）	Overexpression of OLC1 Promotes Tumorigenesis of Human Esophageal Squamous Cell Carcinoma	PLOS ONE	9（3）：e90958	3.534
265	肿瘤医院	Peiwen Lian（学），李　奥，吴冠青	Loss of polycystin-1 inhibits Bicc1 expression during mouse development	PLOS ONE	9（3）：e88816	3.534

续表

序号	单位	作者姓名	论文题目	期刊名称	卷期页	影响因子
266	肿瘤医院	余微波（学），王维虎，吴健雄	Adjuvant Radiotherapy in Centrally Located Hepatocellular Carcinomas after Hepatectomy with Narrow Margin (<1 cm): A Prospective Randomized Study	JOURNAL OF THE AMERICAN COLLEGE OF SURGEONS	218（3）：381-392	4.454
267	肿瘤医院	毕　楠，宋咏梅，刘文扬，范　婧，赫　捷，石远凯，张　洵，吕　宁，詹启敏，王绿化	A microRNA signature predicts survival in early stage small-cell lung cancer treated with surgery and adjuvant chemotherapy	PLOS ONE	9（3）：e91388	3.534
268	肿瘤医院	余茜颖，蒋兴然（学），李红霞（学），郭黎平，姜　伟，陆士新	MiR-203 inhibits the proliferation and self-renewal of esophageal cancer stem-like cells by suppressing stem renewal factor Bmi-1	STEM CELLS AND DEVELOPMENT	23（6）：576-585	4.202
269	肿瘤医院	李　宁（学），韩晓红，杜　萍（学），宋媛媛，胡兴胜，杨　晟，石远凯	Development and validation of a UPLC-MS/MS assay for the quantification of simotinib in human plasma	ANALYTICAL AND BIOANALYTICAL CHEMISTRY	406（6）：1799-1805	3.578
270	肿瘤医院	王小兵，蒋兴然（学），余茜颖，王　琳（学），贺　舜，冯飞跃，郭黎平，姜　伟，陆士新	Macrophage inhibitory factor 1 acts as a potential biomarker in patients with esophageal squamous cell carcinoma and is a target for antibody-based therapy	CANCER SCIENCE	105（2）：176-85	3.534
271	肿瘤医院	施桂兰（学），刘滨磊，张叔人	Antitumor enhancement by adoptive transfer of tumor antigen primed, inactivated MHC-haploidentical lymphocyte	CANCER LETTERS	343（1）：42-50	4.26
272	肿瘤医院	王　帅（学），韩晓红，石远凯	Antitumor effects of a novel chromosome region maintenance 1 (CRM1) inhibitor on non-small cell lung cancer cells in vitro and in mouse tumor xenografts	PLOS ONE	9（3）：e89848-	3.534

续 表

序号	单位	作者姓名	论文题目	期刊名称	卷期页	影响因子
273	肿瘤医院	刘若杉，牛文全（外）	The Contributory Role of Angiotensin Receptor-Like 1 Gene Multiple Polymorphisms in Hypertension among Northeastern Han Chinese	PLOS ONE	9（1）：e86095	3.534
274	肿瘤医院	赵玉达（学），高亦博，赫 捷	Low frequency of TERT promoter somatic mutation in 313 sporadic esophageal squamous cell carcinomas.	INTERNATIONAL JOURNAL OF CANCER	134（2）：493-4	5.007
275	肿瘤医院	许成山（学），陈洪岩，刘芝华	S100A14, a Member of the EF-hand Calcium-binding Proteins, Is Overexpressed in Breast Cancer and Acts as a Modulator of HER2 Signaling	JOURNAL OF BIOLOGICAL CHEMISTRY	289（2）：827-837	4.6
276	肿瘤医院	张宁宁（学），刘雨桃，马 丽（学），汪 麟，郝学志，袁 峥，林冬梅，李 丹，周玉杰，林 华，韩晓红，孙 燕，石远凯	The Molecular Detection and Clinical Significance of ALK Rearrangement in Selected Advanced Non Small Cell Lung Cancer ALK Expression Provides Insights into ALK Targeted Therapy	PLOS ONE	9（1）：e84501	3.534
277	整形医院	薛富善	Performance of retrograde light-guided laryngoscopy for tracheal I ntubation	Anesthesiology	2014; 120（1）：239-240	6.168
278	整形医院	薛富善	Factors Affecting Survival and Neurologic Outcome of Patient with Perioperative Cardiac Arrest	Anesthesiology	2014; 121（1）：201-202	6.168
279	整形医院	薛富善	Association of intraoperative hypotension with postoperative acute kidney and myocardial injuries in noncardiac surgery patients	Anesthesiology	2014; 120（5）：1278-1280.	6.168

续 表

序号	单位	作者姓名	论文题目	期刊名称	卷期页	影响因子
280	整形医院	薛富善	Association Between Intraoperative Ventilation Strategies and Postoperative Pulmonary Outcomes in Surgical Patients	Anesthesiology,	2014; 120 (2): 510-511	6.168
281	整形医院	薛富善	Comparing cardioprotective effects of anesthesia methods in patients undergoing elective abdominal aortic surgery	Anesthesiology	2014; 120 (5): 1291-1292	6.168
282	整形医院	薛富善	Association of Body Mass Index With Hospital Mortality in ICU Patients.	Critical Care Medicine	2014; 42 (1): e80	6.147
283	整形医院	薛富善	Is Preoperative Hypernatremia An Independent Predictor of Perioperative Morbidity and Mortality?	Am J Med	2014; 127 (1): e11	5.302
284	整形医院	薛富善	Use of preoperative cardiac troponin T to identify patients at risk for acute myocardial infraction and long-term mortality after major noncardiac surgery.	Am Heart J	2014; 167 (2): e5	4.555
285	整形医院	李峰永/李　强	long-term outcomes of vaginoplasty with autologous buccal micromucosa	obstetrics gynecology	2014.5. n5. v123. 951-956	4.368
286	整形医院	刘春军	quality of life and patient satisfaction after miceosurgical abdominal flap versus staged expander/implant breast reconstrucion: a critical study of unilateral immediate breast reconstruction using patient-reported outcomes instrument breast-Q	breast cancer res treat	2014may 15	4.198
287	整形医院	薛富善	Modifiable risk factors for acute kidney injury after coronary artery bypass grafting	J Thorac Cardiovasc Surg	2014; 148 (2): 366-367	3.991

续 表

序号	单位	作者姓名	论文题目	期刊名称	卷期页	影响因子
288	整形医院	薛富善	Should videolaryngoscopes be as first choice for endotracheal intubation during cardiorespiratory resuscitation?: Re: Park SO, et al. Feasibility of the video-laryngoscope (GlideScope©) for endotracheal intubation during uninterrupted chest compressions in actual advanced life support: A clinical observational study in an urban emergency department.	Resuscitation	2014; 85 (5): e692	3.96
289	整形医院	薛富善	infant airtraq for adult bougie placement	anaesthesia	2014.69.1172–1182	3.846
290	整形医院	薛富善	Assessment of dental injury	Anaesthesia	2014; 69 (1): 82–3	3.846
291	整形医院	薛富善	Confounding factors in observational hip fracture studies	Anaesthesia	2014; 69 (6): 642	3.846
292	整形医院	薛富善	Infant Airtraq © for adult of gum-elastic bougie placement.	Anaesthesia	2014; 69 (10): 1176–1177	3.846
293	整形医院	薛富善	Is preoperative hematocrit really a predictor of adverse outcomes after coronary artery bypass grafting?	Ann Thorac Surg,	2014; 97 (6): 2230	3.631
294	整形医院	薛富善	Assessing Independent Effects of Anemia and Transfusion on Late Mortality.	Ann Thorac Surg	2014; 98 (2): 782	3.631
295	整形医院	吉 恺，栾 杰	a prospective study of breast dynamic morphological changes after dual-plane augmentation mammaplasty with 3d scanning technique	plos one	2014march vol9 issue3 e93010	3.534
296	整形医院	薛富善	Assessing Risk Factors of Respiratory Complications Following Abdominal Wall Reconstruction.	Plastic and Reconstructive Surgery	2014; 134 (1): 168e–169e	3.328

续 表

序号	单位	作者姓名	论文题目	期刊名称	卷期页	影响因子
297	整形医院	房 林，王连召	surgical treatment of facial soft-tissue deformities in postburn patients：a proposed classification based on a retrospective study	plastic and reconstructive surgery	2014 sep489e-491e	3.328
298	整形医院	薛富善	Comparing performance of different laryngoscope blades	Eur J Anaesthesiol	2014；31（4）：244-245	3.011
299	整形医院	薛富善	Association of haemoglobin levels with postoperative cardiovascular adverse events in patients undergoing vascular surgery.	Eur J Anaesthesiol	2014；31（7）：393-4	3.011
300	基础所	赵迎泽，刘晓玲	Hypoxia induces peroxisome proliferator-activated receptor γ expression via HIF-1-dependent mechanisms in HepG2 cell line	Archives of Biochemistry and Biophysics	543：40：00	3.043
301	基础所	张艳君，赵海涌，张 妍，翟俏丽	The impact of R213 mutation on p53-mediated p21 activity	Bichimie	99 215-218	3.123
302	基础所	杨 阳	Multi-site Time Series Analysis of Acute Effects of Multiple Air Pollutants on Respiratory Mortality：a Population-based Study in Beijing，China	Science of the Total Environment	508：178-187	3.163
303	基础所	孟 姣	Accelerated Regeneration of Skeletal Muscle in RNF13-Knockout Mice is Mediated by Macrophage-Secreted IL-4/IL-6	Protein Cell	5（3）：235-247	3.214
304	基础所	孙 昭	MicroRNA-1246 enhances migration and invasion through CADM1 in hepatocellular carcinoma	BMC Cancer	27；14：616	3.333
305	基础所	卢超霞	novel missense mutations of ABCA6 in two Chinese families with dyschromatosis universalis hereditaria	Journal of Dermatological Science		3.335

续 表

序号	单位	作者姓名	论文题目	期刊名称	卷期页	影响因子
306	基础所	陈巧媛	Toll-like receptor 11-initiated innate immune response in male mouse germ cells	Biology of Reproduction	90（2）：38	3.451
307	基础所	朱伟伟	p204-Initiated Innate Antiviral Response in Mouse Leydig Cells	Biology of Reproduction	91（1）：8	3.451
308	基础所	刘洪洋，陈　雪	A Vaccine of L2 Epitope Repeats Fused with a Modified IgG1 Fc Induced Cross-Neutralizing Antibodies and Protective Immunity against Divergent Human Papillomavirus Types	PLoS One	Volume 9，Issue 5，e95448	3.5
309	基础所	邱　倩	Impact of a new reimbursement program on Hepatitis B antiviral medication cost and utilization in Beijing，China	PLoS One	9（10）：e109652	3.534
310	基础所	李　珍	γδT Cells Are Involved in Acute HIV Infection and Associated with AIDS Progression	PLoS One	9（11）：e112964	3.534
311	基础所	鲁　山，王任先	Small Kinetochore Associated Protein（SKAP）promotes UV-induced cell apoptosis through negatively regulating Pre-mRNA processing Factor 19（Prp19）	PLoS One	9（4）：e92712	3.534
312	基础所	董　鹏	Global Characterization of Differential Gene Expression Profiles in Mouse Vγ1+ and Vγ4+. γδ T Cells	PLoS One	9（11）：e112964	3.534
313	基础所	邹冬玲，贾红艳，王　斌，张正一	MicroRNA-10a is down-regulated by DNA methylation and functions as a tumor suppressor in gastric cancer cells	PLoS One	9（1）：e88057	3.534
314	基础所	魏春燕	Deep profiling of the novel intermediate-size noncoding RNAs in intraerythrocytic plasmodium falciparum	PLoS One	第9卷第4期 e92946	3.534

续 表

序号	单位	作者姓名	论文题目	期刊名称	卷期页	影响因子
315	基础所	曹蓓蓓	Selection of a Novel DNA Aptamer for Assay of Intracellular Interferon-Gamma	PLoS One	9（5）：E98214	3.534
316	基础所	贾玉艳，卢　洁	The Involvement of NFAT Transcriptional Activity Suppression in SIRT1-Mediated Inhibition of COX-2 Expression Induced by PMA/Ionomycin	PLoS One	9（5）：e97999	3.534
317	基础所	谭晓秋，程秀丽	Multi-walled carbon nanotubes impair Kv4.2/4.3 channel activities，delay membrane repolarization and induce bradyarrhythmias in the rat	PLoS One	9（7）：e101545	3.534
318	基础所	牟　一	Characterization of diverse internal binding specificity of PDZ domains by yeast two-hybrid screening of a special peptide library	PLoS One	9 e88286	3.534
319	基础所	敖　宁	Ubituitin-specific peptidase USP22 negatively regulates the ATAT signalig pathway by deubiwuitinating SIRT1	Cellular Physiology and Biochemistry	33 卷、6 期，1863－1875 页	3.55
320	基础所	郭　帅	An integrated strategy of tissue imaging and serum lipidomic profiling for screening potential biomarkers of thyroid tumors by matrix-assisted laser desorption…	Analytical and Bioanalytical Chemistry	406 4357－4370	3.578
321	基础所	陈国强	Change in fucosylated IgG2 Fc-glycoforms in pancreatitis and pancreatic adenocarcinoma：A promising disease classification model	Analytical and Bioanalytical Chemistry	406 267－273	3.659

续 表

序号	单位	作者姓名	论文题目	期刊名称	卷期页	影响因子
322	基础所	纪英露，杨 楠，刘雁勇	Motor coordination dysfunction induced by gold nanorods core/silver shell nanostructures in mice：disruption in mitochondrial transport and neurotransmitter release	RSC Adv	4：59472-59480	3.708
323	基础所	朱洁卿	TRAIL receptor deficiency sensitizes mice to dextran sodium sulphate-induced colitis and colitis-associated carcinogenesis	Immunology	141（2）：211-221	3.735
324	基础所	张亚平	High-throughput and high-sensitivity quantitative analysis of serum unsaturated fatty acids by chip-based nanoelectrospray ionization-Fourier transform ion cyclotron resonance mass spectrometry	Analyst	139（7）：1697-1706	3.904
325	基础所	邵 晨	Statistical characterization of HCD fragmentation patterns of tryptic peptides on an LTQ Orbitrap Velos mass spectrometer	Journal of Proteomics	109：26-37	3.929
326	基础所	周 岚	Activation of growth hormone secretagogue receptor induces time-dependent clock phase delay in mice	Am J Physiol Endocrinol Metab		4.088
327	基础所	李 珍	Distortion of memory Vδ2 γδ T cells contributes to immune dysfunction in chronic HIV infection	Cellular & Molecular Immunology		4.195
328	基础所	于莉莉	p204-mediated innate antiviral responses in mouse adipose cells and their effects on cell functions	Immunology and cell biology		4.205

续 表

序号	单位	作者姓名	论文题目	期刊名称	卷期页	影响因子
329	基础所	李　楠	Mice lacking Axl and Mer tyrosine kinase receptors are susceptible to experimental autoimmune orchitis induction	Immunology and cell biology		4.205
330	基础所	熊艳蕾	The local corticotropin-releasing hormone receptor 2 signalling pathway partly mediates hypoxia-induced increases in lipolysis via the cAMP-protein kinase A signalling pathway in white adipose tissue	Molecular and Cellular Endocrinology	Volume 392. Issue 1～2. Page106－114	4.241
331	基础所	林海双	miR-199a-5p inhibits monocyte/macrophage differentiation by targeting the activin A type 1B receptor gene and finally reducing C/EBPα expression	Journal of Leukocyte Biology	96（6）：1023	4.304
332	基础所	伍晓盼，时韦美	A functional polymorphism in ADAR1 gene affects HBsAg seroclearance both spontaneously and interferon induced	Liver International	34（10）1560－1565	4.412
333	基础所	王　芳，翟鹏飞	The regulatory roles of miR-146b and its target platelet-derived growth factor receptor alpha（PDGFRA）in erythropoiesis and megakaryocytopoiesis	The journal of biological chemistry	289（33）：22600	4.6
334	基础所	沈　濂	Hepatic Differentiated Embryo-Chondrocyte-expressed Gene 1（Dec1）Inhibits Sterol Regulatory Element-binding Protein-1c（Srebp-1c）Expression and Alleviates Fatty Liver Phenotype	Journal of Biological Chemistry	289（34）：23332－42	4.6

续 表

序号	单位	作者姓名	论文题目	期刊名称	卷期页	影响因子
335	基础所	王维民	Human T-cell leukemia virus type 1 Tax-deregulated autophagy pathway and c-FLIP expression contribute to resistance against death receptor-mediated apoptosis	J Virol	88（5）：2786-2798	4.648
336	基础所	张　迁，姚振宇	Death domain-associated protein 6（Daxx）selectively represses IL-6 transcription through histone deacetylase 1（HDAC1）-mediated histone deacetylation in macrophages	J Biol Chem	289（13）：9372-9	4.651
337	基础所	刘智博	PDK4 promotes tumorigenesis through activation of CREB-RHEB-mTORC1 signaling cascade	The journal of biological chemistry	289（43）29739-49	4.651
338	基础所	孙　昭	The roles of mesenchymal stem cells in tumor inflammatory microenvironment	J Hematol Oncol	07：14	4.67
339	基础所	魏建峰	let-7 enhances osteogenesis and bone formation while repressing adipogenesis of human stromal/mesenchymal stem cells by regulating HMGA2	Stem Cells Dev		4.67
340	基础所	高　鹏，徐婷婷	Overexpression of SIRT1 in vascular smooth muscle cells attenuates angiotensin II-induced vascular remodeling and hypertension in mice	Journal of Molecular Medicine	92（4）：347-57	4.739
341	基础所	陈　婧	ZNF16（HZF1）promotes erythropoiesis and megakaryocytopoiesis via its regulation on cKIT gene	The Biochemical journal	458（1）：171	4.779
342	基础所	伍晓盼	A missense polymorphism in ATF6 gene is associated with susceptibility to hepatocellular carcinoma robably by altering ATF6 level	International Journal of Cancer	135：61-68	5.007

续 表

序号	单位	作者姓名	论文题目	期刊名称	卷期页	影响因子
343	基础所	惠开元	The p38 MAPK-regulated PKD1/CREB/Bcl-2 pathway contributes to selenite-induced colorectal cancer cell apoptosis in vitro and in vivo	Cancer Letters	(2014) doi：10. 1016/j. canlet. 2014. 08. 009	5. 016
344	基础所	吕　湘，赵光年，徐　淼	CTCF Controls HOXA Cluster Silencing and Mediates PRC2-Repressive Higher-Order Chromatin Structure in NT2/D1 Cells	Mol Cell Biol	34 (20)：3867-3879	5. 036
345	基础所	宋高广，王彦英	Elevated serum levels of circulating immunoinflammation-related protein complexes are associated with cancer	Journal of Proteome Research	13、2 710-719	5. 056
346	基础所	李潇瑾	A designed peptide targeting CXCR4 displays anti-acute myelocytic leukemia activity in vitro and in vivo	Scientific Reports	4 (6610)	5. 078
347	基础所	郭　帅	Significantly increased monounsaturated lipids relative to polyunsaturated lipids in six types of cancer microenvironment are observed by mass spectrometry imaging	Scientific Reports	4 e5959	5. 078
348	基础所	姜晶梅，厚　磊	Association between smoking and deaths due to colorectal malignant carcinoma; a national population-based case-control study in China	British Journal of Cancer	110 (5)：1351-8	5. 082
349	基础所	慈雅丽	ROS inhibit autophagy by down-regulating ULK1 mediated by the phosphorylation of P53 in selenite-treated NB4 cells	Cell Death and Disease		5. 177
350	基础所	姜　茜	Involvement of p38 in signal switching from autophagy to apoptosis via the PERK/eIF2a/ATF4 axis in selenite-treated NB4 cells	Cell Death and Disease	(2014) 5，e1270	5. 177

续 表

序号	单位	作者姓名	论文题目	期刊名称	卷期页	影响因子
351	基础所	吴 葩	The LEF1/CYLD axis and cIAPs regulate RIP1 deubiquitination and trigger apoptosis in selenitetreated colorectal cancer cells	Cell Death and Disease	卷 2014，5，期 2041-4889（Electronic），页码 e1085	5.177
352	基础所	史可鉴	Survivin-2B promotes autophagy by accumulating IKK alpha in the nucleus of selenite-treated NB4 cells	Cell Death and Disease	（2014）5，e1071	5.177
353	基础所	王玲霞，王 静	Reversible acetylation of Lin28 mediated by PCAF and SIRT1	BBA-Molecular Cell Research	1843，6 1188-1195	5.297
354	基础所	李建雄，汪 毅，刘长征，龚佳男	Characterization of microRNA-29 family expression and investigation of their mechanistic roles in gastric cancer	Carcinogenesis	35（2）：497-506	5.635
355	基础所	慕 轩	Multiplex Microfluidic Paper-based Immunoassay for the Diagnosis of Hepatitis C Virus Infection	Analytical Chemistry	86（11）5338-5344	5.695
356	基础所	田 硕	Suppression of hepatocellular carcinoma proliferation and hepatitis B surface antigen secretion with interferon-λ1 and PEG-interferon-λ1	FASEB Journal	volume 28 3528-3539	5.7
357	基础所	高 鹏，万言珍	SIRT1-mediated epigenetic downregulation of plasminogen activator inhibitor-1 prevents vascular endothelial replicative senescence	Aging Cell	13（5）：p. 890-9	5.939
358	基础所	姜晶梅	Prevalence of conventional cardiovascular disease risk factors among Chinese Kazakh individuals of diverse occupational backgrounds in Xinjiang China	Int J Cardiol	Volume 179 558-560	6.175

续 表

序号	单位	作者姓名	论文题目	期刊名称	卷期页	影响因子
359	基础所	张　丽，潘丽萍	A genome-wide association study identifies polymorphisms in the HLA-DR region associated with non-response to hepatitis B vaccination in Chinese Han populations	Human Molecular Genetics	23（8）：2210–2219	6.677
360	基础所	陈厚早	A critical role for interferon regulatory factor 9 in cerebral ischemic stroke	Journal of Neuroscience	34（20）：3867–3879	6.747
361	基础所	张　媛，徐　静	Overexpression of Mito? lin in the Mouse Heart Promotes Cardiac Hypertrophy in Response to Hypertrophic Stimuli	ANTIOXIDANTS & REDOX SIGNALING	21（12）：1693–707	7.667
362	基础所	郭丽华，王芳，朱　勇	A regulatory circuit comprising GATA1/2 switch and microRNA-27a/24 promotes erythropoiesis	Nucleic Acids Research	42（1）：442–57	8.278
363	基础所	余　佳，龚佳男，林海双	The role, mechanism and potentially therapeutic application of microRNA-29 family in acute myeloid leukemia	Cell Death and Differentiation	21（1）：100–112	8.371
364	基础所	吴　洁，周立全，于　伟	PML4 facilitates erythroid differentiation by enhancing the transcriptional activity of GATA-1	Blood	Vol. 123（2）：261–270	9.775
365	药物所	Qi-Ming Wang, Zhonggao Gao, Shan Liu, Bo Fan, Lin Kang, Wei Huang	Hybrid polymeric micelles based on bioactive polypeptides as pH-responsive delivery systems against melanoma	Biomaterials	35（25）：7008–7021	8.312
366	药物所	Qi Jianguo, Sun Chenbin, Tian Yulin, Wang Xiaojian, Li Gang, Xiao Qiong, Yin Dali	Highly Efficient and Versatile Synthesis of Lactams and N? Heterocycles via Al（OTf）3? Catalyzed Cascade Cyclization and Ionic Hydrogenation Reactions	Org. Lett.	16：190–192	6.324

续 表

序号	单位	作者姓名	论文题目	期刊名称	卷期页	影响因子
367	药物所	Zhang Dewu, Ge Hanlin, Zou Jianhua, Tao Xiaoyu, Chen Ridao, Dai Jungui	Periconianone A, a New 6/6/6 Carbocyclic Sesquiterpenoid from Endophytic Fungus Periconia sp. with Neural Anti-inflammatory Activity	Organic Letters	16：1410-1413	6. 324
368	药物所	Rui Yan, Chuancai Bian, Xiaoming Yu	Total Synthesis of Herbimycin A	Organic Letters	8（11）：2409-2412	6. 324
369	药物所	Kebo Xie, Ridao Chen, Jianhua Li, Ruishan Wang, Dawei Chen, Xiaoxiang Dou, Jungui Dai	Exploring the catalytic promiscuity of a new glycosyltransferase from Cathamus tinctorius	Organic Letters	16, 4874-4877	6. 324
370	药物所	Yusheng Shi, Yunbao Liu, Yong Li, Li Li, Jing Qu, Shuanggang Ma, and Shishan Yu *	Chiral Resolution and Absolute Configuration of a Pair of Rare Racemic Spirodienone Sesquineolignans from Xanthium sibiricum	Org. Lett.	16, 5406? 5409	6. 324
371	药物所	Ye Tian, Qinglan Guo, Wendong Xu, Chenggen Zhu, Yongchun Yang, and Jiangong Shi *	A Minor Diterpenoid with a New 6/5/7/3 Fused-Ring Skeleton from Euphorbia micractina	Organic Letters	16：3950-3953	6. 324
372	药物所	Yong Li, Yun-Bao Liu, Yang-Lan Liu, Chen Wang, Lian-Qiu Wu, Li Li, Shuang-Gang Ma, Jing Qu, and Shi-Shan Yu *	Mollanol A, a Diterpenoid with a New C? Nor-D-homograyanane Skeleton from the Fruits of Rhododendron molle	Org. Lett.	16：4320-4323	6. 324
373	药物所	Jun He, Ya-Nan Yang, Jian-shuang Jiang, Zi-Ming Feng, and Pei-Cheng Zhang	Saffloflavonesides A and B, Two Rearranged Derivatives of Flavonoid C-glycosides with a Furan-Tetrahydrofuran Ring from Carthamus tinctorius	organic letters	16, 5714-5717	6. 324

续 表

序号	单位	作者姓名	论文题目	期刊名称	卷期页	影响因子
374	药物所	Lan Sun, Rui Zhao, Yongyi Bai, Ruihua Cao, Fuyu Wang, Shengqian Yang, Zhizhen Qin, Guanhua Du	CREB is activated in smooth muscle cells isolated from atherosclerotic plaques and reduces smooth muscle cell proliferation via p21-dependent mechanism	INTERNATIONAL JOURNAL OF CARDIOLOGY	174（3）：764-7	6.175
375	药物所	Weibin Tang, Jianlin Xie, Song Xu, Haining Lv, Mingbao Lin, Shaopeng Yuan, Jinye Bai, Qi Hou, * Shishan Yu *	Novel Nitric Oxide-Releasing Derivatives of Brusatol as Anti-Inflammatory Agents: Design, Synthesis, Biological Evaluation, and Nitric Oxide Release Studies	Journal of Medicinal Chemistry	57：7600-7612	5.5
376	药物所	Purong Zheng, Selin Somersan-Karakaya, Shichao Lu, Julia Roberts, § Maneesh Pingle, Thulasi Warrier, David Little, Xiaoyong Guo, Steven J. Brickner, Carl F. Nathan, Ben Gold, Gang Liu	Synthetic Calanolides with Bactericidal Activity against Replicating and Nonreplicating Mycobacterium tuberculosis	Journal of Medicinal Chemistry	57：3755-3772	5.48
377	药物所	Yan JQ, Yuan YH, Gao YN, Huang JY, Ma KL, Gao Y, Zhang WQ, Guo XF, Chen NH	Overexpression of Human E46K Mutant alpha-Synuclein Impairs Macroautophagy via Inactivation of JNK1-Bcl-2 Pathway	Mol Neurobiol	50（2）：685-703	5.286
378	药物所	Jingjing He, Pablo Martinez-Lozano Sinues, Maija Hollmen, Xue Li, Michael Detmar, Renato Zenobi	Fingerprinting Breast Cancer vs. Normal Mammary Cells by Mass Spectrometric Analysis of Volatiles	Scientific Reports	4：5196	5.078
379	药物所	Wenyu Xin, Chao Huang, Xue Zhang, Sheng Xin, Yiming Zhou, Xiaowei Ma, Dan Zhang, Yongjie Li, Sibai Zhou, Dongming Zhang, Tiantai Zhang, Guanhua Du	Methyl salicylate lactoside inhibits inflammatory response of fibroblast-like synoviocytes and joint destruction in collageninduced arthritis in mice	British Journal of Pharmacology	171（14）：3526-3538	5.067

续 表

序号	单位	作者姓名	论文题目	期刊名称	卷期页	影响因子
380	药物所	Ke Li，Xiao-Xi Lv，Fang Hua，Heng Lin，Wei Sun Wen-Bin Cao，Xiao-Ming Fu，Jing Xie，Jiao-Jiao Yu，Zhe Li，Hong Liu，Ming-Zhe Han，Zhuo-Wei Hu	Targeting acute myeloid leukemia with a pro-apoptotic peptide conjugated to a toll-like receptor 2-mediated cell-penetrating peptide	international journal of cancer	134：692-702	5.007
381	药物所	Rui Liu，Jin-ze Li，Jun-ke Song，Dan Zhou，Chao Huang，Xiao-yu Bai，Tao Xie，Xue Zhang，Yong-jie Li，Cai-xia Wu，Lan Zhang，Lin Li，Tian-tai Zhang＊，Guan-hua Du＊	Pinocembrin improves cognition and protects the neurovascular unit in Alzheimer related deficits	Neurobiology of Aging	35：1275-1285	4.853
382	药物所	Ma Kaili，Song Liankun，Yuan Yuhe，Zhang Ying，Han Ning，Gao Kai，Chen Naihong，	The nuclear accumulation of alpha-synuclein is mediated by importin alpha and promotes neurotoxicity by accelerating the cell cycle	Neuropharmacology	82：132-142	4.819
383	药物所	Wei Zuo，Shuai Zhang，Cong-Yuan Xia，Xiao-Feng Guo，Wen-Bin He，Nai-Hong Chen	Mitochondria autophagy is induced after hypoxic/ischemic stress in a Drp1 dependent manner：The role of inhibition of Drp1 in ischemic brain damage	Neuropharmacology	86：103-115	4.819
384	药物所	Jing Jin1，Jinping Hu1，Wanqi Zhou，Xiaojian Wang，Qiong Xiao，Nina Xue，Dali Yin ＊，Xiaoguang Chen ＊	Development of a selective S1P1 receptor agonist，Syl930，as a potential therapeutic agent for autoimmune encephalitis	Biochemical Pharmacology	90：50-61	4.65
385	药物所	Hongshuang Li，Gang Liu	Copper/Silver-Mediated Cascade Reactions for the Construction of 2? Sulfonylbenzo［b］furans from trans-2-Hydroxycinnamic Acids and Sodium Sulfinates	The journal of organic chemistry	79：509-516	4.638
386	药物所	Tian Yulin，Wang Xiaojian，Xiao qiong，Sun chenbin，Yin Dali	Synthesis of Dihydrobenzoheterocycles through Al（OTf）3-Mediated Cascade Cyclization and Ionic Hydrogenation	The Journal of Organic Chemistry	79（20）：9678-9685	4.638

续 表

序号	单位	作者姓名	论文题目	期刊名称	卷期页	影响因子
387	药物所	Lin Y, Li Y, Zhu N, Han Y, Jiang W, Wang Y, Si S, Jiang J.	The antituberculosis antibiotic capreomycin inhibits protein synthesis by disrupting interaction between ribosomal proteins L12 and L10.	Antimicrob Agents Chemother.	2014; 58 (4): 2038-44	4.451
388	药物所	Liu Q, Hou JF, Chen XG, Liu GT, Zhang Dan, Sun H *, Zhang JL *	P-Glyco protein mediated efflux limits the transport of the novel anti-Parkinson ' s disease candidate drug FLZ across the physiological and PD pathological in vitro BBB models.	PLoS One	9: e102442	4.2
389	药物所	Shan Liu, Wei Huang, Mingji Jin, Qiming Wang, Ganlin Zhang, Xiaomin Wang, Shuai Shao, Zhonggao Gao.	Efficient gene delivery of alkylated low molecular weight polyethylenimine through gemini surfactant-like effect	International Journal of Nanomedicine	9. 3567-3581	4.195
390	药物所	Li Gao, Gang Zhao, Jian-Song Fang, Tian-Yi Yuan, Ai-Lin Liu and Guan-Hua Du	Discovery of the neuroprotective effects of alvespimycin by computational prioritization of potential anti-parkinson agents	FEBS Journal	281 : 1110-1122	3.986
391	药物所	Chao Liu, Cui Zhao, Hong-Hui Pan, Jie Kang, Xiong-Tao Yu, Hong-Qing Wang, Bao-Ming Li, Yi-Zhen Xie, Ruo-Yun Chen *	Chemical Constituents from Inonotus obliquus and Their Biological Activities	J. Nat. Prod.	77 : 35-41	3.947
392	药物所	Jian Zhou, Chuang-Jun Li, Jing-Zhi Yang, Jie Ma, Yan Li, Xiu-Qi Bao, Xiao-Guang Chen, Dan Zhang, Dong-Ming Zhang	Lupane Triterpenoids from the Stems of Euonymus carnosus	Journal of Natural Products	77 : 276-284	3.947
393	药物所	Hong-Min Xia, Chuang-Jun Li, Jing-Zhi Yang, Jie Ma, Xiao-Guang Chen, Dan Zhang, Li Li, Dong-Ming Zhang *	A, D-seco-Limonoids from the Stems of Clausena emarginata	Journal of Natural Products	77 : 784-791	3.947

续 表

序号	单位	作者姓名	论文题目	期刊名称	卷期页	影响因子
394	药物所	Chun-Lei Zhang, Yan Wang, Yan-Fei Liu, Gang Ni, Dong Liang, Huan Luo, Xiu-Yun Song, Wan-Qing Zhang, Ruo-Yun Chen, Nai-Hong Chen, and De-Quan Yu	Iridal-Type Triterpenoids with Neuroprotective Activities from Iris tectorum	Journal of natural products	77：411-415	3.947
395	药物所	Tie Cai, Hu Ting, Zhang Xin-Xiang, Zhou Jiang, Zhang Jin-Lan	HPLC-MRM relative quantification analysis of fatty acids based on a novel derivatization strategy	Analyst	139：6154-6159	3.904
396	药物所	Peng Y, Hu YL, Xu SF, Rong XF, Li J, Li PP, Wang L, Yang JH, Wang XL	Potassium 2-（1-Hydroxypentyl）-Benzoate Improves Memory Deficits and Attenuates Amyloid and τ Pathologies in a Mouse Model of Alzheimer's Disease	Journal of pharmacology and experimental therapeutics	350（2）：361-74	3.855
397	药物所	Shuai Zhang, Wen-Bin He, Nai-Hong Chen	Causes of death among persons who survive an acute ischemic stroke	Current Neurology and Neuroscience Reports	14（8）：467	3.783
398	药物所	Zhi-Biao Wang, Xi Chen, Wei Wang, Ke-Di Cheng and Jian-Qiang Kong	Transcriptome-wide identification and characterization of Ornithogalum saundersiae phenylalanine ammonia lyase gene family	RSC advances	4：27159-27175	3.708
399	药物所	Wei Zuo, Jiao Chen, Shuai Zhang, Jia Tang, Hang Liu, Dongming Zhang, Naihong Chen	IMM-H004 prevents toxicity induced by delayed treatment of tPA in a rat model of focal cerebral ischemia involving PKA-and PI3K-dependent Akt activation	European Journal of Neuroscience	39（12）：2107-2118	3.669
400	药物所	Xue Li, Jinping Hu, Baolian Wang, Li Sheng, Zhihao Liu, Shuang Yang, Yan Li *	Inhibitory effects of herbal constituents on P-glycoprotein in vitro and in vivo: herb-drug interactions mediated via P-gp	Toxicology and Applied Pharmacology	275：163-175	3.63

续 表

序号	单位	作者姓名	论文题目	期刊名称	卷期页	影响因子
401	药物所	Qu Feng, Zheng Sujun, Wu Caisheng, Jia Zhixin, Zhang Jinlan, Duan Zhongping,	Lipidomic profiling of plasma in patients with chronic hepatitis C infection	Anal Bioanal Chem	406：555-564	3.578
402	药物所	Feng Qu, Sujun Zheng, Caisheng Wu, Zhixin Jia, Jinlan Zhang, Zhongping Duan	Lipidomic profiling of plasma in patients with chronic hepatitis C infection.	Analytical and bioanalytical chemistry	406, 555-564.	3.578
403	药物所	Zhang Z, Zhang Y, Mou Z, Chu S, Chen X, He W, Guo X, Yuan Y, Takahashi M, Chen N	Tyrosine 402 phosphorylation of pyk2 is involved in ionomycin-induced neurotransmitter release	PLoS One	9 (4)：e94574	3.534
404	药物所	Wenwen Lu, Xinhua Wan, Bin Liu, Xianfang Rong, Lei Zhu, Pingping Li, Jiang Li, Ling Wang, Liying Cui, Xiaoliang Wang	Specific Changes of Serum Proteins in Parkinson's Disease Patients	PLoS One	9 (4)：e95684	3.534
405	药物所	Ke Tang, Can Luo, Yan Li, Chenshu Lu, Wanqi Zhou, Haihong Huang *, Xiaoguang Chen *	The study of a novel Sorafenib derivative HLC-080 as an antitumor agent	PLoS One	9 (7)：e101889	3.534
406	药物所	Liwei Lang1, 3., Xiaoyu Liu2., Yan Li1, Qing Zhou1, Ping Xie2, Chunhong Yan3 *, Xiaoguang Chen1 *	A Synthetic Manassantin A Derivative Inhibits Hypoxia-Inducible Factor 1 and Tumor Growth	PLoS One	9 (6)：e99584	3.534
407	药物所	Feng Qu, Sujun Zheng, Shuang Liu, Caisheng Wu, Zhongping Duan, Jinlan Zhang.	Serum Sphingolipids reflect the Severity of Chronic HBV Infection and Predict the Mortality of HBV-Acute-on-Chronic Liver Failure.	PLoS One	9 (8)：e104988	3.534

续 表

序号	单位	作者姓名	论文题目	期刊名称	卷期页	影响因子
408	药物所	Qian Liu, Jinfeng Hou, Xiaoguang Chen, Gengtao Liu, Dan Zhang, Hua Sun, Jinlan Zhang.	P-Glycoprotein Mediated Efflux Limits the transport of the Novel Anti-Parkinson' s Disease Candidate Drug FLZ across the Physiological and PD Pathological in vitro BBB Models.	PLoS One	9 (7) : e102442	3. 534
409	药物所	Bo Liu, Fa Zhang, Yan Zhanga, Gang Liu	A new approach for the synthesis of O-glycopeptides through a combination of solid-phase glycosylation and fluorous tagging chemistry (SHGPFT)	Organic and Biomolecular Chemistry	12 : 1892-1896	3. 487
410	药物所	Yongqiang Li a, c, Kang Tian b, Aifang Qin b, Lijian Zhang b, Lianchao Huo a, c, Lei Lei a, Zhufang Shen a, Hongrui Song b, Zhiqiang Feng a, c, *	Discovery of novel urea derivatives as dual-target hypoglycemic agents that activate glucokinase and PPARγ	European Journal of Medicinal Chemistry	76 : 182-192	3. 432
411	药物所	Chenshu Lu, Ke Tang, Yan Li, Peng Li, Ziyun Lin, Dali Yin, Xiaoguang Chen, Haihong Huang	Design, synthesis and evaluation of novel diaryl urea derivatives as potential antitumor agents	European Journal of Medicinal Chemistry	77 : 351-360	3. 432
412	药物所	Yaling Gong, Selin Somersan Karakaya, Xiaoyong Guo, Purong Zheng, Ben Gold, Yao Ma, David Littleb, Julia Roberts, Thulasi Warrier, Xiuju Jiang, Maneesh Pingle, Carl F. Nathan, Gang Liu	Benzimidazole-based compounds kill Mycobacterium tuberculosis	European Journal of Medicinal Chemistry	75 : 336-353	3. 432
413	药物所	Tian yulin, Jin Jing, Wang Xiaojian, Hu jinping, Xiao qiong, Zhou Wanqi, Chen Xiaoguang, Yin Dali	Discovery of Oxazole and Triazole Derivatives as Potent and Selective S1P1 Agonists through Pharmacophore-Guided Design	European Journal of Medicinal Chemistry	85 : 1-15	3. 432

续 表

序号	单位	作者姓名	论文题目	期刊名称	卷期页	影响因子
414	药物所	Zhi-Hui Zhang，An-Jun Deng，Lian-Qiu Wu，Lian-Hua Fang，Jin-Qian Yu，Zhi-Hong Li，Tian-Yi Yuan，Wen-Jie Wang，Guan-Hua Du，Hai-Lin Qin	Syntheses and structureactivity relationships in cytotoxicities of 13-substituted quaternary coptisine derivatives	European Journal of Medicinal Chemistry	86：542-549	3.432
415	药物所	Xilei Xie，Yu Yan，Ning Zhu，Gang Liu	Benzothiazoles exhibit broad-spectrum antitumor activity：Their potency，structureactivity and structureemetabolism relationships	European Journal of Medicinal Chemistry	76：67-78	3.432
416	药物所	Tian Yulin，Jin Jing，Wang Xiaojian，Hu Jinping，Xiao Qiong，Zhou Wanqi，Chen Xiaoguang，Yin Dalin	Discovery of oxazole and triazole derivatives as potent and seletive S1P1 agonists through pharmacophore-guided design	European Journal of Medicinal Chemistry	85：1-15	3.4
417	药物所	Hang Liu，Fei Li，Chuang-Jun Li，Jing-Zhi Yang，Li Li，Nai-Hong Chen，Dong-Ming Zhang	Bioactive furanocoumarins from stems of Clausena lansium	Phytochemistry	107：141-147	3.351
418	药物所	Yunfei Li1，2，Mingji Jin1，Shuai Shao1，3，Wei Huang1，Feifei Yang1，Wei Chen1，Shenghua Zhang2，Guimin Xia2 and Zhonggao Gao1	Small-sized polymeric micelles incorporating docetaxel suppress distant metastases in the clinically-relevant 4T1 mouse breast cancer model	BMC Cancer	14：329	3.319
419	药物所	Qiang Ren，Yingfei Li，Caisheng Wu，Caihong Wang，Ying Jin，Jinlan Zhang	Metabolism of secondary metabolites isolated from Tartary buckwheat and its extract	food chemistry	15：134-144	3.259
420	药物所	Ya-Nan Yang，Xiao-Ying Huang，Zi-Ming Feng，Jian-Shuang Jiang，and Pei-Cheng Zhang	Hepatoprotective Activity of Twelve Novel 7′-Hydroxy Lignan Glucosides from Arctii Fructus	J. Agric. Food Chem.	62：9095-9102	3.107

续 表

序号	单位	作者姓名	论文题目	期刊名称	卷期页	影响因子
421	药物所	Yan-Bo Tang, Jun-Zheng Liu, Shu-En Zhang, Xin Du, Feilin Nie, Jin-Ying Tian, Fei Ye, Kai Huang, Jin-Ping Hu, Yan Li, and Zhiyan Xiao	3-Phenylpropanoic Acid-Based Phosphotyrosine (pTyr) Mimetics: Hit Evolution to a Novel Orally Active Protein Tyrosine Phosphatase 1B (PTP1B) Inhibitor	ChemMedChem	9 (5): 918-921	3.046
422	药物所	Jianhua Li, Ridao Chen, Ruishan Wang, Xiao Liu, Dan xie, Jianhua Zou, Jungui Dai	GuA6DT, a regiospecific prenyltransferase from Glycyrrhiza uralensis, catalyzes the C-6prenylation of flavones	ChemBioChem	15, 1673-1681	3.03
423	药物所	XIAOYING WANG, NINGBO GONG, SHIYING YANG, GUANHUA DU, YANG LU	Studies on Solvatomorphism of Betulinic Acid	Journal of Pharmaceutical Sciences	103 (9): 2696-703	3.007
424	药生所	Lu X, Skurnik D, Pozzi C, Roux D, Cywes-Bentley C, Ritchie JM, Munera D, Gening ML, Tsvetkov YE, Nifantiev NE, Waldor MK, Pier GB	A Poly-N-acetylglucosamine-Shiga toxin broad-spectrum conjugate vaccine for Shiga toxin-producing Escherichia coli	mBio	5 (2): e00974-14	6.875
425	药生所	Bin Li, Xiu-jun Liu, Liang Li, Sheng-hua Zhang, Yi Li, Dian-dong Li and Yong-su Zhen	A tumor-targeting dextran-apoprotein conjugate integrated with enediyne chromophore shows highly potent antitumor efficacy.	Polymer Chemistry	5	5.231
426	药生所	Yanni Xu, 1, § Qi Liu, 1, § Yang Xu, 1 Chang Liu, 1 Xiao Wang, 1 Xiaobo He, 1 Ningyu Zhu, 1 Jikai Liu, 1 Yexiang Wu, 1 Yongzhen Li, 1 Ni Li, 1 Tingting Feng, 1 Fangfang Lai, 2 Murui Zhang, 3 Bin Hong, 1, * Jian-Dong Jiang, 1, 2* Shuyi Si. 1, *	Rutaecarpine suppresses atherosclerosis in ApoE-/-mice through up-regulating ABCA1 and SR-BI within RCT	journal of lipid research	2014 Jun 7; 55 (8): 1634-1647	5.119
427	药生所	Ni Li a, b, Xiao Wanga, Jing Zhang a, Chang Liu a, Yongzhen Li a, Tingting Feng a, Yanni Xu a, *,	Identification of a novel partial agonist of liver X receptor a (LXRa) via screening	Biochemical Pharmacology	2014	4.650

续 表

序号	单位	作者姓名	论文题目	期刊名称	卷期页	影响因子
428	药生所	Cong-Ran Li, Qian-Qian Zhai, Xiu-Kun Wang, Xin-Xin Hu, Guo-Qing Li, Wei-Xin Zhang, Jing Pang, Xi Lu, Hong Yuan, Mikhail Fedorovich Gordeev, Le-Tian Chen, Xin-Yi Yang, Xue-Fu You	In Vivo Antibacterial Activity of MRX-I, a New Oxazolidinone	Antimicrobial Agents and Chemotherapy	58（4）：2418	4.451
429	药生所	Zhang Y, Shan Junjie, Bao Yonggang, Bai Liping, Jiang Rong, Guo Lianhong, Yao Chen, Zhang Ren and Li Yuan	Characterization of an Ebosin derivative produced by heterologous gene replacement in Streptomyces sp. 139	Microbial Cell Factories	13	4.250
430	药生所	Wang Y, Zhan Y, Xu R, Shao R, Jiang J, Wang Z	Src mediates extracellular signal-regulated kinase 1/2 activation and autophagic cell death induced by cardiac glycosides in human non-small cell lung cancer cell lines.	Molecular Carcinogenesis	待定	4.200
431	药生所	Xie, Y.; Cai, Q.; Ren, H.; Wang, L.; Xu, H.; Hong, B.; Wu, L.; Chen, R.	NRPS substrate promiscuity leads to more potent antitubercular sansanmycin analogues	journal of natural produtcts	77（7）	3.947
432	药生所	Bingya Jiang, Shufen Li, Wei Zhao, Ting Li, Lijie Zuo, Yanni Nan, Linzhuan Wu, Hongyu Liu, Liyan Yu, Guangzhi Shan, and Limin Zuo	6-Deoxy-13-hydroxy-8, 11-dione-dihydrogranaticin B, an intermediate in granaticin biosynthesis, from Streptomyces sp. CPCC 200532	J Nat Prod	77（9）：2130-2133	3.900
433	药生所	Wen‑ Juan Liu · Xiu‑ Jun Liu, Liang Li, Yi Li, Shenghua Zhang Yongsu Zhen	Tuftsin-based, EGFR-targeting fusion protein and its enediyne-energized analog show high antitumor efficacy associated with CD47 down-regulation.	Cancer Immunol Immunother	63（12）	3.637
434	药生所	Xiu-Jun Liu, Yan-Bo Zheng, Yi Li, Shu-Ying Wu, Yong-Su Zhen	A multifunctional drug combination shows highly potent therapeutic efficacy against human cancer xenografts in athymic mice	PLoS ONE	9（12）	3.534

续 表

序号	单位	作者姓名	论文题目	期刊名称	卷期页	影响因子
435	药生所	Chong-Wen Bi, Cai-Xia Zhang, Ying-Hong Li, Sheng Tang, Hong-Bin Deng, Wu-Li Zhao, Zhen Wang, Rong-Guang Shao, Dan-Qing Song	Novel N-substituted sophoridinol derivatives as anticancer agents.	European Journal of Medicinal Chemistry	81	3.432
436	药生所	Guang-hui Zheng, Jia-jia Shen, Yue-chen Zhan, Hong Yi, Si-tu Xue, Zhen Wang, Xing-yue Ji *, Zhuo-rong Li *	Design, synthesis and in vitro and in vivo antitumour activity of 3-benzylideneindolin-2-one derivatives, a novel class of small-molecule inhibitors of the MDM2ep53 interaction	European Journal of Medicinal Chemistry	81	3.432
437	药生所	Mingliang Liu	Synthesis, antimycobacterial and antibacterial evaluation of l- [(1R, 2S) -2-fluorocyclopropyl] fluoroquinolone derivatives containing an oxime functional moiety	European Journal of Medicinal Chemistry	86 (2014) 628~638	3.432
438	药生所	Xing-yue Ji 1, Si-tu Xue 1, Yue-chen Zhan, Jia-jia Shen, Lin-tao Wu, Jie Jin, Zhen Wang	Design, synthesis and antiproliferative activity of a novel class of indole-2-carboxylate derivatives	European Journal of Medicinal Chemistry	83	3.432
439	药生所	Hongmin Liu, Ju Huang, Jiayang Wang, Minghua Wang, Mingliang Liu, Bin Wang, Huiyuan Guo, Yu Lu	Synthesis, antimycobacterial and antibacterial evaluation of l- [(1R, 2S) -2-fluorocyclopropyl] fluoroquinolone derivatives containing an oxime functional moiety	European Journal of Medicinal Chemistry	Volume 86	3.432
440	药生所	Yuyan Gong, Hongwei He, Hong Liu, Caixia Zhang, Wuli Zhao, Rong-guang Shao	Phosphorylation of myofibrillogenesis regulator-1 activates the MAPK signaling pathway and induces proliferation and migration in human breast cancer MCF7 cells	FEBS LETTERS	588 (17)	3.341
441	药生所	Gong Y, He H, Liu H, Zhang C, Zhao W, Shao R-g	Phosphorylation of Myofibrillogenesis Regulator-1 Activates the MAPK Signaling Pathway and Induces Proliferation and Migration in Human Breast Cancer Cells	FEBS Lett	588 (17)	3.341

续 表

序号	单位	作者姓名	论文题目	期刊名称	卷期页	影响因子
442	药生所	Li Y, Feng T, Liu P, Liu C, Wang X, Li D, Li N, Chen M, Xu Y, Si S.	Optimization of Rutaecarpine as ABCA1 Up-Regulator for Treating Atherosclerosis.	ACS Med Chem Lett.	2014 Jun 24; 5 (8)	3.320
443	药生所	Ying Han, Jing-pu Zhang *, Jian-qin Qian and Chang-qin Hu	Cardiotoxicity evaluation of anthracyclines	J Appl Toxicol	2012, may	3.174
444	药生所	BIN LI, YAN-BO ZHENG, DIAN-DONG LI, YONG-SU ZHEN	Preparation and evaluation of a CD13/APN-targeting and hydrolase-resistant conjugate that comprises pingyangmycin and NGR motif-integrated apoprotein.	JOURNAL OF PHARMACEUTICAL SCIENCES	103 (4)	3.130
445	药生所	Chongwen Bi, Caixia Zhang, Yinghong Li, Sheng Tang, Shenggang Wang, Rongguang Shao, Haigen Fu, Feng Su, Danqing Song	Synthesis and Biological Evaluation of Sophoridinol Derivatives as a Novel Family of Potential Anticancer Agents	ACS Medicinal Chemistry Letters& #160;	5	3.073
446	药生所	Lin Y1, Li Y, Zhu N, Han Y, Jiang W, Wang Y, Si S, Jiang J.	The antituberculosis antibiotic capreomycin inhibits protein synthesis by disrupting interaction between ribosomal proteins L12 and L10.	Antimicrob Agents Chemother.	2014; 58 (4)	4.451
447	药生所	Xiao-Fang Guo., Xiao-Fei Zhu., Wan-Cai Yang, Sheng-Hua Zhan5, Yong-Su Zhen *	An EGFR/HER2-Bispecific and enediyne-energized fusion protein shows high efficacy against esophageal cancer	PLoS One	9 (3)	3.730
448	药生所	Xing-qi Li, Zhi-gang Ouyang, Sheng-hua Zhang, Hong Liu, Yue Shang, Yi Li and Yong-su Zhen	Synergistic inhibition of angiogenesis and glioma cell-induced angiogenesis by the combination of temozolomide and enediyne antibiotic lidamycin.	Cancer Biology & Therapy	15 (4)	3.287
449	药生所	Xing-Qi Li, Zhi-Gang Ouyang, Sheng-Hua Zhang	Synergy of enediyne antibiotic lidamycin and temozolomide in suppressing glioma growth with potentiated apoptosis induction.	J Neurooncol	119& # 65288; 1& #65289	3.117

续 表

序号	单位	作者姓名	论文题目	期刊名称	卷期页	影响因子
450	药生所	Yunfei Li, Mingji Jin, Wei Huang, Feifei Yang, Shenghua, ZhangGuimin Xiaand Zhonggao Gao	Small-sized polymeric micelles incorporating docetaxel suppress distant metastases in the clinically-relevant 4T1 mouse breast cancer model	BMC cancer	14	3.330
451	药植所	Shilin Chen, Xiaohui Pang, Jingyuan Song, Linchun Shi, Hui Yao, Jianping Han, Christine Leon	A renaissance in herbal medicine identification: From morphology to DNA	Biotechnology Advances	32（7）: 1237-1244	8.905
452	药植所	Qiushi Li, Ying Li, Jingyuan Song, Haibin Xu, Jiang Xu, Yingjie Zhu, Xiwen Li, Huanhuan Gao, Linlin Dong, Jun Qian, Chao Sun and Shilin Chen	High-accuracy de novo assembly and SNP detection of chloroplast genomes using a SMRT circular consensus sequencing strategy	New Phytologist	204（4）: 1041-1049	6.373
453	药植所	Yuan Gao, Xi Chen, Lei Fang, Fen Liu, Runlan Cai, Cheng Peng, Yun Qi	Rhein exerts pro-and anti-inflammatory actions by targeting IKKβ inhibition in LPS-activated macrophages	Free Radical Biology and Medicine	72: 104-112	5.71
454	药植所	Yingjie Zhu, Hongmei Luo, Xin Zhang, Jingyuan Song, Chao Sun, Aijia Ji, Jiang Xu, Shilin Chen	Abundant and selective RNA editing events in the medicinal mushroom Ganoderma lucidum	Genetics	196: 1047-1057	4.866
455	药植所	Yifei Guo, Yanna Zhao, Jing Zhao, Meihua Han, Afang Zhang and Xiangtao Wang	Codendrimer from polyamidoamine (PAMAM) and oligoethylene dendron as a thermosensitive drug carrier	Bioconjugate Chemistry	25（1）: 24-31	4.821
456	药植所	Chongming Wu, Xiaopo Zhang, Xue Zhang, Hong Luan, Guibo Sun, Xiaobo Sun, Xiaoliang Wang, Peng Guo, Xudong Xu	The caffeoylquinic acid-rich Pandanus tectorius fruit extract increases insulin sensitivity and regulates hepatic glucose and lipid metabolism in diabetic db/db mice	Journal of Nutritional Biochemistry	25（4）: 412-419	4.592

续 表

序号	单位	作者姓名	论文题目	期刊名称	卷期页	影响因子
457	药植所	Ping Xie, Xu Zeng, Jing Xiao, Bing Sun, Dan Yang	Transgenic CGI-58 expression in macrophages alleviates the atherosclerotic lesion development in ApoE knockout mice	Biochimica et Biophysica Acta (BBA) -Molecular and Cell Biology of Lipids	1841 (12): 1683-1690	4.495
458	药植所	Zhi-Hui Gao, Yun Yang, Zheng Zhang, Wen-Ting Zhao, Hui Meng, Yue Jin, Jun-Qing Huang, Yan-Hong Xu, Li-Zi Zhao, Juan Liu, Jian-He Wei	Profiling of MicroRNAs under Wound Treatment in Aquilaria sinensis to Identify Possible MicroRNAs Involved in Agarwood Formation	International Journal of Biological Sciences	10 (5): 500-510	4.372
459	药植所	Meihua Han, Xin Yu, Yifei Guo, Yanhong Wang, Haixue Kuang, Xiangtao Wang	Honokiol nanosuspensions: preparation, increased oral bioavailability and dramatically enhanced biodistribution in the cardio-cerebrovascular system	Colloids and Surfaces B: Biointerfaces	116: 114-120	4.287
460	药植所	Xiao Hu, Fei-Fei Yang, Li-Hui Quan, Chun-Yu Liu, Xin-Min Liu, Carsten Ehrhardt, Yong-Hong Liao	Pulmonary delivered polymeric micelles-pharmacokinetic evaluation and biodistribution studies	European Journal of Pharmaceutics and Biopharmaceutics	88 (3): 1064-1075	4.245
461	药植所	Fengming Han, Yong Peng, Lijia Xu and Peigen Xiao	Identification, characterization, and utilization of single copy genes in 29 angiosperm genomes	BMC Genomics	15: 504-512	4.041
462	药植所	Caili Li, Shanfa Lu	Genome-wide characterization and comparative analysis of R2R3-MYB transcription factors shows the complexity of MYB-associated regulatory networks in Salvia miltiorrhiza	BMC Genomics	15: 277	4.041
463	药植所	Zong-Yang Li, Yu-Mao Jiang, Ya-Min Liu, Zhi Guo, Sheng-Nan Shen, Xin-Min Liu, Rui-Le Pan	Saikosaponin D acts against corticosterone-induced apoptosis via regulation of mitochondrial GR translocation and a GR-dependent pathway	Progress in Neuro-Psychopharmacology & Biological Psychiatry	53: 80-89	4.025

续 表

序号	单位	作者姓名	论文题目	期刊名称	卷期页	影响因子
464	药植所	Gang Ding, Hailou Wang, Li Li, Bo Song, Hong Chen, Hongwu Zhang, Xinzhong Liu and Zhongmei Zou	Trichodermone, a Spiro-cytochalasan with a Tetracyclic Nucleus (7/5/6/5) Skeleton from the Plant Endophytic Fungus Trichoderma gamsii	Journal of Natural Products	77 (1): 164-167	3.947
465	药植所	Caili Li and Shanfa Lu	Molecular characterization of the SPL gene family in Populus trichocarpa	BMC Plant Biology	14: 131	3.942
466	药植所	Weijun Kong, Jing Wen, Yinhui Yang, Feng Qiu, Ping Sheng, Meihua Yang *	Simultaneous targeted analysis of five active compounds in licorice by ultra-fast liquid chromatography coupled to hybrid linear-ion trap tandem mass spectrometry	Analyst	139: 1883-1894	3.906
467	药植所	Min Wang, Jian-yong Si, Ying-li Yu, Meng-meng Gao, Jing-yi Zhang, Xiao-yan Xing, Ying Liu, Gui-bo Sun and Xiao-bo Sun	Red clover flavonoids protect against oxidative stress-induced cardiotoxicity in vivo and in vitro	RSC Advances	4 (97): 54668-54676	3.708
468	药植所	Chongming Wu, Yanshen Guo, Yan Su, Xue Zhang, Hong Luan, Xiaopo Zhang, Huixin Zhu, Huixia He, Xia-oliang Wang, Guibo Sun, Xiaobo Sun, Peng Guo, and Ping Zhu	Cordycepin activates AMP-activated protein kinase (AMPK) via interaction with the γ1 subunit	Journal of Cellular and Molecular Medicine	18 (2): 293-304	3.698
469	药植所	Gui-bo Sun, Hong Sun, Xiang-bao Meng, Jin Hu, Qiang Zhang, Bo Liu, Min Wang, Hui-bo Xu, Xiao-bo Sun	Aconitine-induced Ca2+ overload causes arrhythmia and triggers apoptosis through p38 MAPK signaling pathway in rats	Toxicology and Applied Pharmacology	279 (1): 8-22	3.63
470	药植所	Xiangbao Meng, Min Wang, Guibo Sun, Jingxue Ye, Yanhui Zhou, Xi Dong, Tingting Wang, Shan Lu, Xiaobo Sun	Attenuation of Aβ25-35-induced parallel autophagic and apoptotic cell death by gypenoside XVII through the estrogen receptor-dependent activation of Nrf2/ARE pathways	Toxicology and Applied Pharmacology	279 (1): 63-75	3.63

续 表

序号	单位	作者姓名	论文题目	期刊名称	卷期页	影响因子
471	药植所	Min Wang, Xiang-bao Meng, Ying-li Yu, Gui-bo Sun, Xu-dong Xu, Xiao-po Zhang, Xi Dong, Jing-xue Ye, Hui-bo Xu, Yi-fan Sun, Xiao-bo Sun	Elatoside C protects against hypoxia/reoxygenation-induced apoptosis in H9c2 cardiomyocytes through the reduction of endoplasmic reticulum stress partially depending on STAT3 activation	Apoptosis	19（12）：1727-1735	3.614
472	药植所	Bao-Ping Jiang, Ya-Min Liu, Liang Le, Zong-Yang Li, Jian-Yong Si, Xin-Min Liu, Qi Chang, Rui-Le Pan	Cajaninstilbene Acid Prevents Corticosterone-Induced Apoptosis in PC12 Cells by Inhibiting the Mitochondrial Apoptotic Pathway	Cellular Physiology and Biochemistry	34：1015-1026	3.55
473	药植所	Haimei Chen, Bin Wu, David Nelson, Kai Wu, Chang Liu	Computational identification and systematic classification of novel cytochrome P450 genes in Salvia miltiorrhiza	PLOS One	9（12）：e115149	3.534
474	药植所	Li Gao, Yipeng Sun, Jianyong Si, Jinhua Liu, Guibo Sun, Xiaobo Sun, Li Cao	Cryptoporus volvatus extract inhibits influenza virus replication in vitro and in vivo	Plos One	9（12）：e113604	3.534
475	药植所	Haimei Chen, Jianhui Zhang, George Yuan, Chang Liu	Complex interplay among DNA modification, noncoding RNA expression and protein-coding RNA expression in Salvia miltiorrhiza chloroplast genome	PLOS One	9（6）：e99314	3.534
476	药植所	Chongming Wu, Hong Luan, Xue Zhang, Shuai Wang, Xiaopo Zhang, Xiaobo Sun, Peng Guo	Chlorogenic acid protects against atherosclerosis in ApoE-/-mice and promotes cholesterol efflux from RAW264.7 macrophages	PLoS One	9（9）：e95452	3.534
477	药植所	Bin Wu, Fengmei Suo, Wanjun Lei, Lianfeng Gu	Comprehensive Analysis of Alternative Splicing in Digitalis purpurea by Strand-specific RNA-Seq	PLoS One	9（8）：e106001	3.534

续 表

序号	单位	作者姓名	论文题目	期刊名称	卷期页	影响因子
478	药植所	Jianqin Li, Bin Wu, Jiang Xu, Chang Liu	Genome-wide identification and characterization of long intergenic non-coding RNAs in Ganoderma lucidum	plos one	9（6）：e99442	3.534
479	药植所	Fenjuan Shao; Shanfa Lu	Identification, Molecular Cloning and Expression Analysis of Five RNA-Dependent RNA Polymerase Genes in Salvia miltiorrhiza	PloS one	9（4）：e95117	3.534
480	药植所	Sihao Zheng, Xue Jiang, Labin Wu, Zenghui Wang, Linfang Huang *	Chemical and genetic discrimination of Cistanches Herba based on UPLC-QTOF/MS and DNA barcoding.	PLOS ONE	9（5）：e98061	3.534
481	药植所	Gao Yuan, Liu Fen, Fang Lei, Cai Runlan, Zong Chuanjie, Qi Yun	Genkwanin Inhibits Proinflammatory Mediators Mainly through the Regulation of miR-101/MKP-1/MAPK Pathway in LPS-Activated Macrophages	PLoS ONE	9（5）：e96741	3.534
482	药植所	Jiaoyang Luo, Yichen Hu, Weijun Kong, Meihua Yang *	Evaluation and Structure-Activity Relationship Analysis of a New Series of Arylnaphthalene lignans as Potential Anti-Tumor Agents	PLOS ONE	9（3）：e93516	3.534
483	药植所	Hongmei Liu, Weijun Kong, Yun Qi, Bao Gong, Qing Miao, Jianhe Wei, Meihua Yang	Streamlined pretreatment and GC-FPD analysis of multi-pesticide residues in perennial Morinda roots: A tropical or sub-tropical plant	Chemosphere	95：33-40	3.499
484	药植所	Wei-Hua Cheng, Bo Cao, Hai Shang, Cong Niu, Li-Ming Zhang, Zhong-Heng Zhang, Dan-Li Tian, Shi Zhang, Hong Chen, Zhong-Mei Zou	Synthesis and evaluation of novel podophyllotoxin derivatives as potential antitumor agents	European Journal of Medicinal Chemistry	85：498-507	3.432

续 表

序号	单位	作者姓名	论文题目	期刊名称	卷期页	影响因子
485	药植所	Chunnian He, Bing Peng, Yang Dan, Yong Peng, Peigen Xiao	Chemical taxonomy of tree peony species from China based on root cortex metabolic fingerprinting	Phytochemistry	107：69-79	3.35
486	药植所	Chun Sui, Meng Chen, Jiesen Xu, Jianhe Wei, Yue Jin, Yanhong Xu, Jing Sun, Ke Gao, Chengmin Yang, Zheng Zhang, Shilin Chen and Hongmei Luo	Comparison of root transcriptomes and expressions of genes involved in main medicinal secondary metabolites from Bupleurum chinense and Bupleurum scorzonerifolium, the two Chinese official Radix bupleuri source species	Physiologia Plantarum		3.262
487	药植所	Luo Hongmei, Zhu Yingjie, Song Jingyuan, Xu Lijia, Sun Chao, Zhang Xin, Xu Yanhong, He Liu, Sun Wei, Xu Haibin, Wang Bo, Li Xian'en, Li Chuyuan, Liu Juyan and Chen Shilin	Transcriptional data mining of Salvia miltiorrhiza in response to methyl jasmonate to examine the mechanism of bioactive compound biosynthesis and regulation	Physiologia Plantarum	152（2）：241-255	3.262
488	药植所	Xiangsheng Zhao, Weijun Kong, Jianhe Wei, Meihua Yang *	Gas chromatography with flame photometric detection of 31 organophosphorus pesticide residues in Alpinia oxyphylla dried fruits	Food Chemistry	162：270-276	3.259
489	药植所	Weijun Kong, Riwei Wei, Antonio F. Logrieco,, Jianhe Wei, Jing Wen, Xiaohe Xiao, Meihua Yang	Occurrence of toxigenic fungi and determination of mycotoxins by HPLC-FLD in functional foods and spices in China markets	Food Chemistry	146：320-326	3.259
490	药植所	Zhi-heng Su, Hong-mei Jia, Hong-wu Zhang, Yu-fei Feng, Lei An and Zhong-mei Zou	Hippocampus and serum metabolomic studies to explore the regulation of Chaihu-Shu-Gan-San on metabolic network disturbances of rats exposed to chronic variable stress	Molecular BioSystems	10：549-561	3.183
491	信息所	朱大伟	Hepatitis B vaccination coverage rates among adults in rural China: Are economic barriers relevant	Vaccine	2014.32（49）：p.6705-6710	3.485

续 表

序号	单位	作者姓名	论文题目	期刊名称	卷期页	影响因子
492	动研所	Xu L, Bao L, Deng W, Zhu H, Li F, Chen T, Lv Q, Yuan J, Xu Y, Li Y, Yao Y, Gu S, Yu P, Chen H, Qin C	Rapid adaptation of avian H7N9 virus in pigs	Virology	2014, 452-453: 231-6	3.28
493	动研所	Yong W, Spence JP, Eskay R, Fitz SD, Damadzic R, Lai D, Foroud T, Carr LG, Shekhar A, Chester JA, Heilig M, Liang T.	Alcohol-preferring rats show decreased corticotropin-releasing hormone-2 receptor expression and differences in HPA activation compared to alcohol-nonpreferring rats	Alcohol Clin Exp Res.	2014 May; 38 (5): 1275-83	3.311
494	动研所	Yajun Yang, Jing Ma, Jinghui Xiu, Lin Bai, Feifei Guan, Li Zhang, Jiangning Liu and Lianfeng Zhang	Deferoxamine Compensates for Decreases in B Cell Counts and Reduces Mortality in Enterovirus 71-Infected Mice	Mar. Drugs	2014, 12, 4086-4095	3.512
495	动研所	Xu L, Bao L, Li F, Gu S, Lv Q, Yuan J, Xu Y, Zhu H, Deng W, Li Y, Yao Y, Yu P, Gao Z, Qin C	Combinations of Oseltamivir and Fibrates Prolong the Mean Survival Time of Mice Infected with the Lethal H7N9 Influenza Virus	J Gen Virol	2014. pii: vir. 0.069799-0.	3.53
496	动研所	Yuanwu Ma, Bin Shen2, Xu Zhang, Yingdong Lu, Wei Chen, Jing Ma, Xingxu Huang, Lianfeng Zhang	Heritable Multiplex Genetic Engineering in Rats Using CRISPR/Cas9	PLOS one	2014 Mar 5; 9 (3): e89413.	3.534
497	动研所	Zhang L, Liu C, Wu J, Tao JJ, Sui XL, Yao ZG, Xu YF, Huang L, Zhu H, Sheng SL, Qin C.	Tubastatin A/ACY-1215 improves cognition in Alzheimer's disease transgenic mice	J Alzheimers Dis	2014; 41 (4): 1193-205	3.612
498	动研所	Yuanwu Ma, Jing Ma, Xu Zhang, Wei Chen, Lei Yu, Yingdong Lu, Lin Bai, Bin Shen, Xingxu Huang and Lianfeng Zhang	Generation of eGFP and Cre knockin rats by CRISPR/Cas9	FEBS Journal	2014 Sep; 281 (17): 3779-90	3.986
499	动研所	Yuanwu Ma, Lianfeng Zhang and Xingxu Huang	Genome modification by CRISPR/Cas9	FEBS Journal	2014 Dec; 281 (23): 5186-93	3.986

续 表

序号	单位	作者姓名	论文题目	期刊名称	卷期页	影响因子
500	动研所	白　琳，石桂英，张　丽，关菲菲，马元武，李　倩，丛羽生，张连峰	Cav-1 deletion impaired hematopoietic stem cell function	cell death anddisease	2014 Mar 27；5：e1140	5.177
501	动研所	邓　巍	Severe influenza A（H1N1）pdm09 infection induces thymic atrophy through activating innate CD8（+）CD44（hi）T cells by upregulating IFN-γ.	Cell Death and Disease	2014 Oct 2；5：e1440	5.177
502	动研所	Lin Bai，Guiying Shi，Li Zhang，Feifei Guan，Yuanwu Ma，Q Li，Y-S Cong，and L Zhang	Cav-1 deletion impaired hematopoietic stem cell function	Cell Death and Disease	2014，5，e1140	5.177
503	动研所	Bo Sun，Xuelian Hu，Guangwei Liu，Bo Ma，Yamei Xu，Tao Yang，Jianfeng Shi，Fan Yang，Hongran Li，Lianfeng Zhang and Yong Zhao	Phosphatase Wip1 negatively regulates neutrophil migration and inflammation	The Journal of Immunology	2014 Feb 1；192（3）：1184-95	5.362
504	动研所	Xu L，Bao L，Deng W，Dong L，Zhu H，Chen T，Lv Q，Li F，Yuan J，Xiang Z，Gao K，Xu Y，Huang L，Li Y，Liu J，Yao Y，Yu P，Li X，Huang W，Zhao X，Lan Y，Guo J，Yong W，Wei Q，Chen H，Zhang L，Qin C	The Novel Avian-Origin Human A（H7N9）Influenza Virus Could be Transmitted between Ferrets via Respiratory Droplets	Journal of Infectious Disease	2014，15；209（4）：551-6	5.89
505	动研所	Dan Lu，Li Zhang，Dan Bao，Yingdong Lu，Xu Zhang，Ning Liu，Wenping Ge，Xiang Gao，Hongliang Li，Lianfeng Zhang	Calponin1 inhibits dilated cardiomyopathy development inmice through the εPKC pathway	International Journal of Cardiology	2014 May 1；173（2）：146-53	6.175
506	动研所	姜晓亮	Single-nucleotide polymorphisms of the dopamine D2 receptor increase inflammation and fibrosis in human renal proximal tubule cells	Hypertension	2014；63（3）：e74-80	7.6

续 表

序号	单位	作者姓名	论文题目	期刊名称	卷期页	影响因子
507	动研所	M Su, J Wang, C Wang, X Wang, W Dong, W Qiu, Y Wang, X Zhao, Y Zou, L Song, L Zhang and R Hui	MicroRNA-221 inhibits autophagy and promotes heart failure by modulating the p27/CDK2/mTOR axis	Cell death and differentiation	2014 Nov 14	8.385
508	微循环所	Shuai-Shuai Hu（胡帅帅）, Hong-Gang Zhang（仉红刚，通讯作者）, Qiu-Ju Zhang（张秋菊）, Rui-Juan Xiu（修瑞娟）	CD144 + EMPs/CD62E + EMPs: A couple of new biomarkers to monitor endothelial function in hypertension with hyperlipidemia involved	International Journal of Cardiology	2014：175（1）：203. doi：10.1016/j.ijcard.2014.04.236	6.175
509	微循环所	Shuai-Shuai Hu（胡帅帅）, Hong-Gang Zhang（仉红刚，通讯作者）, Qiu-Ju Zhang（张秋菊）, Rui-Juan Xiu（修瑞娟）	CD51+ endothelial microparticles as a biomarker of endothelial dysfunction in obese patients with hypertension	Endocrine	2014; DOI 10.1007/s12020-014-0423-7	3.527
510	微循环所	Shuai-Shuai Hu（胡帅帅）, Hong-Gang Zhang（仉红刚，通讯作者）, Qiu-Ju Zhang（张秋菊）, Rui-Juan Xiu（修瑞娟）	Small-size circulating endothelial microparticles in coronary artery disease	PLoS One	2014 Aug 12; 9（8）：e104528. doi：10.1371/journal.pone.0104528	3.534
511	微循环所	Shuai-Shuai Hu（胡帅帅）, Hong-Gang Zhang（仉红刚，通讯作者）, Qiu-Ju Zhang（张秋菊）, Rui-Juan Xiu（修瑞娟）	Increased Circulating Apoptotic CD31 +/CD42b-and Activated CD62E + Endothelial Micro Particles in Coronary Artery Disease	Journal of Hypertension（Open Access issue）	2014：3：167. doi：10.4172/2167-1095.1000167	4.222
512	信息所	朱大伟	Hepatitis B vaccination coverage rates among adults in rural China: Are economic barriers relevant	Vaccine	2014.32（49）：p. 6705-6710	3.485
513	病原所	Zhou Z, Jia X, Xue Q, Dou Z, Ma Y, Zhao Z, Jiang Z, He B, Jin Q, Wang J.	TRIM14 is a mitochondrial adaptor that facilitates retinoic acid-inducible gene-I-like receptor-mediated innate immune response.	Proc Natl Acad Sci U S A	2014, 111（2）：E245-E254	9.809

续 表

序号	单位	作者姓名	论文题目	期刊名称	卷期页	影响因子
514	病原所	Yang F, Yuan J, Wang X, Li J, Du J, Su H, Zhou B, Jin Q	Severe hand, foot, and mouth disease and coxsackievirus A6-Shenzhen, China	Clin Infect Dis	2014, 59 (10): 1504-1505	9.416
515	病原所	Guo L, Zhang X, Ren L, Yu X, Chen L, Zhou H, Gao X, Teng Z, Li J, Hu J, Wu C, Xiao X, Zhu Y, Wang Q, Pang X, Jin Q, Wu F, Wang J.	Human antibody responses to avian influenza A (H7N9) virus.	Emerg Infect Dis	2014, 20 (2): 192-200	7.327
516	病原所	Wu Z, Yang L, Yang F, Ren X, Jiang J, Dong J, Sun L, Zhu Y, Zhou H, Jin Q.	Novel Henipa-like virus, Mojiang Paramyxovirus, in rats, China, 2012.	Emerg Infect Dis	2014, 20 (6): 1064-1066	7.327
517	病原所	Xiang Z, Tsatsral S, Liu C, Li L, Ren L, Xiao Y, Xie Z, Zhou H, Vernet G, Nymadawa P, Shen K, Wang J.	Respiratory infection with Enterovirus genotype C117, China and Mongolia.	Emerg Infect Dis	2014, 20 (6): 1075-1077	7.327
518	病原所	Yang L, Wu Z, Yang F, Ren X, Zhang J, He G, Dong J, Sun L, Zhu Y, Zhang S, Jin Q.	MERS-related betacoronavirus in *Vespertilio superans* bats, China.	Emerg Infect Dis	2014, 20 (7): 1260-1262	7.327
519	病原所	Ren L, Yu X, Zhao B, Wu F, Jin Q, Zhang X, Wang J.	Infection with possible precursor of avian Influenza A (H7N9) virus in a child, China, 2013.	Emerg Infect Dis	2014, 20 (8): 1362-1365	7.327
520	病原所	Yang J, Zhang T, Guo L, Hu Y, Li J, Su H, Xiao Y, Ren X, Dong J, Sun L, Xiao Y, Li L, Yang F, Wang J, Yuan H, Jin Q.	Mutations of novel Influenza A (H10N8) virus in chicken eggs and MDCK cells.	Emerg Infect Dis	2014, 20 (9): 1541-1543	7.327
521	病原所	Liu L, Zhang W, Zheng J, Fu H, Chen Q, Zhang Z, Chen X, Zhou B, Feng L, Liu H, Jin Q	Exploration of novel cellular and serological antigen biomarkers in the ORFeome of *Mycobacterium tuberculosis*.	Mol Cell Proteomics	2014, 13 (3): 897-906	7.254

续 表

序号	单位	作者姓名	论文题目	期刊名称	卷期页	影响因子
522	病原所	Ren G, Yan H, Zhu H, Guo X, Sun Y	HmsC, a periplasmic protein, controls biofilm formation via repression of HmsD, a diguanylate cyclase in *Yersinia pestis*.	Environ Microbiol	2014, 16 (4): 1202-1216	6.24
523	病原所	Li X, Gao C, Yang Y, Zhou F, Li M, Jin Q, Gao L.	Systematic review with meta-analysis: the association between human papillomavirus infection and oesophageal cancer.	Aliment Pharmacol Ther	2014, 39 (3): 270-281	5.478
524	病原所	Chong H, Yao X, Qiu Z Sun J, Qiao Y, Zhang M, Wang M, Cui S, He Y.	The M-T hook structure increases the potency of HIV-1 fusion inhibitor sifuvirtide and overcomes drug resistance.	J Antimicrobial Chemother	2014, 69 (10): 2759-2769	5.439
525	病原所	Du J, Wang X, Hu Y, Li Z, Li Y, Sun S, Yang F, Jin Q.	Changing etiology of Hand, Foot and Mouth Disease in Linyi, China, 2009~2011.	Clin Microbiol Infect	2014, 20 (1): 047-049	5.197
526	病原所	Chen C, Feng X, Liao H, Jin W, Zhang J, Wang Y, Gong L, Liu J, Yuan X, Zhao B, Zhang D, Chen G, Wan Y, Guo J, Yan H, He Y.	Regulation of T cell proliferation by JMJD6 and PDGF-BB during chronic hepatitis B infection.	Sci Rep	2014, 4: 6359.	5.078
527	病原所	Liu S, Cai P, Piao X, Hou N, Zhou X, Wu C, Wang H, Chen Q.	Expression profile of the *Schistosoma japonicum* degradome reveals differential protease expression patterns and potential anti-schistosomal intervention targets.	PLoS Comput Biol	2014, 10 (10): e1003856	4.829
528	病原所	Chong H, Qiu Z, Sun J, Qiao Y, Li X, He Y.	Two M-T hook residues greatly improve the antiviral activity and resistance profile of the HIV-1 fusion inhibitor SC29EK.	Retrovirology	2014, 11: 40	4.767
529	病原所	Li H, Yang X, Yang G, Hong Z, Zhou L, Yin P, Xiao Y, Chen L, Chung R T, Zhang L.	Hepatitis C virus NS5A Hijacks ARFGAP1 to maintain a phosphatidylinositol 4-phosphate-enriched microenvironment.	J Virol	2014, 88 (11): 5956-5966	4.648

续 表

序号	单位	作者姓名	论文题目	期刊名称	卷期页	影响因子
530	病原所	Xiang Z, Li L, Lei X, Zhou H, Zhou Z, He B, Wang J.	Enterovirus 68 3C proteasecleaves TRIF to attenuate antiviral responses mediated by toll-like receptor 3.	J Virol	2014, 88 (12): 6650-6659	4.648
531	病原所	Lei X, Han N, Xiao X, Jin Q, He B, Wang J.	Enterovirus 71 3C inhibits cytokine expression through cleavage of the TAK1/ TAB1/ TAB2/ TAB3 complex.	J Virol	2014, 88 (17): 9830-9841	4.648
532	病原所	Zhao L, Peng Y, Zhou K, Cao M, Wang J, Wang X, Jiang T, Deng T.	New insights into the nonconserved noncoding region of the subtype-determinant Hemagglutinin and Neuraminidase segments of Influenza A viruses.	J Virol	2014, 88 (19): 11493-11503	4.648
533	病原所	Cao M, Wei C, Zhao L, Wang J, Jia Q, Wang X, Jin Q, Deng T.	DnaJA1/Hsp40 is co-opted by influenza A virus to enhance its viral RNA polymerase activity.	J Virol	2014, 88 (24): 14078-14089	4.648
534	病原所	Cai P, Mu Y, Piao X, Hou N, Liu S, Gao Y, Wang H, Chen Q.	Discovery and confirmation of ligand binding specificities of the *Schistosoma japonicum* polarity protein scribble.	PLoS Negl Trop Dis	2014, 8 (5): e2837	4.489
535	病原所	Chen L, Liu B, Yang J, Jin Q.	DBatVir: the database of bat-associated viruses.	Database	2014,: bau021	4.457
536	病原所	Hu S, Zhang Y, Yu Y, Jin D, Zhang X, Gu S, Jia H, Chen X, Zhang Z, Jin Q, Ke Y, Liu H.	Growth factor receptor bound protein 2-associated binder 2, a Scaffolding adaptor protein, negatively regulates host immunity against Tuberculosis.	Am J Resp Cell Mol Biol	2014, 51 (4): 575-585	4.109
537	病原所	Piao X, Hou N, Cai P, Liu S, Wu C, Chen Q.	Genome-wide transcriptome analysis shows extensive alternative RNA splicing in the zoonotic parasite *Schistosoma japonicum*.	BMC Genomics	2014, 15 (1): 715	4.041

续 表

序号	单位	作者姓名	论文题目	期刊名称	卷期页	影响因子
538	病原所	Li J, Yuan J, Yang F, Wu Z, Hu Y, Xue Y, Zhou B, Jin Q.	Epidemic characteristics of Hand, Foot, and Mouth Disease in Southern China, 2013: Coxsackievirus A6 has emerged as the predominant causative agent.	J Infect	2014, 69 (3) : 299-303	4.017
539	病原所	Zhou Z, Gao X, Wang Y, Zhou H, Wu C, Paranhos-Baccalà G, Vernet G, Guo L, Wang J.	Conserved B-cell epitopes among human bocavirus species indicate potential diagnostic targets.	PLoS One	2014, 9 (1) : e86960	3.534
540	病原所	Wang J, Zhang T, Du J, Cui S, Yang F, Jin Q.	Anti-Enterovirus 71 effects of chrysin and its phosphate ester.	PLoS One	2014, 9 (3) : e89668	3.534
541	病原所	Wang J, Su H, Zhang T, Du J, Cui S, Yang F, Jin Q.	Inhibition of Enterovirus 71 replication by 7-hydroxyflavone and diisopropyl-flavon7-yl phosphate.	PLoS One	2014, 9 (3) : 92565	3.534
542	病原所	Wang J, Du J, Jin Q.	Class I ADP-ribosylation factors are involved in enterovirus 71 replication.	PLoS One	2014, 9 (6) : e99768	3.534
543	病原所	Huang H, Kang R, Zhao Z.	Is Hepatitis C associated with atherosclerotic burden? A systematic review and meta-analysis.	PLoS One	2014, 9 (9) : e106376	3.534
544	病原所	Si Y, Li J, Niu Y, Liu X, Ren L, Guo L, Cheng M, Zhou H, Wang J, Jin Q, Yang W.	Entry properties and entry inhibitors of a human H7N9 influenza virus, 2013.	PLoS One	2014, 9 (9) : e107235	3.534
545	病原所	Peng J, Wang T, Zhu H, Guo J, Li K, Yao Q, Lv Y, Zhang J, He C, Chen J, Wang L, Jin Q.	Multiplex PCR/Mass spectrometry screening of biological carcinogenic agents in human mammary tumors.	J Clin Virol	2014, 61 (2) : 255-259	3.466
546	病原所	Wu R, Li X, Leung H, Cao Z, Qiu Z, Zhou Y, Zheng B, He Y.	A novel neutralizing antibody against diverse clades of H5N1 influenza virus and its mutants capable of airborne transmission.	Antiviral Res	2014, 106 : 13-23	3.434

续 表

序号	单位	作者姓名	论文题目	期刊名称	卷期页	影响因子
547	病原所	Hong Z, Yang X, Yang G, Zhang L.	Hepatitis C virus NS5A competes with PI4KB for binding to ACBD3 in a genotype-dependent manner.	Antiviral Res	2014, 107：50-55	3.434
548	血研所	Yirui Chen #, Shouyun Li #, Chunlin Zhou, Chengwen Li, Kun Ru, Qing Rao, Haiyan Xing, ZhengTian, Kejing Tang, YingchangMi, Baohong Wang, Min Wang *, and Jianxiang Wang	TBLR1 fuses to retinoid acid receptor alpha in a variant t (3; 17) (q26; q21) translocation of acute promyelocytic leukemia,	Blood	2014, 124 (6)：936-945	9.775
549	血研所	Hu L, Cheng H, Gao Y, Shi M, Liu Y, Hu Z, Xu J, Qiu L, Yuan W, Leung AY, Yang YG, Cheng T *	The antioxidant N-acetyl-L-cysteine increases engraftment of human hematopoietic stem cells in immune-deficient mice.	Blood	2014 Oct 6	9.775
550	血研所	Fu R, Xuan M, Zhou Y, Sun T, Bai J, Cao Z, Zhang L, Li H, Zhang D, Zhang X, Lv C, Xue F, Liu X, Yang R, Zhang L.	Analysis of calreticulin mutations in Chinese patients with essential thrombocythemia: clinical implications in diagnosis, prognosis and treatment.	Leukemia	2014, 28：1912-1914	9.379
551	血研所	Yan C, Yang M, Li Z, Li S, Hu X, Fan D, Zhang Y, Wang J, Xiong D	Umbilical Cord-derived Mesenchymal Stem Cells with sTRAIL Gene Expression Driven by AFP Promoter Suppress Orthotopically Implanted Hepatocarcinoma in Mice	Biomaterials	2014 Mar; 35 (9): 3035-43	8.312
552	血研所	Dong CY, Liu XY, Wang N, Wang LN, Yang BX, Ren Q, Liang HY, Ma XT *.	Twist-1, a novel regulator of hematopoietic stem cell self-renewal and myeloid lineage development	Stem Cells	2014 Dec; 32 (12): 3173-82	7.133
553	血研所	An G, Xu Y, Shi L, Shizhen Z, Deng S, Xie Z, Sui W, Zhan F, Qiu L.	Chromosome 1q21 gains confer inferior outcomes in multiple myeloma treated with bortezomib but copy number variation and percentage of plasma cells involved have no additional prognostic value.	Haematologica	2014 Feb; 99 (2): 353-9	5.868

续 表

序号	单位	作者姓名	论文题目	期刊名称	卷期页	影响因子
554	血研所	Li B, Xu J, Wang J, Gale RP, Xu Z, Cui Y, Yang L, Xing R, Ai X, Qin T, Zhang Y, Zhang P, Xiao Z.	Calreticulin mutations in Chinese with primary myelofibrosis.	Haematologica	2014. 109249 Epub.	5. 868
555	血研所	Erlie Jiang, Xiaoyuan Dai Perrard, Donglin Yang, Ilvira M. Khan, Jerry L. Perrard, C. Wayne Smith, Christie M. Ballantyne and Huaizhu Wu	Essential Role of CD11a in CD8+ T-Cell Accumulation and Activation in Adipose Tissue	Arterioscler Thromb Vasc Biol	2014; 34 : 34-43	5. 533
556	血研所	YujiaoJia #, LeiwenPeng #, Qing Rao, Haiyan Xing, Lei Huai, Pei Yu, YiruiChen, Cuicui Wang, Min Wang, YingchangMi, Jianxiang Wang *	Oncogene iASPP enhances self-renewal of hematopoietic stem cellsand facilitates their resistance to chemotherapy and irradiation	FASEB J	2014, 28 : 2816-2827	5. 48
557	血研所	Hao M, Zang M, Wendlandt E, Xu Y, An G, Gong D, Li F, Qi F, Zhang Y, Yang Y, Zhan F, Qiu L.	Low serum miR-19a expression as a novel poor prognostic indicator in multiple myeloma.	Int J Cancer	2014 Sep 15. doi: 10. 1002/ijc. 29199. [Epub ahead of print]	5. 007
558	血研所	Zhao H, Li H, Du W, Zhang D, Ge J, Xue F, Zhou Z, Yang R.	Reduced MIR130A is involved in primary immune thrombocytopenia via targeting TGF-B1 and IL18.	Br J Haematol	2014, 166 (5) : 767-73.	4. 959
559	血研所	Nie N, Shi J, Shao Y, Li X, Ge M, Huang J, Zhang J, Huang Z, Li D, Zheng Y	A novel tri-allelic mutation of TMPRSS6 in iron-refractory iron deficiency anaemia with response to glucocorticoid	Br J Haematol	2014; 166 (2) : 300-303	4. 959
560	血研所	Ma S, Shi Y, Pang Y, Dong F, Cheng H, Hao S, Xu J, Zhu X, Yuan W, Cheng T * , Zheng G *	Notch1-induced T cell leukemia can be potentiated by microenvironmental cues in the spleen.	J Hematol Oncol	2014 Nov 4; 7 (1) : 71	4. 933

续 表

序号	单位	作者姓名	论文题目	期刊名称	卷期页	影响因子
561	血研所	Yajuan Cui, Bing Li, Robert Peter Gale, Qian Jiang, Zefeng Xu, Tiejun Qin, Peihong Zhang, Yue Zhang, Zhijian Xiao.	CSF3R, SETBP1 and CALR mutations in chronic neutrophilic leukemia.	Journal of Hematology & Oncology	2014. 7 (1): 1-3	4. 933
562	血研所	Guoqiang Chang, Jian Wang, Hongju Zhang, Yujuan Zhang, Chijuan Wang, Hua Xu, Hairui Zhang, Yani Lin, Li Ma, Qinghua Li, Tianxiang Pang *.	CD44 targets Na+/H+ exchanger 1 to mediate MDA-MB-231 cells' metastasis via the regulation of ERK1/2	Brit J Cancer	2014 Feb 18; 110 (4): 916-927	4. 817
563	血研所	Li Ma, Haiyan Gong, Haiyan Zhu, Qing Ji, Peng Liu, Shannan Cao, Jianfeng Yao, Pei Shu, Mingzhe Han, Xiaotong Ma, Dongsheng xiong, Hongbo R. Luo, Fei Wang, Jiaxi Zhou * &Yuanfu Xu *	A Novel Small-molecule TNFα Inhibitor Attenuates Inflammation in a Hepatitis Mouse Model	J Bio Chem	2014; 289: 12457-12466	4. 6
564	血研所	Weina Jin, Ying Lu, Qinghua Li, Jian Wang, Hongju Zhang, Guoqiang Chang, Yani Lin, Tianxiang Pang *.	Down-regulation of the P-glycoprotein relevant for multidrug resistance by intracellular acidification through the crosstalk of MAPK signaling pathways	Int J Biochem Cell Biol	2014 Sep; 54: 111-121	4. 24
565	血研所	Hu Y, Li S, Yang M, Yan C, Fan D, Zhou Y, Zhang Y, Yagüe E, Xiong D	Sorcin silencing inhibits epithelial-to-mesenchymal transition and suppresses breast cancer metastasis in vivo	Breast Cancer Res Treat	2014 Jan; 143 (2): 287-99	4. 198
566	血研所	Chang L, Yuan W, Zeng H, Zhou Q, Wei W, Zhou J, Li M, Wang X, Xu M, Yang F, Yang Y, Cheng T *, Zhu X *	Whole exome sequencing reveals concomitant mutations of multiple FA genes in individual Fanconi anemia patients.	BMC Med Genomics	2014 May 15; 7: 24	3. 914

续 表

序号	单位	作者姓名	论文题目	期刊名称	卷期页	影响因子
567	血研所	Wei Gao, Hairui Zhang, Guoqiang Chang, Zhenqing Xie, Hanyu Wang, Li Ma, Zhongchao Han, Qinghua Li, Tianxiang Pang *	Decreased intracellular pH induced by cariporide differentially contributes to human umbilical cord-derived mesenchymal stem cells differentiation	Cell Physiol Biochem	2014 Jan 24; 33 (1): 185-194	3.55
568	血研所	Hu X, Zhou Y, Dong K, Sun Z, Zhao D, Wang W, Yu G, Liu W, Xu G, Han Z, Feng X	Programming of the development of tumor-promoting neutrophils by mesenchymal stromal cells.	Cell Physiol Biohem.	2014; 33 (6): 1802-14. doi: 10.1159/000362959	3.55
569	血研所	Zhang Y, Hu T, Hua C, Gu J, Zhang L, Hao S, Liang H, Wang X, Wang W, Xu J, Liu H, Liu B, Cheng T *, Yuan W *	Rictor is required for early B cell development in bone marrow.	PLoS One	2014 Aug 1; 9 (8): e103970	3.534
570	血研所	Wei Li, Xiaoyuan Gong, Mingyuan Sun, Xingli Zhao, Benfa Gong, Hui Wei, YingchangMi, Jianxiang Wang	High-dose Cytarabine in Acute Myeloid Leukemia Treatment: A Systematic Review and Meta-analysis,	PLOS ONE	2014, 9 (10): e110153	3.534
571	血研所	Wu Q, Zhang J, Shi J, Ge M, Li X, Shao Y, Yao J, Zheng Y	Increased Bone Marrow (BM) Plasma Level of Soluble CD30 and Correlations with BM Plasma Level of Interferon (IFN) -γ, CD4/CD8 T-Cell Ratio and Disease Severity in Aplastic Anemia	PLoS One	2014; 9 (11): e110787	3.534
572	血研所	Li B, Xu J, Li C, Gale RP, Xu Z, Qin T, Zhang Y, Huang G, Fang L, Zhang H, Pan L, Hu N, Qu S, Xiao Z.	Cytogenetic studies and their prognostic contribution in 565 Chinese patients with primary myelofibrosis.	Am J Hematol	2014.89 (11): 1043-6	3.477
573	血研所	Xing R, Li C, Gale RP, Zhang Y, Xu Z, Qin T, Li B, Fang L, Zhang H, Pan L, Hu N, Qu S, Xiao Z.	Monosomal karyotype is an independent predictor of survival in patients with higher-risk myelodysplastic syndrome.	Am J Hematol	2014.89 (10): E163-8	3.477

续 表

序号	单位	作者姓名	论文题目	期刊名称	卷期页	影响因子
574	血研所	Zou D, An G, Zhu G, Wang J, Shi L, Meng H, Xu Y, Sui W, Deng S, Zhan F, Qiu L.	Secondary monoclonal gammopathy of undetermined significance is frequently associated with high response rate and superior survival in patients with plasma cell dyscrasias.	Biol Blood Marrow Transplant	2014 Mar; 20 (3): 319–25	3.348
575	血研所	LINGJIE SUN1, LIHUA WU1, ZHUOQING QIAO2, JINGYI YU1, LIANLIAN LI1, SHANGZHU LI1, QINGGUO LIU1, YIMIN HU1, NING XU1 & PINGPING HUANG	Analysis of possible factors relating to prognosis in autologous peripheral blood mononuclear cell transplantation for critical limb ischemia	Cytotherapy	2014; 16: 1110e1116	3.1
576	血研所	Ren S, She M, Li M, Zhou Q, Liu R, Lu H, Yang C, Xiong D	The RNA/DNA-binding protein PSF relocates to cell membrane and contributes cells' sensitivity to antitumor drug, doxorubicin	Cytometry A	2014 Mar; 85 (3): 231–41	3.066
577	血研所	Xinghui Zhao, Aili Chen, Xiaomei Yan, Yue Zhang, Fuhong He, Yoshihiro Hayashi, Yunzhu Dong, Yalan Rao, Bo Li, Rajeana M. Conway, Alba Maiques-Diaz, Shannon E. Elf, Nuomin Huang, Johannes Zuber, Zhijian Xiao, William Tse, Daniel G. Tenen, Qianfei Wang, Wei Chen, James C Mulloy, Stephen D. Nimer and Gang Huang	Down-regulation of RUNX1/CBFβ by MLL fusion proteins enhances HSC self-renewal	Blood	2014, 123 (11): 1729–38	9.775

续 表

序号	单位	作者姓名	论文题目	期刊名称	卷期页	影响因子
578	血研所	Holly L. Geyer, Robyn M. Emanuel, Amylou C. Dueck, Jean-Jacques Kiladjian, Zhijian Xiao, Stefanie Slot, Sonja Zweegman, Federico Sackmann, Ana Kerguelen Fuentes, Dolores Hernάndez-Maraver, Kostanze Döhner, Claire N. Harrison, Deepti Radia, Pablo Muxi, Carlos Besses, Francisco Cervantes, Peter L. Johansson, Bjorn Andreasson, Alessandro Rambaldi, Tiziano Barbui, Alessandro M. Vannucchi, Francesco Passamonti, Jan Samuelsson, Gunnar Birgegard and Ruben A. Mesa	Distinct clustering of symptomatic burden amongst myeloproliferative neoplasm patients: retrospective assessment in 1470 patients	Blood	2014. 123 (24): 3803-10	9. 775
579	血研所	J. Ren1, 2, *, X. Y. Hou1, *, S. H. Ma3, F. K. Zhang3, J. H. Zhen4, L. Sun1, Y. X. Sun1, Y. L. Hao5, Y. F. Cheng6, M. Hou1, 7, C. G. Xu1, M. H. Zhang1 & J. Peng	Elevated expression of CX3C chemokine receptor 1 mediates recruitment of T cells into bone marrow of patients with acquired aplastic anaemia	journal of internal medicine	2014, doi: 10. 1111/jo im. 12218	5. 785
580	血研所	J. Peng1, *, S. -H. Ma1, J. Liu2, Y. Hou1, X. -M. Liu3, T. Niu4, R. -R. Xu5, C. -S. Guo6, X. -M. Wang7, Y. -F. Cheng8, H. Ni9 andM. Hou10	Association of autoantibody specificity and response to intravenous immunoglobulin G therapy in immune thrombocytopenia: a multicenter cohort study	Journal of Thrombosis and Haemostasis	2014, 12: 497 - 504. DOI: 10. 1111/jth. 12524	5. 55
581	血研所	yu wang, yin yang, songfang wu, shuang pan, chaodong zhou, yilie ma, yongxin ru, shuxu dong, bin he, cuizhu zhang, and youjia cao	P32 is a novel target for ICP34. 5 of herpes simplex virus type 1, and facilitates viral nuclear egress	the journal of biological chemistry	2014. 10. 29	4. 6

续 表

序号	单位	作者姓名	论文题目	期刊名称	卷期页	影响因子
582	血研所	Katarzyna A Darlak #, Ying Wang #, Jian-Ming Li, Wayne AC Harris, Cynthia R Giver, Chunzi Huang and Edmund K Waller1 *	Host bone marrow-derived IL-12 enhances donor T cell engraftment in a mouse model of bone marrow transplantation	Journal of Hematology & Oncology,	2014, 7:16	4.458
583	血研所	Binfeng Song[1†], Qian Zhang[2†], Zhaojun Zhang[2], Yang Wan[3], Qiong Jia[1], Xiaomin Wang[3], Xiaofan Zhu[3], Anskar Yu-Hung Leung[4], Tao Cheng[3], Xiangdong Fang[2*], Weiping Yuan[3*] and Haibo Jia[1*]	Systematic transcriptome analysis of the zebrafish model of diamond-blackfan anemia induced by RPS24 deficiency	BMC Genomics	2014-9-4 2014, 15:759	4.04
584	血研所	Wu M, Han ZB, Liu JF, Wang YW, Zhang JZ, Li CT, Xin PL, Han ZC, Zhu XP.	Serum-free media and the immunoregulatory properties of mesenchymal stem cells in vivo and in vitro.	Cell Physiol Biochem	2014; 33 (3): 569-80	3.55
585	血研所	Geng C, Hou J, Zhao Y, Ke X, Wang Z, Qiu L, Xi H, Wang F, Wei N, Liu Y, Yang S, Wei P, Zheng X, Huang Z, Zhu B, Chen WM.	A multicenter, open-label phase II study of recombinant CPT (Circularly Permuted TRAIL) plus thalidomide in patients with relapsed and refractory multiple myeloma.	Am J Hematol	2014 Nov; 89 (11): 1037-42	3.477
586	血研所	Lin Y, Hu X, Cheng H, Pang Y, Wang L, Zou L, Xu S, Zhuang X, Jiang C, Yuan W, Cheng T *, Wang J	Graft-Versus-Host Disease Causes Broad Suppression of Hematopoietic Primitive Cells and Blocks Megakaryocyte Differentiation in a Murine Model.	Biol Blood Marrow Transplant.	2014 Sep; 20 (9): 1290-300	3.348
587	放射所	J Liu, J Liu, L Chu, Y Zhang, H Xu, D Kong	Self-Assembling Peptide of D-Acids Boosts Selectivity and Antitumor Effcacy of 10-Hydroxycamptothecin	ACS Applied Materials & Interfaces	2014, 6, 5558-5565	5.008

续 表

序号	单位	作者姓名	论文题目	期刊名称	卷期页	影响因子
588	放射所	Xiao-Dong Zhang, 1 Jiang Yang, 2 Sha-Sha Song, 1 Wei Long, 1 Jie Chen, 1 Xiu Shen, 1 Hao Wang, 1 Yuan-Ming Sun, 1Pei-Xun Liu, 1 and Saijun Fan1	Passing throrgh the renal clearance barrier: toward ultrasmall sizes with stable ligands for potential clinical applications	International Journal of Nanomedicine	9 : 2069-2072, 2014	4.195
589	放射所	Xiao-Dong Zhang1, Jie Chen1, Zhentao Luo2, Di Wu1, Xiu Shen1, Sha-Sha Song1, Yuan-Ming Sun1, Pei-Xun Liu1, Jing Zhao3, Shuaidong Huo3, Saijun Fan1, Feiyue Fan1, Xing-Jie Liang3, * andJianping Xie2, *	Enhanced Tumor Accumulation of Sub-2 nm Gold Nanoclusters for Cancer Radiation Therapy	Advanced Healthcare Materials	3 : 133-141, 2014	3
590	放射所	Sha-Sha Song, a Bao-Yu Xia, b Jie Chen, a Jiang Yang, d Xiu Shen, a Sai-Jun Fan, a Mei-li Guo, * c Yuan-Ming Sun * a and Xiao-Dong Zhang * a	Two dimensional TiO2 nanosheets: in vivo toxicity investigation	RSC Advances	2014, 4, 42598-42603	3.708
591	工程所	Ruiping Duan, Zhimin Zhou, Guanghao Su, Lingrong Liu, Man Guan, Bo Du, Qi Qing Zhang *	Chitosan-coated Gold Nanorods for Cancer Therapy Combining Chemical and Photothermal Effects	Macromolecular Bioscience	2014, 14 (8) : 1160-1169	3.65
592	工程所	Mingming Zhang *, Qingqing Xiong, Qiqing Zhang * et al	A well-defined coil-comb polycationic brush with "star polymers" as side chains for gene delivery	Polymer Chemistry	2014, 5, 4670	5.368
593	工程所	Mingming Zhang *, Qingqing Xiong, Qiqing Zhang * et al	Facile synthesis of well-defined cyclodextrin-pendant polymer via ATRP for nanostructure abrication	RSC Adv.	2014, 4, 30566	3.708
594	工程所	Mingming Zhang *, Qingqing Xiong, Qiqing Zhang * et al	Anti-tumor drug delivery system based on cyclodextrin-containing pH-responsive star polymer: In vitro and in vivo evaluation	International Journal of Pharmaceutics	2014, 474, 232-240	3.785

续表

序号	单位	作者姓名	论文题目	期刊名称	卷期页	影响因子
595	工程所	Wang W，Li C，Zhang J，Dong A，Kong D	Tailor-made gemcitabine prodrug nanoparticles from well-defined drug-polymer amphiphiles prepared by controlled living radical polymerization for cancer chemotherapy	Journal of Materials Chemistry B	2（13）：1891-1901	6. 626
596	工程所	Wang W，Liu J，Li C，Zhang J，Dong A，Kong D	Real-time and non-invasive fluorescence tracking of in vivo degradation of the thermosensitive PEGlayted polyester hydrogel	Journal of Materials Chemistry B	2（26）：4185-92	6. 626
597	工程所	Lanxia Liu，Xia Dong，Dunwan Zhu，Liping Song，Hailing Zhang，Xigang Leng.	TAT-LHRH conjugated low molecular weight chitosan as a gene carrier specific for hepatocellular carcinoma cells.	International Journal of Nanomedicine	9：2879-2889	4. 195
598	工程所	Bo Du，Jingjie Wang，Zhimin Zhou *，Hongbo Tang，Xuemin Li，Yingjie Liu，Qiqing Zhang *	Synthesis of silk-based microcapsules by desolvation and hybridization	Chem. Commun.	2014，50（34），4423-4426	6. 718
599	工程所	Li C，Kong D	Cancer risks from diabetes therapies：evaluating the evidence	Pharmacology & Therapeutics	144（1）：71-81	7. 793
600	工程所	Wang W，Li G，Zhang W，Gao J，Zhang J，Li C，Ding D，Kong D	Reduction-triggered formation of EFK8 molecular hydrogel for 3D cell culture	RSC Advances	4：30168-71	3. 708
601	工程所	Wang W，Zhang J，Li C，Huang P，Gao S，Han S，Dong A，Kong D	Facile access to biocompatible multicompartment micelles with tunable Janus cores from A-block-B-graft-C terpolymers prepared by combination of ROP and ATRP	Colloids and Surfaces B：Biointerfaces	115：302-309	4. 207
602	皮研所	王宝玺	Different roads，same destination.	J Invest Dermatol.	2014 Apr；134（4）：1154-5	6. 372

续 表

序号	单位	作者姓名	论文题目	期刊名称	卷期页	影响因子
603	皮研所	陈祥生	Antimicrobial resistance, genetic resistance determinants for ceftriaxone and molecular epidemiology of Neisseria gonorrhoeae isolates in Nanjing, China.	J Antimicrob Chemother.	2014 Nov; 69 (11): 2959-65	5.439
604	皮研所	刘维达	In vitro analyses of mild heat stress in combination with antifungal agents against Aspergillus fumigatus biofilm.	Antimicrob Agents Chemother	2014; 58 (3): 1443-50	4.451
605	皮研所	王洪生	Disseminated Cutaneous Infection Caused by Mycobacterium colombiense.	Acta Derm Venereol.	2014 Oct23; 94 (6): 727-728	4.244
606	皮研所	冯素英	Livedoid vasculopathy: clinical features and treatment in 24 Chinese patients	Acta Derm Venereol.	2014 Sep; 94 (5): 574-8	4.244
607	皮研所	王宝玺	Correlation of Conventional and Conformational Anti-desmoglein Antibodies with Phenotypes and Disease Activities in Patients with Pemphigus Vulgaris.	Acta Derm Venereol.	2014 Sep 2	4.244
608	皮研所	王宝玺	HIV *prevalence*, incidence and risk behaviours among men who have sex with men in Yangzhou and Guangzhou, China: a cohort study.	J Int AIDS Soc.	2014 Aug 6; 17: 18849	4.207
609	皮研所	陈祥生	Evaluation of Abbott RealTime CT/NG assay for detection of Chlamydia trachomatis and Neisseria gonorrhoeae in cervical swabs from female sex workers in China.	PLoS One	2014 Mar 5; 9 (3): e89658	3.534

续 表

序号	单位	作者姓名	论文题目	期刊名称	卷期页	影响因子
610	皮研所	陈祥生	Worldwide susceptibility rates of Neisseria gonorrhoeae isolates to cefixime and cefpodoxime：a systematic review and meta-analysis.	PLoS One	2014 Jan 31；9（1）：e87849	3.534
611	皮研所	陈祥生	HPV infections among MSM in Shenzhen，China	PLoS One	2014 May 6；9（5）：e96364	3.534
612	皮研所	陈祥生（共同通信）	Advancing the prevention agenda for HIV and other sexually transmitted infections in south China：social science research to inform effective public health interventions.	AIDS Behav.	2014 Feb；18 Suppl 2：S222-31	3.312
613	输血所	一作：李玉佳　通信：陈利民	Activation of endogenous type I interferon signaling contributes to persistent HCV infection	Reviews in Medical Virology	2014，24（5）：332-342	5.759
614	输血所	一作：贺　曾　通信：刘嘉馨	The unexpected effect of PEGylated gold nanoparticles on the primary function of erythrocytes	Nanoscale	2014，6（15）：9017-9024	6.739
615	输血所	一作：刘　鱼　通信：何　苗　刘　忠	Hepatitis B virus infection in a cohort of HIV infected blood donors and AIDS patients in Sichuan，China	Journal of translational medicine	2014，12（12）：164-171	3.991
616	输血所	一作：李红学　通信：李武平	The genomic and seroprevalence of human bocavirus in healthy Chinese plasma donors and plasma derivatives	Transfusion	online：22 JUL 2014	3.568
617	输血所	一作：曾沛斌　通信：曾沛斌	Study of Seroprevalence and Rates of Asymptomatic Viremia of Severe Fever with Thrombocytopenia Syndrome Virus（SFTSV）among Chinese Blood Donors	Transfusion	online：15 DEC 2014	3.568

续 表

序号	单位	作者姓名	论文题目	期刊名称	卷期页	影响因子
618	输血所	一作：田 力 通信：宋 宁	Sequence analysis of the human fucosyltransferase 1 and 2 genes in Tibetan blood donors: identification of three novel alleles	Transfusion	2014，54（7）：1847-1850	3.568
619	输血所	一作：黄 毅 通信：山 华	Risk factors for hepatitis B and C infection among blood donors in five Chinese blood centers	Transfusion	online：10 NOV 2014	3.568
620	生物所	Yanwei Bi，Le Sun，et al	High-efficiency targeted editing of large viral genomes by RNA-guided nucleases	PLOS Pathogens	2014，10（5）：e1004090	8.057
621	生物所	Jingjing Wang，Sudong Qi，et al	Coxsackievirus A 16 infection does not interfere with the specificimmune response induced by an enterovirus 71 inactivated vaccine inrhesus monkeys	Vaccine	2014，36：4436-4442	3.485
622	生物所	Erxia Yang，Chen Cheng，et al	Comparative study of the immunogenicity in mice and monkeys of an inactivated CA16 vaccine made from a human diploid cell line	Human Vaccines & Immunotherapeutics	2014，10（5）：1-8	3.136
623	生物所	Yan Liang，Jingchen Ma，et al	Safety and immunogenicity of a live attenuated mumps vaccine	Human Vaccines & Immunotherapeutics	2014，10（5）：1-9	3.136
624	生物所	Ying Zhang，Erxia Yang，et al	The Gene Expression Profile of Peripheral Blood Mononuclear Cells from EV71-Infected Rhesus Infants and the Significance in Viral Pathogenesis	PloS One	2014，9（1）：e83766	3.534
625	生物所	Sun M，Pace CS，Yao X，Yu F，Padte NN，Huang Y，Seaman MS，Li Q，Ho DD.	Rational design and characterization of the novel，broad and potent bispecific HIV-1 neutralizing antibody iMabm36.	J Acquir Immune Defic Syndr	2014，66（5）：473-83	4.394

续 表

序号	单位	作者姓名	论文题目	期刊名称	卷期页	影响因子
626	生物所	Guan Y, Guo L, Yang E, Liao Y, Liu L, Che Y, Zhang Y, Wang L, Wang J, Li Q.	HSV-1 nucleocapsid egress mediated by UL31 in association with UL34 is impeded by cellular transmembrane protein 140	Virology	2014, Sep; 464-465 : 1-10	3. 278
627	生物所	Zhiqing Duan, Yunqing Duan, Huangui Lei, Ningzhu Hu, Jiandong Shi, Dong Shen, Xi Wang, and Yunzhang Hu	Attenuation of antigenic immunogenicity by kynurenine, a novel suppressive adjuvant.	Human Vaccine & Immnotherapeutics	2014 May; 10 (5) : 1295-305	3. 643
628	生物所	Jiandong Shi, Jing Sun, Bin Wang, Meini Wu, Jing Zhang, Zhiqing Duan, Haixuan Wang, Ningzhu Hu, and Yunzhang Hu.	Novel microRNA-like viral small regulatory RNAs arising during human hepatitis A virus infection.	The FASEB Journal article	Vol. 28 October 2014	5. 48
629	生物所	Meini Wu, Haixuan Wang, Jiandong Shi, Jing Sun, Zhiqing Duan, Yanhan Li, Jianfang Li, Ningzhu Hu, Yiju Wei, Yang Chen, Yunzhang Hu.	Gene Expression Profiles identify both MyD88-independent and MyD88-dependent Pathways involved in the Maturation of Dendritic Cells mediated by Heparan Sulfate, A novel Adju-vant.	Human Vaccines & Immunotherapeutics	2014, Dec; 10 : 12, 1-11	3. 643
630	生物所	Yunsong Shen, Danfeng Cao, Yalin Li, J. K. Kulski Lei Shi, Hongjun Jiang, Qianli Ma, Jiankun Yu, Jinxian Zhou, Yufeng Yao & Li Shi.	Distribution of HLA-A, -B and-C alleles and HLA/KIR combinations in Han population in China	Journal of Immunology Research	2014, Article ID 565296: 1-8. http: //dx. doi. org/10. 1155/2014/565296	3. 064
631	生物所	Huang, Weiwei; Yao, Yufeng; Long, Qiong; Yang, Xu; Sun, Wenjia; Liu, Cunbao; Jin, Xiaomei; li, Yang; Chu, Xiaojie; Chen, Bin; Ma, Yanbing	Immunization against Multidrug-Resistant Acinetobacter baumannii Effectively Protects Mice in both Pneumonia and Sepsis Models	PLoS ONE.	2014, 9: e100727	3. 534

续 表

序号	单位	作者姓名	论文题目	期刊名称	卷期页	影响因子
632	生物所	Qiong Long, Weiwei huang, Yufeng Yao, Xu Yang, Wenjia Sun, Xiaomei Jin, Yang Li, Xiaojie chu, cunbao Liu, Zhikang Peng, and Yanbing Ma	Virus-like particles presenting interleukin-33 molecules: Immunization characteristics and potentials of blocking IL-33/ST2 pathway in allergic airway inflammation	Human Vaccines & Immunotherapeutics	2014, 10 (8): 1-9	3.643
633	生物所	Jinghui Yang1, Weidong Li1 *, Yunfeng Long1, Shaohui Song1, Jing Liu1, Xinwen Zhang1, Xiaoguang Wang2 *, Shude Jiang1, Guoyang Liao1 *	Reliability of Pseudotyped Influenza Viral Particles in Neutralizing Antibody Detection	PLOS ONE	2014, 9 (12): e113629	IF3.534
634	生物所	Yanwei Bi, Le Sun, Dandan Gao, Chen Ding, Zhihua Li, Yadong Li, Wei Cun, Qihan Li	High-efficiency Targeted Editing of Large Viral Genomes by RNA-guided Nucleases.	Plos Pathogens	2014, 10 (5): e1004090	8.8

2014年度各所院发表在影响因子10.0（含10）以上SCI源期刊论文题录

序号	单位	作者姓名	论文题目	期刊名称	卷期页	影响因子
1	北京协和医院	吴 炜，卢超霞，沈建中，张 学，张抒扬	Paradoxical Coronary Embolisms as a Presentation of hereditary hemorrhagic telangiectasia.	J AM COLL CARDIOL	63（3）：e5	15.343
2	北京协和医院	徐协群，刘 卫，郑超纪	A Rare Cause of Repeated Gastrointestinal Bleeding	GASTROENTEROLOGY	146（4）：e11-e13	13.926
3	北京协和医院	叶益聪，张抒扬	Letter by Ye and Zhang regarding article," Bayesian methods affirm the use of percutaneous coronary intervention to improve survival in patients with unprotected left main coronary artery disease".	CIRCULATION	129（4）：e307	14.948
4	北京协和医院	孙雪峰，彭 敏，侯晓萌，徐瑞燚，徐作军	Refractory IgG4-related Lung Disease with Constitutional Symptoms and Severe Inflammation.	AM J RESP CRIT CARE	189（3）：374-5	11.986
5	北京协和医院	吴湘妮，叶燕霞，牛婧雯，李 扬，李 芯，尤 欣，陈 华，赵丽丹，曾小峰，张奉春，唐福林，何 维，曹雪涛	Defective PTEN regulation contributes to B cell hyperresponsiveness in systemic lupus erythematosus.	SCI TRANSL MED	6（246）：246ra99	14.414
6	北京协和医院	曹锦亚，魏 镜	evolution of the perception of the doctor's role in China	LANCET	384（9945）：742	39.207
7	北京协和医院	缪若羽，外院，外院，李光兵，外院，杨晓波，赵 学，张海海，外院*5，贺 莲，桑新亭，钟守先，黄洁夫，外院*6，赵海涛	Identification of prognostic biomarkers in hepatitis B virus-related hepatocellular carcinoma and stratification by integrative multi-omics analysis.	J HEPATOL	61（4）：840-849	10.401

续 表

序号	单位	作者姓名	论文题目	期刊名称	卷期页	影响因子
8	北京协和医院	李 军，郑和义	Erosive plaque on scrotum.	JAMA-J AM MED ASSOC	312（3）：288-289	30.387
9	北京协和医院	张化冰，外院	(Mis) interpreting studies on the adverse effects of statins.	BMJ-BRIT MED J	348：g3652	16.378
10	北京协和医院	马东来，外院	Annular Secondary Syphilis.	NEW ENGL J MED	371（21）：2017	54.42
11	阜外医院	杨 桂 [1]，耿晓瑞 [1]，宋江平 [1]	Insulin-like growth factor 2 enhances regulatory T-cell functions and suppresses food allergy in an experimental model	JOURNAL OF ALLERGY AND CLINICAL IMMUNOLOGY	2014，133（6）：1702	11.003
12	阜外医院	杨 哲 [1]	Building clinical research capacity in China: the National Clinical Research Centres	LANCET	2014，383（9913）：200-201	39.207
13	肿瘤医院	石远凯	The global implications of diabetes and cancer	LANCET	383（9933）：1947-8	39.207
14	肿瘤医院	李嘉根，陈照丽，Liqing Tian（外），赫 捷，Chen runshen（外）	LncRNA profile study reveals a three-lncRNA signature associated with the survival of patients with oesophageal squamous cell carcinoma	GUT	63（11）：1700-10	13.319
15	肿瘤医院	高亦博，赫 捷	Genetic landscape of esophageal squamous cell carcinoma	NATURE GENETICS	46（10）：1097-1102	29.648
16	肿瘤医院	吴 晨，Zhaoming Wang（外），Xin Song（外），Xiao-Shan Feng（外），Christian C Abnet（外），赫 捷，Nan Hu（外），Xian-Bo Zuo（外），谭文，詹启敏，乔友林，刘芝华，刘宇，于典科，常 江（学），卫丽绚（学），黄 莹（学），刘春玲（学），翟侃（学），乔 艳（学），林东昕，Philip R Taylor（外），Li-Dong Wang（外）	Joint analysis of three genome-wide association studies of esophageal squamous cell carcinoma in Chinese populations	NATURE GENETICS	46（9）：1001-1006	29.648

续 表

序号	单位	作者姓名	论文题目	期刊名称	卷期页	影响因子
17	肿瘤医院	宋咏梅，Lin Li（外），Yunwei Ou（外），Zhibo Gao（外），Enmin Li（外），Xiangchun Li（外），詹启敏	Identification of genomic alterations in oesophageal squamous cell cancer.	NATURE	509（7498）：91-5	42.351
18	肿瘤医院	曲春枫，陈陶阳，Yawei Zhang，孙宗棠	Efficacy of neonatal hbv vaccination on liver cancer	PLOS MEDICINE	11（12）：E1001774	14
19	整形医院	薛富善	Myocardial Injury After Noncardiac Surgery and Its Association With Short-Term Mortality"	Circulation	2014；129（5）：e323	14.948
20	基础所	刘　军，曹　彬，张舒扬，郭　静，黄凤鸣，邹　镇，高　福，李兰娟，蒋澄宇	Angiotensin II plasma levels are linked to disease severity and predict fatal outcomes in H7N9-infected patients	Nature Communications	volume：5 3595	10.742
21	基础所	邹　镇，闫毅武，蒋澄宇	Angiotensin-converting enzyme 2 protects from lethal avian influenza A H5N1 infections	Nature Communications	2014 May 6；5：3594 1-7	10.742
22	基础所	程谟斌，张岩，张　业，沈珝琲	Specific Phosphorylation of Histone Demethylase KDM3A Determines Target Gene Expression in Response to Heat Shock	Plos Biology	12（12）：e1002026	11.771
23	基础所	蒋澄宇，徐成丽	An association analysis between psychophysical characteristics and genome-wide gene expression changes in human adaption to the extreme climate at Antarctic	Molecular Psychiatry		15.14
24	动研所	Yuanwu Ma，Xu Zhang，Bin Shen，Yingdong Lu，Wei Chen，Jing Ma，Lin Bai，Xingxu Huang，Lianfeng Zhang	Generating rats with conditional alleles using CRISPR/Cas9	Cell Research	2014，24：122-125	11.981
25	病原所	Jiang F，Waterfield NR，Yang J，Yang G，Jin Q	A *Pseudomonas aeruginosa* type VI secretion phospholipase D effector targets both prokaryotic and eukaryotic cells.	Cell Host & Microbe.	2014，15（5）：600-610	12.194

续 表

序号	单位	作者姓名	论文题目	期刊名称	卷期页	影响因子
26	病原所	Wang J，Kang R，Huang H，Xi X，Wang B，Wang J，Zhao Z.	Hepatitis C virus core protein activates autophagy through EIF2AK3 and ATF6 UPR pathways-mediated MAP1LC3B and ATG12 expression.	Autophagy.	2014，10（5）：766-784	11.423
27	病原所	Zhou Z，Cao M，Guo Y，Zhao L，Wang J，Jia X，Li J，Wang C，Gabriel G，Xue Q，Yi Y，Cui S，Jin Q，Wang J，Deng T.	Fragile X mental retardation protein stimulates ribonucleoprotein assembly of Influenza A virus.	Nat Commun.	2014，5：3259	10.742
28	血研所	Zhu X，He F，Zeng H，Ling S，Chen A，Wang Y，Yan X，Wei W，Pang Y，Cheng H，Hua C，Zhang Y，Yang X，Lu X，Cao L，Hao L，Dong L，Zou W，Wu J，Li X，Zheng S，Yan J，Zhou J，Zhang L，Mi S，Wang X，Zhang L，Zou Y，Chen Y，Geng Z，Wang J，Zhou J，Liu X，Wang J，Yuan W，Huang G *，Cheng T *，Wang QF *	Identification of functional cooperative mutations of SETD2 in human acute leukemia.	Nat Genet.	46，287-293（2014）	29.648
29	血研所	Fabien Loison，Haiyan Zhu，Kutay Karatepe，Anongnard Kasorn，Peng Liu，Keqiang Ye，Jiaxi Zhou，Shannan Cao，Haiyan Gong，Dieter E. Jenne，Eileen Remold-O' Donnell，Yuanfu Xu *，and Hongbo R. Luo *	Proteinase 3-dependant caspase-3 cleavage mediates neutrophil death and inflammation	J Clin Invest	2014；124（10）：4445-58	13.765

续 表

序号	单位	作者姓名	论文题目	期刊名称	卷期页	影响因子
30	血研所	Benboubker L, Dimopoulos MA, Dispenzieri A, Catalano J, Belch AR, Cavo M, Pinto A, Weisel K, Ludwig H, Bahlis N, Banos A, Tiab M, Delforge M, Cavenagh J, Geraldes C, Lee JJ, Chen C, Oriol A, de la Rubia J, Qiu L, White DJ, Binder D, Anderson K, Fermand JP, Moreau P, Attal M, Knight R, Chen G, Van Oostendorp J, Jacques C, Ervin-Haynes A, Avet-Loiseau H, Hulin C, Facon T; FIRST Trial Team	Lenalidomide and dexamethasone in transplant-ineligible patients with myeloma	N Engl J Med	2014 Sep 4; 371 (10): 906-17	54.42
31	血研所	San-Miguel JF, Hungria VT, Yoon SS, Beksac M, Dimopoulos MA, Elghandour A, Jedrzejczak WW, Günther A, Nakorn TN, Siritanaratkul N, Corradini P, Chuncharunee S, Lee JJ, Schlossman RL, Shelekhova T, Yong K, Tan D, Numbenjapon T, Cavenagh JD, Hou J, LeBlanc R, Nahi H, Qiu L, Salwender H, Pulini S, Moreau P, Warzocha K, White D, Bladé J, Chen W, de la Rubia J, Gimsing P, Lonial S, Kaufman JL, Ocio EM, Veskovski L, Sohn SK, Wang MC, Lee JH, Einsele H, Sopala M, Corrado C, Bengoudifa BR, Binlich F, Richardson PG	Panobinostat plus bortezomib and dexamethasone versus placebo plus bortezomib and dexamethasone in patients with relapsed or relapsed and refractory multiple myeloma: a multicentre, randomised, double-blind phase 3 trial	Lancet Oncol	2014 Oct; 15 (11): 1195-206	24.725

续 表

序号	单位	作者姓名	论文题目	期刊名称	卷期页	影响因子
32	放射所	张晓东	Ultrasmall Au10-12 (SG) 10-12 Nanomolecules for High Tumor Specificity and Cancer Radiotherqpy	Advanced Materials	2014，26：4565-4568	15.409
33	生物所	Rongcheng Li，B. S.，Longding Liu，Ph. D.，Zhaojun Mo，M. Sc.，Xuanyi Wang，M. D.，Ph. D.，Jielai Xia，Ph. D.，Zhenglun Liang，M. D.，Ph. D.，Ying Zhang，Ph. D.，Yanping Li，B. S.，Qunying Mao，M. Sc.，Jingjing Wang，M. Sc.，Li Jiang，B. S.，Chenghong Dong，B. S.，Yanchun Che，M. Sc.，Teng Huang，M. Sc.，Zhiwei Jiang，Ph. D.，Zhongping Xie，B. S.，Lichun Wang，B. S.，Yun Liao，B. S.，Yan Liang，Ph. D.，Yi Nong，B. S.，Jiansheng Liu，M. Sc.，Hongling Zhao，B. S.，Ruixiong Na，B. S.，Lei Guo，Ph. D.，Jing Pu，B. S.，Erxia Yang，B. S.，Le Sun，M. Sc.，Pingfang Cui，B. S.，Haijing Shi，M. Sc.，Junzhi Wang，Ph. D.，and Qihan Li，M. D.，Ph. D.	An inactivated enterovirus 71 vaccine in healthy children	The new england jouranl of medicine	2014，370：829-37	54.42

2014年度新建科研基地情况统计表

单位	科研基地类别	实验室（中心）名称	实验室（中心）主任	依托单位	批准时间	批准文号
药物所	省市重点实验室	创新药物非临床药物代谢及PK/PD研究北京市重点实验室	李 燕	中国医学科学院药物研究所	2014	
工程所	其他研究中心（实验室）	天津市医学电子诊疗技术工程中心	徐圣普	中国医学科学院生物医学工程研究所	2014.4.11	津科创〔2014〕42号
输血所	其他研究中心（实验室）	血液安全与血液替代国际科技合作基地	马 峰	中国医学科学院输血研究所	2014.10.29	川科发外〔2014〕3号
生物所	其他研究中心（实验室）	昆明市重大传染病疫苗研究工程中心	车艳春	中国医学科学院医学生物学研究所	2014.4	昆科发〔2014〕29号

教学工作

2014 年度院校教学工作概况

2014 年是院校各项工作全面发展的一年，在各级领导的关怀和支持下，经过全校领导、教职员工的共同努力，我校在教育教学方面都取得了较大成绩。

一、稳定招生规模，提高招生质量

2014 年在稳定学校招生规模的基础上，在学校各级领导的重视下，学校各层次、各专业的招生工作已顺利结束，录取情况如下：

录取类型	录取人数	备注
研究生（含硕、博）	1320	博士研究生 581 名，硕士研究生 739 名
全日制本、专科生	219	临床医学专业 89 名，护理学本科 60 名，护理学专科 70 名
成人专升本	500	医学影像学 72 名，医学检验学 73 名，护理学 355 名

在全日制本、专科招生工作中，学校始终坚持以保证生源质量为中心，继续加大宣传力度，积极参加北京市举办的各类招生咨询会、网上招生咨询活动及电视台、电台的招生咨询节目，向全国各地寄去北京协和医学院招生简章近千份，密切与地方招生办公室和学校的联系，使学校在 2014 年的招生工作中取得较好效果，各层次生源在同类学校居于优势。

按照教育部、卫计委两部协议，2014 年我校八年制临床医学专业招生计划仍纳入清华大学总招生计划，由两校共同完成招生录取工作。今年临床医学专业计划录取新生 90 名，分布于北京、上海、浙江、江苏等 16 个省市，实际录取 89 名。

2014 年全日制护理学本、专科招生由我校负责。护理本科计划招生 60 名，在北京、浙江、江苏、河北和天津等 5 个省市招收，共录取学生 60 名，实际报到 55 名。根据北京市招办的统一规定，护理专科按照高会统招的形式录取，高考的科目为语文、数学、英语，会考要求物理、化学合格。为了突出以“人”为中心的整体护理理念，护理专科的招生增加面试环节，通过多站式考核方法，考查了考生的沟通交流能力、自我管理能力、关怀他人能力和基本文化素质。决定录取的总成绩为百分制，其中高考成绩（含加分）占 60%，面试成绩占 40%。按照总成绩从高到低顺序进行录取。护理专科计划录取学生 80 名，实际录取 70 名，其中理科生 52 名，文科生 18 名。

2014 年从哈尔滨医科大学、浙江大学医学院等学校七年制临床医学专业优秀学生中选拔、招收 16 人进入我校临床医学专业 7 年级继续攻读博士学位（其中含 1 人攻读医学和理学双博士学位），有 5 名护理学专业专科生顺利转入本科学习。

2014 年，我校共有各类本科以上学历在校生 4726 人，本科生 628 人，硕士研究生 2116 人，博士研究生 1746 人。

二、教师队伍建设工作

院校拥有一大批在医药卫生领域内经验丰富、学术水平较高并做出杰出贡献的著名专家、教授。现有中国科学院和中国工程院两院院士 28 人，“千人计划”人选 14 人，教育部“长江学者奖励计划”特聘教授 15 人，长江学者讲座教授 3 人，杰出青年基金获得者 35 人，国家级和部委级有突出贡献的中青年专家 107 人，国务院学位委员会委员 1 人、学科评议组成员 9 人（其中 3 人为学科评议组组长），在岗博士生导师 654 人，硕士生导师 845 人。

2014 年我校新增 1 个国家自然基金委创新群体、2 个科技部重点领域创新团队、4 名长江学者、1 名获得国家杰出青年基金资助、2 名优秀青年基金项目资助、6 人入选“千人计划”、6 人入选万人计划。

继续深入推进院校十二五规划中“五个层次”人才队伍建设；为院校人才队伍建设可持续发展奠定基础。2014 年，院校 16 人受聘协和学者特聘教授；10 人当选协和新星，5 个团队当选 2014 年协和创新团队，16 名院校博士后科学基金资助对象。利用基本科研业务经费开展的院校青年人才资助计划取得了良好的效果，作为“种子基金”在青年人才的成长中发挥重要的作用。

我校担任本科生教学的专任教师有 606 人，其中教授有 310 人，占专任教师人数的 51.16%；副教授有 214 人，占专任教师人数的 35.31%；讲师 75 人，占专任教师人数的 12.38%；助教 7 人，占专任教师人数的 1.15%。这些专任教师中，拥有博士学位的有 331 人，占专任教师人数的 54.62%；拥有硕士学位的人数为 146 人，占专任教师人数的 24.09%；拥有学士学位的人数为 103 人，占专任教师人数的 17.00%；无学位的专任教师人数为 26 人，占专任教师人数的 4.30%。全日制在校生与专任教师的比例为 8.00：1。

我校专任教师中，在境外取得学位的人数为 30 人，其中获得博士学位的人数为 25，获得硕士学位的人数为 5 人。全院校教师境外培训进修与国际交流总人次达 423 次，其中 3 个月以上的人数为 32 人次。聘请境外教授人数为 7 人。

2014 年，我校开始实施“青年教师培养项目”，该项目是“先提出预算申请，获批后执行经费，用于 45 岁以下青年教师的专业培养。该项目的支持额度为 10 万元/人，时限三年”。2014 年共有 61 名来自 18 个所院的青年教师获得资助，其中有 4 名为行政管理类青年教师。获资助的青年教师年龄主要分布在 30～45 岁之间，其中 31～35 岁的比例是 32.79%，36～40 岁的比例 31.15%，41～45 岁之间的比例是 31.15%，这三组年龄段获资助的比例大致相同；从获得学位的情况看，获资助的大多数青年教师取得了博士学位（72.13%）；从职称而言，重点资助中级和副高级职称的青年教师，比例分别是 50.82%和 45.9%。

为表彰长期从事一线教学工作，为学校的教育事业发展做出杰出贡献的著名教师，学校决定授予临床学院的“放射诊断学教学团队”“普通内科教学团队”“人文及心理医学教学团队”及护理学院的“护理学基础教学团队”以校级创新教学团队称号。

三、教学条件与投入

2014 年我校继续获得财政部的小规模特色办学资助，教学日常运行经费 15397285.00 元，本科专项教学经费 3023811.00 元，本科实验经费 1017570.00 元，本科实习经费为 309600.00 元。

学校图书馆拥有纸质图书 267 万册，拥有纸质期刊 5136 份。我校图书馆电子图书共有 13 万种，电子期刊有 12637 种，共有数据库 33 个。

生均教学行政用房面积 35.23 平方米，生均实验室面积 7.61 平方米，生均教学科研仪器设备值 126259.25 元，校外实习、实训基地 7 个。

四、推进实践教学课程建设

由于医学人才培养的特殊性，强调实践教学是医学教育的特点，我校临床医学专业及护理专业开设的实践教学课程学时占总课程学时的比例，分别达到了 59.39% 及

54.3%。我校遵循医学教育规律和循序渐进的原则，设计了科学合理的实践教学内容与体系，坚持理论教学和实践紧密结合，注重培养学生的创新精神与实践能力。该体系由以下几部分组成：①基础课实验。在基础课教学中，重视实验课教学，旨在培养学生的自学能力、动手能力和发现问题、解决问题的能力。严格控制基础课实验组规模，除需配合外，一般单人操作，独立完成。②早期接触临床课。该门课程贯穿整个基础医学学习阶段，学生分别到不同级别的医院进行早期接触临床学习，了解临床工作的性质和中国医疗服务系统的现状，增强专业思想及职业素养。③临床见、实习。参照北美医学教育模式，学生作为医疗团队的一员参与病房的一切医疗实践，通过床边教学、巡诊讨论和各种临床讨论会，使学生掌握有关的诊疗知识、正确的临床思维方法和处理问题的能力。见习期各科均为学生指定导师，以“一对一”或“一对二”的方式对学生进行个性化的指导，帮助学生掌握好临床基本功，并通过言传身教和潜移默化，培养学生的职业素养。④毕业论文：结合八年制临床医学专业培养方案的特点，我校开设了科研训练课。培养学生独立进行医学科学研究的能力，在学生毕业前8个月时间里开设科研训练课，学生必须进入基础或临床实验室，在博士生导师的指导下，完成科研选题设计、文献检索及综述、实验操作和结果观察、记录、数据统计及分析、学位论文撰写的科研全过程。⑤大学生创新创业教育：为加强我校学生创新创业教育，支持高年级在校生开展自主选题、自由探索及创新活动的科学研究，提升学生从事科学实验的技能和水平、培养科学思维和创新能力，制订了《北京协和医学院“大学生创新创业训练计划”项目管理办法》。创新创业训练计划包括国家级、北京市、校级三个级别，面向我校临床医学专业（八年制）四至七年级、护理专业（四年制）三年级学生。申请人需在教师指导下自主设计、完成项目。指导教师须具备副高级以上职称，每位指导教师最多指导2个项目。2014年，我校组织申报国家级大学生创新创业项目40项，获批40项，详细见“教育部《关于公布2014年国家级大学生创新创业训练计划项目名单的通知》（教高司函〔2014〕58号）”；获得北京市级大学生创新创业项目24项；校级支持的创新项目有64项；2014年参与大学生创新创业项目的学生人数为100人（占本科生的8.87%）；项目经费支持——国家级项目为2万/项，北京市级项目为1万/项。2014年有25项大学生创新训练计划项目结题；发表学术论文3篇。

五、教材建设

1. 组织《国家电子书包教材》中病理学与免疫学教材的八年制医学生及教研室老师普及工作。

2. 组织了院校国家十二五普通高等教育本科国家级规划教材第二次推荐遴选工作，有2部教材入选教育部“十二五”普通高等教育本科国家级规划教材书目；组织了院校全国医学考试专家指导委员会、人民卫生出版社学习资源开发中心、人民卫生出版社讲师团遴选成员的相关工作。

3. 实现院校教材征订与管控电子化和信息化工作，并积极推进教材与讲义的信息化、电子化工作。

六、质量工程建设

1. 国家级　40个学生项目获教育部“大学生创新创业训练计划”项目支持；我校教师参加第三届医学院校优秀青年教师教学基本功比赛，临床学院陈适老师获得临床学科组一等奖。

2. 北京市级　在2014年校级教改立项中推荐3个项目参加北京市教委“2014年北京高等学校教育教学改革立项”的评审，获批1个重点项目，2个面上项目立项；临床学院崔丽英教授获得北京市教学名师称号。24个学生项目获得北京市“大学生科研训练计划”项目的支持。

3. 校级 评选出教改立项19项，创新教学团队3个，评选出北京协和医学院教学名师4名，举办北京协和医学院医学第八届青年教师教学基本功比赛，共有12名教师分获一二三等奖。2014年，我校首次设立优秀教学论文奖项组织，开展了2011~2013年校级优秀教学论文评审工作。在教师自由申报、学院推荐的基础上，经专家组初评、本专科教学工作委员会投票，Building a professionalism framework for healthcare providers in China：A nominal group technique study 等9篇教学论文被评为2014年度北京协和医学院优秀教学论文。

七、国际交流

2014年我校继续国家小规模特色办学项目，短期出国学习的学生共有167人，其中临床医学（八年制）出国交流人数为79人，护理学出国交流人数为98人。继2012年医学院外派医学生出国学习交流，2014年我校继续安排2008级临床医学专业学生的79名学生利用暑假期间分别在英国、美国、加拿大、澳大利亚、法国、德国、奥地利、日本、新加坡、中国台湾等10个国家和地区的医学院和医院进行了短期的学习和观摩。

八、客观结构化临床考试（OSCE）的广泛应用

从2003年开始，我校引入客观结构化临床考试作为临床医学专业的毕业考，经多年的应用、探索及总结，现已将OSCE广泛地应用于医学生教学的各个阶段：高考自主招生的面试、高考护理专科的面试、医学生职业素质测评、临床实习前的资格考核及医学生的毕业考试。OSCE同样也用于临床型研究生的临床技能考试、住院医师阶段考核等。根据不同的考核对象、目的，制定相应考核的维度，从多维度的方式的考查学生应该具备的科学素养、逻辑思维、沟通表达能力、写作能力、情绪管理能力、应变能力、职业心理状况、动手能力和团队精神等。通过多层次多维度的考试，引导学生注重能力的培训、注重职业素质及专业知识的学习。

九、标准化患者（SP）的培训及应用

我校于1999年引入SP教学：由住院医师担任模拟患者，用于诊断学问诊教学。指导学生问诊技巧及与患者沟通的能力，评价学生问诊内容，并进行适当的点评。2003年，由美国CMB资助的国际医学教育组织的学生评估计划，和国内八个长学制医学院校一起，规范化培训了一批社会人员担任SP并应用于考试，取得了较好的效果；并于2011年和2014年又分别培训了两批标准化患者。目前我们有一支稳定的培训标准化患者、善于应用标准化患者教学的教师队伍，和有一支热心于医学生教育的标准化患者队伍（已有42名）。

现我们将标准化患者的应用于医学生的各个阶段的教学及考核：

（一）问诊训练

医学生在诊断学学习期间，经过多次的与标准化患者问诊训练，培养与患者良好沟通能力，诊断学问诊，一直是我院临床教学中十分亮丽的一道风景线，是学生们最喜欢的互动教学内容，令他们第一次有了“做医生的感觉”。通过与“SP老师们”的互动，学生们感受到了医学的博大精深、自己的“尚需努力”，通过SP老师们的点评及引导（鼓励为主，传授技巧，指出进步方向），学生们在诊断学学习的短短2个半月中，与患者交流能力及获取疾病信息能力就有了长足进步，为进一步的临床见实习训练打下了坚实的基础。

（二）OSCE考试

根据考试的对象及目的不同，设计出各种临床场景，综合考核学生的临床技能、行医能力；问诊考核学生与患者沟通能力及获取医学信息能力、汲取医学信息的技巧；查体考核医学生正确体检的手法，获取临床体征的能力，同时在整个与患者接触的过程中，对学生的关爱心、责任心及人文沟通技能等各方面均给予了评分点。强调了医学生的人文综合素质。由此引导学生加强医学知识之外的医疗工作者的职业素质修养。

（三）临床情景练习及讨论

通过将学生们在临床经历或遇见的病例（case），编写出脚本，由标准化患者、学生共同互动还原临床情景，组织学生参与、讨论，标准化患者发表患者的体会，老师点评等相关的教学活动，对学生的触动很大，尤其是当学生们遇到有难题、误解或错误时，引导学生如何让去面对各种临床状况，解决问题，拓宽临床思路，并通过实践运用，夯实基础知识，从而真正体现了教学中“实践学习”（learning by doing）的理念。

通过培训标准化患者，应用标准化患者教学，也拓宽了教师的教学思路，在临床教学中，强调除基础知识外，需更加注重学生临床职业素质的培训，同时也注重了将人文关怀等职业素质要求融入平常的临床教学和考试中。

随着对SP教学认识的深入，对SP教学目的的把握，SP教学在传承中不断创新：我院SP教学管理/研究者们不断扩展着SP教学的深度和广度，对SP教学的人群、SP点评的内容、SP点评的方式都进行了不断的尝试和改进，特别是近年来对SP培训队伍的建设和SP队伍的有意识管理，是未来我院SP教学长久发展的有力保证。

总体而言，引入SP进入临床医学教育的多个阶段和环节，是一件十分有意义的事情，从观念到操作都体现了国际先进的教育理论，有利于培养具优秀人文精神，娴熟的工作技能和缜密的临床逻辑思维的医生。

（院校教务处　潘廷芳　编　马　超　审）

联系电话：（010）69155964

2014年度北京协和医学院学位授权学科专业目录

一、博士学位授权一级学科（8个）

0701 生物学
0831 生物医学工程
1001 基础医学
1002 临床医学
1004 公共卫生与预防医学
1006 中西医结
1007 药学
1011 护理学

二、博士学位授权学科、专业（58个）

071002 动物学
071003 生理学
071007 遗传学
071009 细胞生物学
07101 生物化学与分子生物学
071011 生物物理学
083100 生物医学工程
100101 人体解剖与组织胚胎学
100102 免疫学
100103 病原生物学
100104 病理学与病理生理学
100106 放射医学
1001Z1 比较医学#
100201 内科学（心血管病）
100201 内科学（血液病）
100201 内科学（呼吸系病）
100201 内科学（消化系病）
100201 内科学（内分泌与代谢病）
100201 内科学（肾病）
100201 内科学（风湿病）
100201 内科学（传染病）
100202 儿科学
100204 神经病学
100206 皮肤病与性病学
100207 影像医学与核医学
100208 临床检验诊断学
100210 外科学（普外）
100210 外科学（骨外）
100210 外科学（泌尿外）
100210 外科学（胸心外）
100210 外科学（神外）
100210 外科学（整形）
100211 妇产科学
100212 眼科学
100213 耳鼻咽喉科学
100214 肿瘤学
100215 康复医学与理疗学
100217 麻醉学
100218 急诊医学
1002Z1 围术期医学#
1002Z2 变态反应学#
1002Z3 重症医学#
1002Z4 心理医学#
1002Z5 干细胞与再生医学#
1002Z7 输血医学#
100401 流行病与卫生统计学
100601 中西医结合基础
100602 中西医结合临床
100701 药物化学
100702 药剂学
100703 生药学
100704 药物分析学
100705 微生物与生化药学
100706 药理学
101100 护理学
1011Z1 基础护理学#
1011Z2 临床护理学#
1011Z3 社区护理学#

#为自主设置学科、专业

三、硕士学位授权一级学科（3个）

1003 口腔医学
1008 中药学
1205 图书馆、情报与档案学

四、硕士学位授权学科、专业（67个）

071002 动物学
071003 生理学
071007 遗传学
071009 细胞生物学
07101 生物化学与分子生物学
071011 生物物理学
083100 生物医学工程
100101 人体解剖与组织胚胎学
100102 免疫学
100103 病原生物学
100104 病理学与病理生理学
1001Z1 比较医学#
100106 放射医学
100201 内科学（心血管病）
100201 内科学（血液病）
100201 内科学（呼吸系病）
100201 内科学（消化系病）
100201 内科学（肾病）
100201 内科学（内分泌与代谢病）
100201 内科学（风湿病）
100201 内科学（传染病）
100202 儿科学
100204 神经病学
100206 皮肤病与性病学
100207 影像医学与核医学
100208 临床检验诊断学
100210 外科学（普外）
100210 外科学（骨外）
100210 外科学（泌尿外）
100210 外科学（胸心外）
100210 外科学（神外）
100210 外科学（整形）
100211 妇产科学
100212 眼科学
100213 耳鼻咽喉科学
100214 肿瘤学
100215 康复医学与理疗学
100217 麻醉学
100218 急诊医学
1002Z1 围术期医学#
1002Z2 变态反应学#
1002Z3 重症医学#
1002Z4 心理医学#
1002Z5 干细胞与再生医学#
1002Z7 输血医学#
100401 流行病与卫生统计学
100601 中西医结合基础
100602 中西医结合临床
100701 药物化学
100702 药剂学
100703 生药学
100704 药物分析学
100705 微生物与生化药学
100706 药理学
101100 护理学
1011Z1 基础护理学#
1011Z2 临床护理学#
1011Z3 社区护理学#
010108 科学技术哲学
1002Z6 高原医学#
100302 口腔临床医学
100403 营养与食品卫生学
1007Z1 生物制品学#
100800 中药学
120402 社会医学与卫生事业管理
120502 情报学
99J1 医学信息学#

#为自主设置学科、专业

2014年度北京协和医学院学位授予专业型学位目录

一、博士专业学位（18个）

105101 内科学
105102 儿科学
105103 老年医学
105104 神经病学
105105 精神病与精神卫生学
105106 皮肤病与性病学
105107 影像医学与核医学
105108 临床检验诊断学
105109 外科学
105110 妇产科学
105111 眼科学
105112 耳鼻咽喉科学
105113 肿瘤学
105114 康复医学与理疗学
105115 运动医学
105116 麻醉学
105117 急诊医学
105126 中西医结合临床

二、硕士专业学位（25个）

085230 工程硕士（生物医学工程）
105101 内科学
105102 儿科学
105103 老年医学
105104 神经病学
105105 精神病与精神卫生学
105106 皮肤病与性病学
105107 影像医学与核医学
105108 临床检验诊断学
105109 外科学
105110 妇产科学
105111 眼科学
105112 耳鼻咽喉科学
105113 肿瘤学
105114 康复医学与理疗学
105115 运动医学
105116 麻醉学
105117 急诊医学
105126 中西医结合临床
105127 全科医学（201203）
105128 临床病理学
1052 口腔医学硕士
1053 公共卫生硕士#
1054 护理
1055 药学

#公共卫生硕士为清华大学、北京协和医学院共建的专业学位授权点

授予2014届护理专业本科毕业生学士学位

（58人）

刘垚申　曹瑀荻　郭　颖　化　佳　张　冉　刘　羽
董　静　祝芳菲　唐立立　宁　祎　杜　靓　李海洋
骆丹丹　郎云飞　马琳琳　田　丽　魏　征　刘　双
袁晓彤　温　馨　李文硕　刘志颖　刘浩然　张　维
朱明丽　王　轩　徐晨晨　杨玉贤　蔡梦歆　吴佳铭
应巧燕　吴佳莹　毛胜男　韩　雯　林翠平　陈依琳

刘　培	钟璐璐	丁良妃	邵枣园	陈倩倩	吴傅蕾
蒋曦依	邵映洁	赵盛之	叶文成	焦英楠	赖敏华
刘柳娟	吴海彤	刘春华	耿晓娇	王　玉	李旭东

(以上均为“女性”)

韩明宇	李　昂	沈　扬	崔文博

(以上均为“男性”)

授予2014届专升本毕业生学士学位

(118人)

杨　璐	申晓明	张　英	杨　懿	郭颖颖	王新莉
张潇潇	李艳艳	魏文玲	毛红林	王　芳	张伟丽
史翠翠	胡　娟	朱　婧	李天月	赵　娟	申青竹
陆飘飘	孙剑齐	贾晓磊	杨凤丽	童　芳	程月英
王梦楠	史丹丹	李雁凌	蒋桂军	裴艳飞	迟梦琳
郑　超	高梦琦	高会颖	王雪梅	赵瑞青	韩　森
李　丹	张　莉	吴秀娟	刘　佳	田佳鑫	黄霞霞
张永霞	郭丽莉	赵丽君	陈　阳	范小琼	崔琴琴
潘　月	董玮婧	陈晓丽	李　秀	闫春燕	李伟静
李艳林	马凤艳	李　娜	刘朝阳	肖　鹏	佘英佳
孙凤艳	秦靖云	郭　静	田海娇	张　玲	任海记
晁丽萍	杜歆洁	张　灿	王晓炎	赵永芳	雷　扬
祝美娜	张　明	田金萍	吴凯楠	黄艳娜	魏亚培
王英杰	宿　颖	李晓红	杨　洁	韩书亚	姜莉娇
李兆铮	李慧霞	曾品玲	焦　洋	孙萌萌	马少惠
刘争争	翟月萌	尤　静	吕冬梅	陆　雯	王文秀
马淑梅	葛晔华	王爱华	刘俊杰	兰　娟	董雪雅
张　艳	杨丽洁	滕亚娟	张　妹	翟会娜	蒋兴荣

(以上均为“女性”)

张　军	韩立灿	李　琳	郭　凯	郭森林	尼建义
左同建	李羽加	张　岩	张　瑜		

(以上均为“男性”)

授予 2014 届高等教育自考本科学士学位

（17 人）

张 俐	朱 力	霍雪蕾	刘晓烨	王雪冬	王艳梅
陆丽坤	左青娜	刘晓楠	李亚菊	张金环	张 晶
吴晓羽	满海红	袁 媛	陈 璐	张新蕊	

（以上均为“女性”）

授予 2014 届临床医学专业毕业生博士学位

（96 人）

范泓洋	陈 朗	楼大鹏	杨远帆	盛朗晴	姚 儒
赵丹青	赵明昊	阮戈冲	何宇翔	盛 峰	蒋 超
吴大维	郭 超	程 钧	高振威	杨世伟	刘 扬
王宇辰	赵昔良	李剑涛	陆 夏	王 攀	王 放
叶子兴	冯 晨	邢 斌	王超宇	崔立强	戴 彤
李梓桐	计鸣良	赵自然	陈 锴	王心慰	邢泽宇
黄正昱	杨攀易	李 涛	夏泽楠		

（以上均为“男性”）

尚梦远	王 瑾	施潇潇	陈颖白	张 颖	张念荣
车 璐	马 琳	林 楠	余鸿雁	周 阳	陆 艺
郑西希	刘婧娟	李晓璐	池 玥	王晓慧	沈恺妮
施 文	刘一静	马玉燕	罗 妍	王若蛟	林 晨
冯春蕾	王浩彤	叶 双	李明敏	王绎忱	夏 雯
郑媛芳	李 舒	管 音	张古沐阳	黄 璨	舒 适
汪 一	穆 冰	尚程辛	陈志霞	王佳妮	张新蕾
刘 媛	袁 璐	郑明英	彭晓宇	杨 爽	刘亚男
季瑜婷	梁雪冰	张羽冠	徐伯扬	闫姝洁	刘培珧
童 翾	孙瑞雪				

（以上均为“女性”）

授予硕士研究生硕士学位

（396 人）

梁小龙	李蒙	杨昕霆	李乐涛	熊圣文	梁爽
吕江涛	赵文雅	杨超	姜仁涛	陈庆焜	郭一峰
郑亮亮	牛欣	谭宽	杨然耀	陈永超	肖鹏飞
肖盟	李伟伟	付红烨	黄立伟	靖瑞锋	张尉
王相清	王文仪	葛超卓	史源	赵超	赵铭佳
唐大斌	周卫	孔德龙	付健阳	孙奇	苏浩翔
宋友东	尹剑锐	赵红义	蔡强	李国平	胡士宗
杨阳	孙昊	靳龙龙	刘旭杰	乔鑫潇	孟庆宇
王玉康	朱琰	尹桂林	贾雪冬	李国梁	李兆祥
熊光冰	李凤武	王超	王飞飞	张之宝	刘雅昕
张学威	刘洪洋	刘让东	占跃晨	龚智勇	杨晓
郝振亮	刘斌	吴红林	步洪强	高用贺	李强
樊森	崔庚申	李新鹏	罗睿	吴旭	郭李龙
杨延坤	赵锴	王克	易帆	刘忠超	李明亮
熊文龙	曹峰琦	姚海平	赖宏武	崔松野	叶智斌
刘若凡	高运安	王先分	郭智	李光强	梁凯
李坤	李斌	卞传才	任郭珉	于光允	高印奇
吴树彬	刘枭	严睿	赵锋	张智辉	温超
张朝宾	王佳华	牛长山	杨仕军	王霄	张文
章保勇	梁振伟	王志标	隋小龙	耿兴良	刘伟军
郭兰伟	焦涛	李军伟	王亮	阮峥	陈涌
张永杰	陈科引	向伟	申敏		

（以上均为“男性”）

刁颖	朱燃	武玉洁	谭忠婕	张海燕	贺茜
袁礼	刘新	曹淑花	冯晶晶	姜广菊	韦明明
刘霜	刘冉	雷慧	高星	李建平	王科
张江伟	黄雯	刘力力	陈薇	李晓飞	程曼曼
吴子燕	田晶	董静文	王艳斌	孙倩倩	王璐

陈兰兰	陈盼盼	马晓玮	朱艳艳	张晓琳	杨 婧
孔 晶	刘 妍	冯崔香	陈丹霞	曹丹凤	张会娟
周沛然	游红琴	王 鑫	盛梦瑶	陈婷婷	徐小涵
张紫萱	蔡孟华	张许萌	胡晓玉	丁晓洁	邓灵波
李艳萍	聂 萌	刘 芳	刘淑平	李红学	李星辰
田 丹	李 慧	韩 芳	穆晓环	黄晓倩	徐 颖
张婷婷	李芸侨	孙文芳	王迟鹃	刘凤娟	姜 璇
刘 冰	周欢娣	杨佳丽	于滕滕	何 叶	李瑾瑾
葛芳芳	陈凤萍	高 茜	杨 鑫	吕 扬	黄赛琼
李静静	冯 炯	邢 韵	赵 蕾	田庆秀	孔令佳
玄之玄	任 雪	谢彬彬	冯 影	余 馨	史 也
孙 毅	陈康梅	宋轶群	王 昕	卜晓佳	陈薪伊
张亚敏	杨 霞	吉雪琪	阳紫莹	孙 宇	邵华飞
范婧尧	翟丽丽	王玉霞	徐 蓉	陈雅静	孙赛花
吕文斐	徐 瑶	刘 敏	李书仪	吴筱筱	谢彦婷
商青青	张红飞	辛天怡	刘英杰	王宁辰	曾 靖
刘曼云	朱 逸	胡向南	朱珍珍	黄雪丽	王文文
郭瑞	杨 瑞	童燕玲	杨晓姣	杨 霞	吕 潇
黄燕	胡帅帅	温 欣	郝玉美	郭 娇	门 玉
陈果	宋 坤	王丽丽	徐宏艳	董哲君	孙宏妍
马兴鸿	王 欣	张 晶	李 佳	成 斐	王雯邈
李 燕	贺 娜	王 逸	李丽丽	康凤凤	刘 征
陈蒙蒙	张莉婧	王金芳	郭艳婷	刘胜男	靳天娇
孙燕华	张慧莹	王婉莹	陈 婕	白婷婷	尚巧利
杜英杰	张孟孟	宋爱丽	任冠华	刘 燕	郭苓玲
武 岩	王晓娟	孙照翠	李卫红	勾俊洁	李 茜
朱艳丽	彭 昆	梅锡玲	门佩璇	代巧云	宋晓冬
莫文秀	尹雯雯	钱火连	金晓媚	席毛毛	张 妍
连 芳	董 梁	宋广青	叶 静	王 琨	董 雪
康 南	郝华珍	李艳芳	罗 婷	高 昕	段雪敬
梁宝玉	高丽丽	田胜男	王晓囡	韩 宁	燕静杰
刘海超	甄 心	邵思源	程 晨	李 壳	杨 巧
刘潇阳	陈天娇	丁海榕	赵兰华	李霖琳	阮姝婕
骆 飞	王亚丽	傅春燕	吴雅楠	张 炎	杨 媚

赵　倩	苗朝霞	赵显莉	赵冰心	张　越	刘宇甄
吕宏娟	谭湘姗	路迎冬	郑惠文	高　从	董　贺
张李钰	杜　慧	周颖萍	滕玉梅	袁梦如	王　苏
皮艳娜	鹿　瑶	高　洁	林　艳	张　悦	李　峥
李萌萌	李洋洋	路　静	徐硕琪	张秀梅	韦　宁
郭　莹	郭　婧				

（以上均为“女性”）

授予以同等学力申请硕士学位人员硕士学位

（57 人）

须　晋	段福建	李　宁	文　力	史　卓	袁　翔
邓　侃	张本青	李　园	郭　锬	孙晓东	朱国庆
连　欣	胡兴胜	高　鸿	管　秋	戴剑漉	夏永辉
王　鹏	王建德	李建平	王　荣		

（以上均为“男性”）

钟　华	梁　晶	崔　佳	张婷婷	张淑香	张增莲
王　颖	李元媛	张　洁	宋希拿	李　妍	马　宁
张　炜	史丽惠	金　辰	时玉峥	潘瑞丽	佟冰渡
高一鸣	刘　芳	沈　迪	王珊珊	邓美娜	芦建华
施怡声	孙佳丽	严翠娥	董　雪	刘湘玫	王　彦
赵　星	王川予	高　帆	刘　洋	石　玉	

（以上均为“女性”）

授予博士研究生博士学位

（499 人）

陈新光	姚优修	王　明	钟起飞	范胜涛	崔锦钢
尹玉峰	王　超	曾　超	冯启国	于　品	曹才能

张东红	薛海峰	沙龙泽	张　丹	王厚才	董静思
周细平	杨学礼	史可鉴	龙海林	董晓曦	范诚诚
李　建	解东方	安佳佳	周　健	王世刚	吉　喆
刘尚龙	张韶凯	林海双	陈　钟	凌　凯	李　聪
白　刚	张兴华	穆文利	张　凡	孟　帅	孙　亮
徐建威	韩　波	鲁　山	芦臣书	刘金剑	万汉锋
刘武韬	蒋焱熠	朱　勇	田承森	付　岳	杨龙海
唐　翔	李　生	陈　勃	齐建国	段志青	于　琦
孙蓬然	林正伟	刘　鹏	张春磊	孙　明	于　跃
苏　明	马首智	王连庆	汤伟彬	普　晶	余微波
蔺亚晖	穆　洪	姚　南	李铁钢	张　攀	杨增杰
王国亮	徐　勍	魏俊成	曲　枫	胡　飞	安　纲
陈　涛	常　江	石　磊	张宝喜	程世亚	苏若为
陈炳伟	蒋兴然	姜　尧	李建华	朱　斌	徐　佳
杨　涛	王小兵	武清斌	李永臻	张顺利	赵高峰
董　徽	尧　然	李建平	李　斌	武　斌	丁　健
李小林	连培文	闫加庆	魏增泉	杨　羽	张　寒
张晓星	毕见海	李　超	唐　胜	王景锋	徐奕昊
刘伟华	焦　虎	王田恩	宫世强	李久荣	许美邦
姚　晶	李逊斗	唐　克	李东升	史晓虎	徐俊卿
田　力	李梦林	赵　刚	陈　川	赵晓斌	邱少伟
张　晗	王振生	付小明	葛庆华	曾　皋	周卢琨
崔贺贺	厚　磊	刘志浩	姜华军	何必子	姚剑峰
吴灵敏	陈　翀	杨　树	杨　帆	薛旭红	李　冰
邹长虹	汪怀山	彭　军	吴林韬	刘晓阳	王晓明
禹海文	李子南	荣先芳	欧秀元	杨亚坤	于玮玮
田　涛	董　鹏	黄林章	钱建钦	俞楠泽	冯晓凯
王建光	谭晓秋	陈　博	马国需	连鹏鹄	张思功
刘　锐	董　磊	王启明	叶林虎	曹战江	甄雪克
何　锋	杨光辉	江志波	孙　泓	赵建国	裴　宇
张永辉	王　亮	赵哲辉	钱　俊	周　磊	吴　侃
李文雷	韩睿钦	徐衍鹏	朱英杰	宋希涛	王　乐
王　坚	张延旭	李洪爽	骆骄阳	丁　冉	曾　荣
杨　滔	舒鹏程	刘　博	刘月涛	李　锐	赵玉磊

成　刚	熊　健	解希雷	李宗阳	薛玉斌	王　冲
廖志辉	张　鹏	董　毅	孟祥宝	王昊刚	曾海峰
王赵琛	孙　博	石玉生	王瑞杉	彭世泽	樊庆鲁
常跃兴	师迎旭	熊　俊	方晓峰	张　斌	

（以上均为“男性”）

陈　真	康乐妮	李小璐	韩　莹	方　妮	樊　悦
徐　璐	王　佳	罗玉璇	张彩霞	郭晓娟	高　莹
刘　芳	程潇钰	徐　静	王　臻	李文丽	郭继红
赵肖奕	胡琛霏	卢　洁	宫玉艳	王丽君	吴　涛
陈　洁	解智慧	陈巧媛	许乐幸	辛　乐	杨　欣
张玉娟	李　佳	于莉莉	朱艳萍	董小欢	岳　健
孔　瑞	商　利	朱　莉	冯婷婷	王原媛	李　林
梁小芳	杜　萍	李芬洁	周　爽	李　乾	刘　晓
吴晨希	秦秀敏	张亚平	高　源	曹敬丽	涂彬彬
郎丽巍	孙　楠	肖继芳	邵芬娟	祝晓梅	王宝娜
连利珊	王　帅	朱　丹	胡　晓	马　燕	肖　琴
李海霞	谭金晶	任志丽	杨林洁	周晓冰	赵莉芸
白会敏	张　琪	荆瀛黎	梁寒峭	杜海威	张　丽
温宜萍	曹　放	梅　梅	赵　欣	杨　静	吴欢欢
刘平平	潘春晓	高　丽	唐　坤	贾　琼	李　艳
张　卉	熊艳蕾	秦至臻	修晶辉	胡珊珊	程　怡
刘明洋	敖　宁	孙加琳	刘　翠	徐　雪	孟　姣
王翠萍	朱莉思	张　丹	姜晓亮	王艳勋	吴佳君
毛歆歆	牛静雅	李　雪	张　玲	王志新	周碧玉
胡永艳	庞海玉	玄玲玲	陈莎燕	黄月华	扈杰杰
王宪云	朱于莉	刘忞之	董　芳	刘　丽	宣　旻
于海云	栗春佳	殷　健	黄菁草	张　洁	燕法红
杨新玮	程秀丽	史　蕤	刘兰霞	陈　聪	杨文娟
龚　玲	王连嵋	范宝妍	关　嫚	王　铭	熊媛媛
闫丽荣	邹永康	柳　珊	张　菊	武玺宁	章艳茹
刘霄燕	盛苗苗	周　扬	熊青青	牛司华	付荣凤
张丽华	许轶靓	郭庆兰	杜　博	明韦迪	安文彬
于　君	高　静	魏　倩	赵占娟	周晓红	孙玲洁

邵兴慧	张鑫灵	胡 潇	张俊玲	舒 丹	张丽霞
李 娜	翟俏丽	潘 璇	周晓靓	胥伶杰	张晓岩
唐晓芳	赵 妍	夏红旻	王 芹	张 玥	张寅丽
赵允梓	田晓怡	贠菊平	杨景晖	赵 蕾	邓 莉
白 莹	苏 瑞	何春娴	孙 乐	马凌燕	黄莹雪
张 凌	林细华	王 艳	杨二霞	李秀丽	郑冰洁
尹卫华	刘 悦	陈晓燕	马 迪	辛 鑫	张东妍
于方方	赵连梅	郑亚杰	谭 丹	薛照静	齐 蓓
兰亭玉	邹小停	何菁菁	吴 凡	刘石萍	张 宇
陈秀玉	张 媛	胡 帆	王星玮	刘 倩	黄 丹
范雪松	王 乐	王小营	蒋 显	王 静	周 璐
张玉林	王任先	秦 烨	牛 苗	王一玮	闫桢桢
方颖慧	武日茂	李书芬	李 泉	张 颖	张瑞丽
王 琳	杨海彦	周 颖	席珏敏	刘冬梅	陈金晶
李秋月	宋 超	高 雪	李真真	王 建	张 帆
宋 梅	施秀青				

（以上均为“女性”）

授予以同等学力申请博士学位人员博士学位

（31人）

仲光熙	陈 波	刘春军	刘 江	韩 扬	张顺起
林 蒙	陈恒琦	赵声明	许小毛	付 勇	牟巨伟
王黎明	张 超				

（以上均为“男性”）

王 琳	刘小宁	林 琳	李峰永	赵千子	张 茜
李 娜	刘亚欣	张智慧	刘晓明	马立霜	阴津华
朱 琳	刘晋萍	杜 微	郭伏平	侯晓荣	

（以上均为“女性”）

2014年度院校第二十二批硕士生指导教师资格人员名单

（97人）

协和医院	内科学（传染病）	周宝桐	吕　玮（女）	
	内科学（内分泌与代谢病）	茅江峰	李乃适	张化冰
	内科学（呼吸系病）	黄　慧（女）	田欣伦（女）	
	内科学（心血管病）	陈　未（女）	刘永太	
	内科学（血液病）	庄俊玲（女）		
	内科学（消化系病）	费贵军		
	内科学（风湿病）	费允云（女）		
	内科学（肾病）	高瑞通		
	外科学（普外）	李秉璐（女）	陈跃鑫（女）	王维斌
	外科学（神外）	魏俊吉		
	外科学（整形）	龙　笑（女）		
	影像医学与核医学	陈永辉		
	妇产科学	赵　俊（女）		
	皮肤病与性病学	李　丽（女）		
	耳鼻咽喉科学	尚莹莹（女）	王　剑	
	药理学	王洪允		
阜外医院	内科学（心血管病）	张宇清	王虹剑（女）	李　萍（女）
	外科学（胸心外）	潘湘斌	孙晓刚	熊　辉
	影像医学与核医学	吴伟春（女）	闫朝武	陆敏杰
	麻醉学	管玉龙		
	围术期医学	张燕博（女）		
	生物化学与分子生物学	王来元		
	流行病与卫生统计学	陈恕凤（女）		
	遗传学	王　虎		
肿瘤医院	肿瘤学	王佳玉（女）	樊　英（女）	
		薛丽燕（女）		
	麻醉学	郑　晖		
	流行病与卫生统计学	石菊芳（女）		
	细胞生物学	孙力超	王海娟（女）	袁　伟（女）
	临床检验诊断学	车轶群（女）		
整形医院	外科学（整形）	周传德		

基础学院	药理学	朱 蕾（女）		
	生物化学与分子生物学	伍晓盼	李 宁（女）	王 芳（女）
	免疫学	王春梅（女）		
	遗传学	杨 威（女）	杨 涛（女）	
	流行病与卫生统计学	万 霞（女）		
	病理学与病理生理学	牛亚梅（女）		
药物所	药理学	杨秀颖（女）	吴练秋（女）	
		孙 岚（女）	李 燕（女）	
	药物分析学	贺久明		
	药物化学	刘云宝	潘显道	屈晶（女）
药生所	药物化学	李艳萍（女）	汪燕翔	
药植所	生药学	刘海波	庞晓慧（女）	陈 娟（女）
	中药学	刘海涛	孙 鹏	何春年
		丁 刚	乔海莉（女）	
信息所	情报学	李 姣（女）	高东平（女）	
动物所	病原生物学	刘江宁	许黎黎（女）	
	动物学	鲍琳琳（女）		
血研所	内科学（血液病）	杨文钰（女）	徐泽锋	陈晓娟（女）
		张 丽（女）		
工程所	生物医学工程	刘兰霞（女）		
输血所	遗传学	陈 波		
皮研所	皮肤病与性病学	余美文		
病原所	微生物学	刘 涛	司有辉	姚 雪（女）
	病原生物学	种辉辉（女）	钱朝晖	张 婷（女）
	生物医学工程	任仙文（女）		
公卫学院	流行病与卫生统计学	江 宇		
西藏自治区人民医院	高原医学	旦 增	格桑罗布	

2014 年度院校第二十二批博士生指导教师资格人员名单

（74 人）

协和医院	内科学（血液病）	韩 冰（女）
	内科学（内分泌与代谢病）	李玉秀（女）（专业型）
	外科学（普外）	吴 斌（专业型）

	外科学（神外）	幸 兵（专业型）		
	外科学（整形）	张 韬（专业型）		
	耳鼻咽喉科学	吕 威（专业型）	杨 华	
	妇产科学	冯凤芝（女）（专业型）		
	病理学与病理生理学	李龙承		
阜外医院	内科学（心血管病）	梁 岩（女）	窦克非	
	外科学（胸心外）	宋云虎		
	影像医学与核医学	方 纬		
	麻醉学	黑飞龙	晏馥霞（女）	王古岩
	生物化学与分子生物学	陈敬洲		
	遗传学	张伟丽（女）		
肿瘤医院	肿瘤学	张开泰	李 斌（专业型）	
		田艳涛（专业型）	焦宇辰	吴 晨（女）
	临床检验诊断学	韩晓红（女）		
整形医院	外科学（整形）	何乐人（女）（专业型）		
		蔡景龙（专业型）		
基础所	生物化学与分子生物学	石 磊	王晓月（女）	高友鹤
		史 娟（女）		
	遗传学	赵秀丽（女）		
	细胞生物学	杨 隽（女）		
	病理学与病理生理学	王 婧（女）		
	流行病与卫生统计学	王 丽（女）		
药物所	药物化学	肖志艳（女）	冯志强	
药理学		方莲花（女）	卢 多	张天泰
药物分析学		王 琰（女）		
药生所	微生物与生化药学	李玉环（女）	陈淑珍（女）	
药植所	生药学	孙 超	李先恩	蔡大勇
血研所	内科学（血液病）	张 磊	张凤奎	
	药理学	解向群		
	干细胞与再生医学	程 涛	周家喜	张孝兵
		Hideo Ema		
工程所	生物医学工程	杨 菁（女）		
	药剂学	张其清		
动物所	比较医学	张连峰		
病原所	微生物学	邓 涛（女）		
	生物医学工程	杨 剑		
输血所	输血医学	刘 忠		
皮研所	皮肤病与性病学	林 彤（女）（专业型）		
		冯素英（女）（专业型）	姚 煦（女）	王洪生

北京医院	内科学（心血管病）	杨杰孚		
中日医院	内科学（心血管病）	李宪伦（专业型）		
		程文立（女）（专业型）		
		王 勇（专业型）		
	神经病学	彭丹涛（女）（专业型）		
	急诊医学	詹庆元（专业型）		
	外科学（骨外）	王云亭（专业型）	孙 伟（专业型）	
儿研所	儿科学	牛 勃	赵林清（女）	李 稼（女）
		王建华（女）		

注：以上博士导师资格类型未注明“专业型”者，均为学术型

医疗卫生工作

2014年度院校医疗卫生工作概况

2014年是贯彻落实党的十八届三中全会精神、全面深化改革的开局之年，也是深化医药卫生体制改革的关键之年。在国家卫生和计划生育委员会和院校领导的正确指挥下，院校围绕深化医药卫生体制改革工作，在提高医疗质量、保障医疗安全、以病人为中心、改善患者就医体验、减轻患者负担、积极探索公立医院改革、推动医院管理创新等方面积极发挥国家队的作用，不断促进医院的内涵建设和健康发展。

一、2014年院校所属医院的主要医疗指标持续增长，再创新高

全院校医务人员在院校领导的带领下，发扬努力拼搏，开拓进取，默默奉献的精神，在2013年工作的基础上，再创新高，圆满地完成了2014年的工作任务。2014年院校六所医院门急诊量达5946178人次，门诊总量较2013年增长9.52%；开放床位5428张，较2013年增长1.88%；年出院病人225038人次，较2013年增长7.60%；年手术量为100559人次，较2013年增长约11.77%。

二、获社会认可，院校各医院在中国医院排行榜中成绩斐然

在2014年复旦大学医院管理研究所发布的“2013年度中国医院排行榜”中，院校各医院成绩斐然，27个专科进入各专科榜单前10名：其中北京协和医院再度稳居榜首，已经连续五年摘取“中国最佳医院综合排行榜”桂冠；在“最佳专科排行榜中”，阜外心血管病医院的心血管病、心外科、肿瘤医院的胸外科、肿瘤科以及血液病医院的血液科也连续三年蝉联最佳专科，协和医院的风湿病、妇产科、普通外科、神经内科也在各2014年专科中名列榜首。

三、加强医疗质量管理、多种手段保证医疗安全，落实以人为本，方便群众看病就医

2014年院校各医院积极贯彻落实深化医药卫生体制改革的各项工作，以“十八大”精神为指导，落实“群众路线”，以实际行动方便群众看病就医。加强机制、体制建设，加强医疗安全、医疗质量控制，优化诊疗流程，取得较好成绩。

（一）拓展渠道、优化流程，让患者受益

北京协和医院与工商、建设、中国、交通四大银行合作的基础上，又与农行、邮政储蓄银行合作，全面推行预约挂号。推行分时段就诊，合并建卡、收费窗口，缩短检查预约时间，提高服务效率。加大患者满意度考核权重，定期公示与点评，患者综合满意度95.03%。

阜外医院积极探索门诊病历管理模式的优化，提高门诊病历电子化比例，实施急诊病历数字化，加速患者就诊信息流通，提高工作效率和医疗病案质量。建立门诊就医自助系统，再造就医流程。加强门诊检查项目预约和执行效率的管理力度，缩短患者预约时间和就诊等待时间。增开周转病房，用于收治病情稳定及需要留观的患者，缓解部分择期住院患者在院外等待时间过长的问题。新搭建6家心血管技术培训中心，派出医疗人员完成各类心脏手术和讲课；建立与其他医疗机构、社区服务中心、心血管培训合作中心的远程会诊网络体系，开展远程心血管病会诊平台操作使用及心血管疾病防治知识培训3次，召开远程心血管病会诊项目启动会12次，开展远程视频会诊6次，扩大了“阜外”优质资源覆盖面，造福广大患者。

肿瘤医院完善门诊预约挂号管理制度，加强周六出诊医生的管理，依托“银医卡”项目，开展自助挂号机。开放号源比例76.58%，预约挂号人次占门诊的37.05%。与北京市平谷区政府签署建立肿瘤防治医联体的合作框架协议，为平谷区提供肿瘤防治科普宣传和人群筛查。与深圳市洽商合作建立当地第一家肿瘤医院，为当地居民提供优质高效的肿瘤专科医疗服务。

整形医院完成了《医院改扩建工程可行性研究报告补充资料》的编制和报审并获得国家发改委批复，现以进入初步设计阶段。医院东区装修改造工程已开工建设。

血液病医院成功研发出血液肿瘤基因突变筛查项目，血液肿瘤病理诊断工作取得突破性进展，并不断扩大对外技术服务平台及范围，现已遍布华北、江浙、西北，以及新疆和宁夏等地区。通过医院管理工具-品管圈-的学习和使用，强化工作质量意识，优化工作流程，取得了良好的成效。

皮肤病医院完成新门诊大楼启用网络建设设备前期准备、增加无线线路的方案评估和线路预埋；启动“银医通项目”和HIS升级改造前期准备工作。新门诊综合楼的建设也在稳步进行中。医院发展空间的增加以及信息化建设的加速，为更好地服务患者打下了基础。

（二）通过加强制度建设、加强医疗质量控制与监管、加强院内感染控制等多种抓手，持续保障患者安全

北京协和医院在医疗质量和医疗安全方面，召开了全院医疗质量与安全会议、各科质量安全专题分析会共54场。全院推广手术风险分级管理。启动不良事件哨点预警，鼓励主动发现与上报，由事后整改转变为提前介入、主动干预。构建个人、科室、医院三级质控体系，以公示和绩效考核为抓手，促进医疗质量持续改进。在医院感染管理方面，全年报告传染病2588例。举办全院埃博拉出血热诊疗及防控知识培训2场，霍乱、埃博拉出血热实体演练3次，接受上级部门演练、暗访2次。为175名工作人员免费接种麻风腮疫苗、17名医务人员接种水痘疫苗。医院还发布《医院环境清洁与消毒管理规定（试行）》《术中紧急用血补充管理规定》等24项新医疗规章制度，制订《北京协和医院省院合作远程医疗政策试点工作方案》。完成院内会诊互评系统、手术风险评估信息系统的开发，升级用血安全监测预警系统，建立品管圈活动信息系统，通过2014年度ISO9001质量管理体系评审。

阜外医院通过改革医院领导下的医疗工作病房主任负责制和学科发展中心主任负责制的“双轨制”：中心下设负责医疗工作的科室，切实加强中心对临床医疗质量与安全的管控，并对提高临床一线的工作效率、做好各项临床工作起到了良好的辅助和支持作用。通过建设支持电子签名功能的新一代门诊医生站平台、再造检验流程、重建集成化介入报告系统平台及介入手术管理系统、升级输血信息平台等重要举措，进一步规范医疗行为，提高医疗服务质量与水平，提升患者满意度。医院还通过实施“输血管理委员会—医务处—输血科”管理模式，制定节约用血操作规程，更新用血观念，并成立了“无输血心脏外科中心”，为国内医疗机构提高医疗质量、促进合理用血提供新的理念。通过成立医疗新技术伦理分委会，对医疗新技术、新项目从“技术审核”和“伦理审查”上进行双重把关，支持新技术安全开展，保证医疗技术创新合理规范，2014年开展了近10项新技术。

肿瘤医院在医疗质量与安全方面，完善了国家肿瘤质控中心组织结构和工作制度，完成6个单病种的质控指标编写，制定《手术管理办法》《病历管理规定》《临床用血管理反馈单》等。重点通报临床抗菌药物使用情况，规范综合查房，强化三级查房制度。通过了辐射安全示范单位创建验收。12项新技术获准入。在院感管理方面，医院加大感染防控和抗生素合理使用培训力度，开展手卫生依从性监测，规范保洁公司工作流程，加强督查，规范环境监测等，将全年医院感染率控制在了0.70%。医院全年开展临床路径共有9个病种入组，入组病人2388例，入组率87.8%，完成率96.3%。

整形医院制订了《中国医学科学院整形外科医院隔离标识相关规定》，完成医院感染现患率调查实查率为100%，0例感染。完成抗菌药物各类上报指标。通过对科室进行院内院感检查、考核医生无菌技术操作、对医护人员进行医疗废物管理、院感规章制度、多重耐药菌、抗菌药物管理等知识等方式加强对院内感染的控制。制订了《中国医学科学院整形外科医院呼吸道传染病应急处置操作规程》《中国医学科学院整形外科医院传染病异常信息应急处置制度》。

血液病医院2014年度的首次医疗质量与安全管理委员会会议通过了《医疗质量与安全控制体系建设提案》，提案涉及医疗质量与安全管理制度建设、指标体系建设、各机构职责建设和安全系统建设等。

皮肤病医院通过完善病历检查和病历管理制度、严格执行抗菌药分级管理制度，加强糖皮质激素类药物和抗菌药物使用和培训力度、对各类药物使用情况、抗菌药物使用率、不合格处方及其不合格原因等项目进行统计与分析，定期进行处方点评、公开展示及抗菌药物专项点评；临时用药审批、药品不良反应监测与管理等工作，狠抓医疗质量与安全。医院2014年开展了6个住院病种临床路径管理并按时完成网络直报，入组率和完成率均达到国家要求。完成院内感染监测和卫生学监测工作，开展供应室和手术室专项管理，普及感染管理基本知识。

（三）加强护理工作，继续开展优质护理服务，强化护理管理、研究、交流

1. 开展优秀护理人员表彰活动，深入推进院校护理工作。院校在2014年护士节前夕开展了优秀护理人员评选暨表彰活动并召开了表彰大会。在所属各医院护理部和工会的高度重视及配合下，最终评选出10名“优秀护理管理者”、20名“优秀护士”、12名“优秀护理教师”，在表彰大会上对评选出的优秀护理人员颁发了荣誉证书和奖杯，并号召院校全体护理工作者向她们学习，为院校护理事业的发展贡献自己的一份力量。

2. 各医院从护理管理、科研、优质护理服务等方面继续加强护理工作。北京协和医院修订护理工作制度24项，建立15大类护理质控考核评价敏感指标。配合药剂科推进PIVAS工作，医院化疗药集中配置。成立糖尿病、疼痛两个专科护理小组。培训、落实国家卫计委《护理分级》和《静脉治疗护理技术操作规范》2项护理行业标准。完成全院护理人员22项护理技术操作考核。新增药物外渗上报追踪项目。加强出院患者护理病历终末质量检查。加强出院前健康指导与出院后随访，病房出院患者电话回访率>30%。通过选送护理骨干参加国内学术会议、举办全院各层次护士继续教育讲座、制订并落实协和护士素质工程系列活动计划、召开护理科研开题报告会、护理骨干港澳台、美国、英国参访、学习交流等方式不断提升护理骨干的专业能力水平。医院通过北京护理学会4个专科基地认证，临床带教各类学生1547人、进修护士787人。举办国家级继续教育项目5期，招收学员863人。申报2015年国家级、市级、区级继续教育项目 21 项。

肿瘤医院全院病房实施责任制整体护理，基础护理合格率 99.6%，急救物品合格率 99.9%，消毒隔离合格率 99.5%，特、一级护理 99437 人次，静脉输液 236516 人次，静脉采血 59457 人次。住院患者综合满意度 98.0%，无护理事故发生。2014 年度获批北京协和医学院协和青年科研基金项目 1 项，院级在研课题 9 项。发表护理论文 17 篇。完成肿瘤专科护士临床教学任务。举办国家级、市级继续教育项目 4 项，区级继续教育项目 12 项，共计 2000 余人次参加，全院护士学分合格率 99.89%。接待全国肿瘤专科护士培训实习 125 人。

整形医院为了配合医院东院区开院前的人员储配，也为了达到 1∶0.4 的床护比标准，合理调配临床人力。组织男护士职业生涯规划论坛和低年资护士拓展训练。在国际护士节，全院范围内联合开展优秀护理人员评选活动，评出院级优秀护士 20 人。进一步完善各层级护理人员考核评价制度，完成了 262 人层级再授权工作。定期组织护理风险预案的应急演练，强调病人压伤评估和跌到坠床等风险评估管理，提高了评估的及时性和评估率，加强了护理安全管理意识。对急救物品、危重病人以及输血、抗生素等质量重点环节监控，提高了制度的执行力。实行护理质控例会制，护理不良事件 24 小时无惩罚上报制。护士长等管理人员每月进行 PDCA 案例报告，根本原因分析，分享管理方法和效果。培养护理实习生 23 名，进修生 4 名。申请获批协和青年基金 1 项，核心期刊发表护理论文 10 余篇。

血液病医院代表天津市首次举办“造血干细胞移植护理新进展国家级继续教育培训班”和“静脉治疗护理技术规范—PICC 国家级继续教育培训班”交流活动。医院采取问卷调查患者对护理工作综合满意度：护理部调查 94.09%，住院患者健康教育知晓率 97.58%，科室调查患者对护理工作综合满意度 97.17%，评选出“最满意护士”147 人次。组织护士参加天津市卫生局与教育工委举办的“天津市第三届护士护理技术基本功竞赛”两位护士分获二、三等奖。

皮肤病医院结合职称、岗级，加快护理人才队伍建设，明确培训层次，完善各级能力评价标准。围绕“以病人为中心”，运用科学管理工具细化护理质量和考核标准，规范护理操作，抓好护理全程质量管理；加强基础护理，开辟危重症患者护理绿色通道；培养主动服务意识，注重护患沟通，改善服务态度，规范护理人员言行，建立护理质量定期检查考核制，持续提升护理服务质量，为患者提供优质的整体护理。

四、做好对口援藏工作以及开展公益活动，体现“国家队”责任

西藏及青海、四川、云南、甘肃等四省藏区的卫生计生对口支援工作一直以来都得到了国家的高度重视。援藏工作也是院校长期以来坚持的政治任务，也是院校医疗工作中的常规活动之一。本年度院校援藏工作情况如下：

1. 参加全国援藏工作会　为了贯彻落实中央对口支援西藏工作 20 周年会议精神，部署推进卫生计生援藏工作，2014 卫生计生系统对口援藏工作会于 9 月 17 日在拉萨召开，院校医院管理处代表院校参加了本次会议。会议听取了受援省区的藏区卫生计生对口支援工作情况汇报以及部分对口支援单位代表介绍工作经验。国家卫生计生委陈啸宏副主任对下一步对口援藏工作做出了部署。在会议召开之前，院校医管处按要求将院校近几年的卫生援藏工作情况统计表以及院校卫生援藏工作近几年的基本情况、完成“十二五”对口支援协议情况等上报了国家卫生计生委。

院校“十二五”期间派出援藏医疗队 4 支，共 38 人，涉及 20 个科室及专业，接收西藏进修生46人，涉及30余个科室和专业。划拨援藏专项经费480万元。已完成“十二五”对口支援协议中在西藏自治区人民医院设立高原医学硕士点及培养定向临床研究生工作，已于2014年开始招收高原医学专业的硕士研究生。“十二五”期间院校援藏医疗队工作量如下表：

诊疗人次（含阅片、出检验报告等人次）	开展手术例数（含手术指导）	会诊及疑难病例讨论次数	学术讲座次数			业务培训人次	教学查房次数	义诊人次
			全院	科室	其他			
10389	887	1057	23	193	53	1661	410	1148

2. 院校2014年度卫生援藏工作　院校今年的援藏医疗队根据西藏自治区人民医院的工作安排，共分3批赴藏。第一批赴藏的医疗队员由来自协和医院放射科潘卫东、肿瘤医院腹部外科张业繁以及血液病医院医务处王津雨（负责血液学专业实验室规划设计）同志组成。他们在藏工作期间，从疑难病例诊断、下乡义诊、手术、会诊、专业知识讲座、医院管理、质量控制等各方面不遗余力的帮助西藏自治区人民医院提高医疗安全、医疗服务水平。第二批赴藏的医疗队员为阜外心血管病医院心外科医疗团队的7人组成，分别是心外科王小启，手术室于秀英，麻醉科王宇红，体外循环科袁媛，恢复室赵萍，超声科肖明虎以及医务处林芳芳同志。他们的主要任务是为西藏自治区人民医院初步筛选的心脏外科手术人员进行手术。在藏期间，他们对筛选出来的适合做心外科手术的3名患者进行了手术。第三批赴藏人员为基础所蒋澄宇、赵爱芳，信息所唐小利以及院校科技管理处和医院管理处的同志，主要工作是基因分子生物学、蛋白组学等基础实验室规划、医学情报信息检索等方面进行短期指导，以及就“高原医学研究中心”建设事宜进行现场调研与下一步工作如何推进进行座谈。除此以外，蒋澄宇、赵爱芳及唐小利两位专家还为自治区人民医院的医务人员进行了科研课题申请以及医疗文献检索方面的讲座。本年度医疗队工作量如下：

诊疗人次（含阅片、出检验报告等人次）	开展手术例数	会诊及疑难病例讨论次数	学术讲座次数			业务培训人次	教学查房次数	义诊人次
			全院	科室	其他			
1265	26	33	3	15	–	197	16	660

3. 接收西藏自治区人民医院进修医护人员　2014年院校共接收西藏自治区人民医院8名医护人员，分别在协和医院、阜外医院、肿瘤医院进修学习。

4. 其他对口支援工作及公益活动

（1）完成陕西省人民医院医务人员业务培训工作：在中国、意大利双边政府合作的基础上，2006年6月，刘德培院校长代表北京协和医学院与意大利代理方、陕西省项目办签订合作协议，名为“陕西省人民医院与陕西医学院临床与教学能力培训升级”项目。其中，北京协和医学院承担了接收陕西省人民医院和陕西医学院临床医务和教学人员短期业务培训的工作。

2014 年，作为项目最后批次，院校医管处完成了陕西省人民医院的培训接收工作，共有包括内科、外科、检验科、化疗科、五官科等专业的 12 名医护人员分别在协和医院、肿瘤医院进修学习。

项目从 2007 年开始执行，至 2014 年止，共计接收陕西省人民医院 78 名医务人员赴院校所属医院进修学习，很好地促进了该院的人才培养和专业建设，也体现了院校作为国家队应有的责任和使命。

（2）各医院对口支援和开展公益活动情况：除承担了院校牵头的对口支援工作外，各医院还有本单位的对口支援任务，有的医院结合自身情况，积极开展公益活动。

北京协和医院组织国家医疗队赴江西、安徽等地义诊，实施“菜单式”帮扶计划，服务 1200 余人。在院区开展各类义诊、健康大讲堂 130 余次，服务 2 万余人次。全年派出医护人员 44 人，完成援蒙、援藏及平谷区、社区对口支援任务。选派专家参与昆明暴恐事件、云南鲁甸地震、昆山爆炸事件、海南校车翻车事故的医疗救治及西非埃博拉疫区的防控。承担 APEC 会议期间多国元首保健和 3 个医疗点保障任务。参加援非“光明行”，接诊 1000 余人次，手术 200 余例。

阜外医院通过做好社区对口支援和医疗合作中心的服务工作，组织医疗团队走进海淀区美丽园、世纪城社区等开展健康讲座和义诊活动，带去“阜外”优质资源，造福广大患者。

肿瘤医院派出 4 名医师完成援疆援藏任务。6 名医护人员组成抗震救灾医疗队赴四川雅安工作。

皮肤病医院结合医院院庆组织 45 名医生开展“践行公益、服务百姓”全院皮肤病大型义诊。前期制定义诊活动方案，协调具体义诊流程，招募近 20 名志愿者分布于门诊各楼层引导患者。全院医务人员以高度责任感和爱心、耐心对待每一位前来义诊的患者，为群众提供诊疗意见，宣传皮肤保健基础知识和简便易行的保健方法。共为 1000 多名患者进行义诊，发放宣传教育处方 2000 余份。义诊活动也受到江苏电视台、南京电视台和扬子晚报等媒体的采访和报道，深受百姓欢迎。通过投身公益活动，医院组织共产党员、民主党派专家成立义诊医疗队分别在院内、南京山西路广场、江苏淮安和江西景德镇等地开展义诊和性病、麻风病防控技术指导，直接为群众服务 2000 余人次，发放健康教育处方 3500 多份。继续举办世界艾滋病日宣传公益活动，号召更多的人行动起来，向“零”艾滋迈进。

五、搭建平台，加强医管行业经验交流与学习，促进共同提升

本着加强沟通交流、取长补短、互相学习的目的，积极搭建平台，加强院校系统内各医院之间交流以及与系统外医疗机构的经验交流。

1. 联合举办“21 世纪医院院长峰会”

5 月下旬，北京协和医学院与健康界传媒共同举办了以发现最佳医疗实践为主线的“21 世纪医院院长峰会”。峰会共分“最佳医疗服务体系”、“最佳医疗管理实践”以及“最佳医疗科技创新”三大主题。曾益新校长在峰会上做了开幕致辞及主旨演讲。协和医院于晓初、张抒扬副院长，阜外医院胡盛寿院长也分别在不同的环节作了主题演讲。峰会旨在围绕以上 3 大主题，发现、总结中外医疗体系、医疗机构在面对共同的问题时的先进经验，共同学习、共同提高，同时，通过会议的讨论交流，总结、归纳通向更好的医疗服务体系的路径和方法，推动改善中国医疗格局。

2. 联合举办第四届中美健康峰会　第四届中美健康峰会于2014年10月中旬在南京举行。本届峰会的主题为“改革重构医疗体制，创新发展健康产业”。峰会由北京协和医学院、清华大学公共管理学院和哈佛大学公共卫生学院主办。医疗改革是中美两国都在努力探索推进的重大系统工程。两国国情虽然不同，却在卫生改革和发展方面面临相似的挑战。通过峰会的形式，就中美两国乃至全世界都关心的一些重大问题深入交换意见，相互启发，共同探讨，无疑是一件非常有意义的事情。

3. 举办“协和、北医、首医系统医务管理人员经验交流会”　7月初，以“品管圈”为主题，联合北医、首医两所大学继续举办了“协和-北医-首医系统医务管理人员经验交流会”，会议邀请了301医院的专家就什么是品管圈、301医院品管圈在临床质量提升中的组织应用情况、应用效果等进行了讲解，并在现场将参会人员分组进行了品管圈的实际演练体验。本次经验交流会共有来自院校京津地区医院医务处、北医、首医系统医院医务处等15所医院30余名医院医疗管理人员参加。会议旨在通过交流经验和学习新的管理方法、管理工具，对各医院的医疗质量控制、医务管理工作起到积极的推动作用，达到共同提高的目的。

4. 接待解放军150中心医院到院校参观访问　6月中旬，院校接待了中国人民解放军150中心医院的2批共10余人的来访参观，2批人员参观了阜外和肿瘤医院并重点参观了协和医院的病历与院史展。150医院对于此次参观评价很高，表示将会把院校各医院在门诊流程管理、病案管理等方面好的经验学习回去使用在本院的医疗管理过程中。

5. 组织美国医院艺术基金会医院艺术彩绘活动　美国医院艺术基金会（The Foundation for Hospital Art），是一个全球性非营利组织，致力于在全球医院免费开展艺术彩绘活动。

在2011年与院校合作于肿瘤医院开展艺术彩绘活动的基础上，2014年6月，再次与院校合作，分别在协和医院、阜外医院和整形医院开展三场艺术彩绘活动。活动现场，每张画桌旁都挤满了医务人员、患者、家属和志愿者，每位参与者的脸上都洋溢着微笑，即便身患重疾的病人也忘记了痛苦，尽情享受着彩绘带来的快乐。通过大家的合作，色彩斑斓的作品诞生在笔下，经基金会成员仔细修饰后，绘画作品将在各医院永久保留并展示。

艺术彩绘活动为单调的医院氛围添加了一抹亮色，增进了医患之间的沟通和了解，也丰富了医院的文化内涵建设。

六、中国卫生法学会相关工作

中国卫生法学会是1993年3月经民政部审核登记批准成立的全国性法学专业性社会团体组织。学会第一、二、三届理事会会长为卫生部原副部长、党组副书记孙隆椿同志担任，法定代表人均由院校原党委书记钱昌年同志担任。现任法定代表人为院校原党委书记林长胜同志。学会的秘书处一直以来设立在院校医院管理处，协助学会开展各项工作。

1. 组织“医患关系法律规制研讨会”　针对愈演愈烈的暴力袭医事件和走向越来越紧张的医患关系，院校医管处参与了在清华大学法学院举办的“医患关系法律规制研讨会”。本次会议由院校及清华大学、中国卫生法学会主办。参会人员均来自中国卫生法学会成员单位，他们中有律师、有来自医院的医务管理人员也有专门进行卫生法学研究的学者。院校阜外医院、肿瘤医院均有代表参加会议并在会上做了报告。会议旨在通过医患关系产生的原因分析、医疗损害的特殊性、在医院实践中比较有效的方式方法等的探讨和学习，能够找到更好的解决医患纠纷的法律途径和方法。

2. 参与卫生法学会“卫生法学与生命伦理国际研讨会” 由中国卫生法学会主办，世界医学法学协会及法国保罗·萨巴提尔大学支持的“卫生法学与生命伦理国际研讨会”于10月20至21日召开。本次国际研讨会以“卫生法学与生命伦理—研究前沿与最新进展”为主题，就“卫生法学科建设思考及研究”“医学法学法律问题研究”“医药卫生相关产品法律问题研究”“医学伦理和生命伦理”“伦理机构理论与实践研究”和“探索和研究中的医学与法学问题”等问题进行研讨。院校医管处全程参与了会议，通过会议的学习，使得本部门的工作人员对于卫生法学与生命伦理的热点、难点及前沿问题有所了解，并学习到这一领域的最新思想、理念和最新成果。

七、积极申报国家级科研课题

与清华大学经济管理学院合作，共同申报国家自然科学基金重点项目群，经过精心准备，“医疗与健康的数据分析与决策”项目申报成功，得到国家自然科学基金的资助。作为协作单位，将于2015年正式启动项目并按计划运行。

八、加强平安医院建设，维护医务人员安全，走访部分医院

3月初院校医管处联合院校保卫处就医院在维护医疗秩序方面所做工作情况对部分医院进行了走访，走访范围包括了医院的医务管理部门、医患办公室、门诊大厅、手术室、监控设备中央控制室、医院保卫部门、医院警务室等部门及部位。此举旨在促进院校所属医院加强平安医院建设，保障医务人员人身安全，维护和谐的医疗秩序。

院校所属医院将继续在国家卫生计生委和院校的坚强领导下，围绕医改目标，在缓解“看病难、看病贵”、狠抓医疗质量、保障医疗安全等各方面积极探索，以完善管理体制、优化运行机制为重点，坚持在前进中调整创新，促使经济效益、社会效益全面提升。在深化医药卫生体制改革的大背景下，院校将以“十八大”和十八届三中全会精神为指导，积极实现国家医改及公立医院改革的目标，进一步提高各医院的管理水平，完善医疗服务措施，创新服务模式，为患者提供更加优质的医疗服务，使院校医疗工作再上新台阶。

2014 年度院校医疗卫生工作统计表

2014 年	门诊人次	急诊人次	床位数	出院人次	手术人次	平均住院日	床位使用率%	住院患者死亡率%
协和医院	3056076	208536	1985	87105	47257	7.7	93	0.6
阜外医院	609825	27245	998	52017	24551	7.5	110.3	0.3
肿瘤医院	735596	14109	1441	53333	17861	9.42	94.26	0.31
整形医院	122899	3583	328	12849	10508	5.93	63.35	0
血液病医院	141044	24631	616	18597	*	12.7	105.6	0.3
皮肤病医院	1002634	0	60	1137	382	17.44	89.82	0
院校合计	5668074	278104	5428	225038	100559			

说明：比较 2013 年主要医疗指标：院校各医院门诊总量增长 9.52%，急诊量除协和医院外（协和医院急诊更换统计系统）各专科医院均有不同程度增加，住院患者出院总人次上涨 7.60%，手术总人次上涨 11.77%（由于天津市统计软件问题，血液病医院 2014 年手术量暂无法统计确切数据），出院患者平均住院日均有不同程度缩短，死亡率除血液病医院外均有下降。

产业工作

2014 年度院校产业工作概况

一、院校企业概况

截至 2014 年底，院校及所属各单位投资设立和参股的企业共有 76 户，涉及生物制药、医药贸易、图书音像、科技开发、后勤服务等众多经营领域。其中非公司制的全资企业 16 户，有限责任公司 46 户，股份有限公司 6 户，中外合资企业 6 户，中外合作企业 1 户，股份合作制企业 1 户。以北京协和医学院（原中国协和医科大学）作为实际出资人的企业共有 4 户。

二、院校企业资产与经营状况

（一）企业资产状况

根据 2014 年度企业财务会计决算和企业国有资产报表统计，纳入院校国有资产基础管理范围的国有全资、国有控股和国有参股企业共 53 户。截至 2014 年末，院校所属 53 户企业的资产总额为444 606. 49万元，同比增长 8. 73 %；负债总额为198 258. 70万元，同比增长 4. 97 %；所有者权益总额为246 347. 79万元，同比增长 11. 95%；企业资产负债率为 44. 59 %，同比下降 1. 6%，资产状况良好。

资产总额排名前六位的企业如下：

排序	企业名称	所属单位
1	北京协和制药二厂	药物研究所
2	北京协和药厂	药物研究所
3	协和干细胞基因工程有限公司	血液学研究所
4	北京联馨药业有限公司	药物研究所
5	江苏康淮生物科技有限公司	医学生物学研究所
6	北京协和医药进出口有限公司	北京协和医药科技开发总公司

2014 年末，53 户企业国有资产总额 198，431. 86 万元，同比增长 14. 23%；国有资本保值增值率为 120. 83%，实现了国有资产保值增值。

（二）企业经营状况

2014 年度，53 户企业营业收入总额为216 215. 95万元，比上年增长 10. 07%。

营业收入总额排名前六位的企业如下：

排序	企业名称	所属单位
1	北京联馨药业有限公司	药物研究所
2	北京协和药厂	药物研究所
3	北京协和制药二厂	药物研究所
4	协和干细胞基因工程有限公司	血液学研究所
5	北京医科整形美容门诊部有限责任公司	整形外科医院
6	天津市血研协康科技有限公司	血液学研究所

2014 年度企业实现利润总额53 449. 31万元，净利润43 108. 27万元。

净利润排名前六位的企业如下：

排序	企业名称	所属单位
1	北京协和制药二厂	药物研究所
2	北京联馨药业有限公司	药物研究所
3	北京协和药厂	药物研究所
4	协和干细胞基因工程有限公司	血液学研究所
5	北京医科整形美容门诊部有限责任公司	整形外科医院
6	北京帝思科商贸有限责任公司	整形外科医院

2014 年度，53 户企业中亏损企业有 13

户，占全部企业的 24.53%；53 户企业上缴国家税金共计25 571.16万元。

三、校办企业资产状况

根据 2014 年度校办企业年度统计，截至 2014 年底，北京协和医学院出资设立和参股的企业共有 4 户。学校企业资产总计为 8554 万元，归属于学校方股东的所有者权益总计 3658 万元。

四、科技产业规范化建设

（一）院校企业改制情况

2014 年度，院校批复了 5 户全资企业改制方案，其中放射医学研究所已经完成企业改制，另 4 户企业正在开展改制评估工作。其余几户企业也已启动改制程序。

（二）完成首科集团股权无偿划转工作

经院长办公会研究，同意将所持有的北京首都科技集团有限责任公司 1.6%股权无偿划转至北京协和医药科技开发总公司，由协和总公司代表我院行使出资人权利，2014 年 7 月完成工商变更登记。

（三）启动中国循环杂志社股权无偿划转工作

经院长办公会研究，院校决定以国有股权无偿划转方式，将中国循环杂志社的出资人由我院变更为国家心血管病中心，从而理顺中国循环杂志社的产权管理关系。

（四）印发《关于严格执行对外投资申报审批程序的通知》，要求所属各单位建立健全对外投资管理制度，加强对外投资监管。

五、科技产业政策研究制定

1. 根据卫计委《关于印发预算管理单位国有资产处置管理暂行办法的通知》要求，结合院校实际，重新修订了 2012 年印发的《院校事业单位转让企业国有股权申报审批程序》，同时制定了《院校事业单位企业国有股权无偿划转申报审批程序》，于 2014 年 6 月正式印发执行。

2. 根据 2014 年 3 月 1 日起正式施行的《中华人民共和国公司法》修正案（以下简称新公司法），下发《关于认真学习新公司法加强对外投资管理的通知》（医科产发〔2014〕248 号），要求各单位认真学习领会新公司法，加强对外投资管理。

3. 根据卫计委办公厅关于转发中央级事业单位科技成果处置权和收益权管理改革有关事项的通知（国卫办财务函〔2013〕481 号），下发《关于学习中关村国家自主创新示范区先行先试政策促进科技产业发展的通知》（医科产发〔2014〕12 号），要求有关单位认真学习中关村国家自主创新示范区先行先试政策，探索开展机制和体制创新，加速科技成果转化和产业化。

六、召开院校科技产业管理工作会

2014 年 11 月 26 日，院校组织召开院校科技产业管理工作会。各单位主管科技产业管理工作的职能部门负责人和重点企业负责人 30 余人参加会议，共同梳理和研习了新公司法和有关科技产业管理法律法规政策规定。

七、企业产权登记工作

根据《财政部关于开展中央级事业单位及事业单位所办企业国有资产产权登记与发证工作的通知》（财教函〔2013〕241 号）要求，组织开展院校所属企业国有资产产权登记工作，43 户企业按要求参加了登记工作。

八、常规管理工作

1. 完成对外投资申报审批事项 5 项。

（1）批复同意医药生物技术研究所转让所持北京康益民生医药经营有限公司 30%股权并报卫计委备案。

（2）完成四川协和生物技术有限责任公司将所持成都欣贸物业管理有限责任公司 10%股权无偿划转至输血研究所的资产处置备案。

（3）完成院校将所持北京首都科技集团有限责任公司 1.6%股权无偿划转至北京

协和医药科技开发总公司的资产处置备案。

(4) 批复同意药物研究所“北京药研劳动服务中心”进行公司制改造。

(5) 完成院校将所持中国循环杂志社全部股权无偿划转至国家心血管病中心的资产处置备案。

2. 完成资产评估备案审核上报项目3项，评估值776.98万元。

(1) 完成放射医学研究所天津市南开区科园技术服务中心企业改制项目资产评估结果备案，评估值为82.5万元。

(2) 完成药用植物研究所万宁科健热带南药园企业改制项目资产评估结果备案，评估值为47.84万元。

(3) 完成药用植物研究所西双版纳柬龙制药厂企业改制项目资产评估结果备案，评估值为646.64万元。

3. 完成北京协和药厂和北京协和制药二厂2014年度国有资本收益申报和应交收益交付工作，应交收益金额共计1839.11万元。

4. 完成2013年度院校企业财务会计决算和2013年度企业国有资产报表审核上报分析工作。荣获2013年度国家卫生计生委企业决算先进单位，受到卫计委通报表彰。

5. 协助卫计委完成对委预算管理单位2013年度企业财务会计决算和2013年度企业国有资产报表审核汇总工作。

6. 完成2014年度院校对外投资电子管理台账的更新工作。

7. 完成2013年度校办企业年报统计上报工作。

8. 完成卫计委、教育部和北京市教委以及院校领导布置的其他工作。

九、产业大事记

1. 2014年3月，由北京协和医学院牵头组建，以药物研究院为主体、北京协和医院和基础医学研究所为核心单位，联合国内药物研究领域居领先地位的单位和基金管理公司，共同组建了“新药创制先进技术与产业化协同创新中心”。

2. 2014年北京协和药厂、北京协和制药二厂完成1号、4号建筑办公区域验收并投入使用。

3. 2014年，北京科莱博医药开发有限责任公司（国家新药开发工程技术研究中心）以国家新药开发工程技术研究中心为运作载体，组建了中国医学科学院药物研究院创新成果转化中心。

4. 2014年1月，药物研究所与悦康药业集团签署“悦康药业-药物所”产学研战略合作协议；9月与远大医药签署“罕见病药物研发”战略合作协议；10月组织召开“罕见病临床治疗策略研讨会”。

5. 2014年，医药生物技术研究所与血液学研究所和天津红日药业合作研发抗CD20抗体LDM融合蛋白研究；与东北制药集团股份有限公司联合开发盐酸小檗碱治疗糖脂代谢综合征新适应证；与欣凯医药化工中间体（上海）有限公司实现对接共同开发、成功申报临床研究抗肝炎病毒一类新药ODE-TFV。

6. 2014年，药用植物研究所启动海南分所万宁科健热带南药园和云南分所西双版纳柬龙制药厂两家企业改制工作。

7. 2014年8月，药用植物研究所西双版纳柬龙制药厂投资120余万新建调制酒车间、压片糖果车间通过药监局认证；12月通过2010版GMP认证，获得云南省药监局审核颁发的中药提取、龙血竭原料以及硬胶囊制剂车间的GMP证书；与西双版纳纳曼欢生物有限公司共同投资170余万元新建化妆品车间竣工。

8. 2014年7月，实验动物研究所联合北京北大未名生物工程集团有限公司、北京华阜康生物科技股份有限公司成立中国实验动物产业技术创新战略联盟。

9. 2014年，放射医学研究所完成所属全资企业天津南开科园服务中心的改制，改制后的名称为天津天颐科苑科技公司。所属参股公司天津协和医药集团建成5000平方米厂房。

10. 2014年，放射医学研究所组织对外技术服务洽谈会，达成11项科研合作项目。

11. 2014年4月，经天津市科委批准，生物医学工程研究所组建了天津市医学电子诊疗技术工程中心。

12. 2014年10月，输血研究所参股企业成都协和生物技术有限责任公司被认定为国家高新技术企业。

13. 按照国家2010版GMP标准，医学生物学研究所在昆明高新区新城投资建设“昆明疫苗产业基地”，2014年8月正式启动生产。

14. 2014年7月，医学生物学研究所冻干甲型肝炎减毒活疫苗（人二倍体细胞）生产线，获得GMP证书以及生产注册批件；2014年12月27日，国家一类新药Sabin株脊髓灰质炎灭活疫苗（Vero细胞）顺利完成新药现场核查和GMP认证工作。

15. 2014年，医学生物学研究所与盖茨基金会、PATH就疫苗生产升级扩能、WHO预认证等达成初步合作意向。积极开拓国际市场，与韩国、泰国、乌兹别克斯坦等相关公司进行疫苗注册出口项目洽商。

（备注：成都输血研究所和昆明医学生物学研究所目前仍按事业单位进行资产统计，故有关资产统计数据不包括在内。）

（科技产业处　赵晨晨　编　洪　健　审）

人才建设与培养

中国医学科学院　北京协和医学院
及各所院党政领导干部名单

（2014）

中国医学科学院　北京协和医学院

院长、副校长	曹雪涛	教授	
常务副院校长	李立明（兼）	教授	
校长、副院长	曾益新	研究员	
副院校长	徐德成	研究员	
	詹启敏　教授		
	赵玉沛（兼）	主任医师	
党委书记	李立明	教授	
党委副书记	林长胜	研究员	（2014.03 免）
	姚龙山	副研究员（2014.03）	
顾问	顾方舟	教授	
	巴德年	教授	

北京协和医院（临床学院、临床医学研究所）

名誉院（所）长	方　圻	教授	
院（所）长	赵玉沛	主任医师	
副院（所）长	于晓初	研究员	（2014.06 免）
	姜玉新（兼）	主任医师	
	王以朋	主任医师	
	柴建军	副研究员	
	李冬晶	主任医师	
	张抒扬	主任医师	
总会计师	向炎珍	高级会计师	
党委书记	姜玉新	主任医师	
党委副书记	陈　杰	主任医师	

阜外心血管病医院

院长	胡盛寿	主任医师

副院长	杨跃进	主任医师
	王希振	高级工程师
	李惠君（兼）	主任医师
	顾东风	研究员
党委书记	李惠君	主任医师
党委副书记	王 峥	副研究员

肿瘤医院

院长	赫 捷	主任医师
副院长	石远凯	主任医师
	王明荣	研究员
	王绿化	主任医师
	王 艾	研究员
	蔡建强	主任医师
党委书记	董碧莎	研究员
党委副书记	付凤环	副研究员

整形外科医院（整形外科研究所）

院（所）长	曹谊林	研究员（2014.12免）
副院（所）长	祁佐良	主任医师、教授
	赵振民	主任医师
	赵唯萍	副研究员
	吴 念	主任医师
党委书记	王建国	副主任医师（2014.12免）
	王宝玺	主任医师（2014.12）
党委副书记	王晓芳	副研究员

基础医学研究所（基础学院）

代理所长	王 恒	研究员（2014.12免）
院长	沈 岩	研究员
副所（院）长	蒋澄宇	教授（2014.12）
	李利民	教授（2014.09免）
	刘 英	研究员
	彭小忠	研究员
党委书记	王 恒	研究员（2014.12免）
	张 学	教授（2014.12）
党委副书记	安道彩	助理工程师

药物研究所

所长	蒋建东	研究员（2014.12免）
副所长	蒋建东	研究员（2014.12）
	庾石山	研究员
	陈晓光	研究员
党委书记	刘　煜	研究员

医药生物技术研究所

所长	邵荣光	研究员（2014.12）
常务副所长	邵荣光	研究员（2014.12免）
副所长	李卓荣	研究员
党委书记	于　滨	研究员*（2014.12）
党委副书记	于　滨	研究员*（2014.12免）

药用植物研究所

名誉所长	肖培根	研究员
所长	孙晓波	研究员（2014.12）
副所长	孙晓波	研究员（2014.12免）
	魏建和	研究员
	刘克明	无
党委书记	田　力	高级政工师*（2014.12免）
	朱金生	经济师（2014.12）
党委副书记	付　洁	副研究员

（云南分所）

名誉所长	李学兰	研究员
所长	马小军	研究员
副所长	里　二（兼）	副主任技师
	陈　曦	副研究员
	张丽霞	副研究员
党委书记	里　二	副主任技师

（海南分所）

所长	魏建和（兼）	研究员

常务副所长	甘炳春	研究员
副所长	杨美华	研究员
党委书记	甘炳春	研究员（2014.03）

医学信息研究所（图书馆）

名誉所（馆）长	陆如山	研究员
所（馆）长	代　涛	研究员
副所（馆）长	朱金生	经济师（2014.12免）
	钱　庆	研究员（2014.08）
党委书记	赵　熙	讲师（2014.05免）
党委副书记	胡志民	副研究员

医学实验动物研究所（实验动物学部）

所长（主任）	秦　川	研究员
副所长（副主任）	张连峰	副研究员
	刘云波	研究员
党委书记	陈小凡	高级政工师（2014.02免）
	樊飞跃	研究员（2014.02）

微循环研究所

所长	修瑞娟	教授

护理学院

院长	刘华平	教授
副院长	陈京立（兼）	教授
	吴欣娟（兼）	主任护师
	李　峥	教授
	刘　辉	助理研究员
党委书记	陈京立	教授

病原生物学研究所

所长	金　奇	研究员
副所长	王健伟	研究员
党委书记	张　烈	高级政工师（2014.12免）
党委副书记	王树利	无（2014.11）

	刘海鹰	副研究员

公共卫生学院

院长	刘远立	教授
副院长	江　宇	副研究员

人文和社会科学学院

院长	翟晓梅	教授（2014.08）
副院长	崔庚申	助理研究员（2014.08）

血液病医院（血液学研究所）

常务副院（所）长	程　涛	教授
副院（所）长	常子奎（兼）	研究员
	王建祥	主任医师
	肖志坚	主任医师
党委书记	常子奎	研究员
党委副书记	姜艳玲	高级政工师

放射医学研究所

名誉所长	王世真	教授
所长	樊飞跃	研究员（2014.02免）
副所长	樊赛军	教授
党委书记	张剑虹	副研究员
纪委书记	刘　方	助理工程师

生物医学工程研究所

副所长	李迎新（兼）	教授
	孔德领	教授
	徐圣普	研究员
党委副书记	李迎新	教授

皮肤病医院（皮肤病研究所）

院（所）长	王宝玺	主任医师（2014.12免）
副院（所）长	顾　恒	主任医师

	杨雪源	主任医师
	高保平	助理研究员
党委副书记	陆明霞	护师

输血研究所

所长	郑忠伟	研究员
副所长	马　峰	研究员
	陈勇军	副研究员
	刘　忠	主任技师
党委书记	肖小璞	主任技师（2014.09 免）
党委副书记	刘嘉馨	研究员

医学生物学研究所

所长	李琦涵（兼）	研究员
副所长	杨净思	主任技师
	董少忠	研究员
	谢忠平	主任技师
党委书记	李琦涵	研究员
党委副书记	游　丹	研究员

* 为任职资格

［院校人力资源处（组织部） 朱明 编 徐秀珍 侯 健 审］

2014年度院校人才队伍建设与培养工作概况

一、高层次人才队伍建设

2014年，院校通过实施“千人计划”、“万人计划”、“长江学者奖励计划”、“协和学者与创新团队发展计划”等一系列人才支持计划，以高层次人才为重点，通过高端引领，统筹推进院所各类人才队伍建设与发展，紧紧抓住卫生人才培养、吸引、使用三个环节，逐步探索建立科学有效的人才考核评价机制，加大人才队伍经费投入，构建了定位明确、层次清晰、衔接紧密、促进优秀人才可持续发展的培养和支持体系。

（一）以高层次人才为重点，推进五个层次人才队伍建设

1. 组织推荐国家卫生计生委有突出贡献中青年专家，院校共有9位同志荣获第七届“国家卫生计生有突出贡献中青年专家”称号。分别是：北京协和医院黄宇光、杜斌和高志强、阜外心血管病医院吕滨、肿瘤医院王贵齐、基础医学研究所刘英、药物研究所庾石山、医药生物技术研究所宋丹青、血液病医院（血液学研究所）邱录贵。

2. 组织享受政府特殊津贴人员选拔推荐工作，院校共有13位同志被批准享受2014年政府特殊津贴。分别是：北京协和医院李汉忠和翁习生、阜外心血管病医院郑哲和陈曦、肿瘤医院蔡建强、整形医院王宝玺和祁佐良、基础医学研究所黄波、药物研究所胡卓伟、药用植物研究所魏建和杨美华、血液病医院杨仁池、放射研究所樊赛军。

3. 我院校共有6人入选中组部国家高层次人才特殊支持计划（简称“国家特支计划”，又称“万人计划”）第一批名单，分别是北京协和医院李太生和张烜、基础医学研究所黄波、药用植物研究所魏建和、病原生物学研究所王健伟等5位同志入选“万人计划”第一批科技创新领军人才，基础医学研究所张学同志入选“万人计划”第一批百千万工程领军人才。

4. 组织2014年青年拔尖人才支持计划申报工作，院校有1人入选，是基础医学研究所陈厚早同志。

5. 组织推荐“千人计划”人选。院校共有3人入选“千人计划”（青年项目），分别是基础医学研究所王晓月和石磊，药物研究所胡友财同志。

6. 组织“长江学者奖励计划”人选推荐工作，院校共有4位同志当选长江学者特聘教授。分别是北京协和医院张烜、阜外心血管病医院荆志成、基础医学研究所黄波、病原生物学研究所王健伟。

7. 组织国家百千万人才工程国家级人选的推荐工作。院校共有3位同志入选，分别是北京协和医院李雪梅、阜外医院荆志成、基础所许琪同志。

8. 2014年继续实施“协和学者与创新团队发展计划”和“协和新星人才支持计划”，资助了5个创新团队，聘任了12名协和学者特聘教授、4名协和学者讲座教授，资助了10名协和新星。

2014年协和创新团队一览表

序号	单位	创新团队带头人姓名	研究方向
1	协和医院	张 烜	风湿和临床免疫
2	阜外医院	郑 哲	心血管外科关键治疗技术应用及结果评价
3	基础所	黄 波	重塑肿瘤物理微环境：新的抗肿瘤免疫策略
4	药生所	岑 山	创新抗病毒药物的研究
5	工程所	孔德领	免疫生物材料

2014年协和学者特聘教授与讲座教授人选一览表

序号	单位	姓 名	聘任岗位名称	类别
1	协和医院	朱朝晖	核医学	特聘教授
2	阜外医院	陈敬洲	生物化学与分子生物学	特聘教授
3	肿瘤医院	焦宇辰	肿瘤学	特聘教授
4	肿瘤医院	吴 晨	肿瘤学	特聘教授
5	基础所	葛 微	免疫学	特聘教授
6	药物所	胡友财	药物化学	特聘教授
7	药生所	余利岩	微生物与生化药学	特聘教授
8	动研所	牛海涛	免疫学	特聘教授
9	病原所	赵振东	免疫学	特聘教授
10	血研所	石莉红	细胞生物学	特聘教授
11	皮研所	李 岷	皮肤病与性病学	特聘教授
12	苏州系统医学研究所	蒋太交	生物信息学与医学信息学	特聘教授
13	肿瘤医院	王前奔	细胞生物学	讲座教授
14	血研所	罗鸿博	细胞生物学	讲座教授
15	放射所	沈 强	放射医学	讲座教授
16	输血所	吴 敏	免疫学	讲座教授

2014年协和新星一览表

序号	单位	姓名	从事专业
1	协和医院	徐 军	急诊医学
2	阜外医院	潘湘斌	心脏外科学
3	肿瘤医院	孙力超	细胞生物学
4	基础所	慕 轩	基础医学
5	药物所	张晓伟	药理学
6	药植所	孔维军	中药学

续　表

序号	单位	姓名	从事专业
7	病原所	任仙文	生物信息学
8	血研所	郝　莎	细胞生物学
9	放射所	刘鉴峰	生物医学工程
10	工程所	李　宸	生物医学工程

9. 院校坚持“人才使用与培养并重”的原则，于2013年11月启动了“协和创新团队、协和学者及协和新星”系列培训。鉴于培训对象工作繁忙的特点，院校探索分期分模块的培训方式，根据培训对象效果评价和需求反馈，设计培训课程，课程设计兼顾不同层次人员的需求，学员可自由选择培训课程。旨在提升高层次人才在医疗、教学、科研和管理等方面的综合能力，提高院校人才队伍的整体素质。截至2014年11月院校共举办了五期“协和创新团队、协和学者及协和新星”培训班。参加培训人员范围涉及院校协和创新团队带头人、协和学者、协和新星、院校高层次人才队伍中的各类优秀人才、院校协和创新团队中的骨干成员、各所院人事部门人才工作负责人等 共322人，其中：协和学者团队带头人25人/次，协和学者130人/次，协和新星106人/次，其他人才及团队骨干61人/次。

10. 院校逐步探索建立科学有效的考核评价机制，实行聘期目标管理，坚持聘期年度和期末考核工作，注重绩效评价，避免“重量不重质”的人才评价，设定考核等级，注重考核结果应用，对于考核结果优秀，科研任务进展和完成情况好的高层次人才，延长聘期、加大经费持续资助力度。

（二）细化管理，做好专家服务管理工作

1. 组织推荐国务院第六次全国民族团结进步表彰大会模范集体和模范个人评选工作，肿瘤医院魏文强同志当选国务院第六次全国民族团结进步表彰大会模范个人。

2. 组织推荐第七批“北京市优秀青年人才”评选表彰工作，肿瘤医院吴晨同志当选。

3. 组织北京市优秀人才培养资助个人项目资助人选推荐工作，并完成刘健、朱海波、张丹三位同志项目结题考核工作。

二、专业技术人才队伍建设

1. 完成2014年国家卫计委直属单位卫生系列高级专业技术资格考试申报工作，申报300人，其中正高77人，副高223人，副高考试合格164人，通过率为73.54%。

2. 完成2014年国家卫生计生委直属单位专业技术资格评审申报工作，申报436人，347人取得了所申报的专业技术资格，总体通过率为79.59%。

3. 组织完成2014年院校专业技术职务聘任工作。院校对所院人才队伍情况进行了摸底调查，根据所院自然减员情况、通过专业技术资格评审情况及外语考试通过情况、援疆人员和支援西部边远地区的实际情况制定了院校聘任指标方案。经所院和院校高级专业技术职务聘任委员会评审，院校专业技术职务聘任工作领导小组审核，共聘任56人高级正职专业技术职务、158人高级副职专业技术职务。

4. 博士后研究人员是院校“五个层次”人才培养与支持体系的一部分。院校充分利用博士后培养这一发现人才、培养人才的成熟机制，创造条件，扩大博士后人员的招收，加大流动人员，减少固定人员，选择优秀博士后人员作为学术技术带头人的后备军。

（1）博士后招收情况：2014 年招收博士后 65 人，其中，与工作站联合招收 15 人，香江学者计划招收 1 人；博士后出站 47 人，其中，5 人留校工作，退站 5 人。截至 2014 年底，共有在站博士后 180 人，其中男性 87 人，占在站博士后总人数的 48.3%，女性 93 人，占在站博士后总人数的 51.7%。在站博士后中生物学 24 人，占 13.3%；基础医学 48 人，占 26.7%；临床医学 39 人，占 21.7%；药学 62 人，占 34.4%；公共卫生与预防医学 1 人，占 0.6%；生物医学工程 6 人，占 3.3%。

（2）博士后科研工作：2014 年继续组织开展院校博士后科学基金资助工作，11 名博士后研究人员获得基金资助，共资助平台经费 55 万元。该项目的实施，对于鼓励博士后研究人员进行交叉学科的研究，不断提高自主创新能力具有重要的意义，在院校内形成了积极参与竞争、迎接挑战的良好学术氛围。

2014 年院校博士后科学基金资助一览表

序号	单位	姓名	课题名称
1	协和医院	任晓霞	AP-1 通路在慢性胰腺炎诱导胰腺癌过程中的机制研究
2	协和医院	马俊芳	神经肽 Y（Neuropeptide Y，NPY）在脑缺血后的促神经发生作用及其分子机制研究
3	协和医院	殷珊珊	γδT 细胞在类风湿关节炎中的作用研究
4	阜外医院	程怀兵	致心律失常性右室心肌病遗传学与心电及磁共振表型的关联研究
5	肿瘤医院	刘 骞	结直肠癌肝转移相关分子标志物的筛选
6	基础所	张 艳君	PAD4 介导的肿瘤抑制因子 p53 脱氨化修饰研究
7	药植所	李利平	北京山区药用植物丰富度十年变化
8	药植所	张 涛	基于谱学技术快速发现金挖耳中杀虫活性的倍半萜类成分
9	病原所	迟晓静	HCV 膜融合的分子机制与动力学研究
10	血研所	纪光臻	PUMA 在范可尼贫血病人细胞基因组稳定中的作用研究
11	工程所	张 燕	基于多肽类材料的药物递送系统

2014 年，院校积极组织在站博士后研究人员申报中国博士后科学基金第 7 批特别资助、第 55 批和 56 批面上资助。13 名博士后申请中国博士后科学基金第 7 批特别资助，4 人获得资助，申请成功率 30.8%；54 名博士后申请中国博士后科学基金第 53 批和第 54 批面上资助，1 人获得一等资助，11 人获得二等资助，申请成功率 22.2%；共获得基金资助 73 万元人民币。

2014 年，院校在站博士后研究人员以课题负责人身份申请并获得国家自然科学基金资助 9 项，其他国家级 2 项，省部级项目 3 项，其他级别项目 6 项，主持经费共计 3051 万元人民币。共发表论文 85 篇，其中 SCI 收录 62 篇，影响因子合计 255.384。申请专利 3 项，获得专利授权 2 项。

三、对外支援工作

1. 组织第八批援疆干部人才选派工作，共选派援疆干部人才十人，分别是：协和医院史群、蒋宇林、桑诺尔、窦万臣、黄蓉，阜外医院刘亚欣，肿瘤医院王宏羽、赵建军，药物所刘睿，药生所王菊仙。

2. 组织落实2014年度“西部之光”访问学者的接收安置和培养计划落实工作，共接收西部地区访问学者7人。

3. 完成第15批博士服务团成员选派工作，共选派博士服务团成员2人，分别是：肿瘤医院梁颖、整形医院牛峰。

四、师资队伍建设与教师评优

1. 根据《北京市教育委员会关于公布第十届北京市高等学校教学名师奖获奖名单的通知》（京教高〔2014〕11号），院校协和医院崔丽英同志获得第十届北京市高等学校教学名师奖。

2. 院校教学名师、优秀教师、优秀教育工作者评选工作

（1）为表彰长期从事一线教学工作，治学严谨，学风端正，在教学实践中不断更新教育思想和观念，锐意创新，注重教学改革与实践，教学方法先进，教学经验丰富，教学水平高，教学效果好，为学校的教育事业发展做出杰出贡献的著名教师，学校决定授予陈　杰、杨跃进、林东昕、姜晶梅4位教授“北京协和医学院教学名师”荣誉称号。

（2）为了表彰我校优秀教师和优秀教育工作者在全面落实科学发展观、深化教育改革、推进素质教育、实施教育创新等方面做出的成绩和贡献，弘扬他们的高尚师德，进一步激发广大教师和教育工作者的积极性、创造性，努力开创学校教育工作的新局面，学校决定，授予戴晴等35名同志“2014年北京协和医学院优秀教师”称号；授予苏航等11名同志“2014年北京协和医学院优秀教育工作者”称号。

北京协和医学院优秀教师名单（35人）

姜玉新	戴　晴	刘晓清	何小东	朱丽明
彭　斌	晋红中	于春华	张圣洁	王　巍
高　黎	祁佐良	范金财	高　扬	高　雪
赵秀丽	王　丽	仇文颖	李　燕	庾石山
司书毅	王玉成	许旭东	王　芳	徐艳峰
李　杨	邹海欧	郭　斐	郑以州	李迎新
刘　强	孙建方	王宝玺	李长清	马雁冰

北京协和医学院优秀教育工作者名单（11人）

苏　航	徐　路	邵颖瑞	蒋建东	李卓荣
付　洁	康晓凤	徐宝义	徐薇薇	王　晶
刘景志				

已故专家介绍

潘华珍，女，汉族。1925 年 12 月生于北京，原籍江苏江宁县。中共党员。中国医学科学院基础医学研究所 北京协和医学院基础学院研究员。享受国务院颁发的政府特殊津贴。于 1991 年 3 月离休，2014 年 12 月因病去世。

潘华珍教授于 1943 年考入北京辅仁大学化学系，1947 年毕业后到北京卫生实验院营养系工作，1948 年在北京协和医学院进修生物化学，1949 年在济南白求恩医科大学担任助教。1951 年担任广东中山医学院讲师，1956~2014 年在中国医学科学院基础医学研究所生物化学与分子生物学系任副研究员、研究员。1980 年赴瑞典乌布萨拉大学研究中心作访问学者。

潘华珍教授献身于教学和科研事业 50 余年，培养了大量的生物化学家和临床研究人员。她首先倡导生物膜方面的研究，1977 年开始建立生物膜组。在生物化学分子生物学研究领域中，开辟了生物膜基础理论与临床相结合的道路。她多年的研究一直以红细胞为对象，研究红细胞结构功能与溶血的关系；研究阵发性睡眠性血红蛋白尿症（PNH）患者红细胞膜的异常及溶血机制，获得了创新性的研究结果：①建立了蛇毒因子溶血临床诊断方法。②在国内首创应用免疫磁珠分选方法，将 PNH 病人的骨髓干细胞中正常与异常克隆分离，得到纯化的 PNH 异常红细胞。③将 PNH 患者 B 淋巴细胞进行 EB 病毒转染，建立了国内第一个 PNH 永生型 B 淋巴细胞株。这些方法的建立为 PNH 机制的研究打下良好的基础。④发现 PNH 红细胞膜缺失乙酰胆碱酯酶，她证实了红细胞膜缺少乙酰胆碱酯酶是由于不能生成 GPI，GPI 锚缺失原因是合成糖的 PIG-A 基因发生突变。她建立了一系列抗氧化作用的指标，发现从红参中提取出的一种小分子化合物有很强的抗氧化作用，深入研究了它的作用机制，并开发成防皮肤衰老的魔力霜。

上述研究获部级科学技术进步奖 5 项：1988 年 7 月“阵发性睡眠性血红蛋白尿症溶血机制研究”项目获得国家教育部科学技术二等奖；1987 年“地中海贫血患者红细胞脂质过氧化及膜脂的变化”项目获解放军总后科技进步三等奖；1992 年“麦芽醇抗活性氧氧化损伤及其机制的研究”项目获卫生部科技进步三等奖；1998 年“老化红细胞膜脂膜蛋白的变化”项目获卫生部科技进步三等奖；1999 年“阵发性睡眠性血红蛋白尿症溶血机制研究与临床研究”项目获卫生部科技进步三等奖。除此之外潘华珍教授还发明专利 1 项，获得第一届吴宪生物化学教授奖。发表论文 130 余篇，主编专业书 3 部，参编 20 余部。

潘华珍教授对教育事业和科学研究始终如一，孜孜不倦，勤奋努力，抓住科学前沿方向，锲而不舍，开拓进取。她治学作风严谨，爱国奉献，为人师表。为我国生物化学与分子生物学的发展及医学人才的培养做出了杰出贡献。

国际交流与合作

2014年度院校国际与合作工作概况

按照院校部署，现将医科院国合处2014年工作总结汇报如下。

一、贯彻“八项规定”，做好因公出国（境）管理服务

2014年是国家卫生计生委《因公临时出国管理办法》颁布实施第一年。年内共办理短期因公出国境121批次，长期出国4批次。办理机关出国访问手续10人次。由于是卫计委实施在申报计划基础上大幅削减出国计划指标和严格按计划指标审批临时出国团组，我们在管理因公出国（境）管理工作中遇到了很大的困难。国合处在理解相关政策规定的同时，尽力做好解释工作，协助所院和专家安排好出访任务，在一定程度上缓解了指标短缺与出国任务之间的矛盾。在指标用完后协助所院争取指标。

二、承办重大外事活动，加强来访接待工作

（一）重大外事活动

1. 全球慢病联盟GACD　2014年是曹雪涛院长担任这一国际组织主席的第一年，期间参加和举办了多项重要国际会议和活动。①3月26日在伦敦主持GACD董事会。②7月1~2日，在上海成功举办了2014年全球慢病联盟（GACD）董事会和全球生物医学研究高层组织（HIROs）上海会议，共有29位中外专家参加了会议。全国人大陈竺副委员长出席了欢迎晚宴并且在大会上做了题为中国的医学研究与国际合作的重要演讲，获得与会各国医学资助机构的高度评价。③11月10~14日，与阜外医院在西安共同举办全球慢病联盟执行科学研讨会（GACD Implementation Science Workshop），共有50余人参加了会议。年内GACD继续推进联盟成员高血压合作研究项目，并且启动了糖尿病合作研究项目的规划工作。医科院代表中国，为联盟的发展发挥了主导作用，成功吸纳了泰国等国参加GACD组织。

2. 2014年8月27日，曹雪涛院长会见了阿根廷卫生部长Juan Luis Manzur及阿根廷驻华大使馆大使Gustavo Martino等一行。此次来访是习近平主席访问阿根廷后，开展中阿医学科学合作的重要体现，双方计划签订合作协议，在科研、临床和医学教育、药物研发等方面开展广泛合作。

3. CMB百年庆典系列活动　2014年是美国中国医学基金会CMB成立100周年。国合处于9月中旬协助CMB成功举办了人民大会堂纪念大会、协和国际教育论坛等多项活动。

4. 10月10日，协助美国亚美医学基金会中国会议的召开。邀请刘谦副主任会见基金会主席米皓文先生并且致辞，大大促进了医科院与亚美基金会的合作进程。

5. 10月13日，李立明书记同UCLA公共卫生学院院长Jody Heymann等会面并签署合作备忘录，双方就公卫卫生领域的交流与合作达成合作意向。

6. 10月17日，澳大利亚Griffith大学副校长Ian O’Connor教授等一行四人访问了医科院。曾益新校长代表北京协和医学院主持了会谈，并见证了李立明书记和Ian O’Connor教授签署合作备忘录。

7. 10月31日，北京协和医学院与加拿大多伦多大学 Baycrest 老年医学中心 CEO William Reichmann 在北京-安大略省创新论坛上签署了2015年的学生见习协议。

（二）接待来访工作

1. 1月11日，美国科学杂志总编辑 Marcia McNutt 女士一行来访医科院，与曹院长等进行了会谈。

2. 1月14日医科院曹雪涛院长会见了爱思唯尔公司总裁池永硕先生等一行，就医学信息化建设、合作召开 Cell Symposium 以及签署合作备忘录等议题进行了讨论。

3. 6月20日，Neuron 杂志副主编 Meredith Le Masurier 访问医科院，与曹雪涛院长等进行了会谈。

4. 2014年6月26日，柳叶刀主编 Richard Horton、执行主编 William Summerskill 及亚洲编辑王辉在中国医学科学院采访了国家卫生计生委李斌主任。医科院曹雪涛院长、国家卫生计生委任明辉、毛群安、谭向东、于学军、米峰、李娟、董乾等参加了会谈。

5. 8月11日，芝加哥大学全球事务协理副校长迈克尔卡尔曼（Michael G Kulma）教授来访，与曾益新校长续签备忘录。

6. 8月27日，曹雪涛院长会见了阿根廷卫生部长 Juan Luis Manzur 及阿根廷驻华大使馆大使 Gustavo Martino 等一行。此次来访是习近平主席访问阿根廷后中阿科学合作的重要体现。双方计划签订合作协议，在科研、临床和医学教育、药物研发等方面开展广泛合作。

7. 10月13日，UCLA 公共卫生学院院长 Jody Heymann 教授及副院长 Timothy Brewer 教授来访医学院，李立明书记同 UCLA 公共卫生学院签署合作备忘录。

8. 10月17日，澳大利亚 Griffith 大学校长 Ian O'Connor 教授、副校长 Sarah Todd 教授、大中华区负责人 Thomas Toh、环境与人口健康研究中心主任 Cordia Chu 教授一行四人来访医科院。曾益新校长代表北京协和医学院主持会谈，并见证李立明书记和 Ian O'Connor 教授签署合作备忘录。

9. 10月22日，曹院长会见英国 Elife 杂志执行董事 Mark Patterson，就未来在期刊发表、科学研究和文献收集等方面合作进行了探讨。

10. 11月4~6日，接待牛津纳菲尔德医学院副院长 Darren Nash 一行，总结双方合作现状并探讨未来合作可能。

11. 11月19日，爱尔兰著名免疫学家，都柏林三一学院免疫系主任 Andrew Bowie 教授来访医科院，与曹院长进行了会谈。

12. 12月3日，北京协和医学院曾益新校长接待韩国首尔国立大学医学院院长 Daehee Kang 教授一行来访，并签署 MOU，双方就学生交换和科研合作方面开展合作。

13. 12月4日，新英格兰杂志主编 Dan Louis Longo 来访医科院，并与曹院长进行了会谈。

14. 12月15日，与科技管理处共同会见了英国痴呆症委员会综合发展部主任 Raj Long 来访，介绍双方在痴呆症研究领域的现状和进展，并探讨未来合作的可能。

三、组织承办高端国际学术会议，提升院校国际地位

1. 5月18日，与基础所合作举办在协和会堂举办第九届国际肿瘤基因组协作组（International Cancer Genome Consortium，ICGC）学术与工作会议。

2. 10月17~18，协和公卫学院与哈佛公卫学院等联合在南京举办中美健康峰会。国合处为此次峰会成功召开承担了邀请函发放和报批等重要工作。

3. 11月9~11日，与细胞出版社和 Cancer Cell 杂志在京共同举办首届亚洲 Cell Symposium 研讨会，共有来自国内外相关专家学者800余人参加了会议。此次会议是细胞出版社首次在欧美以外召开的高规格会议，产生了重大的影响。国合处承担了大量的会议组织、审批和接待工作。

4. 医科院协和大师讲堂

（1）5月14日，美国科学院院士，美国纽约 Memorial Sloan Kettering 癌症中心 Dinshaw J. Patel 教授应邀在医科院东单三条九号协和礼堂作了主题为“表观遗传调控的分子机理和功能”的报告。

（2）6月5日下午，2005年诺贝尔生理学和医学奖获得者，澳大利亚佩斯皇家医院罗宾·沃伦（Robin Warren）教授访应邀在医科院新科研楼八楼报告厅作了主题为“从幽门螺杆菌的发现谈创新性医学科学研究”的报告。

（3）10月14日，美国知名学者钱煦教授为“协和大师讲堂”做题为“微细 RNA 对血管力学讯息传导之影响”学术报告。

（4）11月4日，邀请英国医学科学院院士 Yvon Jones 教授做了题为“Cell guidance cues in the immune system-a structural perspective”的讲座，共有300余人参加了此次活动。

（5）11月6日，由英国皇家学院院士 Liew 教授举办了题为“The role of cytokines in infection and inflammation”的讲座。

（6）11月19日，由爱尔兰著名免疫学家、都柏林三一学院免疫系主任 Andrew Bowie 教授举办了题为“Innate immunity and inflammation”的学术报告。

（7）12月4日，由新英格兰杂志主编 Dan Louis Longo 教授举办了题为“Introduction to New England Journal of Medicine”和“Tumor-induced Immunosuppression”的学术报告。

四、切实做好国际教育和培训工作，不断开拓新途径

由于郑裕彤基金会协助联系的哈佛和 UCSF 两校交换项目到期结束，我处为填补空缺联系了多家欧美知名医学院。成功与芝加哥大学医学院、路易斯安那州立大学医学院等建立了联系，派出8名学生前往见习。共为66名医大学生及多名护理学院学生办理了出国（境）相关手续和旅行食宿安排，分别赴法国巴黎公立医院集团、加拿大 Baycrest 老年医学中心、哈佛大学、芝加哥大学等10余所国际一流医学院校进行为期1个月的见习活动。协调各部门组织招标工作，为安排医大学生海外见习的旅行、学习和住宿等做了大量工作，圆满完成了任务。此外还通过吴阶平基金会交换生项目：接待香港中文大学学生4人，派遣协和交换生4人。

五、外国文教专家工作和名誉/客座教授聘请工作

2014年，我校外国文教专家聘请项目共获576万元资金支持（其中包括111引智基地90万元），共60个项目。认真做好项目组织落实和监管工作，确保项目按时按质完成。同时，积极组织专家申报2015年外国文教专家聘请项目，共申报项目78个，申请经费783.875万元。

积极申请引进国外技术、管理人才项目。2014年获批普通项目2个，分别是“恶性肿瘤发生发展机理研究创新引智基地”20万和“肿瘤免疫治疗和药物干预的转化医学研究”30万。申报2015年度新项目4个，申请经费27.1万元。

按时办理我校聘请外国专家单位资格认可证书年检工作。聘请外籍名誉教授7人，客座教授4人。

六、主要项目合作

1. 中国医学科学院-牛津大学转化免疫学联合中心：自从2013年4月牛津大学校长 Andrew Hamilton 来京签署合作备忘录和11月举办第一次会议以来，双方互动积极。第二届中国医学科学院-牛津大学转化免疫学联合中心（CTI）研讨会于2014年3月24日至25日在英国牛津大学召开。曹雪涛院长带领由詹启敏副院长以及代表中国疾控中心的北京佑安医院李宁院长等6人赴英国参会。11月4日，牛津大学代表团再次来访，就人才培训等合作内容达成了共识。

2. 海外基金会合作

（1）美国中华医学基金会（CMB）：CMB个人资助项目共获批3个项目共42万美元。选派教师出国进修13人。

（2）亚联董（United Board）：将去年收到的2013~2014年度资助经费共15 682.96美元分别资助生化专业领域和肿瘤领域专业人员交流、培养和参加国际学术会议等活动，现已分别拨付所院。按时组织有关单位撰写经费使用报告和财务报表提交亚联董。

（3）米尔斯亚美医学基金会：10月10日，国家卫生计生委刘谦副主任在北京协和医院协和会堂接见了美国米尔斯坦亚美医学基金会创始人米皓文先生和首席执行官冷晓博士等一行，医科院曹雪涛院长陪同接见。随后在协和会堂召开了米尔斯坦亚美医学基金会学术会议。会议邀请了皮肤病、老年病、血液病、转化医学及生殖医学的专家进行了座谈交流。米皓文先生与刘谦、曹院长就合作开展干细胞研究和举办国际会议，注册办事处等问题达成了广泛共识。

七、台港澳工作

5月26日，接待和信治癌中心医院院长黄达夫、中华海外联谊会副会长和北京政协港澳台侨委顾问黄梅郙一行访问。

（国际合作处　编）

联系电话：（010）65105938

规划发展工作

2014年度院校规划发展工作概况

一、研究编制医科院医学与健康创新工程实施方案及论证报告

为更好地承载保障人民健康科技支撑的国家任务，强化在人口健康科技发展中的国家队作用，医科院申请设立医学与健康创新体系建设专项。规划发展处协助院领导起草《医学与健康创新工程建设方案》等相关材料。在收集医科院历史资料、国家和院校及各所院发展规划、农科院科技创新工程等相关资料基础上，瞄准国家需求，进一步梳理院校的资源、研究比较部分国家医学科技发展的模式和经验；就院校发展核心问题，征集院校近70位老中青专家的意见；先后组织召开院校内部专家专题座谈会4次、小型专家研讨会6次；多次联系咨询京内外各所院领导、科技管理负责人及专家；从总体思路、建设任务、既有基础、组织实施、运行机制等方面形成创新工程实施方案，完成论证报告。配合领导与上级有关部门沟通并报送材料。实施方案于2014年7月通过医科院执委会论证及院长办公会原则通过，12月已报送国家卫生计生委。

二、组织筹备设立医疗卫生界重大奖项相关工作

为表彰为保障人民群众健康做出贡献的医疗卫生领域专业人员，在卫生计生委领导下，院校筹备设立医疗卫生界重大奖项。规划发展处协助收集整理国内外医疗卫生界相关奖项情况；前往中国艺术研究院调研“中华艺文奖”创建情况及实施经验；起草奖项工作方案和章程初稿等；先后召开院内、院外专家咨询会；先后形成奖项章程和组织实施方案五版。

三、承担中国医学科学院系统医学研究中心、苏州系统医学研究所建设工作

为顺利推进中国医学科学院系统医学研究中心苏州系统医学研究所建设，规划发展处积极承担相关工作。目前研究所的人才招聘、过渡期科研办公场所装修和新大楼建设等各方面工作正在按部就班进行。

四、参与与中国医科大学联合共建前期工作

为落实院长办公会精神，规划发展处就医科院与中国医科大学联合共建事宜，从科研平台、学科建设、人才培养等方面提出建议，并参与相关调研工作。

五、完成医科院原有分院摸底调查工作

按照医科院医学科技创新体系建设要求，规划发展处对原有分院进行摸底调查，向黑龙江分院、浙江分院、华西分院、西安分院和武汉分院发放分院调查问卷收集信息，形成《中国医学科学院分院问卷调查报告》并向院长办公会汇报。

六、完成共建中国医学科学全媒体平台相关工作

为建设中国医学科学领域权威性、专业化全媒体科学传播和健康服务咨询平台，规划发展处按照院校领导指示，经与中国科学报社反复协商，形成《共建中国医学科学全媒体平台框架协议》。2014年3月27日双方负责人已签署该协议，2014年12月30日举行《医学科学报》创刊仪式，2015年1月1日《医学科学报》正式发行。

七、举办首届中国医学科学发展论坛

为扩大医科院影响，形成我国医学科技学术交流的标志性品牌，我院与中国科学报社合作，组织医学科学领域学术论坛。2014年12月30日规划发展处联合医学科学报社举办首届中国医学科学发展论坛，聚焦健康管理与慢病防控策略，获得较大反响。

八、合作举办院校学术沙龙活动

为了加快院校面向新形势下的医教研全面发展，在中国医学科学院协和学术沙龙学术委员会的倡导与支持下，规划发展处继续与科技管理处、基础所黄波教授实验室共同合作每周组织学术沙龙。组织相关专家名师和学者围绕院校科学研究工作重点，针对国家人口与健康领域重大科学问题，瞄准医学科技国际发展趋势，选择一个科学问题或主题进行交流和探讨，2014年1月至9月30日共举办13期。

(院校规划发展处 宁 婕 张 倩 编 池 慧 审)

联系电话：(010) 65105528

各所、院工作概况

北京协和医院
（临床医学研究所、临床学院）

（北京市东城区帅府园1号，100730）

一、基本情况

职工4205人，其中专业技术人员3854人（卫生专业技术人员3543人、其他专业技术人员311人）。正高级职称261人、副高级职称408人、中级职称1316人、初级职称1786人、其他434人。两院院士5人，省部级以上“突出贡献”专家15人，享受政府特殊津贴专家131人，“百千万”人才国家级人选6人，中国医师奖7人，南丁格尔奖1人，全国政协委员3人。

二、获奖情况

五度蝉联复旦大学医院管理研究所中国最佳医院排行榜第一名，被评为2013~2014年度全国群众满意的卫生计生机构，获北京市卫生计生委“卫生好新闻”优秀组织奖，全国医院科普工作突出贡献试点医院，东城区妇幼健康技能竞赛优秀组织奖，2014年度中华健康快车基金会启明先锋奖。

三、机构设置

原党委综合办公室和院办公室合并重组为党政办公室，原西院综合办公室更名为西院事务管理处，原新闻宣传中心更名为宣传处，撤销原北区综合办公室，成立医学皮肤美容中心。

四、改革与管理

召开全院医疗质量与安全会议、各科质量安全专题分析会共54场。全院推广手术风险分级管理。启动不良事件哨点预警，鼓励主动发现与上报，由事后整改转变为提前介入、主动干预。构建个人、科室、医院三级质控体系，以公示和绩效考核为抓手，促进医疗质量持续改进。

完成中层干部换届工作，新提任干部占44%，45岁及以下人员占40%。成立协和智库，增设主任助理岗位，组建梯次合理的管理队伍。院领导分组带队深入52个临床医技科室，与600余人个别谈话，全面征求各级人员对学科现状及发展的建议。加强聘后管理，各科室制订学科发展规划，完善议事决策制度，开展个人岗位量化考核。

在与四大银行合作的基础上，又与农行、邮政储蓄银行合作，全面推行预约挂号。推行分时段就诊，合并建卡、收费窗口，缩短检查预约时间，提高服务效率。加大患者满意度考核权重，定期公示与点评，患者综合满意度95.03%。

改进职称晋升的资格审核，改革评委抽选方式。从指标核定、选人标准、组织方法、招聘流程方面改革新员工招聘工作。规范科室增人需求审核流程，建立辞职人员分析制度，改进博士后招录考试工作，优化新员工入职培训流程。全面启动岗位设置工作，在院周会宣讲、解读人事新政策。全年外派“百人计划”学员57人。

出台《北京协和医院综合绩效考核办法（2014年修订稿）》《关于完善科室二次分配的指导意见》。加强内部控制制度建设，建立全过程预算绩效管理机制，探索定额管理制度。推进试剂管理专项工作。开展医院内部控制规范执行情况自查。梳理基建工程审计流程，审核经济合同538份，完成2014年科研经费管理自查。

规范制度流程，推进器材设备精细化管理。建立设备运行和维护电子档案数据库，开展器材信息动态追踪分析。制订生命支持类设备全生命周期管理计划，实行厂家专业维保人员与本院人员联合工作模式。

落实党委主体责任和纪委监督责任，发放“九不准”宣传“口袋卡”1930余张、5类廉政读本共256本，在全院播放10集警示教育专题片。组织1850人参加医药卫生领域警示教育巡展，重点部门、重点岗位人员结合参观开展讨论。修正、完善权力明晰表和流程图，加强权力运行监控。

开展“协和百年内涵”大讨论，总结出“学术协和、品质协和、人文协和”的表述。举办纪念中国现代基本外科奠基人曾宪九教授、名中医祝谌予教授、儿科学奠基人周华康教授100周年诞辰系列活动。开展“两优一先”评选表彰，“我心中的百年协和”主题征文比赛和配乐诗朗诵汇演，举办“我要上协和春晚——梦想起飞才艺秀”。接待海内外参观院史馆200余次7800余人次。制作播出电视宣教节目16期，策划、制作视频短片50余部，为北京电视台《生命缘》、浙江卫视“医生真人秀”节目《因为是医生》推选好故事、好医生。

五、医疗工作

门诊3 056 076人次，急诊208 536人次，急诊危重症抢救3411人次，抢救成功率89.9%，开放床位1985张。入院86 960人次，出院87 105人次，床位使用率92.96%，平均住院日7.71天，七日确诊率100%，出入院诊断符合率99.9%。院内危重患者多科会诊527次，接受院外会诊414例。手术47 257例。

发布《医院环境清洁与消毒管理规定（试行）》《术中紧急用血补充管理规定》等24项新医疗规章制度，制订《北京协和医院省院合作远程医疗政策试点工作方案》。完成院内会诊互评系统、手术风险评估信息系统的开发，升级用血安全监测预警系统，建立品管圈活动信息系统，建设死亡证信息化系统。启动技术项目数据库梳理工作。完成“三生”入院依法执业培训1048人次。申请新技术、新项目12项，完成审批3项。临床重点专科增至29个。通过2014年度ISO9001质量管理体系评审。

医院感染管理。全年报告传染病2588例。举办全院埃博拉出血热诊疗及防控知识培训2场，霍乱、埃博拉出血热实体演练3次，接受上级部门演练、暗访2次。为175名工作人员免费接种麻风腮疫苗、17名医务人员接种水痘疫苗。

医疗支援。组织国家医疗队赴江西、安徽等地义诊，实施“菜单式”帮扶计划，服务1200余人。在院区开展各类义诊、健康大讲堂130余次，服务2万余人次。全年派出医护人员44人，完成援蒙、援藏及平谷区、社区对口支援任务。选派专家参与昆明暴恐事件、云南鲁甸地震、昆山爆炸事件、海南校车翻车事故的医疗救治及西非埃博拉疫区的防控。承担APEC会议期间多国元首保健和3个医疗点保障任务。参加援非“光明行”，接诊1000余人次，手术200余例。

病案管理。召开病历内涵质控月例会12次，公示3次。检查住院病历4293份，检查病案首页4293份，甲级病案率96.83%。

医保工作。医保指标额度使用率94.16%。开展医保互联互通试点。启动工伤保险患者持卡结算。全年医保住院22 157人次，总费用3.45亿元，次均费用15 554元。

六、护理工作

修订护理工作制度24项，建立15大类护理质控考核评价敏感指标。配合药剂科推进PIVAS工作，医院化疗药集中配置。成立糖尿病、疼痛两个专科护理小组。培训、落实国家卫生计生委《护理分级》和《静脉治疗护理技术操作规范》2项护理行业标准。完成全院护理人员22项护理技术操作考核。新增药物外渗上报追踪项目。加强出院患者护理病历终末质量检查。加强出院前健康指导与出院后随访，病房出院患者电话回访率>30%。

选送护理骨干参加国内学术会议和交流104人。通过北京护理学会4个专科基地认证。组织全院各层次护士继续教育讲座44次，全院护理大查房4次。实现科室内护士分层在线考试。临床带教各类学生1547人、进修护士787人。举办国家级继续教育项目5期，招收学员863人。申报2015年国家级、市级、区级继续教育项目21项。制订并落实协和护士素质工程系列活动计划，如举办护士职业素质系列讲座3次、临床护理教学授课大赛、首届英语护理情景剧大赛等。

召开护理科研开题报告会，通过18项课题，获医院资助26.1万元。申报国家卫生计生委2015年度公益性行业科研专项1项、中华护理学会科研基金1项、北京协和医学院协和青年科研基金1项、北京协和医学院教学改革项目2项、北京护理学会科技进步奖2项。

接待国内外及港澳台参访护理人员1260人次。选派护理骨干赴国外交流13人，护理管理骨干赴台湾交流学习4人，护理教学骨干赴港澳、台湾学习2人。与美国纽约大学医学中心签署合作协议，互派护理人员交流学习。与英国University of South Wales护理学院协商双方交换合作项目。

七、科研工作

申报纵向课题476项，中标109项。获教育部一等奖1项、二等奖2项，北京市科技奖二等奖1项、三等奖1项，中华医学奖三等奖5项。获妇产疾病国家临床研究中心、北京市国际合作基地项目。获长江学者称号1人。转化医学国家重大基础设施项目通过国家卫生计生委评审，进入由国家发改委组织的实地考察论证阶段。完善临床生物资源标本中心基本设施建设，共收集35个病种3万余套标本及临床信息。初步完成临床遗传学实验室建设。建立中心实验室生物统计平台、北区手术室组织标本处理室。与清华大学达成战略合作共识，实行双聘教授制度。与诺华公司、GE公司和上海联影等开展科研合作。完成143项中青年科研基金项目中期进展评审和汇报。组织CTSI临床研究设计第三期和第四期课程，60名学员获得结业证书。举办全院系列科研讲座及研讨10余次。组织实验室生物安全常规培训6次，培训1000余人次。培养动物实验资质80余人，通过年度北京市实验动物许可证年检。在中文核心期刊发表论文1300篇，SCI文章456篇，最高影响因子54.42。

八、医学教育

组织医院第四届青年教师基本功比赛、全国第五届医学生临床技能操作比赛裁判团。组织职业素养培育项目展示会、研究生创新基金评审。举办青年医生“读图大赛”和“技能大赛”、第二届协和医学生创新论坛和首届协和医学生暑期夏令营。编译出版《卡尔曼医学教育史》。全年招收研究生193人，其中硕士生122人、博士生71人。落实外院临床轮转研究生培养58人。招收进修生1116人，办理进修生结业手续900余人。接收新疆特培生7人、区县骨干医师16人。获评首批国家住院医师规范化培训基地。与美国芝加哥大学联合举办中美住院医师培训国际论坛。申报和备案2015年国家级继续医学教育项目108项、区级继续教育项目54项。全国各省市参加培训共计75440人（含国家级、区级项目）。学分达标率100%。为本院职工举办学术讲座315次，5万余人次参加。

九、对外交流

出国学习、考察、参加学术会议 998 人次。接待院级外事参观 13 批次 211 人。聘请客座教授 7 人。派出国际交换培训项目住院医师 4 人，接收医师 4 人。澳门仁伯爵医院合作项目派出 5 人，归院 8 人；香港大学郑裕彤博士奖助金推荐 9 人。申报国家外专局 2015 年度外国文教专家聘请计划项目 12 个，获批国家外专局 2014 年度外国文教专家聘请计划项目 12 个，总经费 161.5 万元。

十、信息化建设

新上线全院级 PACS 系统，整合放射、超声、内镜、病理、核医学等影像资料供临床使用。研发应用新版住院电子病历系统、病房移动护理（PDA）系统和协和卫士报警系统。完成无线网络建设与 PAD 医生移动查房试点。建设呼叫中心系统、运行监控系统、防病毒系统、入侵检测系统等安全防护系统。实现基于标准化的信息共享与互联互通。实施布线工程 5 项、增补信息点 452 个、增加备件库存。启动人力资源系统建设调研。处理环境监控系统报警事件 47 起，提交系统分析报告 2 份。

十一、基本建设

开展“洁静”活动，专项治理东西院区院容院貌。清理老门诊楼、老楼顶层、新开路、护士楼地下室、西院区闲置房屋等。改善西院区院容院貌，中楼、北楼及附属建筑外墙瓷砖翻新清洗共 8896 平方米，阳光厅地面翻新 390 平方米，更换标志 120 处，增加西院区绿植 1400 株。完成东院区内科楼病房装修改造、老楼消防楼梯安装、明日大厦办公室改造、西院区修缮粉刷等 95 项工程。落实主动巡检制度，及时有效维修 26342 件。建成职工健身中心、值班公寓。

（王子姝 编 杨敦干 审）

联系电话：（010）69155810

阜外心血管病医院
（国家心血管病中心）

（北京市西城区北礼士路167号，100037）

2014年，在国家卫生计生委、中国医学科学院的正确领导下，阜外医院深入学习贯彻落实党的十八届三中、四中全会精神，坚持科学发展观，以“建设集医教研防四位一体的国家级医学研究中心”为基本工作原则，注重内涵建设，脚踏实地、真抓实干，医疗、科研、预防、管理工作取得了良好效果，经济工作发展势头良好，让职工分享了医院发展成果，促进了“阜外”科学发展。

一、进一步落实医院“十二五”宏观发展规划工作

1. 推进医院临床医学部（扩建工程）和预防研究部（西山工程）两个重大建设项目 扩建工程完成幕墙外檐封闭及水电气暖管道敷设，并对门诊、病房等多部位进行二次结构调整。西山工程完成园区小市政建设，国家重点实验室、防治中心、国际合作中心及后勤服务中心投入使用，“植入材料研发中心”建设已开工。

2. 拓展医院未来发展空间，扩大“阜外品牌”资源在国内伸展 推进省部共建合作项目，云南项目完成运营管理体制框架设计、启动招聘工作，河南项目完善项目相关配套文件并报上级单位审批；新搭建6家心血管技术培训中心，派出医疗人员完成各类心脏手术和讲课；做好长春项目，不断调整管理体制，为顺利接受和救治患者提供制度保障；做好社区对口支援和医疗合作中心的服务工作，组织医疗团队走进海淀区美丽园、世纪城社区等开展健康讲座和义诊活动，带去“阜外”优质资源，造福广大患者。

3. 开展远程医疗会诊工作 建立与其他医疗机构、社区服务中心、心血管培训合作中心的远程会诊网络体系，开展远程心血管病会诊平台操作使用及心血管疾病防治知识培训3次，召开远程心血管病会诊项目启动会12次，开展远程视频会诊6次，切实帮助提升基层医疗服务水平，为医护人员提供相互学习交流的平台，实现优质医疗资源共享；同时制定双向转诊、重点专科对口扶持、绿色通道等远程会诊工作机制，促进远程医疗会诊工作规范、有序开展。

二、坚持“品质与创新”发展方向，抓好几项专科特色重点工作，保持“阜外”在心血管病医疗领域的品牌优势

1. 推行“双轨制”工作体系改革，提高学科专业化建设水平 新组建麻醉中心、体外循环中心、放射影像中心、超声影像中心和核医学影像中心，负责学科的领导组织和专业的发展建设工作。中心下设负责医疗工作的科室，切实加强中心对临床医疗质量与安全的管控，并对提高临床一线的工作效率、做好各项临床工作起到了良好的辅助和支持作用。

2. 用“数据说话”，加强医疗服务与质量信息化监管平台建设 以信息化监管平台建设为依托，通过建设支持电子签名功能的新一代门诊医生站平台、再造检验流程、重建集成化介入报告系统平台及介入手术管理系统、升级输血信息平台等重要举措，进一步规范医疗行为，提高医疗服务质量与水平，提升患者满意度。

3. 开展无输血手术，提升心血管手术质量　实施“输血管理委员会-医务处-输血科”管理模式，制订节约用血操作规程，更新用血观念，并于6月成立“无输血心脏外科中心”，为国内医疗机构提高医疗质量、促进合理用血提供新的理念。

4. 优化服务流程，提供便捷医疗服务　积极探索门诊病历管理模式的优化，提高门诊病历电子化比例，实施急诊病历数字化，加速患者就诊信息流通，提高工作效率和医疗病案质量。建立门诊就医自助系统，再造就医流程。加强门诊检查项目预约和执行效率的管理力度，缩短患者预约时间和就诊等待时间。增开周转病房，用于收治病情稳定及需要留观的患者，缓解部分择期住院患者在院外等待时间过长的问题。

5. 站在心血管领域技术发展前沿，持续推进诊疗技术创新及相关管理工作　成立医疗新技术伦理分委会，对医疗新技术、新项目从“技术审核”和“伦理审查”上进行双重把关，支持新技术安全开展，保证医疗技术创新合理规范。开展经导管二尖瓣钳夹术、肺动脉狭窄支架植入术、皮下植入式心脏除颤器（S-ICD）植入术和经心尖途径介入生物瓣膜（TAVI）应用于高手术风险的严重主动脉瓣狭窄患者等近十余项新技术，为广大心血管病患者的有效治疗提供新方法。

2014年，医院各项医疗指标持续增长。医院完成门诊609 825人次，增长7.9%；急诊27 245人次，增长3.8%；心脏外科手术13 024例，增长8.3%；心脏介入37 889例，增长7.5%；心脏移植手术81例，增长24.6%；门诊与出院诊断符合率、入院与出院诊断符合率、术前与术后诊断符合率均达到100%，医院继续凭借高水平的医疗技术质量名列全国心血管疾病治疗领域的首位。此外，医院在复旦大学医院管理研究所《2013年度中国最佳专科声誉排行榜》评比中，连续第五次荣获心血管病全国第一名、心外科全国第一名。

三、充实“科研型医院”内涵建设，发挥心血管防治主力军作用，加强人才队伍建设，切实履行“国家队”职责

1. 建立科研工作管理信息化平台　坚持“资源共建与信息共享”管理模式，制定科研数据采集与审核规范化流程，建立论文数据“规范化标引”，客观、详实地记录全院科研数据，为科学分析医院科研能力提供数据支撑。

2. 强化科研管理规范化建设　修订《科研经费管理办法》，促进科研人员合理合规使用科研经费。普及实验室生物安全管理规定，签署“生物安全承诺书”，切实加强实验室生物安全管理。制订《关于鼓励和促进阜外医院科研成果转化的条例》，提升科研成果转化收益比例，提高职工科研创新积极性。成立移植和医疗新技术分委会，加强对临床试验项目的跟踪管理力度，保护受试者权益。

3. 加强国际交流与合作　一方面，成功举办中国心脏大会2014。大会共设1场全体大会、10场热点峰会、42个分论坛以及24场卫星会，邀请国内外专家围绕心血管疾病基础研究、流行病学和人群预防、心血管疾病影像和检验及心血管内外科治疗等方面进行详尽讨论，展示了当前国内外心血管疾病精准医学研究的前沿成果。另一方面，与阿斯利康中国合作，启动“临床研究培训项目”，共同探索疾病防控策略，使中国乃至世界的心血管病患者受益。

4. 打造全国性心血管疾病资讯平台　出版发行《中国心血管病报告2013》；与辽、桂、黔三省协议开展高血压社区规范化管理项目工作；完成“十二五”支撑计划项目“职业人群一级预防与高血压规范化管理效果评价”研究；开展第五次全国高血压及相关疾病流行病学调查，完成一万人现场调查工作；实施“云血压监测与评估”和“国人心血管病发病风险评估系统”两项功能社区职业人群心血管健康管理项目；组织召开全国心血管病社区防治论坛，通过多种方式不断探索心血管病防治健康管理服务模式，认真履行“国家队”心血管防治领域的主力军作用。

5. 抓好人才培养发展规划，打造高素质人才队伍　面向全球引进海外高端人才，完成海外人才项目申报评审会和开题报告评审会，为海外人才发展创造有利环境。注重人才项目选拔与推荐，共获得“国家特支计划”百千万工程领军人才、“百千万人才工程”国家级人选及国家自然基金优秀青年科学基金项目等15项国家级、省部级和院校级人才项目。同时，设立“专项基金”，制定医院树人计划，注重内部人才成长，为医院发展提供人才储备和支撑。

2014年，全年到位科研经费14 688.7万元；获得成果奖5项，其中，北京市科学技术奖2项、中华医学科技奖2项、华夏医学科技奖1项；获得国家专利8项，其中发明专利6项，实用新型专利2项。全年发表科技论文512篇（第一作者单位为阜外医院），其中SCI收录论文211篇，最高影响因子为39.207。特别是由国家心血管病中心主任助理、中国医学科学院阜外医院主任医师蒋立新及其团队在国内牵头组织实施的“冠心病医疗结果评价和临床转化研究”（China PEACE）急性心肌梗死回顾性研究结果于6月在The Lancet先期在线发表，该研究的发表在业界引起了巨大反响，成功入选2014年国内医学十大新闻并荣获第二名。同时，医院在2014年度中国医院科技影响力（心血管病学）排行评比中荣获第一名，继续以优异的科研成绩保持心血管疾病研究领域的领先地位。

四、创新管理机制，以现代化管理推动医院可持续发展

1. 深化预算管理，做好财务理财　全面深化预算管理工作，完善财务管理制度，实行“一把手”工程，经过二上二下充分论证，做到事前充分论证、事中严格控制、事后分析考核，进一步提升预算管理水平。在国家卫生计生委对2013年度部门决算工作考核中排名第三，在44家委预算管理单位2013年经济管理绩效考评第一名。做好日常资金管理与调度，争取更多闲置资金及时开展理财安排，2014年共取得理财收入4993.81万元，让职工获得收益。

2. 完善综合绩效考核体系，充分调动职工积极性　成立绩效考核工作小组，优化绩效考核指标体系，为完善效益奖方案提供依据和参考。合理调整薪酬分配方案，初步建立“按劳动量、按贡献、按责任”的薪酬评价与分配制度，进一步调动医务人员工作积极性和主动性。

3. 建立健全科学监管耗材管理体系　成立高值耗材管理小组，制定科学的高值耗材采购流程，进一步明晰高值耗材的遴选和审批程序，加强了高值耗材的调控工作，实现了耗材管理的信息化与规范化。

4. 扎实推进“平安医院”建设工作　加强组织领导，落实安全工作责任制，签订《2014年度综合治理责任书》，做到责任明确、责任到人。开展安全网格化管理工作，制定《消防应急情况汇报流程》及《治安应急情况汇报流程》等，加强消防安全工作管理。完善治安防控体系，提升人防、物防和技防水平，为创造平安和谐的就医环境提供坚实保障。此外，在“两会”、党的十八届四中全会和APEC会议等重要政治事件、重大节日期间，坚持24小时保卫值班，发现问题及时解决问题，为各项重大会议和节日营造稳定良好的就医环境。

2014年，医院发展势头良好。总收入

达39亿元，其中医疗收入30.6亿元，职工奖金增长幅度达到16.7%，让职工真正分享到了医院的发展成果。

通过全院职工的共同努力，医院相继荣获“2014年度首都文明单位标兵”“中央国家机关青年文明号”和“北京市优秀网站奖”等荣誉称号；更培养出“2014年首都市民学习之星”梁岩、“2014年首都十大健康卫士”沈向东、院校级“优秀党务工作者”柳志红和“优秀共产党员”吕锋等先进人物，为医院赢得了良好的社会声誉。

2015年，是医院实现“十二五”发展规划的收官之年，也是承上启下为“十三五”布局谋篇的关键一年。医院将在国家卫生计生委、医科院的领导下，在十八届三中、四中全会会议精神的指导下，坚持“品质与创新”的阜外发展之路，紧紧围绕“打造名副其实的集医疗、研究、预防、教学四位一体的国家级医学研究中心”这一主要任务，坚定信心，深化改革，脚踏实地，奋发有为，为实现创建国际一流的心脏中心的“阜外梦想”而继续努力奋斗！

（赵　越　胡　洋　编　胡盛寿　审）

联系电话：（010）88398265

肿瘤医院
(肿瘤研究所)

(朝阳区潘家园南里17号，100021)

一、基本情况

职工2049人（含合同制503人），其中卫生技术人员1506人，包括正高级职称123人、副高级职称128人、中级职称516人、初级职称739人。医疗设备总值79 844.60万元。年内购置医疗设备11 431.01万元，其中100万元以上10台。

二、机构设置

4月17日，成立总务处，撤销行政处和后勤管理处。

三、改革与管理

国家癌症中心建设。完成国家癌症中心规划及预算编制，完成癌症防控近3年行动计划。在全国16个省份建立集疾控中心/社区、肿瘤医院/综合性医院、研究所/高等院校于一体的癌症早诊早治项目工作网络，建立以高危人群评估软件、网络化癌症筛查数据库、卫生经济学现场调查网络版为主体的信息化平台。

扩大发展空间。10月21日，与北京市平谷区政府签署建立肿瘤防治医联体的合作框架协议，为平谷区提供肿瘤防治科普宣传和人群筛查。与深圳市洽商合作建立当地第一家肿瘤医院，为当地居民提供优质高效的肿瘤专科医疗服务。

科学管理，民主决策。年内，召开院所工作会，对23个职能处室、20个科研研究组、24个临床科室进行绩效考评。召开党政联席办公会30次、院务会4次、中层干部例会9次。召开第四届五次职工代表大会，领导班子全体成员现场接受职工代表问询。

四、医疗工作

门诊735 596人次，急诊14 109人次，急诊危重症抢救152人次，编制床位1598张，实有床位1446张。出院53 333人次，床位周转37.75次，病床使用率98.01%，平均住院日8.98天，降低0.08天。手术17 861例。

医疗质量与安全。完善国家肿瘤质控中心组织结构和工作制度，完成6个单病种的质控指标编写，制定《手术管理办法》《病历管理规定》《临床用血管理反馈单》等。重点通报临床抗菌药物使用情况，规范综合查房，强化三级查房制度。通过了辐射安全示范单位创建验收。12项新技术获准入。

临床路径管理。细化临床路径管理评估方案，在线路径82个，12个临床科室全部开展，入径率和完成率均在90%以上，实施路径管理的患者占出院患者的70%。

医院感染管理。加大医院感染防控和抗生素合理使用培训力度，开展手卫生依从性监测，规范保洁公司工作流程，加强督查，规范环境监测等，全年医院感染率0.70%。

预约挂号管理。完善门诊预约挂号管理制度，加强周六出诊医生的管理，依托“银医卡”项目，开展自助挂号机。开放号源比例76.58%，预约挂号人次占门诊的37.05%。

医保工作。全年城镇职工基本医疗保险住院17 488人次，总费用37 936.06万元，次均费用21 692.6元。

医疗支援。派出4名医师完成援疆援藏任务。6名医护人员组成抗震救灾医疗队赴四川雅安工作。

医疗纠纷处理。本年度处理12320热线转来的投诉、建议及表扬协调单共38人次。全院1292名医务人员参加医疗责任保险，参保率超90%。

五、护理工作

护士710人，注册护士710人，合同护士310人，医护比例0.7：1。ICU床位10张。全院病房实施责任制整体护理，基础护理合格率99.6%，急救物品合格率99.9%，消毒隔离合格率99.5%，特、一级护理99 437人次，静脉输液236 516人次，静脉采血59 457人次。住院患者综合满意度98.0%，无护理事故发生。

本年度获批北京协和医学院协和青年科研基金项目1项，院级在研课题9项。发表护理论文17篇。完成肿瘤专科护士临床教学任务。举办国家级、市级继续教育项目4项，区级继续教育项目12项，共计2000余人次参加，全院护士学分合格率99.89%。接待全国肿瘤专科护士培训实习125人。

六、科研工作

全年申报院外科研课题233项，立项68项。在研课题284项，到位科研经费10 411.15万元。院内科研课题立项38项，总经费217.47万元。匹配首都临床特色应用研究、首都医学发展基金合计12项，经费110.63万元。

全年发表论文524篇，SCI论文176篇，总影响因子620.982。获专利授权8项。获联合申报国家奖1项、省部级奖励4项、高等学校科学研究优秀成果奖2项、中华医学科技奖2项、求是杰出青年学者奖1项。

本年度新增肿瘤登记处59个，登记处总数308个，登记覆盖人口3.0亿。出版《中国肿瘤随访登记工作报告2014》，撰写《2014中国肿瘤登记年报》。举办淮河流域癌症早诊早治技术培训班、全国肿瘤登记随访技术省级师资培训班等。编制2014年及2015年国家卫计委慢病项目预算报告，共申请经费14719万元。

七、医学教育

本年度招收研究生144人，其中硕士生77人、博士生67人。授予学位76人。在岗博导67人、硕导112人。研究生发表第一作者论文65篇，其中SCI论文31篇。接收进修生236人。完成国家级继续教育项目31项、北京市级继续教育项目1项、区县级医学继续教育项目23项。讲座68场，院内讲座275场，听课16 807人次。获得首批国家卫生计生委住院医师规范化培训基地。

八、学术交流

主办国际学术会议，包括第31届国际肺癌筛查大会、中韩癌症预防研讨会、中美癌症防控网络建设研讨会、与美国MDAnderson联合举办姊妹医院年会、与美国NCI和IACR共同举办肿瘤登记方法培训班等。参加美国ASCO年会、欧洲ESMO年会、亚洲ACOS年会、世界癌症大会、世界护理会议等。接待国际原子能机构副总干事、IAEA主任等高级别来访外宾及代表团9次。选拔6名临床医生赴美国MDAnderson进修。本年度2项国际合作项目立项，到位经费131万元。

年内，主办第八届中国肿瘤内科大会暨第三届中国肿瘤医师大会、中国老年肿瘤学大会暨CGOS第八届年会、第二届乳腺癌个体化治疗大会、第四届中国肺癌个体化治疗大会、肿瘤分子诊断技术和靶向治疗培训班、GCP中心临床研究培训课程等。

九、信息化建设

完成银医自助查询、报告打印与自助挂号系统，完成医院网站更新改版，完成细胞学与医生站集成互联，更新移动护理服务器，优化医生工作站，完成医生通用随诊模块新建与调试，完成院感系统环境卫生学管理模块，更新传染病管理模块，完成供应室、手术室无菌物品追溯，病区无菌物品离线回收试运行，完成辅助科室发药流程调整，实现手术麻醉系统统计和权限优化，启动医院信息系统数据库升级测试等。新药临床研究平台建设获中国药学会一等奖。

十、基本建设

本年度竣工的项目包括胸四病区装修改造工程、核素病房改造工程、旧病房楼东段及科研楼人防通风工程、神骨外科办公用房装修工程、腔镜中心改造工程、门诊楼诊断楼二层连接通道、放疗科模拟二室防护工程、放疗科加速器五室改造工程。

十一、文化建设

4月14~19日，举办肿瘤防治宣传周，开展肿瘤专家现场咨询、防癌健康查体、健康大讲堂等活动，共有6131人次参与。9月13日，举办第十六届北京希望马拉松——为癌症患者及癌症防治研究募捐义跑活动，5000余名爱心人士参与。9月14日，参加国家卫计委组织的大型义诊活动。坚持开展“志愿服务在医院”活动，注册志愿者2400余人，志愿服务总计2.7万余小时。

（高　菲　昌　盛　编　付凤环　审）

联系电话：(010) 87788208

整形外科医院
（整形外科研究所）

（北京市石景山区八大处路33号，100144）

2014年整形外科医院（以下简称“医院”）以加快医院发展这个中心，在不断提高医疗质量、保障医疗安全、推动医院管理创新、加强行业作风建设方面又迈上一个新台阶，经过全院干部职工的共同努力和辛勤工作，较好地完成了既定的发展目标和各项任务。

2014年度获得奖励情况：2013年度首都卫生系统文明单位；祁佐良和范金财获2014年北京协和医学院优秀教师。

院所财务总收入增长19%；业务收入同期增长24%，总资产同期增长5%。

一、以患者为中心，全面落实医疗安全质量

2014年医疗指标与2013年同比情况：门急诊人次为126 482，增长14.79%；门诊手术30 605例，比上年增长16.13%；住院手术10 525台次，比上年增长3.64%；入院人次为12 782，增长12.04%；出院人次为12 849，增长12.84%。

1. 医疗管理工作方面　医院成立了国家临床重点专科项目实施组织机构，制订了临床重点专科具体实施计划。开展项目建设的评估与分析，定期向项目主管单位报告项目的实施效果、目标任务完成情况、经费使用情况、项目实施的社会效益等。

继续强化抗菌药物规范使用和临床路径管理。根据医院2014年抗菌药物临床应用管理工作要求，院长与科主任签订了《2014年抗菌药物应用目标责任书》，抗菌药物合理使用14项指标全部达到卫生计生委规定标准。全年开展临床路径共有9个病种入组，入组病人2388例，入组率87.8%，完成率96.3%。

根据《国家卫生计生委办公厅关于开展医患双方签署不收和不送“红包”协议书工作的通知》精神，制订了医院《医患双方不收和不送“红包”协议书》，并将签署后的协议纳入病案管理。

针对不断蔓延的埃博拉出血热疫情，为加强对该传染病的防控工作，医院严格按照上级工作部署，强化组织领导，明确工作职责，制订了符合本院实际工作预案，确保人民群众生命健康安全。

接待国家卫生计生委、药监局等部门对医院进行的检查18次。完成医院血库增项申请，成立了三维数字模拟中心和瘢痕综合治疗门诊，从而进一步规范了医院科室设置。

根据《北京市卫生局关于加强医疗机构医用耗材采购与使用管理的通知》精神，将《整形外科医院手术同意书》中增加“高值医用耗材”一栏，促进了医院高值医用耗材安全、有效和依法的应用，维护了患者的健康权益。

送出参加北京市住院医师规范化培训10人。

全年共接到医疗投诉43例，组织院内专家会诊及参与临床科室重大术前讨论共25次。全年医疗投诉患者共要求各项赔偿973万余元，实际赔偿患者13万余元。

2. 感染管理与疾病控制方面　制订

《中国医学科学院整形外科医院隔离标识相关规定》，完成医院感染现患率调查实查患者人数 213 人，实查率为 100%，0 例感染。监测出院病历12 862例，病例抽检率 100%；医院感染率 0.85%；无菌手术切口感染率 0.68%；无菌手术切口甲级愈合率 99.8%。完成抗菌药物各类上报指标。组织对 28 个科室进行院内院感检查 55 次。考核医生无菌技术操作 23 人次。组织对医护人员进行医疗废物管理、院感规章制度、多重耐药菌、抗菌药物管理等知识培训 43 次。制订《中国医学科学院整形外科医院呼吸道传染病应急处置操作规程》《中国医学科学院整形外科医院传染病异常信息应急处置制度》。监测传染病 58 例，网络直报 47 例，既往监测病例 11 例。利用宣传日发放健康宣教材料 1360 份。组织埃博拉出血热、人感染 H7N9 禽流感、呼吸道传染病等重点传染病知识培训 7409 人次，考核 2624 人次。

3. 护理工作　为了配合医院东院区开院前的人员储配，也为了达到 1：0.4 的床护比标准，合理调配临床人力。组织男护士职业生涯规划论坛和低年资护士拓展训练。在国际护士节，全院范围内联合开展优秀护理人员评选活动，评出院级优秀护士 20 人。进一步完善各层级护理人员考核评价制度，完成了 262 人层级再授权工作。定期组织护理风险预案的应急演练，强调病人压伤评估和跌到坠床等风险评估管理，提高了评估的及时性和评估率，加强了护理安全管理意识。对急救物品、危重病人以及输血、抗生素等质量重点环节监控，提高了制度的执行力。实行护理质控例会制，护理不良事件 24 小时无惩罚上报制。护士长等管理人员每月进行 PDCA 案例报告，根本原因分析，分享管理方法和效果。培养护理实习生 23 名，进修生 4 名。申请获批协和青年基金 1 项，核心期刊发表护理论文 10 余篇。

二、从基础抓起，全面提升科研能力

全年中标国家自然科学基金面上项目 5 项，资助金额 256 万元；中标北京协和青年基金 10 项，金额 75 万；中标研究生创新基金 8 项，资助 35 万元；中标研究生社会实践项目 1 项，资助 3 万元；中标北京市科委“首都医疗特色项目”中标 4 项，金额 130 万元；中标国家卫计委“公益行业专项”课题 1 项，金额 640 万元；中标人事部留学回国人员基金中标 1 项，3 万元。完成国家自然科学基金、北京市自然科学基金、高校博士点专项基金、北京市科委“首都医疗特色项目”、首都医学发展基金的中期考核及结题工作。举办 6 期国家级继续教育培训班，讲授 33 项国家级继教项目，培训学员 943 人次。举办区级继教培训班 1 项 1 次，培训学员 160 余人次。医院自管项目举办 21 次讲座、培训 2600 余人次。发表 SCI 论文 101 篇，核心期刊 94 篇。新增博士生导师 2 名，硕士生导师 1 名。博士研究生毕业 19 名、硕士研究生 29 名。招收研究生 79 人，博士研究生 40 名，硕士研究生 39 名。年内获批北京市科普基地。申报新型专利 1 项；维持新型专利 24 项。经国家建设高水平大学公派研究生项目派出 3 人次出国。

研究中心各实验室辅助全院开展课题 54 项科研工作；利用细胞状态分析仪、流式细胞仪和生物力学测定仪开展新的实验检测。在科研平台建设方面，PCR 仪和招标的高压锅到位，制订了《毒麻药、危险化学品及废弃物突发事件应急预案》，强化对突发事件的应对方案，并完善了其他制度。继续开展北京市科委重大计划项目《组织工程骨的临床应用研究》的自体浓缩骨髓复合支架材料修复骨缺损技术的临床新技术，新开展 5 例病人的治疗。干细胞、组织工程、创伤修复和先天体表畸形的研究课题也在有序进行中。

三、落实科学发展观，创新管理机制

一年来行政管理工作以认真落实教育实践活动的各项整改方案为基础，学习党的十八大和十八届三中全会会议精神，完成了大量管理工作。

1. 全面实行政务公开，全心全意为医疗一线服务。行政人员120人次在暑假高峰期，深入门诊一线疏导患者就医。行政查房提出问题44件，已解决39件。召开院办公会34次、院周会41次、行政查房44次并编写会议纪要。

2. 宣传医院医疗特色，全面提升品牌形象。利用医院官方网站、专家网站、官方博客以及科普网站和《院所报》等，使之成为展现医院风采的窗口。完成医科院、市卫生局及区卫生局年鉴的撰写工作，为区志的卫生篇编写收集资料百余份。完成了医院所有设备的高清视频调试工作。

3. 加强专业人员考核，深化人才培养力度。完成临床科主任的重新竞聘工作，并首次在科主任竞聘条件中加入了对学术论文、科研课题和无医疗事故发生的要求，标志着医院对科主任的选拔，在临床和科研上有了更高的和实质性的标准。医院与重新聘任的临床科主任签订了岗位目标责任书，明确了科室管理指标和目标。年内有11人入选第五批“优青计划”。至此医院已派出30名青年医师出国进修学习，现有27名医师已学成归国，3名医师仍在国外学习。选拔的五批优青计划人选（共计49人）出国率已达到61.22%，学成回国率达到90%。召开“优青接力计划”科研课题立项答辩及选拔会，确定资助12名归国青年医师。

4. 搭建学术交流平台，提升国际竞争力。成功举办第六届国际美容整形外科高级研讨会暨第六届宋儒耀青年医师论坛。有来自中国、美国、韩国3个国家和地区的近500名医师参会。会上有7名专家进行了7场次专题发言。年内来院外宾5批7人次。组织和安排外事学术讲座4次；获得2014年外国文教专家项目7项，经费39万元。

5. 严格遵守财务制度，认真履行职责。重新修订医院的对外投资、开支管理和科研经费的管理办法和制度。加强内控制度的执行检查，确保资金安全。完成改版医疗票据、国有资产登记工作和成本监测数据上传工作，完成了2015～2017年财政部、教育部高校发展长效补助机制项目库的建立。按照国家卫计委有关文件精神，完成了医院2016～2018年部门预算项目库规划的编制工作和2014年财政专项绩效评价中期评估。

6. 加强审计监督，严格审核程序。拟定医院招投标管理办法并重新修订内部审计制度和科研课题经济合同管理办法补充规定。对帝思科商贸公司及其子公司、分公司进行财务收支审计。对工程项目的审计实行全程监督，严格履行招标程序。

7. 帝思科商贸公司通过规范管理，深挖自身潜力，实现了收入及资产的双重增长。公司在保证业绩稳定增长的同时，还承担了护理学院及医院的部分后勤保障工作，为院校和医院的发展做出了贡献，创造了良好的社会效益。

四、转变服务意识，服务临床一线

基建处完成了《医院改扩建工程可行性研究报告补充资料》的编制和报审并获得国家发改委批复，现以进入初步设计阶段。医院东区装修改造工程已开工建设。

总务处按期完成了教育部数字化手术录播系统采购项目、2014年卫计委《整形外科疑难手术治疗系统》项目和2014年整形外科国家临床重点专科建设项目和自筹资金项目的标书、设备采购工作，以及东院区所需设备的招标、议价及采购。年内还完成了医院改扩建工程安全技术防范系统项目、医院磁共振成像技术平台建设项目的编制上报工作。

保卫处组织修改、补充和签订了医院

《2014年度安全稳定目标管理责任书》和消防安全标准化管理工作制度。坚持每日消防安全信息上报，积极做好全院消防培训、宣传和演练和灭火器具等的维修与更换在门诊和病房张贴疏散指示标识，组织安全大检查6次。

（郝亚利　编　王宝玺　审）

联系电话：（010）88772218

基础医学研究所（基础学院）

（北京市东单三条5号，100005）

一、科技创新能力和效益有效提升

1. 发表论文和科研成果奖励　2014年全所共发表第一完成单位的研究论文137篇，其中SCI收录93篇，IF≥10的4篇，5≤IF<10的23篇，3≤IF<5的42篇，IF<3的24篇。经中国科学技术信息研究所统计发布，杨功焕课题组发表在Lancet杂志的论文被评为2013年中国百篇最具影响国际学术论文。所院共获6项科研成果奖励，其中：张学牵头完成的“遗传病致病基因和致病基因组重排的新发现”项目获得国家自然科学二等奖，彭小忠获得院校“杰出贡献奖”，许琪获得茅以升青年科技奖，陈厚早获国家自然科学基金优秀青年基金。

2. 科研项目管理　2014年全所共申报项目154项，中标60项，中标经费9598万元，到位科研经费11367万元，参与外单位申报各类项目40多项。

其中国家自然科学基金中标31项，中标经费2585万元，创历史新高。蒋澄宇任课题负责人的重大项目课题“病原体感染导致肺气血屏障损伤的关键机制和干预新靶点”、许琪任课题负责人的重点项目“基于家系的重性精神疾病间发生重叠分子机制研究”获得资助。陈厚早申报的优秀青年基金人才基金项目“心血管疾病的表观遗传机制研究”获得资助。

2014年所院还有多人获得资金资助。包括：

组织申报863计划项目2项，973计划首席2项。蒋澄宇任首席科学家的973计划项目获得资助。张宏冰、余佳、张勇任课题负责人的项目获得973计划课题。张学获得北京市科委前沿技术培育项目。黄波获得“协和学者与创新团队发展计划”创新团队支持，修建波等11人获得“协和青年基金”支持，葛微获得协和糖尿病研究英才基金和外国文教专家聘请计划资助。

引进的四位青年人才均获得资助，其中石磊、王婧获得自然科学基金面上项目资助，王晓月获得自然科学基金面上项目和人社部留学人员科技活动项目资助，杨隽获得青年科学基金项目资助。

3. 知识产权保护及转化　2014年共签订科研合作协议64个，合同金额2343万元。签订科技服务合同82个，合同金额914万元，技术开发服务类到款总额286.4万元。

全年组织申请专利15项，新获得专利授权14项，其中欧洲授权1项、墨西哥国家授权1项。“人肿瘤坏死因子相关凋亡诱导配体重组腺相关病毒注射液”申报国产药品注册；“注射用重组人肿瘤坏死因子相关凋亡诱导配体”完成Ⅰ期临床实验；“重组人心钠肽项目研发促进及技术转让”项目进入Ⅲ期临床研究的后期工作。

4. 科技支撑平台建设　各技术平台完善制度，规范管理。实验细胞资源平台2014年继续得到国家400万元经费持续稳定支持；以院校为依托单位的“人口与健康数据共享平台”也通过认证，我所基础医学数据中心获得近200万元经费支持。

5. 为国家制定政策提供咨询 2014年我所接受外交部委托，就高原对健康影响提供咨询，所院组织相关领域专家克服时间紧，任务重的困难，对相关问题逐条详细答复，既科学专业又通俗易懂，成为国家制定相关政策的重要参考，得到外交部高度赞扬，特意来函感谢。

二、教育教学改革研究与探讨取得进展

2014年教学改革工作成绩斐然。叶菜英教授被评为北京市师德先进个人；组织青年教师积极参加院校组织的基本功比赛活动，郭磊获得比赛二等奖、陈慧获得三等奖，葛微、高雪和申新华获得优胜奖。

1. 加强督导组听课制度 为提高所院承担医大课程的教学质量，加强对课程质量的评价，充分发挥督导组专家的顾问作用。规范督导听课评价指标，安排重点听课对象，并将督导意见及时反馈给教师、课程负责人及学系主任，这些措施为提高基础学院的教学质量、青年教师的教学水平起到重要作用。

2. 开展八年制课程梳理盘点工作 八年制临床医学专业是学校教学工作的“重中之重”，为进一步传承协和教育传统，探索预科与基础、基础与临床的整合，分两批对基础阶段课程进行梳理、盘点，为下一步教学改革积累素材。

3. 开展功能实验学教学改革 开展基础医学实验教学改革，统筹安排实验和授课教师，将生理学、病理生理学、药理学的实验教学内容有机结合起来，形成多个综合性实验项目，使三大学科的基本理论与实验融为一体，学科知识相互交叉、相互渗透、相辅相成。

4. 建立社区公共卫生现场教学基地 黑龙江省大庆市景园和远望两个公共卫生现场教学基地的建立，可为医大八年制学生的暑期社会实践和公共卫生学生专业实习提供场所，使学生能更好地了解社区、社区服务以及社区居民存在的健康问题，真正做到“实践于社会，收获在自身，回报给居民”。

5. 支持大学生创新训练计划项目 2014年完成国家级大学生创新训练计划项目6项，组织4名医大学生参加“第三届全国大学生基础医学创新论坛暨实验设计大赛”，获得一项三等奖。

6. 丰富学生的课余文化生活 成立研究生会和“协和之光”绿色公益环保社团；组织学生积极参与暑期社会实践活动，远赴四川走访多家医院，进行问卷调查和访谈，经过统计分析形成完整的调研报告；组织2014级新生拓展训练、参加首都高校科学道德和学风建设宣讲教育报告会，院校第六届青年杯篮球赛、“协和杯”足球赛，在院校运动会上获得男子团体一等奖；组织基础所首届“师生杯”乒乓球赛、学系篮球赛、研究生元旦晚会。

7. 研究生招生、培养和毕业派遣工作 2014年14个专业（含2个专业学位）共录取研究生154人，其中：硕士生73人，博士生44人，转博和直博生37人；在所研究生434名。2014年基础所毕业生123人（博士78人，硕士45人），就业率达到95.1%。

三、国内外合作交流成果显著

1. 承办第六届协和医学教育研讨会 以承办CMB百年庆典为契机，所院承办了第六届协和医学教育研讨会。与国内外知名大学的专家、学者探讨医学教育的挑战和发展趋势，扩大了所院在医学教育领域的影响。

2. 成功举办国际会议 2014年5月和10月分别成功组织召开第九届国际癌症基因组联盟（ICGC）科学大会和“2014 International TSC-LAM Research Conference Translation of mTOR Signaling into Targeted Therapy”会议，增进了国际科技交流，对

提高所院在国际上的知名度起到了很大的促进作用。

3. 组织多种类型的学术活动 包括生物医学前沿讲坛2次，内外宾学术报告26次，月末科学沙龙3次，受邀专家带来不同领域国际前沿的最新进展。协助院校组织“协和学术沙龙”“大师讲堂”，进一步加强院校内外的学术交流与科研合作，在院校范围内产生了良好反响。

4. 组织青年教师联盟活动 青年教师联盟以“团结、交流、协作、进步”为宗旨，致力于使青年教师将自身发展与学校的发展目标紧密地联系在一起，开展了如何上好一堂课、观摩青年教师基本功比赛及主题讨论会等系列活动。

四、加强所院各层次人才的培养和引进，人才队伍建设取得新进展

1. 建设一流人才队伍，确保人才投入优先 2014年度所院张学教授入选“万人计划”第一批百千万工程领军人才，黄波教授入选“万人计划”第一批科技创新领军人才和长江学者特聘教授；王晓月、石磊入选国家“青年千人计划”；许琪教授入选科技部中青年创新领军人才；蒋澄宇科研团队入选科技部重点领域创新团队。2013年引进的4位“青年千人”均已到岗展开工作，所院积极帮助他们搭建科研团队，为其开展工作提供各项保障。

2. 引进与培养并重，帮助青年人才成长 所院贯彻引进与培养并重的人才理念，加强青年科研教学人才的培养，坚持举行青年科研教学人员能力测评、交流活动。2014年组织38名入所三年以上的青年科研、教学人员进行学术交流和教学展示，对青年科研教学人员的科研能力及青年教师教学能力进行评估，并将评估结果和意见及时反馈，使被评估人和所在部门负责人了解测评结果，有针对性的给予青年科研教学人员提升科研教学能力的帮助，同时为所院制定青年人才激励政策提供依据。

3. 配合院校工作布局，探索人才合作新模式 为配合院校系统医学研究所的筹建工作，所院作为系统医学研究中心的依托单位，积极探索团队人才引进和人才合作的新模式，经多次讨论论证，2014年与苏州系统医学研究所签订了《苏州系统医学研究所与所（院）人员合作协议》，我所“千人计划”短期项目专家程根宏教授担任该所所长。

五、全面贯彻执行新科学事业单位会计制度，推进财务信息化建设，确保预算完成

全面贯彻执行新科学事业单位会计制度，建立新的账务体系，推行财务信息化建设。全面推进公务卡、非预算公务卡使用、零余额账户与基本账户网上银行对公、对私汇款业务；解决科研经费查询的远程外网登陆，保证科研人员可随时随地查询经费使用及余额情况，及时了解经费动态；实现零余额、基本账户银行收入支出的网上自动对账，确保核对结果的准确性，提高了工作效率和工作质量。

2014年是依据当年预算执行情况安排下年度预算的新预算体制实行的第一年，所院预算编制、执行部门紧密配合，加强沟通协调，定期分析预算执行差异原因，及时解决问题。预算执行工作受到院校表扬，为所院2015年获得更多财政资金支持奠定良好基础。

六、加强规章制度建设，形成规范的权力运行和工作推进机制

2014年所院对现行的规章制度进行梳理，根据实际工作需要，对经实践检验行之有效的制度抓好落实，对不适应新形势新要求的修订完善，对缺乏制度规范的领域抓紧填补空白。制定《所院财务报销规定》《科技协议（合同）管理办法》《因公出国（境）管理办法》等10余项管理制度，为构建高效的管理体系和规范的工作程序，提高管理效率和水平不断努力。

七、做好修购和资产管理，积极参与北区建设

1. 组织完成设备采购和修缮项目 2014年完成4798万元仪器设备招标采购、进口免税等任务。采购前加强事前论证分析，招标评标、商务谈判等重点环节职能部门、使用部门密切配合、协作参与，纪检审计部门全程跟踪，强化了管理监督，保证了设备采购公开公正。

完成5个教室及九号院机能实验室装修改造工程，自行车棚及灯箱彩条板工程和教学实验平台建设，以及引进人才实验室装修、生物信息中心和新楼配电改造等项目。全年完成修缮经费445万元，为创造良好的教学、科研和生活环境提供了强有力的保证。

2. 加强资产运行管理，提升信息化水平 在健全完善设备资产基础数据库的前提下，按照国家标准对全所仪器设备进行重新分类，纳入计算机软件管理，不断提高资产管理规范化、信息化水平和使用效率。

3. 积极参与院校北区建设 有序推进、协调实施北区建设工程功能需求调研、环评要件准备等工作。在加快推进北区项目重大疾病研究国家实验室工作进程方面，完成了各类实验室功能需求调研，参与编制可行性研究报告，收集整理了建设项目环境影响评价报告中东单原址实验动物、放射性同位素、危险化学品、危险废物管理等资料，完成了药植所职工学生、马连洼街道办事处社区居民的公众参与调查，配合院校积极推进北区建设。

八、加强机关和后勤服务意识，提高管理水平

加强机关、后勤队伍管理和服务能力建设，组织形式多样的培训学习，强化服务意识，优化服务流程，提高服务技能，为科研教学工作提供更好的服务和保障。圆满完成离退休、安全保卫和后勤保障等工作，确保科研教学中心工作有序进行。

1. 认真落实老干部的两项待遇，组织丰富多彩的娱乐活动，重要节日来临之际组织开展慰问工作，使老同志们心情愉快，安享晚年。

2. 高度重视安全保卫工作，将安全保卫工作与各项管理工作紧密结合，学习贯彻安全稳定工作的制度规定。所院被评为“2014年国家卫生计生委人防工作目标管理和责任制评议考核先进单位”。

3. 后勤服务坚持以诚心、竭力为科研、教学和学生服务为宗旨，切实把握服务项目多、工种杂、人员分散、保障任务琐碎，特别是突发事件和应急任务多的特点，提高后勤服务工作的质量和效率，确保科研教学中心工作有序进行。

（廖 巍 编 蒋澄宇 审）

联系电话：（010）69156911

第七届“国家卫生计生有突出贡献中青年专家”

刘英，女，1961 年 10 月出生于北京。中国医学科学院基础医学研究所 北京协和医学院基础学院副所（院）长，研究员。

1983 年 8 月河北医科大学药学专业毕业，获得学士学位；1999 年 4 月日本鸟取大学生物化学专业毕业，获得博士学位。1983 年 8 月 ~1994 年 3 月在河北医科大学任助教、讲师，1999 年 5 月至今先后任基础所（院）生物化学与分子生物学学系、医学分子生物学国家重点实验室副研究员、课题组组长，研究员、博士研究生导师；2001 年 6 月至 2008 年 7 月任基础所（院）教育处处长，2008 年 7 月至今任基础所（院）副所（院）长，主管行政后勤工作。现任北京生化与分子生物学学会监事长、《中华医学遗传学杂志》编委。2015 年荣获第七届“国家卫生计生有突出贡献中青年专家”称号。

主要工作成绩和业绩有：高度关注国家对人口与健康的重大需求，发现了单基因遗传病发作性运动源性手足舞蹈徐动症（PKC）新的致病基因、乙肝疫苗免疫无应答新的遗传标志物等，为更深入揭示相关疾病的分子机制以及预测疾病风险奠定了基础，对于研发治疗 PKC 药物分子靶点、乙肝个体化治疗具有重要指导意义。以通讯作者在国外有影响力的刊物上发表论文 30 余篇。

1. 单基因遗传病 PKC 致病基因的识别和突变鉴定　将 PKC 致病基因定位在 16p11. 2 ~ q12. 1 区域，发现了 *PRRT2* 上错义突变、截短突变和剪切位点变异，建立了 PKC 的基因突变谱。截短突变导致 *PRRT2* 基因表达降低或完全不表达，*PRRT2* 基因的单倍剂量不足是 PKC 发病的主要原因之一（Journal Medical Genetics，2012）。发表的论文仅当年被 Neurology、Brain 和 Annual Review of Neuroscience 等杂志论文引用 22 次。被中国科学技术信息研究所依据论文的创新性、发表论文的期刊水平和是否处于研究前沿评估为 2012 年中国百篇最具影响国际学术论文。

2. 乙肝疫苗免疫低/无应答分子流行病学研究　在全基因组水平上分析与乙肝疫苗

免疫无应答相关的 SNP 位点。发现 6p21.32 区域有 21 个 SNPs 位点与再免无应答相关（$P<10^{-6}$），其中 rs477515 是无应答的独立关联新位点（Hum Mol Genet，2013）。发现 IL12B 基因 rs17860508 位点、CD3Z 基因 rs12133337 位点是乙肝疫苗免疫低应答的危险因素。

3. 肝癌及乙肝遗传易感性研究　发现位于 VEGFA 基因启动子区域的 rs833061 和 rs1570360 位点与肝癌发生显著相关。与 rs833061 位点完全连锁的 18bp I 等位基因可形成一个 Sp1 结合位点，从而改变基因启动子活性，与肝癌易感性相关（Int J Cancer，2013）。ATF6 的错义 rs2070150 能显著增加 ATF6 表达水平，是肝癌发生的保护因素（Int J Cancer，2013）。

4. α 干扰素治疗慢性乙肝的药物遗传学研究　探讨干扰素通路基因 SNP 位点与 α 干扰素治疗慢性乙型肝炎疗效的相关性。发现 ADAR1 基因 rs4845384 位点可能是 α 干扰素治疗无应答的危险因素。ADAR1 基因 rs4845384 位点与自发性及干扰素诱导的 HbsAg 清除均有关系，其 G 等位基因能增加基因表达水平（Liver Int，2013）。

药物研究所

（北京市西城区先农坛街1号，100050）

2014年是建国65周年，是深入学习贯彻党的十八届三中全会精神全面深化改革的开局之年，也是“十二五”规划的第四年。药物所以习近平总书记“科技是国家强盛之基，创新是民族进步之魂”的讲话为指引，在上级领导的关怀支持下，在所党政领导班子的正确带领下，在全体职工同志们的共同努力下，继续在有中国特色的创新药物产学研之路上稳步向前。

一、科学研究工作

（一）科研项目管理

2014年药物所共递交申请书170份，主要包括国家自然基金、北京市自然基金等；共获批准课题68项，批准经费合计8900余万元（其中外拨3600余万元）。2014年全所院校级以上在研项目共210余项，主要包括国家科技重大专项、863计划、973计划、科技部、教育部、国家自然基金、北京市自然基金等。2014年全所科研经费到款6400余万元。

（二）论文发表及著作编写情况

2014年药物所共发表论文396篇，其中SCI 232篇，平均影响因子2.87；第一完成单位323篇，第一完成单位SCI 185篇，平均影响因子2.8。影响因子在5以上的论文共计18篇，其中最高影响因子8.557。2014年药物所主编或参编著作5本。

（三）科技成果获奖情况

2014年药物所获得科技成果奖项5项。其中：①“中草药微量活性物质识别与获取的关键技术及应用”项目获得国家科学技术进步奖二等奖；②“化学药物晶型关键技术体系的建立与应用”项目获得北京市科学技术奖一等奖；③“基于质谱技术的代谢组学与药物体内分析新方法及其应用”项目获得中国分析测试协会科学技术奖（CAIA奖）一等奖；④“临床常用药物中微量杂质检测和安全控制关键技术研究与应用”项目获得中国药学会科学技术奖三等奖；⑤“以微管为靶的紫杉烷类分子抗肿瘤耐药应用基础研究”获得教育部自然科学奖二等奖。

二、新药开发工作

（一）新药注册报批工作

2014年药物所共有13个创新药物处在不同的申报阶段，其中：盐酸去甲乌药碱及注射剂已报CFDA申请新药证书及生产批件；桑枝总生物碱片正在进行Ⅲ期临床试验；7个新药进入Ⅱ期临床试验；1个新药已报Ⅱ期临床试验批件；2个新药进入Ⅰ期临床试验；1个新药已获Ⅰ期临床试验批件。

（二）技术成果转化工作

1. 签订合同及合同额情况　2014年药物所对外签订技术转让、开发、服务合同共113项，合同总额6859万元。2014年技术合同到款总额4885.54万元。

2. 成果推广工作　2014年，药物所参加包括第八届中国生物产业大会在内的各种科技成果及医药项目对接会、展会共13次，共接待国内外各类制药企业45家，签订保密协议19份。来访企业包括：绿叶集团、山东新华制药、以岭药业、悦康药业集团、华润医药集团、凌辉制药等。

（三）专利申请、维护管理工作

随着国家对具有自主知识产权创新药物的重视，企业也纷纷对创新药物的知识产权提出要求，药物所不断加强专利意识，提高专利质量。2014 年新申请国内专利 73 项，PCT 申请 3 项，PCT 进国家 22 项，授权专利 44 项，管理的有效国内外专利共 680 余项。

三、重点实验室建设情况

（一）国家重点实验室

2014 年，国家重点实验室紧紧围绕制约天然药物活性物质与功能研究的三个不可分割的关键科学问题，即活性物质发现、成药性和相关技术方法问题，以重大疾病防治药物创制的核心基础问题为重点，开展了卓有成效的创新研究。

2014 年，国家重点实验室获知批准课题 35 项，批准经费合计约 5058 万元；共发表论文 209 篇，其中 SCI 收录论文 151 篇；共获授权专利 33 项。获得 1 项国家科技进步二等奖和 1 项北京市科学技术一等奖，获奖研究成果达到了国际的先进水平，在国内外天然药物活性物质与功能研究领域和新药创制等方面均产生了较大的影响。在人才培养方面，国家重点实验室从美国加州大学洛杉矶分校引进 1 名国际著名学者作为客座研究员，同时从海外知名大学全职引进 3 名高端人才；研究队伍中 1 人获聘协和学者特聘教授，1 人获得协和新星称号。

2014 年，国家重点实验室共组织学术活动 6 次。学术活动报告内容丰富、生动，及时把握国内外天然药物研究领域最新研究成果和动态，为科研人员提供了很好的开放交流平台。

（二）北京市重点实验室

2014 年，药物所第 6 个北京市重点实验室“创新药物非临床药物代谢及 PK/PD 研究北京市重点实验室”获得北京市科委认定（2013 年申报）。

四、积极推动产学研战略合作

2014 年 1 月，药物所与悦康药业集团签署“悦康药业-药物所”产学研战略合作协议。双方拟通过共建技术平台、共设研发基金、开展技术创新、推进成果转化及人才培养等多领域、多渠道、多层次的交流与合作，建立长期稳定、合作共赢的产学研战略合作关系。

针对我国罕见病患者的临床用药需求，药物所依托自身的科技资源与技术优势，积极推动我国罕见病药物的研发与临床可及性。2014 年 9 月，药物所与远大医药签署“罕见病药物研发”战略合作协议；10 月组织召开“罕见病临床治疗策略研讨会”，从产品研发、政策推动、临床治疗、信息交流等多层面推动我国罕见病用药市场，为改善我国罕见病患者“用药难、用药贵”做出有益的探索与实践。

五、国际合作与交流工作

2014 年，来访药物所的国外专家学者大幅增加，先后有来自美国、法国、俄罗斯、瑞典、泰国、澳大利亚、新加坡、中国台湾和香港等近 10 个国家和地区的外宾 24 批次对药物所进行了访问交流。其中包括瑞典诺贝尔基金会副主席、台湾大陆事务主管部门负责人、泰国卫生部医学科学司医学生命科学中心主任、法国古斯塔夫鲁西癌症研究院院长等涉及医药卫生政策、药物研发等多个领域的国际知名专家或政府官员，双方就加强新药研发合作、政策信息共享等内容展开了深入探讨与交流。

在对外合作方面，药物所保持与全球 TB 联盟近 7 年的合作，双方以更加多样的形式进行抗结核药物合作研究；继续与日本大正制药公司合作，合作模式较以往不同，双方正在探索新的合作方式。

此外，药物所还组织筹办了卫生计生委金砖五国药品可及性论坛以及“靶向 AMPK：基础研究与药物发现”第一届北京高端国际学术研讨会，来自美国、俄罗斯、英国等多个国家的专家参与会议，对我国药品可及性策略研究、药物靶点发现等具有重要的促进作用。

六、人事管理与人才建设工作

2014年药物所继续重视开展对优秀人才的引进工作，经学术委员会答辩通过拟引进7位人才，其中年内已正式入所工作的有3人。

2014年药物所积极推荐各类人才奖项的申报，其中：于德泉院士荣获第五届“全国杰出专业技术人才”称号；新引进人才胡友财同志获聘院校协和学者，张晓伟同志获得院校协和新星称号；李燕同志、庾石山同志获得协和优秀教师称号，蒋建东同志获得优秀教育工作者称号。

2014年，药物所还完成了上一年度新聘任的中层管理干部试用期考核评估工作，为药物所培养干部和使用干部提供了依据。

按照院校部署，2014年药物所圆满完成第四批选派援疆干部工作，筛选中心的刘睿同志顺利赴疆开展工作。由于援疆人员的优异表现和奉献精神，前三批六位同志于2014年8月被新疆维吾尔自治区委员会授予“优秀援疆干部人才”称号。

七、研究生教育工作

2014年药物所的研究生教育工作稳步开展。上、下半年平均在校研究生人数366人（含延期生），与2013年基本持平。2014年毕业研究生109人，新入学研究生115人（不含转博生），接收实习生、进修生62人。2014年实际在岗的研究生导师共83人，其中博士生导师41人，硕士生导师42人。2014年开设研究生学位课程31门，新增《药物毒理学研究进展》课程。

2014年，药物所充分利用多种途径加强招生宣传工作，进一步加强新生入学教育工作，同时继续加强毕业生就业服务工作，2014年毕业生就业率达到99.08%。

八、空间拓展及基础设施改善工作

2014年，“中国医学科学院药物研究所创新药物产学研基地”建设项目（药厂西区建设）建设方案已得到规划局批复，项目初步设计工作基本完成，预计2015年下半年动工建设。

2014年，药物所科研修购资金实际到款1740万元，为创新药物研发分子影像技术平台、分子靶向药物发现与结构生物学研发技术平台购置了相关仪器设备，并对生物技术新资源实验室进行了改造。2014年教育修购资金实际到款1030万元，用于研究生宿舍及配套设施修缮。此外，药物所还自行投入1000余万元用于仪器设备及家具的购置，进一步提高科研硬件实力。

九、产业工作

2014年，药物所全资企业北京协和药厂和北京协和制药二厂稳健发展，全年两厂总资产突破15亿元，共完成销售额8.39亿元。2014年北京协和药厂搬迁改扩建工程即新厂建设工作在2013年建设的基础上，1号、4号建筑办公区域完成验收并投入使用；其余建筑完成了施工和主要设备安装、内部工艺设计，在筹备验收工作和固体制剂车间GMP认证工作。

2014年，北京联馨药业有限公司实现销售收入6.14亿元。2014年公司新的生产基地一期工程建设顺利进行，各项工程已基本完成，进入竣工验收的前期准备和设备调试阶段。

2014年，北京协和建昊医药技术开发有限责任公司技术合同额3854余万元，主营业务收入3000余万元。通过并继续保有CFDA的药物GLP认证、农业部的农药GLP认证、环保部的生态毒理GLP认证、CNAS的化学品GLP认证、中国合格评定国家认可委员会的计量认证及实验室认可、ISO9001：2008的UKAS认证、美国AAALAC认证等，市场竞争力大幅提高。

2014年，北京科莱博医药开发有限责任公司（国家新药开发工程技术研究中心）经营情况良好，转让新药项目及技术服务共计11项，合同总金额达2440.5万元。申请国家基金4项，到款284万元；获得新药临床批件6项（原料药及制剂）；向CFDA新申报新药8个（16个受理号）；获国家科技进步二等奖等奖项3项。此外，公司以国家新药开发工程技术研究中心为运作载体，组建了“中国医学科学院药物研究院创新成果转化中心”，实现了院所与企业双向的有效互动，促进产学研深度合作，提升科研院所创新成果的应用价值与市场意识，推动了企业创新能力的提升。

（李冬梅　编　蒋建东　审）

联系电话：（010）63036794

医药生物技术研究所

（北京市东城区天坛西里1号，100050）

2014年研究所牵头与中国科学院上海药物研究所、军事医学科学院药物毒物研究所共同申报的“重大新药创制”科技重大专项顶层设计项目“抗G^-耐药菌新药的发现研发”（2014ZX09507009）获得有关部门批准立项，药生所“国家微生物资源平台药学微生物资源子平台”正式挂牌，药生所申报的“抗感染药物研究北京市重点实验室”获得北京市科委批准筹建；岑山教授领衔的创新抗病毒药物研究团队获“协和学者创新团队”，余利岩教授获“协和学者特聘教授”；自然科学基金中标继续保持良好势头，“重大新药创制”科技重大专项各课题（子课题）按计划全面实施，各种靶向抗肿瘤药物研发进入不同研发阶段。

2014年研究所在研项目主要有：重大专项13项（主持10项，参加3项，“创新药物研究开发技术平台技术建设”以3项子课题计入），国家自然科学基金76项，北京市自然科学基金3项，共计121项。截至年底，共到位科研经费3741万元。

2014年全年研究所共发表论文130多篇，其中SCI论文52篇（3篇IF>5），中文核心期刊78篇；获得发明专利授权11项（2项国际专利），申请专利19项（2项国际专利）。

具体总结如下：

一、抗感染药物研发一马当先

（一）国家科技重大专项

药生所以建所以来建立的抗感染药物研发体系和长期积累的资源优势，在“重大新药创制”和“病毒性肝炎和艾滋病等重大传染病防治”十二五课题完成后，继续承担了多个重大专项课题，除“抗G^-耐药菌新药的发现研发”和医科院“创新药物研究开发技术平台技术建设”项目外，今年又参加了华北制药集团新药研究开发有限责任公司牵头的“创新抗耐药抗生素研制及重大品种的综合技术提升”（2014ZX09201001）和药物研究所主持的“耐药结核病药物自主创新及评价关键技术研究”（2015ZX09304006）。

（二）国家重大科学研究计划

岑山（973子课题）：宿主因子在艾滋病易感性、病程进展及耐药性发生中的作用（2012CB911102），通过中期考核，获得继续支持。

韩燕星（973子课题）：病毒天然防御因子的分子作用机制及结构生物学的研究（2012CB911103）。

（三）2014年北京市科技专项“科技创新基地培育与发展工程专项”

游雪甫：抗耐药菌/超级细菌新药的发现与研发。

（四）课题进展

1. 建立和完善了抗耐药菌/超级细菌药物的分子、细胞、动物水平的药效评价平台，完成了吉米沙星、替比培南、西他沙星、头孢替安酯、头孢拉宗等新药的体内外药效评价，已申报临床批件。

2. 建立了药源性心脏毒性的斑马鱼评价系统，开展药源性肝脏毒性、神经毒性、骨骼发育毒性评价和技术服务。

3. 针对抗病毒宿主细胞内免疫系统中的热点分子，如 APOBEC 家族、BST-2、SamHD1、MOV10、SLFN 家族和 MxB 等的抗病毒机制研究。

4. 建立了针对超级耐药菌 NDM-1 的抗菌药物筛选方法，并进行药物筛选及药效评价研究。

5. 获得特殊生态环境（如洞穴、盐湖、沙漠、红树林）抗生素主要产生菌——放线菌的新物种和稀有物种。

6. 进行了北极新奥尔松地区地衣海洋沉积物微生物多样性研究、地衣内生真菌和北极地区淡水真菌多样性研究。

二、靶向抗肿瘤药物厚积薄发

药生所的抗肿瘤生物治疗药物研究尤其是抗体药物和靶向药物经过多年的积淀，已有多个创新药物品种进入临床前和临床研发阶段，抗 CD20 抗体 LDM 融合蛋白研究已与中国医学科学院血液学研究所和天津红日药业合作研发。

1. 研究所牵头　基于合成生物学技术的创新药物研发及大品种升级改造（2014ZX09201042）。

2. “以 calicheamicin 为‘弹头’的双特异抗体偶联药物”和“针对 Kras 突变肿瘤的多功能抗体药物偶联物”纳入 2015 年申报项目备选库。

3. 参加 863 项目　抗体库、人源化抗体关键技术及候选抗体药物筛选（SS2012AA020701）。

4. 项目进展　构建了不同抗肿瘤药物的靶向融合蛋白，并进行了优化研究：人血清清蛋白与力达霉素融合蛋白（HAS-LDM）、抗明胶酶抗体 LDM 融合蛋白、抗 CD20 抗体 LDM 融合蛋白、双靶点 EGFR/CD13 融合蛋白、基于防御素（defensin）的靶向融合蛋白、基于 TRAIL 的靶向融合蛋白、促吞噬肽 Tuftsin 的靶向融合蛋白、抗 CD30 抗体及其与力达霉素的融合蛋白和抗体偶联的美登素的构建及抗肿瘤活性评价。

此外，还进行了多功能药物组合（multi-functional drug combination）研究、新型微管蛋白聚合抑制剂 IMB5046 研究、抗肿瘤抗生素加迪霉素、厚朴酚的新作用机制研究。

三、合成生物学渐入佳境

进行去甲万古霉素原始产生菌和高产菌株全基因组序列测定，获得基因组框架图，确定了去甲万古霉素的生物合成基因簇；克隆了 Sansanmycin 生物合成基因簇，通过构建 *ssaX* 同框缺失的阻断菌株，构建回复菌株进行体内遗传回复及添加外源底物（*m*-Tyr）进行回复来对其进行功能分析，在 *ssaX* 阻断菌株发酵产物中分离到 6 个结构新颖的 Sansanmycin 类似物，并首次发现了肽链氨基端是 Met 的尿苷肽类抗生素；完成了 C-1027 基因组精细图的绘制；根据 Capuramycin 生物合成途径的解析，应用离体酶催化方式，获得抗结核潜力更优的先导化合物；根据 Siderophore 可以靶向菌体的铁转运系统，解析其生物合成途径，构建其异源生物合成体系并进行优化，为 ADC 类药物研发提供物质基础；构建螺旋霉素生物合成基因阻断变株，探索了提高异戊酰基转移酶基因表达水平的方法，为可利霉素基因工程菌株改造提供研究线索。

承办了中国医学科学院“药物合成生物学论坛”，邀请多位国内专家进行大会报告，并就今后的合作进行了交流。

四、研究生教育再接再厉

岑山教授团队获“协和学者与创新团队发展计划”创新团队，余利岩教授当选“协和学者”特聘教授。

王玉成、司书毅教授当选院校“优秀教师”，李卓荣教授当选院校“优秀教育工作者”。

目前在读研究生 149 人，其中硕士 76 人，博士 73 人。今年招收硕士 23 人，博士生 20 人。完成了 2015 年推免生的招生工作。

在所里建立了 5 个专业学位研究生教育培训基地，并开展了仪器分析测试、基因工程操作、微生物发酵、临床前药理毒理、微生物分离培养等专业技能培训。

组织了第 29 届“五·四青年论文报告会”，韩莹获得“大村智奖”，唐胜、冯婷婷获得“甄永苏青年科技奖”。

五、科研支撑体系日趋完备

1. 药学微生物资源子平台　为全国 28 个共享单位提供共享菌株 1693 株，筛选超过 5 万样次，为国内外多家科研院所、高校及企业提供了菌种鉴定和菌种保藏的技术服务 896 样次，培训微生物实验操作技能 61 人次。

2. 仪器设备购置项目申报、招标采购　完成了“科研修购”——靶向药物研发技术平台规范化实验室建设设备购置和“教育修购”——微生物与生物技术药物研究、合成生物学药理学示范教学实验室必备仪器设备购置的招标采购工作；完成 2015 年科研修购专项——“合成生物药物与生物治疗药物规范化研究平台建设仪器购置”预算编制任务；完成了“中央高校发展长效机制补助经费”项目“药物研发检测技术实验教学设备升级改造”申报，评审通过。

六、国际合作与交流方兴未艾

1. 国家自然科学基金国际合作重点项目（与瑞典合作）和中加健康研究合作计划项目正在有序推进；岑山研究员受邀参加赴加拿大 McGill 大学艾滋病研究中心参加为期 3 周的合作研究。

2. 比利时皇家化学学会生物技术委员会主席、鲁汶大学 Rega 研究所 Jozef Anné 教授来所访问交流。

3. 全年派出 7 个团组、13 人次参加国际学术会议。

4. 甘茂罗、杨信怡、李聪然 3 人获“国家留学基金资助”。

七、科技开发稳步推进

2014 年签约合同总额 701 万元，到位横向经费总额 925 万元。全所正在执行的技术合同共 198 项。

采取不同形式宣传推广研究所最新科研成果和各个技术服务平台，收集印制了研究所《2014 科研成果简介》。

八、2015 年度工作重点

1. 抓好各项科技重大专项课题和自然科学基金项目的结题验收，按有关部门要求提交立项建议并组织新项目申报。

2. 开展科研修购和教育修购专项等的绩效评估。

3. 争取高层次人才引进有突破。

4. 加强合成生物学团队建设，组建医科院合成生物学研究中心。

5. 完成“抗感染药物研究北京市重点实验室”筹建，通过验收。

6. 加快科研成果转化和产业化步伐；为国内外研究机构、大专院校和企业提供技术支持和服务。

（盛丰年　编　邵荣光　审）

联系电话：(010) 63165290

药用植物研究所

（北京市海淀区马连洼北路 151 号，100193）

2014 年在院校的领导下，药植所党政领导和职工认真学习党的十八届三中、四中全会精神和习近平总书记系列重要讲话精神。结合院校 2014 年工作重点，围绕药植所的中心工作，统一思想，凝聚力量，认真贯彻落实中央“八项规定”，落实党的群众路线教育实践活动整改方案，加强反腐倡廉制度建设和学习型研究所建设，积极推进科研体制的创新与改革。在全体职工的共同努力下，各项工作有序开展，整体工作稳步推进，药植所呈现快速发展态势。

一、科研工作

1. 2014 年共申报纵向科研课题 152 项，包括“重大新药创制”科技重大专项、科技部科技基础性工作专项及国家自然科学基金项目等。共有 108 项课题获资助，新增科研经费 6780.6 万元；到位科研经费 4019.7 万元。

2. 2014 年发表科研论文 382 篇，其中 SCI 收录 157 篇。主编论著 6 部，参编 7 部。申请专利 26 项，授权专利 11 项。软件著作权登记 3 项。获省部级科技奖 5 项，其中一等奖 1 项。

3. 承办了第三届中国中医药信息研究会中医药研究开发与咨询专业委员会换届选举暨学术交流会及国家高端中药研发新模式、新理念研讨会；主办了中医药研究开发与咨询专业委员会 2014 年学术交流会暨 2014 药植论坛，使药植论坛上升为全国性的学术会议；与北京市植保站联合组织中药材病虫害防治技术培训会；继续开展青年学术沙龙等所内学术活动，组织学术报告和专题讲座 63 场。

4. 启动由海南分所承担的“国家基本药物所需中药材种苗繁育基地（海南）和种质库（海南）”建设项目，总资金 3000 万元；由云南分所牵头的“国家基本药物所需中药材种苗繁育基地（云南）”建设项目启动实施，总资金 1000 万元。

5. 鼓励科研人员承担横向开发课题，2014 年新签订横向开发合同 106 项，合同总金额 3332 万元，到位经费 1030 万元。

6. 完成 14 台套仪器的安装与验收；实现了实验动物中心新旧屏障设施一体化运行，饲养面积增加一倍以上，并顺利通过北京市动管办组织的专家检查。

7. 国家药用植物园体系建设初具规模，以总所药用植物园为龙头园、6 个分所药用植物园为主体园，11 家药用植物园为共建园的国家药用植物园体系框架格局基本形成。确定了国家药用植物园体系数据库结构及内容，收集物种数据 7889 条，整理数据库物种信息 3000 条；启动运行信息平台网站；设计配置出全园 11 个一级分区及各区药用植物名单，已引种 200 份种质。

8. 加入中华中医药学会，并获得中华中医药学会先进团体会员。

二、研究生教育

1. 2014 年招生博士 19 人、硕士 39 人、转博 11 人，共计 69 人；招收同等学力 7 人，在校研究生 188 人。毕业研究生 49 人，其中 6 人获北京市或协和优秀毕业生；毕业生就业率为98%，其中4人加入到支援西部建设队伍中。

2. 获教学改革专项和青年教师培养等课题4项。1人获协和优博奖励、5人获国家奖学金、9人获协和一等奖学金、12人获药植所TOP10奖励。

3. 研究生发表第一作者论文77篇，其中SCI收录46篇；最高影响因子6.7。

4. 研究生导师队伍不断扩大，新增博导4人、硕导8人。

5. 举办第八届研究生药苑论坛、第二届实验记录比赛及青年教师基本功大赛。

三、人才队伍建设

1. 2014年获批中组部"万人计划"科技创新领军人才1人，香江学者计划1人，其中，"万人计划"是国家首次组织申报、香江学者计划实现我所该项目零的突破。

2. 2014年接收新进职工7人；博士后进站4人、出站11人，在站37人。在站博士后获得各项基金11项，承担横向开发课题2项。

四、国际合作

1. 申请引智项目4项，其中3项获资助。推进与美国田纳西州大学及与法国PIERRE FABRE公司就有关植物的共同研究与开发；与以色列、秘鲁等交流与合作方面取得积极进展。

2. 接待国际来访约26批，60余人次；办理或协助办理出访20批，25人次。

五、财务管理

1. 严格财务管理，提高会计工作信息化，保证会计数据的真实完整；加强预算管理，确保预算工作的科学、准确、公开、透明。按财政部要求对账务会计科目进行重新设置。

2. 组织申报修购基金、长效机制和教育修购基金等27项。

3. 2014年到位科研经费5049.7万元，其中，纵向经费4019.7万元、横向经费1030.0万元。到位研究生教育经费692.8万元。

4. 完善内部控制机制，成立独立审计机构，制订了《药用植物研究所内部审计工作规定》等相关管理办法。

六、基本建设

1. 国家药用植物园修缮（一期）项目改造完成；修缮（二期）项目完成公开招标并开始施工。

2. 生药学教学标本馆实训基地修缮工程完成公开招标并开展施工工作。

3. 启动院校北区建设前期周转用房、实验室调整、管线改造、电增容等基础设施改造。获部门预算项目8000万元以解决药植所北区建设中科研、行政办公、学生宿舍、药用植物温室及濒危药材繁育国家工程实验室、固定资产保存库搬迁安置。

七、分所建设

（一）云南分所

2014年新增项目24项，其中国家自然科学基金项目取得突破，获1项青年基金项目；在研项目59项，其中国家级课题5项，省部级课题15项。到位科研经费561.77万元。发表论文9篇，其中SCI论文2篇。获中华中医药学会科技进步三等奖1项。获得云南省创新人才1名。"云南分所科研综合、实验楼修缮改造"修缮改造项目基本完成。"西双版纳傣药南药研究检测中心"已进入试运行阶段。

（二）海南分所

2014年获纵向课题20项，其中2项国家自然科学基金项目。全年到位纵向经费657.87万元，横向经费51.1万元，在研项目经费总额超5000万元。发表论文26篇，其中SCI收录2篇，影响因子最高为3.334；授权专利2项，申请专利9项；主编专著1部、参编3部；登记公告的研究成果6项。与泰国、越南、老挝等地企业签订沉香产业关键技术研究与利用合同，并在海南、广东、泰国等地示范造香2万余株。研制有机混合肥料1项，并完成40吨肥料的生产。白木香黄野螟无公害防治技术应用示范300亩。南药研发中心（海口）建设三期开工。

（付　洁　编　孙晓波　审）

联系电话：(010) 57833028

医学信息研究所/图书馆

（信息所：北京市朝阳区雅宝路3号，100020）
（图书馆：北京市东单北大街69号，100005）

2014年是医学信息研究所/图书馆（简称“所馆”）全面落实“十二五”规划的重要一年。所馆在院校的正确领导下和全体职工的共同努力下，求真务实，开拓创新，各项事业获得新发展。

一、顺利完成财政预算、修购项目执行和相关规划编制工作

根据财政部、国家卫生计生委和院校要求，规范程序，强化监督管理，认真组织制定实施方案及保障措施，科学合理使用项目经费，顺利完成所馆2014年财政经费预算执行和修缮购置项目实施工作。围绕所馆发展目标，统筹规划，做好调研论证，认真完成所馆2015~2017年高校发展长效补助机制专项资金、2016~2018年部门预算项目库建设等规划的编制工作和2015年修缮购置项目申报工作。

二、科研经费再获较大增长，科研能力不断提升

2014年共获得国家卫生计生委、科技部、中国工程院、WHO等各级各类科研项目和课题121项，其中国家科技支撑计划项目1项、国家社会科学基金3项，到账科研经费共计2709.78万元，比2013年增长39%。科研能力不断提升，科研产出显著增强，以第一作者发表论文150篇，其中SCI或SSCI收录期刊论文6篇；主持或参与编写学术著作15部，形成咨询或研究报告136份；获得软件著作权2项。

三、继续做好系列平台建设，不断形成新的品牌和特色

（一）国家人口与健康科学数据共享平台工程技术中心挂牌成立，发挥技术支撑作用。

国家人口与健康科学数据共享平台工程技术中心获得平台理事会批准并正式挂牌成立。开展典型科学数据中心建设模式调研和平台技术体系分析工作，完善平台架构设计；搭建人口健康平台卫生决策专题服务门户，拓宽平台应用服务内容；开展科学数据共享、异构数据整合、标准规范制定等关键技术研究，改善平台资源共享功能。

（二）筹备建设人口健康政策法规评估系统，发挥决策支持功能。

受国家卫生计生委委托，启动人口健康政策法规评估系统建设工作，旨在利用信息技术构建人口健康政策评估的主题遴选、规范化评估、信息收集与分析、专家咨询与协作、资源交流共享等关键机制，并围绕关键机制开发功能子系统，为提高决策水平提供支撑。目前已完成系统底层支持和页面设计工作。

（三）继续做好信息平台资源整合及决策支持平台建设。

进一步完善多个信息平台功能，初步形成面向政府决策、医学科技创新和公众健康需求的信息服务与决策支持系列平台。通过整合已有平台，初步构建卫生政策分析与决策支持平台。国家新农合信息平台继续完善联通工作，开展费用核查服务，启动跨省就医即时结报试点的准备。公众健康知识服务平台申请获批国际健康网站 HONcode 认证，基于纸媒、电子媒介等多种途径进行推广。

四、科学研究与决策咨询工作取得新成绩

（一）做好医学信息研究和情报调研工作

认真组织实施“十二五”科技支撑计划项目“面向外文科技文献信息的知识组织体系建设与示范应用”相关课题和“公众健康知识整合与服务技术研究与应用”的研究工作；积极做好中国工程院工程科技知识中心医药卫生专业知识服务系统建设相关研究工作；主持编写《中华医学百科全书-医学信息学分卷》。组织实施“医学科技发展十三五战略/规划研究”等课题，完成多份医学情报调研咨询报告，编写出版《中国医学科技发展报告 2014》。

（二）积极开展医学科技评价研究，发布医院科技影响力排行

开展中国医院科技影响力评价研究，在国内首次发布 2014 年度中国医院科技影响力排行，获得了积极的社会影响。该排行从科技投入、科技产出和学术影响等三个方面对全国 846 家三级甲等医院开展了科技综合影响力和学科影响力评价，旨在形成激励医学科技创新的正确导向，不断提高医院的科技发展水平和创新潜力。

（三）深入开展卫生政策领域的研究和决策咨询

积极推进“卫生计生系统治理体系与治理能力建设研究”、“促进健康服务业发展策略研究”“公立医院改制研究”“人口健康信息数据开放政策研究”等一批重点课题和项目。参与国务院医改办组织的全国县级公立医院综合改革和全国基层卫生综合改革重点联系点工作督导方案的制定并深入现场督导，参加《全国卫生服务体系规划纲要（2015~2020）》编制等卫生计生委重点工作，完成多份调研报告。

五、信息资源保障与服务能力稳步提升

（一）积极应对资源建设转型，做好资源建设与保障工作

围绕资源建设的转型发展，注重优化资源结构，加强 E-ONLY 期刊、电子图书的揭示和管理，开展科技出版趋势、开放获取、元数据规范等研究。2014 年订购外文期刊 3647 种、中文期刊 1429 种、图书 3236 种、专业数据库 86 个；顺利完成新刊和新书编目维护、验登工作；编辑出版《国外医学新书评价》；院校拨专款采购 Clinical Key 数据库，服务院校医教研人员。

（二）专业化、学科化信息服务不断拓展

继续做好面向科技重大专项的专业化信息服务工作，建设重点领域信息门户，编写《新药研发动态》和《传染病研究动态》并实现网络发布和微信订阅功能。积极推进“医学信息援疆援藏”工作，开发高原医学专题信息服务平台。2014 年完成学科专题咨询报告 26 份，专题简报 40 期，科技查新咨询服务 270 项，论文收录与引用分析 298 项，全文提供服务 37.6 万篇，委托检索 262 题，定题跟踪服务 6 项。

（三）数据加工和数据库建设稳步发展

积极响应 NSTL 数据加工模式变化，开展本地文献数字化加工系统升级改造工作。继续开展中文引文、机构和基金数据的规范研究。SinoMed 平台引文检索、学术分析功能正式对外提供服务。2014 年提交 NSTL 联合加工系统中心系统文摘 46.8 万条，引文 995 万条，为 MEDLINE 数据库标引文献 1.35 万篇。

六、教育培训、国际合作、编辑出版工作不断发展

（一）教育培训与学术交流工作取得新成绩

开展医学信息学学系建设相关调研，申

报并自主设置《医学信息学》二级学科，为加强学科建设、完善学系建设制度、加强师资队伍和实习基地建设打下良好基础。2014年新增研究生导师2名；毕业研究生13名，就业率100%；录取19名，在读学生57名；招收2015年入学推免生16名，推免生招生任务完成名列学校前茅。

（二）国际合作继续推进

顺利完成世界卫生组织（WHO）、世界银行等国际组织和机构资助的多项课题研究，做好WHO卫生与生物医学合作中心与WHO在华合作中心协调办公室日常工作。积极开展国际学术交流，应邀出席第三届全球卫生体系研究大会、西太平洋地区医学索引会议暨亚太医学期刊编辑协会会议等。全年办理因公出国（境）5人次，因公出国（境）指标紧张已影响正常的学术交流活动。

（三）编辑出版刊物学术质量不断提升

加强学术刊物策划、编辑出版队伍建设和质量管理，《医学信息学杂志》、《医学研究杂志》、《中国卫生政策研究》、《中国医药导报》和《中国现代医生》影响因子等质量指标排名均有所提升；《医学研究杂志》入选“第3届中国精品科技期刊”；《中国卫生政策研究》2014年复合影响因子在医药卫生管理类期刊中排名第一。

七、人才队伍建设不断加强，规范化管理水平逐步提升

以工作分析和职位评价为抓手，继续做好人才引进与培养工作。2014年补充专业技术岗位人员31名，其中博士11人、硕士16人，人才队伍结构进一步优化。开展中层管理干部及新职工培训活动，进一步完善绩效考核制度，切实发挥绩效考核的激励作用。

加强所馆规章制度建设，研究制定或修订规章制度45项，正式印发41项。认真贯彻执行中央八项规定、严肃财经纪律，积极开展“小金库”专项治理自查自纠工作，在国家卫计委专项检查和科技部科技文献信息专项绩效评价工作中获得认可。做好财务决算报告编制工作，得到国家卫计委通报表扬。

（刘晓曦 编 胡志民 审）

联系电话：（010）52328888

医学实验动物研究所
（实验动物学部）

（北京市朝阳区潘家园南里5号，100021）

2014年是“十二五”规划实施的第四年，在卫计委、医科院的正确领导下，动研所牢牢把握发展机遇，锐意进取开展工作，全面完成了2014年我所制定的各项工作目标计划。

一、组织机构、干部队伍建设

为适应研究所事业发展和科研体制改革创新工作的需要，2014年3月研究所对管理机构进行了调整，调整后新增加3个管理机构，分别为产业发展处、实验室管理处及纪检监察审计办公室。机构调整后对管理岗位重新进行公开招聘，按照《党政领导干部选拔任用工作条例》要求及医科院对干部选拔任命程序的要求，公开选拔任用中层正职干部2人，副职干部1人。

二、科研项目管理工作

（一）科研项目获得情况

2014年研究所共获得项目资助30项，其中科技重大专项4项，国家863项目1项，国家自然科学基金项目3项，基本业务费8项，协和基金8项，行业专项1项，平台建设任务1项，人事部2013年度留学回国人员科技活动项目择优1项。

（二）科技成果管理

2014年研究所科研队伍进一步扩大，科研实力进一步增强。在科研课题研究基础之上，研究所科研人员发表论文73篇，以我所为完成单位的SCI期刊论文37篇。其中科研人员围绕H7N9感染在J Infect Dis上发表SCI论文多篇，首次利用CRISPR/Cas9建立条件敲除大鼠，为医药研究领域大鼠研究提供了有力工具，该文章发表在Cell Research杂志上。其他科研人员与外单位合作发表了高影响因子的文章8篇，其中不乏《Nat Commun》《Oncogene》及《Advanced functional materials》等知名杂志。

专利管理工作逐步规范化，我所有4项专利获得国家专利局授权，同时新申请专利2项。通过对专利的申请过程及时跟踪以及后续反馈，未来将积极引导授权专利进行成果转化。2014年度申报国家科技进步奖一项，目前已过初审。

三、外事与学术、培训工作

（一）国（境）外来访情况

2014年度共12次接待来自美国、澳大利亚、英国、中国香港等国家和地区的科学家和企业家来所进行学术交流活动，共有4人次分别赴美国、日本参加国际学术会议。这些交流活动促进了我所与国外科研机构在细胞免疫学和病毒感染、神经退行性疾病和行为学、生理学和药理学等方面的交流合作。

（二）国际合作

2014年度国际合作项目顺利开展，在目前已有的6个国际合作实验室基础上，分别与巴基斯坦、美国等国家科研机构达成新的合作意向。

（三）学术、培训工作

本年度组织国内外科研人员到所内进行学术报告、技术交流和培训共14人次，组织所内各类科研、技术人员参加学术交流会、学术论坛、技术培训班。此外，研究所选派3位科研人员赴美国、日本和香港的相关学术机构进行培训。

四、人才队伍建设

引进人才方面，2014年共接收各类毕业生12人。此外引进国内外优秀人才4人，其中1人被中国医学科学院聘为协和学者特聘教授。

健全制度方面，为提高研究所科研队伍创新能力，修改完善《研究所人才引进实施办法》；为充分发挥引进人才在研究所科研工作发展创新中的重要作用，合理规范使用启动经费，配套制定《关于引进人才启动经费的补充规定》。

五、研究生教育工作

全年研究所在读研究生共计44人，其中博士13人，硕士31人。本年度博士生取得学位6人，硕士生取得学位9人。

2014年我所新申报博士生导师1人，硕士生导师3人，目前我所现有硕士生、博士生导师共计11人。

六、产业工作

研究所制订一系列管理文件及相关配套制度，明确将科研、平台和教学三类机构的独立运行和资源共享有机结合，促进其高效和专业化运转，以便更好地督促工作人员围绕工作目标完成任务，践行研究所的科研支撑使命。

加强对下属企业的监督管理，包括季度指标的考核，监督审计。维护研究所的国有资产，保证国有资产保值增值。

七、学会工作

（一）学术交流

第十一届中国实验动物科学年会成功召开，本次会议交流论文157篇，评选优秀论文30篇。中国实验动物学会组织开展的“2014~2015实验动物学学科发展研究”工作今年再次启动。本年度，学会积极支持和协助各专业委员会开展分支学科的学术交流活动。

（二）举办实验动物知识与技能培训

为促进实验动物人才评估专业化、社会化，学会正在建立国内实验动物从业人员分类等级体系，并组织业内专家编写培训教材；首次在清华大学开展了实验动物专业技术人员中级培训；多次组织标准宣贯、生物安全等专题培训班；在北京举办4期实验动物从业人员上岗证培训班，累计400余人参加培训。

基于学会多年来培训工作取得的成绩和未来完善的培训计划，亚洲实验动物学会联合会（AFLAS）已将我们作为AFLAS中国培训基地，合作开展培训工作。

（三）积极开展国际交流与交往

组织国内本行业科技工作者赴日本参加第61届日本实验动物学会年会，参加第5届AFLAS大会，学会代表团成员在会上做了报告。此外，学会的代表出席了亚洲实验动物学会联合会（AFLAS）大会和理事会会议。

（四）编辑出版学术期刊

两刊编辑部保质保量完成《中国实验动物学报》和《中国比较医学杂志》的出版。为引导学科发展，根据研究热点，编委们相继在两刊组织流感病毒研究专题、基因工程动物模型专题、糖尿病模型专题、新资源、新技术专题等，以学科研讨的方式促进学术交流。

（五）组织建设

根据《中国实验动物章程》要求，学会按计划召开常务理事会会议、理事会会议，民主议事，集体决策。年内农业实验动物专业委员会、灵长类实验动物专业委员会顺利进行换届选举工作。

（六）完善信息交流平台

在确保网络畅通运行的基础上，今年加快了学会网站更新速度，栏目设置也更为合理。此外，为促进传播交流途径多样化，学会建立了微信公众平台，并及时推送信息，拉近了与会员的关系。

（七）标委会工作

2014 年标委会在实验动物培育及生产供应、实验动物相关产品研发和生产供应、动物实验技术服务三个方面组织制定国家标准和标准宣贯。这些国家标准分别是《实验动物从业人员要求》《实验动物质量控制》《实验动物动物实验通用要求》《实验动物饲料生产》《实验动物 饲养设备和用具生产》《实验动物 病理检测质量控制》和《实验动物福利伦理审查指南》；另外，2014 年标委会面向全国各省市实验动物机构开展新修订国标宣贯 1 次。

标委会年内计划申报 10 项国家标准。这批标准以及已经立项的 5 项标准将成为 2015 年国标制定的工作重点。

（邸　冉　编　秦　川　审）

联系电话：（010）67770813

微循环研究所

（北京市东城区东单北大街69号，100005）

微循环研究所在2014年度进一步按照所长修瑞娟教授提出的“实验载体国际化”“人才品质国际化”和“管理制度国际化”的“三个国际化”的建所目标，继续强化微血管医学学科理论创新和拓展新的研究领域，同时梳理、调整科研力量和突出特色研究内容，紧紧围绕临床医学重大疾病问题开展以转化医学研究为目标的“微血流动力学”和“微血管医学”研究，在医科院领导的大力支持和关心下，按照研究所的“十二五”规划，在完成年度工作计划、科学研究、研究生教育，实验室建设和党支部建设等多方面都有了新的进展。

一、科研工作

在“血管神经新生”“血管周细胞功能”和“血管内皮细胞损伤”等方面都取得了一定的研究成果，在完善科研管理规章制度和科研项目执行方面成绩斐然。

（一）明确科研目标和科研内容

所长修瑞娟教授提出的“三个国际化”的实验室建设标准，是以国际先进的实验室管理模式制订本研究所的各项科研管理制度和行为规范，促进了本所在相应领域的科研水平和国际交流水平、提高了科研人员素质和研究生培养质量，促进了“中国医学科学院国际微血管研究中心”和“国家卫计委微循环重点实验室”的建设。

2014年在“脊髓损伤血管神经新生相互作用及其机制”“脑和脊髓血管周细胞研究”和“临床心血管疾病血管内皮细胞损伤研究”等方面都取得了一定的研究成果，其中有多项新的发现并在国际杂志上首次进行了报道。

（二）完善科研管理制度

2014年度，本研究所进一步细化和完善科研管理制度和规范，成立了研究所各项制度检查小组，进一步落实了实验室使用、实验记录规范化、实验试剂安全管理、研究生实验管理和涉及人体和动物研究内容的伦理道德管理制度。对研究生实验研究，成立了导师组，严格实行导师指定的技术人员全程辅导管理，及时发现和纠正不规范的科研行为，提高了研究生学术、学风，学德培养水平。

（三）主要科研内容和成果

1. 本年度研究所科研人员在修瑞娟教授带领下继续赴美国与UCSD开展了“高血压病分子遗传学及微血流动力学机制研究”的国际科研合作项目。

用体外原代培养的自发性高血压大鼠主动脉内皮细胞，检测其基质金属蛋白酶蛋白表达水平及酶活性，检测其能量代谢及存活相关膜受体（胰岛素受体、VEGF受体、β肾上腺素能受体等）表达水平。通过表达谱芯片技术筛选在非高血压环境下，自发性高血压大鼠主动脉内皮细胞的差异表达基因。用本研究室自主创新研发的微血管及微淋巴管自律运动检测新技术检测了幼龄SHR、成年SHR及老年SHR大鼠的肠系膜微血管及微淋巴管自律运动。发现异常增高的基质金属蛋白酶对自发性高血压大鼠的主动脉内皮细胞膜受体（胰岛素受体、VEGF受体、

β肾上腺素能受体）的剪切作用已初步阐明。此外，发现了不同年龄的SHR大鼠在高血压病形成过程中的微血管及微淋巴管自律运动的变化规律。

2. 开展了“内皮细胞功能障碍：临床高血压、冠心病和糖尿病患者内皮微泡和血小板微泡的研究及临床意义”研究。以患者外周血中直径<1μm的细胞微泡（microparticle）为研究切入点，有多个新发现并在国际上首次报道了研究结果。

3. 开展了脑和脊髓周细胞分离、培养和鉴定及其功能分析研究、褪黑素对脊髓损伤的保护作用研究。

4. 开展了胰岛微循环、胰岛微血管自律运动、胰岛周细胞、胰岛微血管内皮细胞在糖尿病及其并发症发病机制中的作用。

5. 开展了地塞米松干预细胞糖代谢对肝癌血管新生的影响及其调控机制，研究结果发现地塞米松治疗组，荷瘤小鼠的瘤体明显缩小，糖酵解关键酶11β-HSD1和11β-HSD2表达下调，同时瘤体内部的血管内皮细胞数量下降。肿瘤细胞糖代谢方式的改变直接影响了肿瘤的血管新生，进而发挥抑制效应。

6. 开展了STZ诱导BALB/c糖尿病小鼠胰腺微循环以及睾丸微循环损伤的工作。

7. 开展了TLR4介导内皮细胞炎性损伤及其与微血管自律运动相关研究，初步发现原发性高血压内皮细胞TLR4表达增高，同时炎性分子表达增强。

8. 开展了Wistar大鼠与SHR的微血管、微淋巴管自律运动的变化；MMP-2、BMP-2在血管钙化中的作用及机制；血管内皮细胞在自发性高血压大鼠发生血管钙化中的作用及机制研究。

9. 开展了ZnPP调控前列腺癌HO-1核转位的机制研究，从ZnPP能否诱导HO-1核转位为切入点，进而探讨HO-1在前列腺癌的核转位机制及其对前列腺癌血管新生的影响。结果发现ZnPP通过调控HO-1核转位改变前列腺癌生物学行为的证据。

10. 开展了脊髓损伤的机制研究，并从修瑞娟教授的神经血管新生理论入手，研究周祖细胞的促神经血管修复作用。

（四）2014年度按计划执行科研项目情况，

共计9项：其中承担国家自然科学基金1项，承担协和青年基金项目7项，财政部2014年基本科研业务费项目1项。

（五）2014年度发表论文情况

本研究所共发表论文20篇，其中SCI论文10篇（其中影响因子3.0以上5篇，影响因子5.0以上1篇）、中文论文10篇，

二、升级建设科研技术平台及科研楼修缮

微循环所自2009年启动了“重大疾病微循环功能障碍研究技术平台”的创建规划。2014年度，本研究所获得购置基金370万元，进一步升级建设了本研究所的“中国医学科学院重大疾病微循环障碍研究技术平台”，建立了整套的“病理学实验研究技术平台”“细胞共聚焦观察技术平台”等，完善了开展从分子、细胞、组织、器官到大体的微循环、微血管医学研究硬件条件。该平台基本具备了进行重大疾病微循环功能评价研究的能力，为在微循环功能研究技术达到国际水平奠定了硬件基础。

在硬件设备升级改造的同时，今年获得微循环科研楼的修缮基金80万元，改善了实验、科研条件。对实验室实行了计算机门禁管理；困扰多年的老旧电梯故障、门头檐顶漏水的问题得到了彻底地解决，空间条件的改善，极大地保障了各项科研工作的开展。

三、加强人才结构建设

微循环所一直非常重视人才队伍建设，秉承多年积累下来的“编制小，能量大，

一专多能”的人才培养理念，提出了“人才品质国际化”的工作目标，更好地保障研究所的各项工作的顺利、长足发展。2014 年通过发布招聘信息，将本研究所培养的一名优秀的北京协和医学院应届博士研究生留所从而加强了我所科研梯队的人才结构。

一个结构较为合理的科研梯队刚刚初步形成，现有正高职 2 人、副高职 5 人、中级职称 8 人，初级职称 1 人。

四、研究生教育工作

作为教研合一的研究型科研机构，研究生人才培养一直是我所的重要工作内容。

今年顺利完成了研究生录取工作，生源质量较好。博士研究生及硕士研究生均以优秀成绩通过答辩并按期取得学位证书，就业率 100%。同期毕业的一名硕士生在校期间在 Int J Cardiol 等杂志以第一作者先后发表论文 6 篇，累计影响因子超过 20，答辩成绩获优秀，已被英国爱丁堡大学录取，攻读博士。在研究生中开展优秀实验记录的评选，激励学生认真做好实验记录，同时评选结果与奖学金评选挂钩。一名博士生获 2014 届北京协和医学院优秀毕业生称号。获得 2014 年院校优秀研究生创新基金 1 项，协和青年基金 2 项。

五、国际、国内学术交流与合作方面

1. 国际学术交流与合作是微循环所的重要特色，本年度共有 2 人赴美参加与 UCSD 的科研合作，按原定合作协议进一步开展有关高血压发病机制的研究，并参加了“2014 美国加州大学生物医学工程系统年会”。此间，该校的 IEM（Institute of Engineering in Medicine）中多个研究中心主动要求与微循环研究所建立合作协议。

经微循环研究所修瑞娟教授邀请，美国六院院士、总统奖获得者、微循环研究所荣誉教授及国际科研合作伙伴之一、院校荣誉教授钱煦院士应邀访问我院，在《协和大师讲堂》做了题为" 微细 RNA 对血管力学讯息传导之影响" 的学术报告，报告非常精彩，学术交流热烈，师生受益匪浅。

2. 微循环所派出 8 人参加在苏州举行的 2014 年中国微循环学会全国学术大会，向大会提交论文文摘 6 篇，修瑞娟所长为大会题词。

3. 微循环所派出 2 人参加在长沙举行的" 2014 中国微循环学会神经变性病专业委员会学术大会"，修瑞娟所长应邀为大会题词。

4. 参加了 2014 年 11 月在北京举办的中国微循环学会常务理事会。微循环所 16 名科研成员中有 13 名为该学会会员，其中有一名为荣誉理事长，有 3 名为常务理事、有 1 名为理事。

5. 2014 年微循环所仉红刚教授、李爱玲副教授被国内微循环领域专业杂志《微循环学》聘为编委会委员，仉红刚教授同时被聘为编委会微循环学组组长。

6. 2014 年，本研究所在院校主办的重要学术交流平台“协和学术沙龙”上，有三人次分别在“心血管疾病挑战与策略”“肿瘤免疫与微环境”“细胞囊泡”专题中，报告了本所的研究成果。

六、支部工作

（一）在院校党委和基础所党委的直接领导下，新一届支部委员会工作取得了新进展

抓好政治理论学习，努力提高党员队伍素质、推动组织建设。

1. 集中统一学习了系列性党的重要会议文件精神和习总书记重要讲话。

2. 举行“爱国爱家、反腐倡廉”学习讨论会。

3. 进一步学习和贯彻“八项规定”。

4. 开展“读讲一本书”活动。

（二）严格把关，认真做好党员发展工作

在组织发展过程中，本支部做到了严格发展程序，认真培养，定期考核。在发展党员工作中始终坚持“坚持标准，保证质量的方针，成熟一个发展一个”。

（韩建群 编 修瑞娟 审）

联系电话：（010）65126407

血液病医院
（血液学研究所）

（天津市和平区南京路288号，300020）

中国医学科学院北京协和医学院血液病医院（血液学研究所）（以下简称“院所”）是我国最大的集医疗、科研、教学、产业于一体的国家级科研型血液病专业医疗机构；国家干细胞工程技术研究中心和中国医学科学院干细胞医学中心的依托单位；内科学（血液病）、药物药理学、细胞分子生物学的全国重点学科点；国家药物临床试验机构；世界血友病联盟国家成员单位（中国）的执行部门；卫生部国家核事故医学应急中心临床一部；国家血友病病例信息管理中心的依托单位。

2014年，在中国医学科学院北京协和医学院的领导下，院所深入贯彻落实党的十八大、十八届三中、四中全会和党的群众路线教育实践活动精神，坚持以人为本、患者至上的服务宗旨，开阔思路，创新模式，在年初制订的工作计划和重点工作的基础上，医疗、科研、教学、产业、管理等工作协调发展，经济效益和社会效益取得长足进步，更好地满足了所院自身发展需求和社会需求。

一、医疗工作

1. 2014年院所以国家卫计委医院评价及天津市卫计委三级医院评审整改为工作重心，着力加强医疗质量与安全管理体系建设，精细化管理水平得到大幅提高；医院运营各项绩效指标持续提升，服务社会与患者的能力继续增强，连续五年获得全国医院声誉排行榜血液学最佳专科第一名。获得2014年度中国医院科技影响力排行榜血液病学第一名。

2. 院所年度首次医疗质量与安全管理委员会会议通过了《医疗质量与安全控制体系建设提案》，提案涉及医疗质量与安全管理制度建设、指标体系建设、各机构职责建设和安全系统建设等。

3. 院所邀请301医院品管圈办公室主任高岩为全体职工做“品管圈，让我们成为合作伙伴”主题讲座，拉开了院所加强医疗质量与安全管理体系建设专项活动的序幕。院所共组成涵盖医疗、科研、管理的24个品管圈，利用各类管理工具，找出质量缺陷，提出解决实际工作问题的方法，强化工作质量意识，优化工作流程，取得了良好的成效。

4. 院所成功研发出血液肿瘤基因突变筛查项目，血液肿瘤病理诊断工作取得突破性进展，并不断扩大对外技术服务平台及范围，现已遍布华北、江浙、西北，以及新疆和宁夏等地区。

5. 院所病理中心主任汝昆教授协助中国抗癌协会血液肿瘤专业委员会成立血液病理工作组并担任组长，这是国内第一个涵盖了血液、病理、检验三大学科的专业学术机构，弥补了国内的空白，为今后学术活动的开展构建了广阔的平台，将对我国血液病理的学科发展产生极大的推动作用。血液病理精细诊断技术成为院所在国内的又一个学术品牌。

6. 扎实推进信息化建设，积极参与准备国家卫计委主持的全国人口健康信息平台建设，国家级信息平台及绿色节能环保医院平台建设。以电子病历为核心的数据集成平台建设顺利进行，完成骨干网络升级、核心设备更换。

7. 负责制订了中华医学会血液学分会血栓与止血学组中国获得性血友病诊断与治疗专家共识，并已经在中华血液学杂志上正式发表。

二、科研工作

1. 韩忠朝教授获得国家科学技术进步一等奖（第二单位）1项。

2. 院所发挥基础研究与临床研究联动机制作用，人才队伍密切合作，团结国内、国际多家单位同行，牵头白血病抑癌基因研究取得重要进展，并在著名学术期刊《Nature Genetics》（《自然遗传》SCI-IF：35.209）发表了一项由院所牵头、多家单位合作完成的白血病抑癌基因研究新成果，受到国内外媒体的广泛关注。该项成果是在国家自然科学基金委、科技部、中科院以及天津市科委多个重点基金资助下，依托实验血液学国家重点实验室的研究与交流平台，整合了院所、华中科技大学同济医院和第二军医大学长海医院等多中心的临床资源，也充分运用了中国科学院北京基因组研究所高通量测序手段和美国辛辛那提儿童医院的实验动物模型，是一个成功的转化医学合作研究范例。

3. 在院所资源与平台支撑下，科研项目申请取得丰硕成果。全年申请科研项目38项，包括973子课题2项，经费996万。2014年国家自然科学基金28项，科研经费2768万元，其中包括是由程涛教授领衔申请并中标的“创新研究群体科学基金”，单项经费总额达1200万。重点项目1项，面上项目13项，青年基金11项，海外及港澳学者合作研究基金1项，应急管理项目1项。其他课题8项。通过积极组织研究内容相近项目分流，组织评审专家做全院所讲座，多次召开宣讲会，动员广大科研人员积极申报，严格把关，多方论证，课题项目组织申请成为院所亮点。

4. SCI收录文章数量质量显著提高。截至目前受理外投中文稿件85篇，已发表文章98篇，其中SCI收录文章56篇，影响因子大于5的有8篇。

5. 组织全国10家医院的儿童血液专业进行“先天性骨髓衰竭性疾病”合作研究，以进一步提高对该类疾病的诊断与鉴别诊断，指导临床治疗

6. 继续与日本、韩国合作进行儿童ATG治疗的随机对照研究。

7. 在现有条件下积极调整空间布局扩大科研空间，增加实验室面积350多平方米，扩建动物室，引进基因小鼠品系已达到70多种，为重点实验室评审做准备。

三、教育教学

1. 承担北京协和医学院干细胞与再生医学系的建设和教学工作，增设《干细胞生物学》与《细胞治疗学》两门课程。

2. 成功举办第四届优秀大学生暑期社会实践活动，在国内30所大学的200多名学生中择优录取24名。

3. 组织了优秀毕业生评选，2人被评为“北京市优秀毕业生”，4人被评为“北京协和医学院优秀毕业生”；组织了优秀博士毕业论文评选，1人获优博论文，1人获优博论文提名；1人获得“2014年北京协和医学院优秀教师”。

4. 在天津召开北京协和医学院干细胞与再生医学系建系暨教学研讨会，来自国内外的26名干细胞领域专家参会，对学系的架构、师资、招生、课程设置等方面深入讨论并形成初步意见，对学系的未来建设有实质性的意义。干细胞与再生医学学系新设置《干细胞生物学》与《细胞治疗学》两门研究生课程，聘请了中科院、军事医学科学院及医科院兄弟院所的专家进行授课，加强了

科研前沿的授课内容，保证教学质量得到提升。

四、学术交流及会议

1. 第四届天津国际干细胞论坛的成功召开，此次论坛吸引了脐带血移植创始人、美国印第安纳大学医学院 Hal Broxmeyer 教授和干细胞治疗先驱、哈佛大学 David Scadden 教授、美国血液学会主席 Paul Frenette 博士及国际实验血液学会现任主席、多位前任主席到会讲座，是国内首次举办的造血干细胞生物学研究盛会，同时也展示了院所在该领域取得的具有国际水平的亮点工作。

2. 开办血研所大讲堂，邀请国际专业领域知名学者进行专题讲座及高端学术交流，启发思维。2014 年邀请到美国国家心脏、肺和血液学研究所（NHLBI）Neal S Young 教授，美国纽约血液中心副总裁，纽约血液中心 Lindsley F Kimball 研究所所长，红细胞生理研究室主任 Mohandas Narla 教授，加拿大 British Columbia 癌症中心 Terry Fox 实验室主任 Richard Keith Humphries 教授等世界级专家来院所进行学术交流和参观访问。

3. 突出国家队医疗学术平台，加强继续教育交流，强化血液专科技术优势。2014 年获批国家级Ⅰ类继续医学教育项目 7 项，累计培训学员 1000 余人，培训取得良好效果；包括第六届血液学论坛及造血干细胞移植新进展研讨会、第三届血液病理诊断高峰论坛、第四届国际淋巴瘤肿瘤论坛暨第七届全国淋巴肿瘤诊治进展研讨会、第二届《中华血液学杂志》论坛、第四届天津国际干细胞论坛等大型会议，以及 MDS 中心举办的二次“MDS/MPN 短期学习班”，病理中心推出的系列血液病理诊断高级学习班，为国内血液学界、病理学界搭建了一个互相沟通、互相学习的平台，吸引了来自全国各省市百余名从事血液、肿瘤、病理和检验专业的人员参加，并获得了一致认可和好评。

4. 2014 年出版《血液病诊疗规范》、组织卫计委细菌耐药监测网在院所举办的“以耐药监测促进抗菌药物合理应用和科学管理”的培训班、代表天津市首次举办“造血干细胞移植护理新进展国家级继续教育培训班”和“静脉治疗护理技术规范—PICC 国家级继续教育培训班”交流活动。

5. 主持举办了第九届世界血友病联盟中国血友病研讨会。

五、人才队伍建设

1. 2014 年，院所专家韩忠朝教授当选法国国家技术科学院院士。

2. 程涛教授领衔组成的“造血干细胞调控与再生机制研究”的科技团队，获得国家自然基金“创新研究群体”的称号。

3. 历时一年多起草的绩效考核分配方案在不同岗位、不同人员层次中充分讨论、修改，并最终在职工代表大会上获得通过，目前绩效考核分配方案进入模拟试运行阶段。新的绩效考核分配方案的最终实施，奠定了多劳多得、优劳优得的分配制度改革基础，必将进一步调动广大职工的工作热情，促进吸引更多人才，推动所院科研、医疗、管理事业的持续发展。

4. 院所继续加强人才队伍建设，实行灵活的人才引进策略，丰富完善人才培养、研究生招生工作。以不同的形式引进 6 名科研领域高端人才，其中解向群、罗鸿博教授被聘为协和学者讲座教授，入选天津市千人计划；伊马秀夫教授被聘为北京协和医学院博士研究生导师，通过天津市“外专千人”答辩；石莉红教授被聘为协和学者特聘教授，入选天津市青年科技优秀人才；选拔了 9 名科研、医疗骨干人员出国培训、交流。

5. 在充分研究的基础上，建立实行行政管理人员轮岗培训制度。

6. 在连续成功举办优秀大学生暑期社会实践活动的基础上，研究生招生工作质量显著提高。2015 届研究生推免工作首次一次性招满28名推免生，在协和系统名列前茅。其中推免直博生6名，推免硕博连读生11名，推免硕士生11名。本年度报名人数近60名，较往年明显增加，取得推免名额全部招满的佳绩；院所举办的优秀大学生暑期实践活动从无到有、到报名择优录取，2014年共有来自全国近30所大学的200多名学生报名参加暑期实践活动，最终择优录取24名，在报名数量和录取质量上都为历年最高最优，并且其中有6名同学录取为2015届推免生。

六、党风廉政建设和医德医风工作

1. 2014年继续贯彻落实党的群众路线教育实践活动取得的成果，按时限落实整改措施，建立完成制度建设计划。班子成员带头加强顶层设计，充分发挥群众的聪明才干，调动大家的积极性，制订、学习、宣传所院的各项规章制度。

2. 加强党风廉政建设和行风建设，广大党员领导干部认真学习习近平总书记系列讲话，落实党委主体责任和纪委监督责任。以落实中央八项规定为抓手，在公务接待、举办会议、公车使用、领导干部兼职、科研经费管理等方面进行了清理、审计和规范，“三公经费”支出15.11万元，较去年同期下降55%。组织召开了院所党风廉政建设和行风建设工作会议，明确了党委的主体责任和纪委的监督责任，全文学习了“九不准”，通报了全国卫生系统的典型案例，进行了警示教育。层层签署了党风廉政建设和行风建设责任书，认真贯彻执行医疗行业“九不准”要求，不断提高服务质量和服务能力。

3. 2014年院所秘营昌、张慧敏分别荣获天津市人民满意的好医生、好护士称号。采取问卷调查患者对护理工作综合满意度：护理部调查94.09 %，住院患者健康教育知晓率97.58%，科室调查患者对护理工作综合满意度97.17%，评选出“最满意护士”147人次。

4. 建立健全院所中层领导干部报告个人有关事项工作制度。党委严格执行国家卫生计生委和院校的有关文件要求，将副处级及以上的行政职能部门负责人全部纳入需报告的人员范围。本年度共完成12名中层领导干部个人有关事项报告和电子信息的录入工作。建立“专人专柜专机”工作机制，进一步加强了领导干部个人有关事项保密工作。

5. 对下属独立法人单位科技公司、病理中心对外检测、杂志社和有经济往来的科室如病案室（复印住院病历）、综合服务中心（复印门诊病历、邮寄化验单）、便利店、营养食堂、保卫处（雇佣保安、购买消防器材）、行政基建处、科教处等关键岗位、重点环节进行了监督检查。加强院所中层领导干部选拔、基建工程招投标、设备试剂采购合同谈判、人事招聘的监督工作，实行经济合同与廉洁购销合同双签制度，进一步规范了院所社会捐赠管理办法。

七、文化建设

1. 以职代会民主政治建设、职工业务素质能力建设、院所文化建设为重点，组织召开了职工代表大会2次，对院所重大事项进行审议和表决；参加医科院评选优秀护理护士2人、优秀护理管理者1人、优秀护理教师1人。组织护士参加天津市卫生局与教育工委举办的“天津市第三届护士护理技术基本功竞赛”，护士刘洁获得二等奖、吴桂彬获得三等奖。

2. 突出重视文化建设对凝聚人心、发展事业的作用，积极改善丰富职工、学生的生活，积极发挥工会组织协调和桥梁纽带作用。新建室外篮球场、室内健身房、乒乓球馆，圆满举办了第一届职工运动会，全民健身意识不断增强。同时，活跃职工文化生活，开展关心职工送温暖慰问活动。

3. 党委支持统战工作，活动经费纳入

日常预算管理；积极鼓励民主党派参政议政，建言献策；积极收集民主党派的意见建议，倾听不同的声音；坚持重大事项向民主党派通报制度。本年度，南开区政协常委、农工民主党血研所支部党员、移植中心2病区主任冯四洲同志作为天津市第三批党外专家挂职服务活动，到南开区卫生局担任局长助理职务1年。

4. 共青团积极发挥引领作用，以思想教育为工作重心，展开“春雨”行动，无形的教育融入党建带团建、创建青年文明号、志愿服务、英语演讲比赛、新职工职业畅想等活动中，寓教于乐，寓教于学，学教相长。

八、空间发展和基建后勤

2014年3月20日，院所与静海县、滨海团泊新区（天津）控股有限公司正式签署天津市健康产业园区血液病医院投资建设及运营管理合作协议，新院区建设迈出了关键的、实质性的一步。这既是相关各方合作共赢的结果，也是院校落实卫计委与天津市人民政府《共建中国医学科学院天津分院合作协议》，落实天津市科学技术委员会、静海县人民政府与中国医学科学院《关于合作建设中国医学科学院创新园区暨天津分院的项目协议书》的关键第一步，解决了院所医疗、科研、教育、产业发展的瓶颈问题，为所院的未来发展，奠定了坚实的空间基础。时任天津市委书记孙春兰、市长黄兴国对合作建设血液病医院新院区项目做了重要批示，并对协议的签署给予高度评价。

5月4日，国家卫计委李斌主任一行到院所调研，院所党委书记常子奎就院所规划及新院区项目进展情况做专题汇报，并获得李斌主任的高度肯定。目前，新院区建设已列入天津市重点项目，预计2015年开工建设。

（徐龙彪 编 姜艳玲 审）

联系电话：（022）23909047

放射医学研究所

（天津市南开区白堤路238号，300192）

2015年在医科院和天津市委教育工委的正确的领导下，研究所领导班子带领研究所职工认真学习宣传党的十八届各中全会精神，围绕“三严三实”教育实践活动，求真务实，真抓实干，开拓创新，全面提高研究所产教研管各方面工作水平，为研究所“十二五”发展规划的实施画上了圆满的句点。现将研究所2015年度工作年鉴汇报如下。

一、“三严三实”教育实践活动的顺利开展

2015年6月4日组织召开了三严三实教育实践活动动员会，启动了研究所三严三实教育实践活动，组织了一系列党课学习、参观实践、专题培训等工作。研究所党委书记张剑虹同志5月至6月深入基层开展“一对一”谈话征求关于“不严不实”的问题，谈话人数达到45人，平均每人谈话时长超过半小时。梳理出25个问题，涉及科研、教学、人才引进、产业开发等方面，目前完成　个。

二、强化党组织建设和党员干部队伍建设

1. 加强制度建设和落实，夯实工作基础。2015年重新梳理了研究所制度，更新了《放射所制度手册》，并将电子版张贴内网。各职能部门全年新建和修订制度共21个。通过对研究所制度的梳理和宣贯，提高了管理效率，提升了制度化水平，取得了明显成效。

2. 重视干部培养教育工作

（1）完成了处级领导干部个人事项报告工作和公司兼职清理工作。

（2）组织研究所中心组学习共8次，党员领导干部分别以领导讲党课、各种主题讲座、参观、观看DVD视频等多种方式开展，学习了习总书记系列重要讲话、中纪委相关文件、三严三实教育实践活动相关材料，组织参观了北京党风廉政教育基地，专题开展了班子成员民主生活会和中层干部民主生活会，以及组织了保密相关知识的学习等。

3. 组织发展工作有序进行。

全年发展党员2名，1名预备党员转正，5名同志列为发展对象。并按照《中国共产党发展党员工作细则》（中办发〔2014〕33号）文件要求，进一步规范了党员档案管理工作。

三、人才工作稳步推进

1. 人才引进、考核、培养稳步开展

2015年根据人才招聘的实际需求调整了人才招聘工作的时间安排，每年7月审批下年度招聘计划，9月即开展下一年度的人才招聘工作，由于招聘时间调整和招聘平台的拓宽，接收了更多优秀院校的优秀毕业生的简历，为研究所人才引进工作奠定了基础。

全年组织了招聘会7次，其中高层次人才招聘会1次，协助各处、室、中心引进人才共9名（其中2名办理手续中），其中“天津千人计划”1名，高职称人员3名，博士生5名，硕士生及以下4名。完成了1人的外国专家在华工作材料办理。同时完成了人事代理考核9人，出国人员培养评审2人。组织完成了2015年岗位设置上报工作。

2. 人事项目申报工作有序开展　2015年组织申报协和特聘教授1名、协和讲座教授1名、协和新星1名；申报并获得协和优秀教师称号1名，申报教师资格2人；申报并获得国家政府特殊津贴1人；申报天津市突出贡献专家1人；申报百千万人才1人；申报天津青年科技人才1人；申报专业技术资格5名，其中副高4名。

3. 完善人才队伍管理制度　2015年制定了《放射所人才引进、培养、关怀、激励工作方案》，从人才引进渠道的拓宽、多渠道和层次人才培养、更加细致周到的人才关怀、合理高效的人才激励机制四个方面对人才队伍建设提出了新的要求。修订了《放射所国内外进修学习管理办法》，规范了国内外进修学习的管理流程，并加大了资助力度，鼓励中青年人才积极外出学习。

四、营造良好文化氛围

1. 圆满完成庆祝建党94周年暨庆七一表彰大会，包括：拍摄了《“三严三实”——做合格的领导干部》微电影和庆祝建党94周年暨七一庆祝大会一系列会议议程。

2. 根据研究所机构调整，及时更新研究所内外网、OA、单位邮箱等功能，并定期维护会议视频系统，保证了与医科院的视频会议的顺利召开。

3. 积极开展评优推优宣传工作。2015年共组织所内外评优8项，包括研究所优秀党员、研究所科研之星、医科院文明单位、先进集体、优秀个人、和天津教育系统优秀工作者和先进党组织；医科院优秀教师和工作者评选工作。

4. 支教工作顺利开展。2015年6月对口支教学校——河北省承德市围场县腰站小学师生一行共8人来到研究所，组织了为期3天的丰富多彩的活动。组织师生乘坐了天津海河邮轮，参观了南开大学、北京天安门广场、鸟巢、水立方，并组织师生观看了北京天安门的升旗仪式，满足了孩子们对大学的憧憬，开阔了他们的眼界。同时组织4名贫困学生与研究所的四个职工家庭进行结对子活动，四个家庭纷纷慷慨解囊为贫困学生赠送文具、衣物等，并与孩子们度过了美好的一天。

5. 重视宣传工作。2015年完成了《研究所宣传册》的印制，并为科研人员统一配置了服装和胸卡。同时通过不定期卫生抽查和安装形象墙等方式，使所区整体的安全卫生得到了大幅改善，提升了研究所严谨求实的整体形象。

6. 鼓励对外交流。研究所定期召开学术沙龙，并为外出交流学习的团队给予了专项经费支持。

7. 关爱年轻职工，组织了“六一亲子活动”，为研究所年轻职工提供了互相学习借鉴，交流沟通的平台。

8. 组织了新职工入职培训，并发放了《新职工制度手册》，帮助新入所职工尽快掌握研究所规章制度，融入研究所这个大家庭。

9. 工会组建了游泳、羽毛球、摄影等兴趣小组；开展课间操活动；开辟并装修了职工健身房；组织了秋季运动会；开展“3·8”妇女节专题讲座；通过各种形式的活动，帮助职工强健体魄，陶冶情操，丰富业余生活。

五、完成了十三五规划编制工作

2015年初成立了国家任务、科研教学、产业开发、人才队伍建设十三五规划工作组，经过各工作组的专项调研、专题会议研讨、广泛征求意见，最终经过2次专题办公会研讨，完成了研究所十三五规划编制工作。

六、保密工作

更新了《研究所保密工作管理章程》、计算机台账和移动存储介质台账，并搬入了新调配的保密室，升级了保密检查工具等专业硬件。于7~9月开展了专项集中检查，并填写了相关纪录。于10月开展了保密知识宣传周活动，并在内网建立保密专栏，宣传普及保密知识。

七、确实保证职工的经济和政治权利

1. 职工收入得到大幅提高。科研奖励比例大幅提升。

2. 职工参与民主管理的权利得到进一步保障。2015年各职能部门根据部门内部工作调整情况更新了部门党政务公开目录，并将测试化验加工费加入了公开目录内，工会作为公开工作的监督部门，对公开及时性和有效性进行了检查，更好地保证了职工的知情权。2015年共征集提案25件，意见、建议30件。

八、确保研究所的安全和稳定

为广大党员群众营造一个平安、和谐、温馨的工作环境，2015年成立了安全管理委员会，包含消防、危化品、易制毒、辐射安全、生物安全、卫生六个分组，2015年加大了安全卫生检查的频率，除每季度进行安全卫生检查，并将结果公示内网外，还对重点部位进行了安全抽查和复查，另外，配合上级检查6次。对实验室和重点部位添置了必要的消防设施。全年组织了2次消防安全培训，即组织职工、学生进行现场消防灭火演练和火灾逃生演练。

九、党风廉政建设工作上水平

2015年年初，向全所职工发放纪委工作调查问卷，征求所务公开、三重一大、干部任免和民主管理等方面的意见及建议，根据问卷结果分析，制定了2015年干部党员学习材料，并由纪委编印了《放射所党支部学习手册（2015年）》。纪委履行监督、办案、问责中心任务，集中精力履行监督职责，主动监督招投标工作，切实突出主业责任，切实落实“三转”要求，做到不越位、不缺位、不错位。

组织全体干部党员专题学习了《中国共产党党员领导干部廉洁从政若干准则》等上级的文件精神，并组织参观了“预防职务犯罪警示教育基地”利用各种机会，采取多种形式教育引导职工自觉遵守廉洁自律规定。纪委书记与中层干部进行谈话（22人次），并为每一位中层以上领导换上新的警示牌，传递中央新精神，提高反腐意识。举行廉政教育宣传月。筹划《尽心尽职尽力，唯德唯廉唯实》展板，把党新精神、党的纪律、新的名词及科研案例等内容用文字和漫画的形式展现给大家，以各个党支部为单位进行了参观学习。

十、工会、离退休和共青团工作

1. 工会2015年度仍将民主管理作为重点工作，召开职代会例会1次；召开专题职工代表大会1次。坚持在涉及职工的切身利益的重大事项决策（如调整职工福利、所科研绩效奖励）之前，先听取职工的意见，再修改调整，所有与职工利益有关的内容都放在所内网上公示。2015年组织了3次专题培训，分别是医师专业（技术）培训、职工代表培训和专题知识培训（参观田湾核电站）。并组织科室及职能部门职工进行技能竞赛活动，提升业务水平，同时为了丰富职工业余生活，开展了多个兴趣小组活动。组织“关爱专家服务人才”专题活动2次，为专家进行科研工作相关制度宣贯工作。2015年共慰问生病职工3人次；慰问职工病故亲属4人。

2. 离退休工作水平得到进一步提升。在制度制订和实施方面，全年共制订、修订制度2个，使离退休工作的开展更加规范、全面、科学。2015年离退休一党支部周嘉利同志获得2015年国家卫生计生委直属机关离退休干部先进个人荣誉称号，所在的离退休支部获得2015年国家卫生计生委直属机关离退休干部先进集体的荣誉称号。全年看望生病离退休职工46人次，慰问去世职工家属20人次。

3. 团委积极组织青年职工和研究生开展活动。组织团员参观平津战役纪念馆，进行爱国主义教育。成立三个团支部，选举团支部委员。邀请离退休支部老党员与研究所青年开展纪念抗日战争胜利70周年座谈会，组织青年党、团员参观中国人民抗日战争纪念馆和盘山烈士陵园，学习抗日战争史，接受爱国主义教育。

（放射医学研究所 编）

联系电话：（022）85683034

生物医学工程研究所

（天津市南开区白堤路236号，300192）

2014年党政领导班子紧紧围绕“十二五”发展规划，以科技创新促发展为核心，建章立制规范管理，突出科研重点，推进成果转化，积极开展创新体系建设，带领全所职工完成了各项工作任务，现将本年度主要工作完成情况总结如下：

一、凝练科研发展方向，加强科研创新团队建设

近年来，工程所生物医学材料和医学电子两大研究领域不同学科之间的交叉合作不断加强，促进了科研发展方向的凝练和科研创新团队建设。

生物医学材料研究中心的5个实验室，根据多年的研究工作基础，围绕加强团队科研创新能力建设，多次组织学术讨论，凝练有共性的研究方向和有研究价值的关键科学问题。经过文献调研和讨论，确定选择免疫生物材料及疫苗递送系统、新型光敏药物作为今后的重点研究方向。

在跨学科合作开展研究的基础上，医学物理与医学测量实验室和生物材料与药物控释实验室一起与英国卡迪夫大学共同申报国际全球创新计划项目“Develop a novel vaccination method combining electric stimulation and PLGA micro-needles ”获批。依托该项目，工程所的医学物理与医学测量实验室、生物材料与药物控释实验室、心血管生物材料实验室和基因工程实验室的相关科研人员组成一个科研创新团队，开展“电场对免疫疫苗效能影响及聚合物纳米粒疫苗递送体系构建研究”。该团队2014年申报获批协和科研创新团队。

激光医学实验室和分子设计与纳米技术实验室在光动力治疗研究方面开展合作，形成国内最具优势的光动力治疗科研团队，申报2014年天津市人才发展特殊支持计划高层次创新创业团队项目获批。

二、积极申报和承担科研项目，推动科研事业发展

2014年共组织申请各级科研基金项目80余项，获批38项，获批科研经费近900万元。2014年度实际到账科研项目经费1100多万元。

2014年度共承担各类纵向科研项目78项。承担国家科技计划重点项目和国家重大专项共8项；承担国家自然科学基金项目28项，其中重点项目5项；承担省部级科研项目23项；承担北京协和医学院各类基金项目22项。

张其清研究员课题组完成的“胶原基功能型引导组织再生修复材料的研制与应用”课题获得2014年度教育部高等学校技术发明奖二等奖；张其清研究员课题组完成的“功能性生物医学材料的可控自组装机制及其构效关系”研究项目荣获2014年度天津市南开区科学技术进步奖二等奖。

2014年共发表期刊论文60余篇，其中：SCI论文30余篇。全年共申请专利41项，其中发明专利33项、实用新型专利8项；获得授权专利21项，其中发明专利7项，实用新型专利14项。

三、加强研究生招生工作，努力做好研究生培养

2014年共有博士生导师11人，硕士生导师12人。2014年度共招收硕士生18人，博士生8人。共有在所培养研究生81人，其中硕士54名，博士24名。2014年毕业研究生24人其中9人获博士学位、15人获硕士学位。

在研究生院的领导下多措并举加大招生宣传力度，努力扩大招生范围和提高生源质量，取得显著成效，2014年共招录8名推免生，推免生数量较往年大幅增长。

2014年给研究生组织开设了《生物医学工程进展》课程，该课程的开设使学生能及时了解生物医学工程专业相关基础知识和领域的发展前沿；申请工程硕士"增列专业学位授权点"获批，同时获得招收生物医学工程专业硕士研究生资格。这些工作的开展既促进了学科建设，也为院校生物医学工程学系建设和研究生培养工作做出了贡献。

四、加强学术交流与合作，促进单位学术水平提高

成功举办2014年"免疫生物材料"国际研讨会、"中国-丹麦骨、关节再生修复与临床诊治高端研讨会"和首届"中国生物医学工程3+1论坛"，邀请国内外专家学者来所作学术报告20多场。2014年度共有10余位科研人员出国赴台湾和国外参加国际学术研讨会。国内外学术交流活动的开展，不仅促进了与国内外科研合作的开展，也促进了本单位学术水平的提高。

五、加强科技创新平台建设，促进产学研合作和成果转化

2014年4月，天津市科委批准依托生物医学工程所组建的天津市医学诊疗技术工程中心正式成立，并成功召开了第一届理事会、管理委员会和技术委员会全体会议。基于天津市医学电子诊疗技术工程中心的建成，与天津工业大学建立产学研全面合作关系，并与清华大学达成合作共建成果转化基地的意向。

六、加强制度建设，规范行政管理

为促进工程所行政管理向科学化、制度化、规范化方向转变，党政班子十分重视管理制度建设及落实。本年度新制定和修订19项制度，包括《生物医学工程研究所所务公开实施细则》《工程所财务规章制度汇编》《人才招聘与人才引进的管理办法》《工程所关于职工退休问题的管理办法》《纵向科研项目经费管理办法》《横向课题管理和科技成果转化暂行办法》《公用房屋空间管理暂行办法》《重大科研项目的经费预算管理办法》《纵向课题间接经费管理办法》《间接经费绩效支出发放实施细则》等。随着各项管理制度的不断完善，即能保障各项工作顺利进行，又能促进开源节流。2014年各项行政事业经费支出均未超预算，"三公"经费比去年大幅下降。

七、努力改善科研环境，为可持续发展创造条件

按时完成了2015年度中央级科学事业单位修缮购置项目申报工作和中央级普通高校修购专项资金项目申报工作，落实和完成了2014年度各项修缮购置项目专项资金978万元，完成了教学和科研楼实验室维修改造等工程，改善了科研教学及办公环境。完成了教学楼、学生宿舍、食堂、消防安防安装工程设计和新型成像方法与新型诊疗技术研究平台设备购置招标，为下一年修购工作打下了基础。所有这些工作为单位的可持续发展奠定了基础。

（段炳柱 编 李迎新 审）

联系电话：（022）87890153

皮肤病研究所
（皮肤病医院）

（江苏省南京市蒋王庙街12号，210042）

2014年，中国医学科学院皮肤病医院（研究所）开放床位60张，在职职工388人，副高级以上职称75人，拥有执业医生107人，注册护士90人，博士和硕士生导师各15人和26人，享受国务院政府特贴16人（在职2人，离退休14人）。2014年，医院工作量继续保持平稳增长，门诊完成1 002 634人次。2014年，院所紧紧围绕“十二五”发展规划及2014年工作要点，继续坚持“以人为本”的服务理念，带领全体职工深入学习十八大和三中全会精神，践行党的群众路线，以实际行动落实党中央全面深化改革的总部署，医、教、研、防、管各项工作全面发展。

一、厉行节约，坚持公益办院庆

2014年5月15日是皮肤病研究所成立60周年纪念日。为回顾历史、加快发展，院所积极响应中央号召，厉行节约，不办豪华庆典，不收礼品礼金，代之以组织皮肤病性病学术会议、大型义诊、系列文体活动等提升专业素养、回馈社会，凝练院所文化，加强职工凝聚力。5月15日~17日，举办“第七届全国皮肤病与性病防治学术研讨会”，全国30个省、直辖市、自治区的408名代表参加本次会议，征集论文120余篇。会议特邀WHO、英美等国内外40余名皮肤病与性病领域专家做学术报告，大会报告16个，专题会场12个，专题报告56个。开幕式上，举行了北京协和医学院“叶干运基金”启动仪式，并由院所职工为全体来宾献上一台自编自演的文艺演出。5月17日~18日，院所与中国医师协会皮肤科分会共同举办中国医师协会皮肤科分会春季论坛，邀请10多位国内外知名专家做专题学术报告，200多位全国同仁参会。5月14日下午，院所组织45名医生开展“践行公益、服务百姓”全院皮肤病大型义诊。前期制定制订义诊活动方案，协调具体义诊流程，招募近20名志愿者分布于门诊各楼层引导患者。全院医务人员以高度责任感和爱心、耐心对待每一位前来义诊的患者，为群众提供诊疗意见，宣传皮肤保健基础知识和简便易行的保健方法。共为1000多名患者进行义诊，发放宣传教育处方2000余份。本次义诊活动也受到江苏电视台、南京电视台和扬子晚报等媒体的采访和报道，深受百姓欢迎。编撰院所2009~2013年年鉴和成立六十周年纪念画册，进行“我与院所”主题征文并集结成册，招标专业公司设计院所徽，编辑《所院报》院所庆特刊，拍摄全体职工全家福大合影，分别召开离退休老同志座谈会和“我与院所共发展”青年演讲赛，集中整治院内环境和科室内务，开展“迎青奥 贺院庆 健康伴我行”系列健身活动，在院内以宣传栏、网页、电子显示屏等形式开展60周年院内宣传，营造节日气氛。全体职工通过广泛参与群众性活动，以简朴、隆重的形式来庆祝院所六十华诞，增强荣誉感、归属感和使命感。院庆期间，联系《健康报》《科技日报》等报纸和江苏电视台等进行院所义诊、学术活动系列报道，扩大所院影响。

二、完善医疗管理，强化医政管理

按照持续改进理念，根据日常医疗工作中发现的问题，及时制订或修改相关医疗规章制度，加强医疗安全管理。制定了特殊使用级抗菌药物临床应用管理制度、住院医师规范化培训管理办法，编制了临床科室备用药申请表、特殊手术审批单、患者住院诊疗授权委托书、特殊药物治疗知情同意书，修订了手术治疗知情同意书等一系列内部管理制度。根据医政管理相应法律法规，完成新入职医生的医师执业注册、外聘专家多点执业、江苏省二类医疗技术和医疗美容主诊医师资格申报、医师处方授权等工作，安排14名住院医师至综合性医院接受规范化培训，成立医师定期考核委员会，保证医疗工作合法、有序开展。

三、狠抓医疗质量与安全

完善病历检查和病历管理制度，定期抽查病案质量并及时反馈。开展6个住院病种临床路径管理并按时完成网络直报，入组率和完成率均达到国家要求。严格执行抗菌药分级管理制度，加强糖皮质激素类药物和抗菌药物使用和培训力度；对各类药物使用情况、抗菌药物使用率、不合格处方及其不合格原因等项目进行统计与分析，定期进行处方点评、公开展示及抗菌药物专项点评；临时用药审批、药品不良反应监测与管理等工作。完成院内感染监测和卫生学监测工作，开展供应室和手术室专项管理，普及感染管理基本知识。定期编写《医疗安全提示》，组织医患沟通技巧、门诊应急技能等专题培训，提高医务人员的沟通与应急能力和自我保护意识，多渠道防范医疗纠纷。

四、提高护理服务品质

结合职称、岗级，加快护理人才队伍建设，明确培训层次，完善各级能力评价标准。围绕“以病人为中心”，运用科学管理工具细化护理质量和考核标准，规范护理操作，抓好护理全程质量管理；加强基础护理，开辟危重症患者护理绿色通道；培养主动服务意识，注重护患沟通，改善服务态度，规范护理人员言行，建立护理质量定期检查考核制，持续提升护理服务质量，为患者提供优质的整体护理。

五、科教兴所，提升综合实力

组织申报各类基金近80余项，中标33项，其中国家自然基金7项，卫生部公益行业基金1项，国家外专局基金1项，江苏省自然科学基金1项，院校协和青年9项以及美国米尔斯汀亚美医学基金会基金等横向课题6项，总经费1100余万元。发表学术论文176篇，其中SIC期刊收录论文31篇。修订<皮肤病与性病学研究生培养方案>细则，严格执行临床型硕士研究生内科以及皮肤科轮转学习和出科考核，对教学过程进行督导、考核，提高教学质量。完成75名在校研究生日常管理、2014级25名研究生招生录取和2014届17名研究生毕业工作。组织学术讲座等教学活动28次。获北京协和医学院研究生创新基金2项、小规模特色办学经费支助研究生教改项目2项、青年教师培育项目1项。全年接收131名进修医师和3名指令性重点扶持地区皮肤科医生的进修培训任务，完成国家级继续医学教育项目6项，培训人数719人。院所选派30余人次专家、青年骨干赴美、英等国参加国际学术会议，接受专业培训；邀请国内外专家来所学术交流8人次，为开拓科研人员学术视野、促进研究水平提高创造条件。

六、全面协调，完成防治任务

性病控制中心工作：围绕《中国预防与控制梅毒规划》抓督导评估、抓能力建设、抓机制模式。通过对5个省（市、区）的梅毒控制规划中期评估预调研，收集分析中期评估试点数据，修改完善该规划实施方案。进一步加强性病哨点门诊监测和数据质量现场核查；继续开展性病实验室室间质控、淋球菌耐药监测质控与淋球菌临床分离株的耐药监测工作；开展性病干预工作模式的探索与实践，总结提炼最佳实践经验并进行模式推广；举办4期培训班，为全国培训220余名性病防治师资力量。麻风病控制中心工作：努力落实《全国消除麻风病危害规划（2011~2020年）》的措施和工作目标，促进麻风病例的早期发现和治疗，提高各级麻防机构防治水平。完成了麻风防治现场调研及技术指导、科普宣传及世界防治麻风病日现场活动、药品管理、疫情监测、麻风复发及耐药的现场监测、高流行区接触者预防服药试点项目和防治培训等工作。

七、转变纪检职能，发挥预防监督作用

根据医科党纪发〔2014〕36号文件要求，积极做好纪检部门三转（转职能、转作风、转方法）工作，强化责任追究和查案工作，完成《权利明晰表》的责任分工及上报工作。3月，中层以上科室负责人签订党风廉政建设责任书；6月与供药厂商签订购销廉洁协议，约谈相关厂家。开展贯彻执行中央八项规定严肃财经纪律和“小金库”专项治理自查自纠，配合卫计委严肃财经纪律和“小金库”专项治理检查组对院所进行现场检查工作。纪检监察审计部门全程参与基建、设备采购等相关的招标、谈价、谈判、考察等工作，完成所院各类经济合同的会签82项。

八、制度先行，考核驱动

相继制订、完善了院所差旅费管理暂行办法及补充规定、院所公派出国人员管理办法等制度、院所住院医师规范化培训管理办法、特殊使用级抗菌药物临床应用管理等制度，厉行节约，规范住院医师培训，加强医疗质量监管。严格执行财经法律、法规和费用报销审批制度规定，建立健全各项财务管理制度，加强预算管理，按月通报项目执行进度。严格执行江苏省医疗服务价格，规范医院的各种收费行为，合理合法组织医院收入。强化审计监督职能，积极开展内部审计。根据前期绩效管理实施情况和职工意见，进一步完善考核体系，优化考核项目，量化考核指标，面向患者开展满意度抽样调查，及时总结反馈并纳入绩效考核，发挥考核评价的导向作用，促进院所良性发展。

九、加快信息化建设，提升服务效率

加快院所信息化建设，稳步推进“基于电子病历的医院信息化建设”项目。门诊电子病历系统完成切换，实现LIS系统和部分PACS系统各类化验、检查报告的回传功能。完成新门诊大楼启用网络建设设备前期准备、增加无线线路的方案评估和线路预埋；启动“银医通项目”和HIS升级改造前期准备工作。信息化程度的提高，可提高医护人员工作效率，保证医嘱执行准确度。

十、推进基础建设，改善硬件条件

为提升院所综合能力，缓解院所发展的空间限制，大力推进院所基础建设。截至目前，新门诊综合楼主体结构、二次结构、防水保温和外立面施工已完成；管道、电梯、空调等设备已基本安装完成；太阳能、配电房设备年底前安装完成；装修工程的轻钢龙骨隔墙已全部完成；吊顶龙骨完成90%，已进入吊顶封板和地坪施工阶段；室外管网配套工程招标工作已结束，年前完成合同签订后施工进场。利用教育修购专项经费，完成研究生教室装修改造并交付使用；研究生宿舍、院所食堂装修改造已完成设计招标、食堂设备招标和施工队伍，进入施工阶段。完成篮球场平房（经鉴定为危房）搬迁、拆除工作，经院所长办公会议决定新建钢结构简易房，用于食堂装修、门诊综合楼装修过渡，现已完成相关建设手续和施工队伍招标，进入施工阶段。在保证完成各项基建工作的同时，针对基建管理岗位性质，定期组织廉政学习，强化相关工作人员廉政意识。

十一、发挥自身优势，积极投身公益

作为国家级皮肤病专科医院，充分发挥“国家队”的作用，利用院所皮肤病防治专

业技术力量积极开展公益活动，勇于承担社会责任。精心制作常见皮肤病宣传海报和健康教育处方，定期开展常见皮肤病健康知识讲座，普及防治知识和简便易行的保健方法。组织共产党员、民主党派专家成立义诊医疗队分别在院内、南京山西路广场、江苏淮安和江西景德镇等地开展义诊和性病、麻风病防控技术指导，直接为群众服务2000余人次，发放健康教育处方3500多份。继续举办世界艾滋病日宣传公益活动，号召更多的人行动起来，向“零”艾滋迈进。通过系列的公益活动的开展，有效提升院所的社会影响力和美誉度。

（李律忠 编 顾 恒 审）

联系电话：（025）85478078

输血研究所

（四川成都市东三环路二段华彩路 26 号，610052）

2014 年是我所深化科研管理改革的重要一年，全所职工认真学习贯彻党的十八大和十八届三中、四中全会精神以及习近平总书记系列讲话精神，全面推进各项工作更好更快发展，奋力开创科学发展新局面。

一、科技创新、教育培训、行业促进、成果转化等方面取得新成绩

（一）有序推进科研管理改革，科技创新能力不断提高。

项目获批共计 27 项，其中国家级 7 项（国家自然科学基金 5 项、科技部项目 2 项）、省部级项目 8 项、其他项目 12 项。到账科研经费 1438 万元。国家级项目获批在数量上较去年大幅增长，取得历史最好成绩。发表科研论文 77 篇（其中 SCI/EI 文章 18 篇、核心期刊 21 篇），SCI 文章发表数量较去年有所减少，但质量有明显提高（影响因子>3 的文章 7 篇，最高为 6.739）。完成 5 部专著的章节编写，获得 6 个发明专利及 2 个实用新型专利授权。

启动国家卫计委重点实验室申报工作，将其作为增强我所科研创新能力和竞争力的重要载体，明确总体定位、研究方向、路线图和时间表，比对评估标准，重点突破弱势。

针对我所近十年来科技奖获得空白的局面，积极组织科技奖申报工作，已申报四川省医学科技奖 7 项、成都市科技奖 1 项。邀请国内外专家学者 15 人次来所讲学，参加国内外学术会议 50 人次（国际会议 25 人次）。获批四川省国际科技合作基地（血液安全与血液替代）。

（二）开拓多元化教育模式，输血医学教育体系逐步完善。

打造教育支柱，形成了以研究生、本科、成人和继续教育为一体的教育体系。与泸州医学院合作开展成人教育，录取 470 人，毕业 333 人。承办血液管理培训班、首届“输血科主任培训班”、血液安全管理与临床科学合理用血培训班等，培训学员 837 人。录取硕士研究生 13 人、博士研究生 2 人、推免生 3 人。

着力开展输血医学系建设。联合北京协和医院、北京阜外医院、北京肿瘤医院及天津血液病医院开展输血医学系建设。开展与美国耶鲁大学输血医学系的远程教学项目。

（三）立足输血行业发展，血液安全促进工作不断增强。

为卫生行政部门起草《2013 年全国采供血状况分析报告》、《关于血液倍增计划进展的报告》、《四川省血液制品行业现状分析报告》等咨询报告 30 余份，得到了卫计委有关领导的肯定和重视。

以四川省血液安全工作为抓手，积极促进国家血液安全中心筹建。经过不懈努力，获批“四川省血液安全管理中心”。

《中国输血杂志》被列为“血液病学、肾脏病学类核心期刊”，核心影响因子为 0.736。完成中国输血协会第七届输血大会 2 本会刊的编辑出版任务，发挥了杂志在学科建设中的引领及行业发展中的推动作用。

（四）拓展产学研合作渠道，科技成果转化初见成效。

拟转让持有的四川协和生物技术有限责任公司80%国有股权，以更好地盘活国有资产。完成天海大市场的税务、工商、组织机构代码等注销手续。

与四川中科善庆医院管理有限责任公司共建干细胞研究与应用联合实验室，与成都康景生物科技有限公司共建联合转化医学实验室，与成都海圻生物科技有限公司共建胎盘干细胞及活性物质联合实验室，与四川省世海通医疗器械有限公司共建医学独立实验室。与企业以合作研发、委托开发、委托检测等形式签署合作项目（含框架协议）共50项，到账经费472.86万元，较去年同期增长51.42%。

二、人才建设、条件建设、管理建设和文化建设等方面取得重要进展

1. 在人才建设方面，引进法国巴黎大学蒋鹏博士；短期引进加拿大多伦多大学黄海明博士和哈佛大学医学院麻省总医院林温育博士；北塔科大学吴敏副教授当选“协和学者讲座教授”；贺曾获得“院校青年创新奖”；招聘博士1人、硕士9人、本科1人。

2. 在条件建设方面，2014年中央级科学事业单位修缮购置专项设备购置项目获批2055万元，购置设备55台件；至此，共获批修购资金1.2119亿元；2015年教育改造修缮项目和2015~2017年高校发展长效补助机制专项通过审批；完成2016~2018年部门预算项目库申报和立项工作。

3. 在管理建设方面，扎实推进制度体系建设，对2014年6月前的规范性文件进行了全面清理，编印《制度汇编（2014版）》，制定《制度宣贯工作方案》，完善制度实施后评估、督查机制；进一步完善科研管理系统、OA系统、档案管理系统，启动财务预算管理系统建设，强化系统间集成与融合；加强科研经费专项审计、严肃财经纪律和小金库专项治理。

4. 在文化建设方面，参加四川省直卫生计生系统庆祝建党93周年“中国梦”主题歌咏比赛并荣获二等奖，展现了输血所职工团结、奋进、向上的精神面貌；组织“梦想坚持分享”科研文化系列讲座，邀请嘉宾与科技人员畅言成长经历、分享科研感悟；承办四川省卫计委“2014年全民健身运动会”登山比赛项目，推动“进步、快乐”的文化建设。

三、党的群众路线教育实践活动取得实际成效

贯彻“照镜子、正衣冠、洗洗澡、治治病”总要求，聚焦“四风”、反对“四风”，顺应群众热切期盼，向实处使劲、往细处用力。贯彻落实中央八项规定精神和“三公”管理规定，文风会风有显著改进。全面完成党的群众路线教育实践活动各项整改内容。积极为1998年底前入所无房老职工办理了住房补贴并划转到位。截至11月，“三公”经费比去年同期减少16.59%。

2015年，全所职工要凝心聚力，开拓进取，扎实工作，努力开创输血所科学发展新局面，为建设名副其实的“国家队”而奋斗！

（输血研究所行政办公室 编）

联系电话：（028）68169103

医学生物学研究所

（云南省昆明市茭菱路379号，650118）

2014年是全面深入贯彻落实党的十八大、十八届三中全会精神和学习贯彻十八届四中全会精神的关键之年，是实施“十二五”规划、加快发展的重要一年。在院校总体部署和各项政策的指导下，中国医学科学院医学生物学研究所（以下简称生物所）领导班子带领全所干部职工，紧紧围绕2014年既定目标，协力创新，扎实工作，在科研、管理、产业开发、基本建设等方面取得了一定进展。

一、总结党的群众路线教育教育实践活动，建章立制，巩固活动效果

召开了党的群众路线教育实践活动总结大会。对查找出的问题积极听取意见，主动提出整改措施并依照执行。起草了《党的群众路线教育实践活动领导班子整改方案》，对如何做好整改各项工作进行了部署。全面落实克服形式主义、摈弃官僚主义、消除享乐主义、抵制奢靡之风的整改。继续巩固生物所教育实践活动取得的成果，陆续修订涉及各方面的管理规定。全面推进从严治党。贯彻长效机制，防止反弹，在支部工作和日常工作中常抓不懈，使得作风建设落地生根。

二、推进党风廉政建设，加强领导干部廉洁自律工作

认真贯彻中央《建立健全惩治和预防腐败体系2013~2017年工作规划》和院校的部署要求，加强反腐败体制机制创新和制度保障。加强反腐倡廉教育，通过专题培训、参观廉政基地等教育活动，提高广大党员干部抗腐防变的能力，有力地推动党风廉政建设和反腐斗争的深入开展。通过积极开展财务内审、经济合同审计、工程项目进度款的审核等工作，完善了财务内控管理，不断完善科研经费财务管理制度和内控制度，不断加强科研经费的监督和管理，确保了科研经费使用的规范性、安全性和有效性。进一步加强了科研经费的使用管理。

积极推进行风建设，通过GMP培训、普法专题讲座、职工技能大赛等形式增强职工的责任心和使命感。

三、科研创新发展与成果

申报国家地方各类科技计划或科研基金项目/课题139项次，确定立项31项，其中国家级项目/课题7项，省市级项目/课题24项，项目申报数立项率为22.3%。申报7项国家重大新药创制科技重大专项，2项获得资助，其余5项进入“十三五”备选项目库。《Sabin株脊髓灰质炎灭活疫苗新产品产能扩大项目实施方案》申报云南省发改委的战略性新兴产业项目和云南省工信委的产业技术改造专项，获得900万元专项资助。

获得各类国家及地方科技经费资助约5357.65万元，实际到位经费5144.9万元，维持“十二五”期间的较高水平。

发表SCI论文28篇，影响因子≥3的论文17篇，平均影响因子达到4.84。其中，有关肠道病毒71型灭活疫苗最新临床研究成果的论文——An Inactivated Enterovirus 71 Vaccine in Healthy Children（《肠道病毒71型灭活疫苗在健康儿童中的有效性评价》）

发表在《新英格兰医学杂志》(2013年影响因子为54.42)。

申报专利11项，获得专利授权7项，其中获得国际发明专利授权1项。专利申请数和获授权数保持较高水平。申报科技小巨人企业及云南省企业技术中心，获得云南省工信委认定，生物所的国家级及省市级科技平台认定数至此增至9个，涵盖基础研究、应用开发研究及产业化示范等生物制品产业链。各个平台建设、运行及管理继续保持良好水平，平台获得资助及滚动资助的运行经费200万元。

参加国际会议、P3/P4实验室运行管理培训25人次，短期学术交流与培训8人次。接待瑞典哥德堡大学、盖茨基金会、PATH组织、WHO、巴斯德公司、韩国LG公司等技术专家和官员来访20余人次。与盖茨基金会、PATH、韩国LG公司初步达成合作意向。

sIPV疫苗通过新药审评会答辩，获得现场检查通知并通过了由国家CFDA组织的新药现场检查；通过EV71灭活疫苗的新药审评会答辩，递交补充材料。完成三价脊灰疫苗（人二倍体细胞）糖丸和液体剂型的补充资料申报。准备F基因型腮腺炎减毒活疫苗审评会的答辩材料，通过后即可获得Ⅱ期、Ⅲ期临床试验批件。获得Ⅰ+Ⅲ型双价脊灰疫苗的临床研究批件并初步制订讨论了临床研究方案。完成人用狂犬病疫苗（人二倍体细胞）的临床前研究，申报新药临床试验获得受理通知书。

针对西非埃博拉出血热疫情，根据国家卫生计生委要求加快相关疫苗及药物的开发的战略部署，生物所形成6项埃博拉出血热疫苗和诊断试剂相关基础研究的所级重点项目。

四、特色资源和重点项目建设

猴恒河猴群总数维持在合理水平，全年繁殖恒河婴猴310只，总数维持在2000余只。引进三个实验动物新品系，分别为SPF级ICR小鼠，SPF级Wistar大鼠及C5F/BL65小鼠。初步建立了实验树鼩种群（2000只）及标准化饲养条件。

国家科技支撑项目“实验用树鼩的标准化研究及人类重大疾病动物模型创建及应用集成示范”获得科技部批准实施，云南省省科技厅联合基金项目、医科院及横向协作及其他基金项目资助。

GLP认证准备工作基本就绪，完成文件系统修订、实验动物使用许可证年检，设施设备的验证及计量，人员培训，单次给药急性毒性试验，反复多次给药长期毒性及免疫原性试验等工作。

国家昆明高等级生物安全灵长类动物实验中心项目建设稳步推进。完成土建施工、室内外装修，机电安装施工接近尾声，完成部分认证认可前期工作。

五、疫苗产业稳步发展

集中力量投资建设马金铺“昆明疫苗产业基地”，年初顺利完成转产搬迁并开展GMP认证。7月获得冻干甲型肝炎减毒活疫苗GMP证书以及生产注册批件，8月启动生产，截至2014年12月底，共生产冻甲病毒收获液4个大批，半成品12批。sIPV疫苗通过GMP认证评审。

全面推行GMP管理及重新构建生物所质量管理体系文件，按照新版GMP要求，完善质量保证系统的管理，加强原材料管理、空调系统和水系统日常监督管理、偏差、变更及不良反应管理、细胞库及毒种库管理，并与风险评估挂钩。

顺利完成疫苗招投标工作，保持较为稳定的销售业绩。冻干甲型肝炎减毒活疫苗发货400万瓶，甲型肝炎灭活疫苗发货397万瓶，脊髓灰质炎减毒活疫苗糖丸发货4424万人份，口服脊髓灰质炎减毒活疫苗发货1442万人份。突破疫苗出口瓶颈，与泰国BioNet-Asia公司合作sIPV出口，达成合作意向。与乌兹别克斯坦的冻干甲型肝炎减毒活疫苗注册出口项目，签订保密协议，完成相关资料的认证工作。

六、人才培养与创新队伍建设

完善并推行生产系统绩效体系，对现有岗位设置与分级情况进行分析，逐步推行全员竞争上岗进行铺垫。加强柔性引进人才管理，完善高层次人才引进管理办法。加强高层次人才考核，3人通过昆明市中青年学术技术带头人及后备人才的考核，1人通过生物所引进人才年度考核，1人通过项目终期考核。

进一步理顺研究生教育管理体制，培养质量稳步提高。在校研究生共108名，其中北京协和医学院硕士生87名，博士生21名。培养毕业研究生31名，就业率92.6%。评选国家奖学金获得者4人，其中博士1人、硕士2人。优秀研究生一等奖学金6名、二等奖学金7名、三等奖学金10名。

鼓励研究所充分利用国家留学基金资助项目和单位公派方式派出留学人员，3名年轻科技人员分别派往加拿大、美国执行引进人才项目科研课题执行计划；鼓励职工在职提升学历、学位，5人获本科学历，2人获硕士学位，16人参加专升本学历提升教育；50余人在职攻读硕士学位，6人在职攻读博士学位。

（仲志磊 编 游 丹 审）

联系电话：（0871）68335135

病原生物学研究所

（北京市东城区东单三条9号，100730）

2014年是病原所建设事业取得丰硕成果的一年。一年来，在院校领导的亲切关怀和指导下，在院校各职能部门的大力支持下，所领导班子与全所员工以党的十八大精神为导航，在党中央关于“实现中国梦”目标的积极倡导下，牢固树立和落实科学发展观，本着“总体布局、突出重点、求真务实、开拓进取”的原则，紧密围绕院校中心工作和病原所发展总体规划，不断加强人才和干部队伍建设，在科研工作与应急科技支撑、技术平台与学科建设、新址基建建设、研究生教育等方面都取得了较好的成绩，为病原所的进一步发展奠定了坚实基础。

一、坚持科技兴所，科研工作喜获丰收

全年新获批科研项目44项。其中，主持承担国家重点基础研究发展计划（“973计划”）课题1项，参与2项；主持承担国家自然科学基金项目11项，参与1项；作为子课题承担单位主持承担公益性卫生行业科研专项项目1项；作为主要的任务承担单位参与“艾滋病和病毒性肝炎等重大传染病防治”科技重大专项课题2项；主持承担国际科技合作项目全球结核病疫苗基金会（AERAS）和国际遗传工程和生物技术中心（ICGEB）各1项；参与承担国家科技基础条件平台项目1项；主持承担协和青年科研基金项目9项，参与院校基本科研业务费项目1项；主持承担病原所基本科研业务费项目9项。新获批科研经费共计2381万元。2014年在研项目共计128项，入账经费4458万元。特别是国家自然科学基金项目病原所2014年获批项目数量和中标率与2013年持平，面上项目中标率同比增长50%，获批总经费有了较大幅度提高。

2014年，由病原所和中国疾病预防控制中心共同牵头组织实施的“十二五”国家科技重大专项“结核分枝杆菌流行病学调查和队列研究”课题，是国家科技重大专项“十二五”重点研究领域课题之一。课题目的在于了解我国不同流行区域农村人口和城市农民工人群结核分枝杆菌潜伏感染和发病的流行病学特征，在对3万余人进行流行病学调查基础上建立的队列将持续追踪4年，可能是目前世界上最大规模的结核病流行病学研究项目，将为国家结核病综合防控策略的完善将提供至关重要的数据支撑。在圆满完成上一年度基线调查研究内容之后，2014年7月，在甘肃、湖南、江苏、河南和广东等五个研究现场全面启动了2014年度现场体检及取样工作。

2014年，病原所主持承担的包括国家自然科学基金项目、国家重点基础研究发展计划（“973计划”）课题、人感染H7N9禽流感科技应急防控研究专项等多项课题顺利结题并通过经费审计。在2014年1月国家卫生计生委科技教育司对病原所承担的“重大传染病防治”科技重大专项进行专项工作调研中，以及10月国家卫生计生委财务司对病原所科研项目经费专项审计中，业务专家和财务专家均对病原所科研项目的实施和管理都给予了高度评价。

得益于病原所建所以来明确的科研方向、日趋完善的学科和技术平台体系布局及不断探索和陆续出台的包括各类人员晋升激励制度、人员绩效考核制度、成果奖励制度等在内的创新机制和制度，病原所科研水平与科研素质不断提升，带动病原所整体科研实力跃升到一个新水平，科技成果产出在近几年一直保持持续攀升的良好势头。截至2014年12月17日，病原所科研人员在SCI收录杂志上共发表以第一单位署名的论文41篇，影响因子（IF）3以上文章39篇，其中IF≥10文章3篇，IF≥5文章18篇，平均单篇影响因子达到5.6。专利授权数量持续快速增长，本年度共获得授权专利15项。

二、完善技术平台，圆满完成支撑任务

2014年，病原所在中央级科学事业单位修缮购置专项“病原体蛋白质组学拓展相关设备购置项目”等的支持下，总计购置实验室专业设备总价值1769万元，其中万元以上设备59台件，50万元以上设备7台件。根据总体发展规划和学科发展重点，按照“建设一流平台，发展一流学科，建设一流人才队伍”的目标，本着“整体规划、前沿布局、分步实施”的指导思想，在紧密围绕国家科研需求和病原所事业发展规划的基础上，结合国际科技最新进展，在病原所前期建立的技术平台基础上，进一步完善了蛋白质组学技术平台、结构生物学技术平台及生物信息学技术平台等。这些技术平台的完善建设，为抢得国际竞争先机，提升我国传染病科研竞争力，推动传染病研究领域跨越式发展提供根本保障，同时将进一步提升病原所在传染病领域的科技创新能力、传染病应急支撑能力和传染病相关产业研发能力，带动人才队伍和学科建设，并随时为新发突发传染病突发疫情做好应急科技支撑的准备。

2014年西非埃博拉疫情暴发之后，受国家卫生计生委和院校指派，病原所代表中国医学科学院派员前往西非塞拉利昂执行先遣组任务和第一批病原体检测工作组任务。接到此次任务之后，病原所领导高度重视，先后召开十余次专题所长办公会，依照“早部署、早安排、早落实”及“责任到位、措施到位”的原则，从人员选派、队伍组织、政治思想工作、生物安全、技术方案、应急预案、后勤保障、信息沟通以及家属工作等全面研究、完善、部署和落实各项保障措施，特别针对任务中涉及生物安全等方面关键操作环节进行了反复细致的研究、论证和建议。9月1~8日，病原所副所长王健伟研究员参加了国家赴西非塞拉利昂卫生救援先遣组工作并顺利完成相关任务。9月17日~11月16日，所长助理杨帆研究员、苏浩翔技师参加并圆满完成了国家赴西非塞拉利昂卫生救援第一批病原体检测工作组工作。

三、各方群策群力，稳步推进新址建设

（一）攻坚克难，落实新址用地

在落实用地期间，病原所克服了种种困难和不利因素，其中既面临2013年续签的用地协议到期，而生物医药基地提出规划条件变化需要再次报送大兴区政府讨论、项目建设内容承诺不涉及生物安全三级、四级实验室、保证2015年第三季度前开工等多方面苛刻要求，此外，还面临不拨付购地款将失去该地块，而且财政部已将购地款资金使用计划下达，不及时签署2014年用地合同，不按时拨付购地款不仅该项资金会被国家收回，甚至影响来年病原所科研经费的申请等各种紧迫形势。面对诸多问题和困难，所领导按照“敢担责、担好责、合规定、走程序、多沟通、勤汇报、多调研、取经验、重细节、齐并进”的原则，主持制订了依规有序、加紧做细、稳中求快的攻关思路，集全所之智，聚全所之力，迎难而上，努力推动项目进展。一方面，严格履行程序，积极向院校、卫计委、发改委汇报请示，寻求上级指导和支持，按照批示开展工作；同时充分利用所务会、职代会、全所职工大会等平台，发挥全所人员智慧和力量，针对用地等重大问题，开展形势分析研判，研究对策，向员工及时通报事项进展并通过投票表决收集意见建议，实现科学民主决策；通过与医药基地数十次反复磋商，最大限度地不断争取合法合理的用地权益，逐字逐句慎重推敲合同条款，双方最终签署了用地合同并顺利完成购地资金的拨付工作，最终实质性解决了病原所新址建设用地的问题。病原所是院校（京内）第一例通过独立申报、独自办理各项手续并获得国家划拨用地的单位，圆满解决建设用地问题也是病原所落实院校南区建设部署的标志性成果。

（二）深入细致，论证用房需求

根据病原所的国家定位及承担任务及科研业务内容，鉴于国内同类生物学研究实验室在设计、施工、运行过程中普遍存在较多问题的情况，本着对病原所建设和发展百年大计负责的原则，为了扎实做好新址设计，病原所充分利用所办公会、职代会、教授委员会、全体职工大会等多个平台，反复多次召开新址设计专题研讨会达十余次，集中全所智慧，全面收集新址建设需求，详细剖析科研用房设计的重点难点，经科学归纳论证，形成初步规划方案，并借助所外专家力量，深入细致开展新址科研用房功能需求论证，为实质性设计打牢坚实基础。

（三）充分论证，启动设计招标

鉴于病原所是新建单位，缺少基建相关经验，所领导制定了依法合规、做实做细、稳中求快的原则，严格按照国家和各级主管部门要求，认真落实执行工程招投标管理制度，充分发挥招标代理机构在经验、组织方面的优势，请其针对设计任务书等招标关键点向所办公会进行讲解阐释，配合病原所对招标重要事项开展论证决策，并对招标有关文件内容进行把关和建议，此外，为了扎实做好招标工作，了解初步设计招投标阶段的可能存在的风险和工作难点，汲取外单位的工作经验与体会，在初步设计招标工作准备就绪的基础上，所务会谨慎论证，要求基建办对有同类项目建设经验的中国疾病预防控制中心、中国食品药品检定研究院、北京协和医院等多家单位展开走访调研，学习取经，做实做细工程招标前期各项准备工作。

（四）依法合规，获卫计委肯定

6月，按照国家卫生计生委规划司对委预算管理单位相关基本建设项目督导检查工作要求，病原所积极组织部署，针对病原所新址建设进展情况，认真开展了自查评分，并向督察组提交了自查报告。通过“听介绍、查材料、看现场”，督查组对病原所基建管理情况给予了充分肯定，认为病原所基建过程合规合法，审批手续齐全，严格落实“三重一大”制度，资金使用规范，肯定了病原所稳步推进基建工作取得的实效，并对加快项目推进，早日建成、建好病原所寄予厚望。

四、高标准严要求，提高学生培养质量

2014年共招收20名研究生，其中12名硕士研究生、8名博士研究生。病原所一直将提高研究生培养质量作为研究生工作的重中之重。2014年，继续坚持对研究生毕业发表论文影响因子要求，即鼓励硕士研究生毕业单篇SCI论文影响因子≥3；博士生毕业单篇SCI论文影响因子≥4，或两篇SCI论文影响因子≥6，且其中一篇SCI论文影响因子≥3；直博生毕业单篇SCI论文影响因子≥5，或两篇SCI论文影响因子≥7，且其中一篇SCI论文影响因子≥4。2014届研究生已发表或接收的SCI文章8篇，2013年研究生获得院校课题基金共3项；2012级

博士研究生裴彬和乔媛媛的课题通过中期检查评审；2011级博士研究生李响的课题通过结题评审。2011级杨羽博士获得2014届北京市优秀毕业研究生奖；2011级苏浩翔硕士获得2014届北京协和医学院优秀毕业研究生奖。在院校优秀博士学位论文评选活动中，病原所2009级博士毕业生高小攀凭借发表在《Nucleic Acids Research》的研究论文而荣获2014年度“北京协和医学院优秀博士学位论文”奖。此外，还有一大批研究生获得国家研究生奖学金及北京协和医学院研究生奖学金。

五、坚持引培结合，人才队伍不断壮大

（一）坚持引进培养结合，人才队伍建设成效显著

2014年，病原所按照“才智双引、引培结合、配套支撑、合理培育、宽松环境、优胜劣汰”的实施策略，从美国纽约血液中心引进了从事免疫学研究的钟辉博士。钟辉博士是病原所筹建期招收的博士研究生，2009年博士毕业后到美国纽约血液中心从事博士后研究，主要从事细胞免疫调节机制与自身免疫性疾病发病机理研究，近年来作为第一作者或共同第一作者发表三篇《Blood》及一篇《J Immunol》等5篇SCI论文，累积影响因子超过33分。此次作为资深助理研究员引进进一步强化了已有的优势学科建设，所里在安家费补贴、科研启动经费及后续专业技术资格评审和职务聘任上给予政策支持，使其能够在引进回国工作后免去后顾之忧，集中精力做好科研工作。

在引进人才的同时，所里着力加强现有人才的培养工作。从事细菌分泌系统研究的杨国威博士，2012年以来本人作为第一作者或共同通讯作者陆续在国际高水平研究刊物《PLoS Pathogen》（2014年公布5年影响因子8.957）发表2篇研究论文，在《Cell Host & Microbe》（2014公布5年影响因子13.573）年发表1篇研究论文，科研成绩和发展潜力显著。

2014年，病原所人才培养工作得到院校和上级部门的肯定。在2014年院校“协和学者与创新团队发展计划”协和学者和协和新星评审工作中，病原所赵振东研究员被院校聘任为“协和学者讲座教授”，任仙文副研究员入选“协和新星，博士后迟晓静继获得中国博士后科学基金二等资助之后，获得院校2014年度博士后科学基金资助。在院校优秀教师评选中，病原所郭斐研究员获得2013年“北京协和医学院优秀教师”称号。

（二）加大博后培养力度，后备人才储备成效显著

2014年，病原所持续扩大博士后招收渠道和招生规模，截至目前新进站博士后研究人员5人，博士后生源质量有了明显提升，新进站博士后人员全部毕业于北京大学、西安交通大学、北京协和医学院等985或211院校，取得了丰硕的工作成果。其中有1名博士后在站期间作为第一作者在《Cell Host & Microbe》杂志发表论文1篇，1名博士后在站期间作为第一作者或共同第一作者在《Nat Communications》、《J Virol.》各发表论文各1篇。另外，为支持病原所博士后事业持续发展，扩大博士后经费渠道和资助力度，2014年病原所继续开展博士后经费资助工作，截至目前，病原所改革的博士后经费支持制度在2014年继续开展，到目前为止病原所共有6位教授获得了所内博士后经费资助，资助金额近50万元，有力地促进了病原所博士后工作持续发展。

（三）探索人才评价机制，建立独立PI外部评估制

根据病原所管理机制改革的总体布局，2014年病原所探索开展了引进人才独立PI试用期（聘期）满的外部评估工作。病原所2011年引进回国的2位青年PI孙义成副

研究员、张磊亮副研究员和2012年引进的资深助研杨国威博士分别向专家委员会报告了回国后搭建课题组、工作业绩和未来科研方向的设想等。来自院校所属基础医学研究所、医药生物技术研究所等单位及本所的10余位专家教授在听取了3位引进人才的报告后，针对引进的独立PI和资深助研回国后的科研业绩、发展潜力、科研方向与所院发展及国家重大需求的匹配程度等方面进行了客观评价。经专家评审委员会无记名投票打分，三位引进人才以1优秀、两良好的等次通过了此次考核评估。

六、完善规章制度，助力机制体制改革

在机制体制创新方面，所里始终坚持以每一位职工的切身利益为本，以调动职工的积极性和创造性为出发点，对于出台的制度进行充分考虑，充分论证，2014年所里根据研究所发展中遇到的问题，国家政策调整，以及研究所实际情况变化，综合考虑科研人员任职年限等资历因素，对《病原生物学研究所专业技术职务聘任暂行规定》进行了修订，同时出台了《病原生物学研究所专业技术职务聘任的补充规定》，对专业技术人员晋升职务中参评论文相关条款进行了细化，对个别界定和表述有争议的地方进行了修订完善。此外，根据所里工作情况对《病原生物学研究所关于各类请假审批管理的暂行规定》、《病原生物学研究所管理系列聘用职工各类请假工资计发的暂行规定》进行了重新修订和完善。围绕“以制度约束人，用制度服务人”的工作目标，根据国家政策和所情变化，对不适应研究所发展的规章制度进行不断调整完善，取得了较好的工作实效，为促进研究所科学发展提供保障，同时也为机制体制改革创新做好了铺垫。

七、践行群众路线，整改落实抓出成效

所领导班子高度重视、继续坚持民主治所、民主监督，坚持“所务公开，人人参与”的透明机制，坚持民主集中制，认真执行“集体领导、民主集中、个别酝酿、会议决定”的决策原则，凡是所里的重大事项，坚决执行“三重一大”制度，在涉及重大事项决策、重要干部任免、重大项目安排和大额资金使用等，均通过所务办公会、专题所长办公会、党政联席会等，集体讨论决定，在制度和程序层面上给予保证。

2014年里，病原所继续加强宣传阵地建设，进一步完善、升级病原所门户网站建设，将封面图片新闻升级为封面滚动图片播出形式，活跃了门户网站首页的氛围，增添了动感和吸引力。在2014年4月8日，病原所门户网站自2008年开通以来，网站访问量累计突破100万次。此外，为记载所史、承上启下，继续组织编辑、印制病原所2014年年鉴，全方位立体展现病原所在科研工作、新址建设、人才队伍、空间平台、机制创新、研究生教育、文化建设等方面的工作成绩。感恩退休职工曾经做出的贡献，营造尊老、敬老、爱老的文化一直是病原所倡导的文化理念之一。2014年病原所邀请退休的所领导和老同志在病原所发源地东单17号楼地下会议室座谈，故地重温病原所从无到有、筹建伊始的奋斗情景，感谢退休老同志为病原所的发展建设所作出的贡献。

（宋一平 编 金 奇 审）

护理学院

（北京市石景山区八大处路33号，100144）

一、学院重要活动记事

（一）以党的群众路线教育实践活动为主线，全面推进学院党的建设

护理学院有教职工49人和学生512人，有4个党支部，党员84人，其中教职工党员22名，占全体教职工的45%。学院党委深入学习党的十八大和十八届三中、四中全会精神，按照院校党委的总体工作部署，围绕学院中心工作，积极创先争优，全面推进党的建设工作。

1. 思想建设　学院党委分层次、分阶段、全覆盖地组织全体党员学习活动，在学院范围内掀起了学习热潮。学院党委围绕十八届三中、四中全会精神，积极利用丰富的学习载体，及时向师生发布正向信息，加强了政治思想教育和学生诚信教育。

2. 制度建设　学院党委坚持夯实基础，全面梳理各项工作，结合实际，制定了《护理学院财务制度》、《护理学院因公临时出国管理办法》等7项规章制度，并编写《北京协和医学院护理学院管理制度汇编》（第3版）。

3. 组织建设　学院党委积极推进基层组织建设，加强党员发展和教育，完成了2个党支部的换届工作，全年发展学生党员16名，提高党支部的战斗力。

4. 作风建设　学院党委将作风建设贯穿到以“为民、务实、清廉”为主要内容的党的群众路线教育实践活动的始终，学院各级领导干部带动基层党员践行并反“四风”，并大力推进党风廉政建设，制定《党风廉政工作任务分工》工作方案，确保责任落实。党委组织党员活动如观看教育影片《邓小平》、参观中国抗日战争纪念馆等，加强全体党员的党性意识。

（二）弘扬特色、发挥优势，完成2014年小规模特色精英教育项目工作

1. 人才培养特色方面　深化本专科教育教学改革，召开4次教学工作研讨会，梳理41门课程，修订人才培养方案；大力推进专业学位研究生培养工作，修订培养方案和培养细则；创新实践教学方法如标准化病人教学、情景教学等，促进实践教学改革；加强教学管理，推进考核方法的改革；以学生职业素养培育为主线，提高学生综合素质。

2. 教师团队特色方面　学院围绕人才培养，扩大国内外交流合作，顺利执行了CMB青年教师培养项目、“聘请外国文教专家”项目、组织了世界卫生组织、国际护士会等关于结核病、护理科研等各类讲座、会议，提高教师综合能力，分享教育资源；等加强教师教学技能培养，积极组织教师申报科研课题和教改项目。学院教师在核心期刊上共发表文章68篇，SCI期刊文章11篇，其他刊物发表文章5篇，编著书籍1本。目前教师中担任中华护理学会常务理事长等兼职共8人。此外，学院组织教师业务学习7次，内容涉及艾滋病护理、伤口护理等，组织教师外出参会40人次，内容涉及学生管理、学生心理、MOOCs、行政管理等。

3. 学生生源特色方面　学院的招生改革取得了显著的成果。2014年学院招生人数为本科60人，专科70人。专科报名踊

跃，面试考生有1400人，按照教育部备案1∶1.5的比例，最终参加面试考生122名，实际招生录取70名（文科18名、理科52名），专科新生成绩超过北京专科线2倍以上171.3分，2014年学院招收了博士生3人和硕士生13人，其中有1名少干专项计划考生。通过新的综合评价选拔录取模式，学院的生源质量实现显著提升。

4. 学习资源特色方面　一是大力推动校外教学基地建设，2014年学院通过专门项目对6家教学基地加强了内涵建设，并以教师节评优、护士节慰问及各类培训讲座等方式激励临床教师工作；二是2014年学院护理实验中心首先完成了“国家虚拟实验教学示范中心”的申报和“北京市实验教学示范中心”的验收，使学院逐步形成优势的专业特色，成为护理教育行业的新标杆。护理实验中心实行全面开放式管理，实验课程增至604学时，晚间开放累计7060人时数；三是教技服务中心全年无休，完成了本专科常规教学和学院承接的各类培训班的技术支撑工作，图书馆共购进各类师生用书3171册，开放图书馆和电子预览室1320小时，接待读者逾2400人次。

5. 培养方案特色方面　学院结合专业特点，修订了培养方案和大纲，开展课程研讨，以教育部和卫计委有关文件为蓝本，对本科41门课程进行了全面梳理分析。作为国家卫计委妇幼司首批8个开展助产本科招生培养的试点单位之一，学院制定了护理学专业助产方向本科教育培养方案，在不影响小规模办学的前提下，合理调整结构，并计划于2015年9月开始招生，从源头上解决助产士后继乏人的问题。

（三）精心准备，护理实验教学中心顺利开放使用

护理实验中心2013年7月竣工并投入使用，同时创建护理实验中心开放管理系统。目前该中心先后完成了实验室门户网站、预约系统、OSCE考核系统、管理系统、虚拟仿真实验平台等建设，通过整合教学资源，使软硬件设施及教学功能趋于完善。该中心不仅完成了“以课程资源理论提高实验教学质量”的课题研究，还通过精心准备和全程管控，保证了新开实验课程《围手术期护理》、《伤口护理》等的顺利进行。护理实验中心成为推动了教学改革、培养创新人才的有效途径，使教育技术在教学中得到充分的体现。

（四）坚持创新发展，推动校园文化与信息化建设

学院在校园内先后设立了“时间廊”、“护士职业规范”和“我们的职业”等文化展示区。教学楼二层的“时间廊”，是学院历史变迁的积淀，是弘扬学院优良传统的平台；学生宿舍楼一层增设了21块“护士职业规范”展板，在校门口安装了2块大幅宣传板，形象地展示了护理人员容貌服饰的职业要求，及行为举止的规范，从身边点滴做起，潜移默化的培养学生形成良好的职业素养；三层的文化主题为“我们的职业”，通过28幅照片从不同角度反映了护理专业的职业操守及人文关怀。此外，30个壁挂式花篮的装点使得宿舍楼的整体氛围温馨有爱。在院校的支持下，学院完成了学生网络IP与实名认证工作，学院网及电子屏已成为信息发布的重要渠道。学院办公网自启用以来已顺利运行1年，全年发布院内信息161篇次；学院外网发布信息54篇次；电子屏共滚动播放信息1110条，不仅节约了资源，扩大了宣传，更提高了学院的办公效率。此外，学院向院校新闻网投稿17篇，编写“庆祝2014年国际护士节特刊”经院校报发行，利用院校窗口扩大了学院信息交流范围。

二、常规教学工作

（一）基本情况

在校生512人，其中本科生233人，专

科生236人，硕士研究生36人，博士研究生7人。

（二）本、专科教学工作

2014年度共完成本专科10个班级、102门课次、5007学时理论授课、551学时实验课和686学时临床实践。

（三）研究生教学工作

2014年共录取13名硕士研究生，毕业全日制硕士生12人；招收了博士研究生3名；毕业博士生1人；同等学力2010年课程班有1人完成论文答辩并获得硕士学位。

（四）继续教育工作

学院完成继续教育学院本专科16门课程的1138.5学时理论教学，参加并完成自学考试网络阅卷710份及35名自考专科生临床考核相关工作、12名自考专接本学生科研训练相关工作。

三、加快推进学生素养工程，全面提高学生综合素质

学院为学生开设了文学、美术等多种职业素养培育课程，聘请专业老师指导，各个社团在各种活动中的表现获得了全院师生的好评。学院组织文艺汇演、演讲比赛等各种活动65场，参加学生550人次；组织了7支队伍进行暑期社会实践活动。

学院加大了学生对外交流的力度，选拔了71名学生前往美国、丹麦、加拿大、比利时、韩国等国家及中国港澳台地区进行交流学习，并接待了3名来自美国的学生，顺利地完成了校际间的交流活动。

四、推动科研工作和学科建设，组织申报科研课题和教改立项

学院精心组织教师申请国家自然科学基金等各级各项科研课题。2014年新获批国家自然科学基金1项、中华护理学会2014年度立项课题1项、北京市教育规划课题“十二五”重点课题资助课题1项及其他项目共计12项；获批校级教改立项4项。

五、广泛开展对外交流与合作，推动协和护理教育国际化

2014年学院顺利完成了护理博士培养、“聘请外国文教专家”、国际护士会培训、“解决问题、促进健康研讨会”等4类外事项目和护理青年教师培养项目（CMB），举办了一系列学术交流活动，加深交流与合作；组织教师外出参会40人次；先后组织了护理信息技能培训班、结核病培训班、创新思维护理专业人才培养培训班、CMB护理科研培训班等各类讲座、会议、培训55场次；接待国内来自广东、湖南、重庆、河北及港澳台等同行院校宾客来访43人次；来自美国、澳大利亚、新加坡、瑞士、日本等国外宾来访27人次；兄弟院校来访24次，约300人次。

六、积极配合院校开展校园基础设施建设

学院积极配合院校开展“护理学院教学研讨演示厅项目”建设，利用暑期将307教室改造为高清录播教室，达到了录播条件、学术活动条件、会议环境和学院对外交流形象四方面的改善，同时也为MOOCs和微格教学、精品课程拍摄与制作提供了基本技术支持。

学院还配合院校开展了“护理学院公寓楼圆弧阳光学生活动区项目”建设。本项目除了整体维修，还进行了防水、钢结构除锈、室内铝扣板更新及2、4层顶棚粉刷的细节处理，使阳光厅成为学生们课外活动最踊跃、最集中的地方。

2014年，学院通过落实“十二五发展规划”，促进护理学院的工作全面发展，为建设“小规模、多层次、国内一流、国际先进”的护理学院而努力。

（金　娜　编　刘　辉　审）

联系电话：（010）88771018

研究生院

（北京市东单三条9号，100730）

2014年，研究生院在院校党委及主管领导的正确领导下，在相关部门和各研究生培养单位的积极支持和配合下，紧密围绕院校“十二五”发展规划，继续坚持“稳定规模、改革机制、提高质量、强化管理”的工作原则，积极探索和推进小规模特色办学重要举措，研究生教育工作取得可喜成绩。

一、招生工作

（一）招生宣传

组织各所院的招生宣传，招生宣传经费100万元。分院校、所院、导师三个层次，走出去、请进来，积极开展网络宣传、现场宣传、视频宣传、夏令营、母校回访等活动，成效显著。

（二）生源情况

生源质量持续上行，优秀生源占比超出全国平均值33个百分点。继续坚持执行“推免生计划”制度，已连续6年向各所院下达总计划的同时，下达接收推免生计划，并监督完成。6年来，各所院生源质量大幅提高，截至2014年，全校推免硕士比例由6年前的20%，上升到现在的38%；推免直博生现在达到30%，生源质量在全国名列前茅。

狠抓招生纪律，向社会建立道德信任。录取来自设立研究生院、211、985、具有推免单考权高校的学生：硕士占59%，博士占72%，同时高于全国同类院校。

（三）新增“生物医学工程”专业学位授权点，并纳入招生计划

（四）2014年博士研究生招生情况

1. 报名情况　2014年招收攻读博士学位研究生统一入学考试报名工作于2013年10月底全部结束。实际报名2196人。

在全国报考我校的考生中，外埠考生占81%，报考人数排名为：山东、北京、河北、天津等，与报考北京市所有招生单位博士研究生的外埠省份排名一致。

从考生报考志愿分布看，报考人数的所院排名为协和医院、阜外医院、肿瘤医院、药物所、基础所。

从考生报考志愿看，报考医院的考生占全部报名考生的70%；报考其他研究所的考生占30%；报考京内所院的考生占94%，报考京外所院的考生占6%。

2. 录取情况　2014年院校共招收博士生581名，其中公开招生392名，转博189名；专业学位172名。少数民族骨干计划2名。

录取的应届生占录取总数的32%，党、团员占90%；男生占41%；30岁以下的占89%。

（五）2014年硕士生招生情况

1. 报名情况　2014年我校全国招收攻读硕士学位研究生统一入学考试报名工作于2013年10月底结束。实际报名1788人。

在全国报考我校的考生中，外埠考生占88%。报考人数超过200人的外埠省份为：北京、山东、河北等，与报考北京市所有招

生单位硕士研究生的外埠省份排名一致。

从考生报考志愿分布看，报考人数的所院排名为协和医院、肿瘤医院、药物所、阜外医院、基础所、护理学院、药植所。

从考生报考志愿看，报考医院的考生占全部报名考生的51%；报考其他研究所的考生占49%；报考京内所院的考生占91%，报考京外所院的考生占9%。

2. 录取情况　2014 年院校共招收硕士生 739 名，其中专业学位硕士生 338 名，少数民族骨干计划生 14 名。

录取的应届生占录取总数的 85%，党、团员占 98%；男生占 35%；25 岁以下的占 93%。

二、培养工作

（一）公派研究生项目

根据教育部和国家留学基金管理委员会 2014 年国家建设高水平大学公派研究生项目选派工作会议的精神，通过清华大学建设高水平大学项目选派我校 21 位研究生与国外相关院校联合培养博士生，6 位硕士应届毕业生到国外直接攻读博士。

（二）优秀博士论文推荐及评选

为提高博士生教育质量、鼓励创新、促进高层次创造性人才脱颖而出，我校于 2014 年 9 月开展了院校优秀博士学位论文评选工作。经各所院推荐，院校邀请了各学科相关专家 14 人组成评委会，对 40 位申报者的申请材料（包括学位论文，推荐表、论文摘要、成果等）进行了电子评审，并依据评选标准，对参评论文进行投票并排序。根据投票结果将 2014 年度北京协和医学院优秀博士学位论文的作者姓名、论文题目、指导教师等信息在网上公示两周后确定我校 11 篇论文为校优秀博士论文，15 篇论文为校优秀博士论文提名。

（三）研究生创新基金项目

为鼓励博士生从事创新性学术、医疗及技术研究，2010 年始学校设立研究生创新基金。根据《北京协和医学院研究生创新基金管理办法》（暂定）文件精神，研究生院于 2014 年 9～10 月组织开展了创新基金 2014 年项目申报及 2013 年项目中期检查评审工作。经各所院筛选，共有来自 16 个所院的 117 个项目申报 2014 年院校研究生创新基金，经专家组评审，评选出 114 项为 2014 年院校研究生创新基金资助项目，其中 24 个项目资助 5 万，32 个项目资助 4 万，34 个项目资助 3 万，24 个项目资助 2 万。另外，组织 2013 年创新基金项目共 116 项的中期检查评审，经专家组评审，全部通过中期检查，并评选出 30 项优秀项目。2012 年创新基金 117 项，其中 116 项已经顺利结题。

（四）研究生出国交流基金

为支持研究生出席国际会议，拓宽国际学术视野，推进我校研究生教育的国际化进程，我校特设立了北京协和医学院研究生出席国际会议基金，对出席高水平国际会议并发表论文的研究生提供资助。研究生参加会议方式包括壁报展示或口头报告，由研究生先期提交资助申请，成行并回国后提交相关材料，由研究生院审核对实际发生金额予以报销。共计资助来自 12 个所院 100 名研究生出国参加高水平学术会议，总计资助金额达 100 万。

三、学位学科建设

（一）学位管理

1. 组织召开第十届院校学位评定委员会第 10 次和第 11 次会议。会议审查授予 2014 届护理专业本科毕业生学士学位 58 人；审查授予 2014 届专升本毕业生学士学位 118 人；审查授予 2013 届高等教育自考本科学士学位 17 人；审查授予 2014 届临床医学专业毕业生博士学位 96 人；审查授予 2014 年度硕士研究生硕士学位 396 人，以同等学力申请硕士学位人员硕士学位 57 人；审查授予 2014 年度博士研究生博士学位 499

人，以同等学力申请博士学位人员博士学位31人。

2. 组织召开第三届院校学位授予专利审查委员会第4次和第5次会议。院校学位授予专利审查委员会认真审议并通过我校学位论文涉密申请条件，业已下发执行。2014年审查并通过申请专利授予学位研究生15人。学位论文涉密申请共申报201人，其中博士生137人，硕士生64人。在博士学位论文涉密申请中，参加博士学位论文盲评68人，不参加博士学位论文盲评69人。

3. 为了把好授予学位质量关，认真审核博士研究生申请答辩材料。检查申请答辩时间、内容、论文与规定是否相符，合格后交研究生院院长审批。做到层层把关，严格管理。研究生论文分送院校图书馆、北京图书馆、国家信息中心。

4. 打印、颁发学位证书1102本。

5. 在国家教委学位授予信息年报工作中，态度认真、工作严谨，报送适时，数据质量好，报送的纸质存档材料能按照要求装订成册，各种表格、名册填写完整、规范。及时准确无误地将我校授予学位信息报送北京市教委学位中心。

（二）导师队伍建设

1. 鉴于目前院校导师人数逐年增加，而研究生招生规模变化不大，且导师人数已超过研究生招生人数的情况下，为确保研究生的培养质量，在指导教师遴选中，一方面需要注重与加强导师的学术水平及指导研究生能力等全面评议，强化岗位责任；提高研究生指导教师资格的申报条件，尤其是博士生指导教师资格申报条件。另一方面，需要进一步修订和规范有关规定，包括针对年龄限制要求等内容，尽力符合有关原则意见和院校制定的实施方案。

因此，参考2013年度博士生指导教师资格的申报条件，适当修订了2014年度的申报条件。经院校学位评定委员会委员审议决定，通过《北京协和医学院研究生指导教师资格申报条件— 2014年度申报条件的修订版-征求意见稿》，并经院校办公会讨论通过。《2014年度北京协和医学院博士生指导教师资格申报条件》和《2014年度北京协和医学院硕士生指导教师资格申报条件》已下发执行。

2. 组织增列院校第二十二批博士生指导教师和硕士生指导教师资格的申报工作。

经各所院学位评定委员会分委会讨论，上报院校学位办，申报第二十二批硕士生指导教师资99人。经学位办资格审核，上报院校学位评定委员会审批，98人获得院校第二十二批硕士生指导教师资格。

经各所院学位评定委员会分委会讨论，上报院校学位办，申报第二十二批博士生指导教师资格共87人。经学位办资格审核通过83人。院校聘请由75名院校内、外专家共同组成的学科评议组对其进行答辩评议，74人通过学科评议组评审。经院校学位评定委员会审查批准，74人获得院校第二十二批博士生指导教师资格。

3. 根据进一步加强对研究生导师管理的有关规定，院校以《2014年度北京协和医学院博士生指导教师资格申报条件》为复审标准，对2002年、2006年批准的博士生指导教师资格进行了复审。

经各所、院学位分委员初审，上报院校学位评定委员会审查，博士生指导教师资格复审结果如下。

（1）本年度应复审2002年批准第10批博士生指导教师资格42人，其中院士1人不参加复审；2人不再参加复审。实际参加复审39人。其中有1人未达到本年度博士生指导教师资格复审条件。

（2）本年度应复审2006年批准第14批博士生指导教师资格32人，实际参加复审32人，其中有1人未达到本年度博士生指导教师资格复审条件。

本年度实际参加复审博士生指导教师资格人数总计为71人。

复审结果：69人合格。2人未达到本年度博士生指导教师资格复审条件，暂停招收博士生并继续参加明年博士生指导教师资格复审。2人不再参加复审，停止招生。

（三）博士学位论文盲评

为了确实保证和提高博士学位论文质量，我校制定出《关于修订博士学位论文“盲评”及同行评议的规定》，并于2014年执行。

为了加强与兄弟院校的沟通与交流，并顺利开展盲评合作工作，研究生院常务副院长带领研究生院有关领导及工作人员、部分所院研究生教育处负责人等，走访了北京大学医学部研究生院、复旦大学上海医学院研究生院、中国药科大学研究生院、首都医科大学研究生院、军事医学科学院研究生部和解放军总医院研究生教育主管部门等，进行了调研和座谈，学习和交流论文盲评经验，同时递交了《关于邀请有关学校协助做好博士学位论文盲审评议的函》，并达成共同合作协议。在各兄弟院校大力支持和协助下，博士学位论文盲评工作总体上得以顺利完成。

今年4~5月，我校将博士学位论文分批次送出盲评共计488份，并收回大部分评审结果，完成了上半年（大批量）的博士学位论文盲评任务。在488份博士学位论文盲评结果中，共有384份论文一次性顺利通过盲评（占78.7%）；另对104份论文，盲评专家提出了建议论文修改后再答辩，含不同意答辩的意见14份，但是没有出现二位专家同时提出不同意答辩的评审结果。

（四）学科建设

1. 做好第七届学科评议组成员候选人员的推荐工作。经向有关单位及个人征求意见，我校共推荐学科评议组成员8人，涉及生物学、基础医学、临床医学、公共卫生与预防医学、药学、护理学六个一级学科。

2. 审核增列硕士专业学位授权点工作，通过所院申报、专家审议、院校学位评定委员会审核、报国务院学位国务院学位委员会备案等程序，新增工程硕士（生物医学工程）学位授权点。

3. 根据学科发展需要，拟自主设置交叉学科医学信息学硕士学位授权点，已完成方案论证、专家评议、网上公示，待院校学位评定委员会审核及报国务院学位委员会备案。

4. 完成“北京市与中央高校共建项目”2014年度经费的转拨。本年度转拨经费578.3784万元，涉及北京市重点学科、北京市优秀博士论文等项目。

（五）信息系统建设

1. 完成北京协和医学院研究生综合管理信息系统（清华大学教育技术研究所开发）的安装调试、数据迁移、验收等工作。组织研究生院有关人员及所院研究生管理干部参加系统使用培训。该系统投入使用半年多，已协助研究生院各部门完成新生注册、研究生选课、毕业管理、学位管理等工作。

2. 完成学位论文网上提交系统的采购、软件的安装调试，待系统本地化及制定研究生学位论文网上提交的规定后正式投入使用。

（六）我校2013年全国博士学位论文抽检通讯评议全部合格

国务院学位办于2013年对2011/2012学年度全国授予博士学位的论文进行了随机抽检，我校被抽检博士学位论文36份，全部合格。

（七）其他工作

为保证研究生发表论文质量，同时支持《药学学报》英文刊的发展，制定出《关于以研究生论文支持<药学学报>英文刊政策的通知》，以鼓励我校研究生在该期刊发表高质量论文。

（八）获得表彰

我校被评为2013年度北京地区学位授予信息报送工作先进单位及先进个人。

四、综合管理工作

（一）2014年研究生概况

我校2014年在校研究生3584人，其中博士1651人（学术学位博士1245人，专业学位博士406人），硕士1933人（学术学位硕士1075人，专业学位硕士858人）。

（二）奖学金评选工作

开展2014年研究生奖学金评选工作。研究生院在对2013年研究生奖学金评选工作总结的基础上制定了2014年研究生奖学金评选条例，并结合实际情况，开展2014年研究生奖学金评选工作。2014年国家奖学金共104名，其中：博士国家奖学金58名（其中八年制3名），硕士奖学金46名（其中八年制4人）。2014年学业奖学金共725名，其中：博士学业奖学金一等奖81名，二等奖114名，三等奖160名。硕士学业奖学金一等奖111名，二等奖160名，三等奖199名。

（三）研究生会指导与管理

指导成立了第29届研究生会，培训了研究生会干部的工作方法，指导研究生会各部活动安排和工作计划，规范了研究生会组织活动的策划书，加强了研究生会活动经费的使用管理，规范了研究生会报销手续。协调组织研究生会开展各项活动，如：元旦晚会、辩论赛、足球比赛、学术论坛、专题讲座等，在丰富校园生活的同时，提高研究生活动的档次和规格，集中力气办好重点活动。

（四）研究生社会实践

1. 2014年7月，由研究生院主导，组织了由北京协和医院、阜外心血管病医院、肿瘤医院以及整形医院四家三甲医院的17名教授和26名研究生赶赴黑龙江省双鸭山农垦总局，为红兴隆中心医院进行技术帮扶指导与义诊。

2. 2014年学校组织开展28个研究生社会实践活动调研项目，支持经费70.5万元，并于10月份底进行了调研项目总结。通过各种实践活动的开展，正确引导了研究生的主观愿望，并帮助他们转化为实际行动，从大处着眼，小处着手，切实全面提高研究生综合素质和能力。

3. 组织10个研究生小分队到山东大学、武汉大学、中南大学、华中科技大学、吉林大学、四川大学、中山大学、中国医科大学、哈尔滨医科大学、西安交大、南方医科大学、中国药科大学、郑州大学等进行母校回访交流与宣讲活动，既锻炼了学生，加强了校际联系，又扩大了招生宣传和学校影响。

（五）研究生就业指导工作

1. 毕业生就业基本数据　2014年我校共计880名毕业研究生，其中博士487名，硕士393名。

2. 开展优秀毕业生评选工作　通过导师推荐，所院评审和结果公示等程序，2014年我校共评选出49名北京市优秀毕业研究生及50名校级优秀毕业研究生。市教委和院校分别对这99位同学进行了表彰，以鼓励在校生认真学习，专注科研任务，早日成为社会栋梁。

3. 鼓励毕业生去西部等地区工作并给予表彰奖励　结合北京市教委及北京市人力资源和社会保障局对留京政策的相关规定，在留京政策持续收紧的情况下，配合有关部门大力宣传正确的就业政策，重视以舆论导向引导学生去更需要人才的二线、三线城市就业，去西部就业。今年我校共有50名同学获得西部奖励，对于去西部就业的同学除颁发《支援西部奖励证书》外，还每人奖励2000圆整现金。

继续教育处（学院）

（北京市东单三条9号，100730）

2014年，继续教育处（学院）结合我校办学总体规划，进一步明确继续教育办学定位，不断完善继续教育管理工作，规范办学，加强对各类型、各层次的继续教育的监督管理，始终把提高继续教育办学质量作为第一要务。不断加强继续教育研究，努力实现继续教育的科学发展。

一、学历继续教育基本情况

2014年我校学历继续教育办学保持原有规模，开设有专科起点本科层次成人高等学历教育，护理学、医学检验、医学影像学（影像技术方向）三个专业。毕业400人，获得学士学位118人，录取新生500名，现有在校生1411人（表1）。

表1 2014年成人高等学历教育学生数

专业名称	毕业生数	授予学位数	招生数	在校生数	预计毕业生数
总 计	400	118	500	1411	454
护理学	302	78	355	1012	323
医学检验	63	24	73	206	62
医学影像学	35	16	72	193	69

按照教学计划，顺利完成3个专业15个教学班112门课程的教学安排、教学组织、考试考核；1411名在校生的学籍管理、学费催缴、成绩管理、学生管理；454名毕业班学生的实习安排、论文评价；400名毕业生的毕业证书、成绩单及学籍档案整理、归档、发送；118份学位材料的整理发送。组织1300余人次参加学位英语考试。

作为自学考试主考院校，完成自学考试本、专科毕业学生部分课程的考核工作，完成毕业生资格审核33人次，学士学位授予资格审核15人次。

二、非学历继续教育基本情况

非学历继续教育培训工作，规模稳定，培训项目与培训内容紧紧围绕卫生计生事业发展需要和卫生计生主管部门的要求。学院注重从师资选择、教学内容安排等方面把关，牢牢把住培训的质量。

受北京市卫生计生委委托，完成北京市“住院医师规范化培训”理论授课两期，24次课，96学时教学任务，其中必修课6次，选修课18次，培训住院医师7500人次，并积极参与师资队伍的建设工作。

在国家医药卫生体制改革突出强基层，在全国范围内实施以全科医生为重点的基层医疗卫生队伍建设的趋势下，学校积极组织完成“基层全科医生培训”4期，主要完成了课程的设计、教师聘请与培训，教学组织等工作，培训基层医师196人。

完成院校住院医师理论培训暨人文医学

培训班1期，培训院校四家附属医院60名住院医生。

参与中华医学会全科医学分会年会的组织工作，在会议期间与全科医学系共同组织全科医生技能培训班，共培训约240人。

三、国家级继续医学教育项目管理工作

2014年各院所申报并获批准国家级继续教育项目276项，完成178项，参加培训4万余人次。组织各院所参加“国家级继续医学教育基地项目”的总结，项目均按计划完成。

加强了对各所院继续教育项目的举办各阶段的管理。在项目申报阶段，每年召开项目申报评审会，邀请医学教育专家对预开办项目进行审核；继续教育项目开办期间，组织专家随机选取项目进行现场考核；项目结束后，要求提交项目总结报告。制定了《北京协和医学院优秀继续教育项目评价标准》，组织专家对举办的继续教育项目进行评优和表彰。

四、科学研究情况

我院承接教育部的“高等医学院校毕业后教育及继续医学教育示范基地建设”项目，完成了项目的结题和验收。该研究加强了医学及相关学科毕业后教育试点和研究，初步形成了医学专业毕业后教育理论课程管理规范和授课大纲、建立了一支稳定的师资队伍及护理专业毕业后教育基本框架；结合现有国家继续医学教育管理体制，突出北京协和医学院的特色，建立了全员培训模式，加强了医务人员的人文素养；加强了医学相关专业专科人才培养，探索了个性化专科培训，提高专业人员的实践能力；建立了继续教育项目管理质量评价指标和体系，并在此基础上开发了继续教育信息管理系统，对我校所有的国家级继续项目进行网络化管理。极大地推动了我校继续教育的教学和管理工作的发展。

完成民政部社会福利中心“养老培训课程和教材研发”项目中“老年营养师实务培训课程和教材研发”项目，并在2014年第三届中国国际养老服务业博览会展出。

我院组织申报2014年院校教育教学改革立项，5项被批准立项，获得学校教育教学研究资金资助，各项课题均在顺利进行之中。

五、获奖情况

继续教育学院在完成学历继续教育教学管理工作、非学历继续教育培训工作和全校继续教育项目管理工作的同时，管理人员也取得了一些成绩。何仲的《护理专业成人高等教育与普通高等教育课程设置的关系研究》，蒋卫君的《公立医院改革背景下的继续医学教育内容和方法更新》，张淑华的《乡村医生继续医学教育教学方式存在的问题及对策》，获得北京市成人教育学会2013～2014年度优秀科研成果三等奖。

今后，我院将继续以质量建设为核心，以科学研究为引领，认真落实各项工作，立足本职，稳中求进，推动继续教育教学工作和继续教育管理工作的不断发展。

（许　岩　编　何　仲　审）

联系电话：（010）65105838

中国协和医科大学出版社
北京协和医学音像电子出版社

（北京市东单三条9号，100730）

2014年我国医疗、文化和传播事业受到高度关注和支持，健康服务业和跨行业的合作成为新的经济增长点，传统图书出版业逐渐成为内容制造业，而相关行业的合作扩大了出版平台，并形成多方面发展的创新平台。

中国协和医科大学出版社也处在这样一个关键的发展期。依靠中国医学科学院/北京协和医学院这样权威的知识群体，处于以信息技术促进知识经济高速发展的时代，拥有《中华医学百科全书》这样的国家最大医学出版项目的工作平台，中国协和医科大学出版社形成了医学出版、专家团队和知识库建设的独特优势，受到政府相关关注、社会资本、出版企业及传媒机构的重视。

2014年，协和出版社在更广泛领域发挥了学术出版的优势作用，承担了卫计委"临床医生科普项目""卫生科技下乡项目""临床路径释义出版项目"及其他6个医生继续教育项目，承担教育部"第十一届全国高校医学双语教学骨干教师培训班"，承办国家新闻出版总署"全国医学辞书编辑培训班"。与国家老龄委、中国医师协会、卫计委人才中心开展多项合作，承担医学院研究生教材出版项目。2014年，协和出版社代表性的出版物是国家癌症中心编撰的系列防治癌症的科普丛书18本、卫计委医管局项目"临床路径释义丛书"、CMB百年纪念丛书等。

《中华医学百科全书》项目接受国家出版基金办公室的专项检查，得到领导总体好评和下一步工作指导意见。

一、协和出版社对外合作

2014年，协和出版社先后与北大方正、中国工信出版传媒集团、北京大学出版社、北京华图宏阳出版有限公司、百年思享（北京）国际文化传媒有限公司公司等谈判，商讨合作事宜。各界普遍对协和出版社的发展看好，希望深入全面合作。但同时希望资本合作和长期合作。在多个合作方案中，协和出版社逐渐认识到自己的优势和弱势：自己有丰富的出版资源但缺乏市场意识及人才，更缺乏市场经营的管理人员。目前多方合作谈判还在进行中，而且还有更多企业愿意参加。协和出版社正在逐步开展。

二、《中华医学百科全书》的工作

（一）国家出版基金办专项检查

国家出版基金办领导及专家团队专门到协和出版社，听取工作汇报和专家意见，明确指示"以质量为主，兼顾出版进度"，适当延期出版时间，调整工作经费标准，可适当增加经费。对《中华医学百科全书》工作给予总体好评，对财务工作和质量管理提出了改进建议。由此，协和出版社组团先后在同样承担国家重大出版项目的中华书局和北京大学出版社学习，制订了新的工作方案。

（二）《中华医学百科全书》完成情况

根据国家出版基金办领导批示，协和出版社加强质量管理，重点推进针灸学分卷、消化病学分卷、环境卫生学分卷、解剖学分卷。目前已经有82卷已交稿，需要专家交叉审稿，编审组两次审查，编辑多次修稿。相关工作任务重、时间长，需要不断完善工作质量要求，处理后续疑难问题。

（三）《中华医学百科全书》网络版申请

根据中宣部、财政部领导意见，《中华医学百科全书》可分期申请网络版经费，分年申请数字化转型升级经费，已全部批准。

三、健康科普中心的工作

（一）卫计委“临床医生科普项目”

科普中心承担卫计委宣传司“临床医生科普项目”，已在全国60多家医院开展。在“百科名医”网上创建了280个医生科普工作室，并与百度合作，组织专家修改百度医学词条，将于11月19日召开全国百家医疗机构“科普推广会”。

（二）卫计委“继续教育项目”

2014年完成卫计委“继续教育项目”6项，共培训4000多人，包括协和呼吸峰会、全国创伤新进展学习班、青年医师教学技能培训班、全国基层医院骨干医生综合技能培训班、全国理疗导引技术培训班等。

四、图书编辑出版发行工作

（一）选题策划和组稿工作

1. 全年出版专著39种；教材87种；科普39种；人文28种。

2. 重点推出的学术专著《心脏起搏器，起搏、除颤和再同步治疗》《中国医院财务管理与法律》《中医学精选》《特殊与少见骨关节病影像诊断（第2版）》《妇科恶性肿瘤的近距离放射治疗（第2版）》。

科普类重点图书《健康自查自防自养丛书》《常见病预防训练掌中宝丛书》。人文管理类重点图书《中国宫殿里的西方医学》《美国中华医学基金和北京协和医学院》《协和医脉——1861~1951》《卡尔曼医学教育史》。教材类重点图书《病理学复习考试指导》《基础护理学》。

3. 2014年我社共出版图书279种，包括学术专著、大专院校教材、各种专业类图书、科普和工具书，其中新书193种，重印86种；全年印刷总册数115.716万册；总字数9557万字；出版总码洋5487.048万元。

（二）“十二五”规划进展

1.《中国人生理常数与健康状况调查报告》6本卷，单本专著《神经递质与神经疾患》，均按原计划进度完成，质量合格。

2. 单行本《国际疾病分类（ICD-10）应用指导手册》；3卷本大型专著《中国公共卫生》已经完成出版工作。

3. 10卷本科普丛书《大众科学用药丛书》正在编撰中。

（三）图书发行工作

2014年，我社发货实洋2662万元，发货册数74.8万册；全年退货码洋1466万，退货册数19.4万册；回款1900万元。

五、期刊中心工作

1. 2014年国家新闻出版广电总局批准创办《世界复合医学》期刊，中国医学科学院主办，出版社负责出版工作；批准创办《中国医学人文》期刊，中国医师协会是第一主办单位，出版社作为第二主办单位并承担出版工作。

2. 《麻醉与镇痛》《中国骨与关节外科》为了更好地促进期刊发展，适应市场需求，经编审委员会讨论决定变更刊名，已向上级机构申报，正在审批中。

3. 《癌症进展》2014年全年共接受投稿400余篇，6期杂志按时出刊，共发表文章133篇，基金文章25篇。

4.《中国生物医学工程学报》全年刊文105篇，其中论著66篇，综述17篇，研究简讯22篇。影响因子0.403，评价体系中保持了领先的地位。

六、音像电子社工作

全年出版电子出版物新品种24个，其中CD-ROM19种，152 000张、DVD-ROM5种，43 000张。

1. 针对2013年新的考试大纲，我们积极收集整理资料，及时补充新的内容，使新版习题集光盘既符合新大纲要求，习题与考点分布又更加均衡；为数字化出版开始考试题的收集整理。

2. 为了适应数字化出版形势，给读者提供更好的数字化产品，积极收集整理相关的资料，目前已经整理的资料超过了300万字。

3. 与首都儿科研究所达成战略合作意向，拟定以《儿童健康科普》系列丛书（配光盘）为首，陆续开展各项相关合作计划。

中国协和医科大学出版社2014年出版图书

	新书	重印书	合计
书种	193	86	279
专著	39	22	61
教材	87	30	117
科普	39	30	69
其他	28	4	32
总码洋（万元）	4203.508	1283.54	5487.048
用纸（令）	16813.278	5553.762	22367.04
总印数（万册）	86.371	29.345	115.716

（王　玲　编　袁　钟　审）

联系电话：（010）85002905

大 事 记

一月

1月8日，2013年度中华医学科技奖颁奖大会在京召开，共有86项医药卫生领域研究成果获得中华医学科技奖奖励，院校8项成果榜上有名。

1月9日，院校召开2013年院校预算管理通报会。会议由徐德成副院校长主持，曹雪涛院长、曾益新校长、詹启敏副院校长和各所院党政领导参加了此次会议，会上曹雪涛院长做了重要讲话。

1月10日，院校召开青年人才代表座谈会，曹雪涛院长、李立明书记及2013年度国家杰出青年科学基金、千人计划（青年项目）、优秀青年科学基金、中国青年科技奖获得者出席会议。

1月23日，院校党委书记李立明赴江苏泰州麻风病康复中心，慰问工作人员和麻风病患者。

1月15日，院校召开2014年国家自然科学基金项目申报研讨会。会议采用视频会议形式，京外各所院，通过视频会议系统参与全会。

1月29日上午，院校领导曹雪涛、李立明、林长胜、徐德成前往协和、阜外、肿瘤、整形四家医院，看望和慰问节日期间仍坚守一线的医务工作者以及住院患者。

二月

2月12日，“重大新药创制”科技重大专项行政责任人、国家卫生计生委副主任刘谦在国家卫生计生委主持召开会议，专题研究人感染H7N9禽流感人源化中和抗体研发工作。院校曹雪涛院长和桑国卫院士、侯云德院士、钟南山院士、沈倍奋院士等有关专家，国家食药监管总局和科技部社发司有关领导参加会议。

2月18日，院校召开党的群众路线教育实践活动总结大会。大会全面总结院校深入开展党的群众路线教育实践活动情况，传达国家卫生计生委2014年全国卫生计生工作会议精神，民主评议院校领导班子及领导班子成员。

2月25~26日，院校2014年工作会议在京召开。院校领导，各所院党政主要负责人及办公室负责人、院校民主评议干部委员会委员、院校机关副处级以上干部参加了会议。

2月26日，院校第四届六次教职代会暨八届六次工代会在京召开。院校领导、教职工代表、工会会员代表及特邀代表、列席代表等200余人参加了会议。

2月27日，院校医学生物学研究所开展的肠道病毒71型灭活疫苗最新临床研究成果——An Inactivated Enterovirus 71 Vaccine In Healthy Children（《肠道病毒71型灭活疫苗在健康儿童中的有效性评价》）在国际知名期刊《新英格兰医学杂志》发表。

三月

3月5日下午，院校工会举行庆祝“三八”妇女节暨“关爱女性、快乐生活”主题活动。京内各单位女工会主席、副主席、女工工作干部50余名同志参加了活动。

3月8~9日，院校与北京协和医院联合举办2014年北京协和医学院标准化病人应用国际研讨会。

3月14~15日，院校党委召开院校党建工作会暨党风廉政建设工作会。院校领导，京内外各所院党政主要负责人、党委副书记、纪委书记和党办主任、人事处长、纪检监察部门负责人、审计部门负责人及纪检监察干部，院校机关党群部门负责人、组织干部和纪检监察干部参加了会议。

3月16日，国际权威学术杂志《自然》（Nature）在线发表了一项由中国医学科学院肿瘤医院分子肿瘤学国家重点实验室主任詹启敏院士领衔的中国科学家联合研究团队取得的重大科学研究成果。

3月20日，中国医学科学院血液病医院与静海县政府、滨海团泊公司三方签署了《天津市健康产业园区血液病医院投资建设及运营管理合作协议》。

3月20日，院校在药物研究所召开创新药物先进技术与产业化协同创新中心研讨会。

3月20日，院校召开"创新药物先进技术与产业化协同创新中心"研讨会。副院校长詹启敏院士出席会议并做了重要讲话。

3月25日，2013年度北京市科学技术奖励大会在北京市会议中心举行。2013年度北京市科学技术奖共有233项成果获奖，院校有8项成果获奖。

3月26日，曹雪涛院长在位于伦敦的全球慢病联盟（GACD）秘书处主持了全球慢病联盟理事会电话工作会议并与秘书处的工作人员商谈了近期工作重点与具体任务。

3月29日，院校和哈佛大学共同主办的"慢病防控与卫生体系改革高层论坛"在京召开。来自国家卫生计生委、北京大学、清华大学、首都医科大学、北京各大医院、国际组织、驻华使领馆及院校各所院约500人参会。

四月

4月9日，院校侨联召开二届五次全委会，讨论和部署2014年工作，会议传达学习了"两会"精神，部署参加北京市侨联活动有关事宜。

4月12日，血液病医院（血液学研究所）召开第六届血液学（造血干细胞移植）高峰论坛。论坛邀请了国际、国内在造血干细胞基础研究及移植领域20余位著名专家就造血干细胞基础研究、移植领域的进展、热点问题及发展趋势做了专题报告，来自全国20多个省市的200多位学员到会。

4月17日和4月22日，院校党委书记李立明同志带领调研小组分别到药用植物研究所和医药生物技术研究所进行调研，围绕研究所领导班子建设和研究所发展两方面内容，认真听取了领导班子成员及干部群众代表的意见和建议。

4月18日，《科学》杂志发表了曹雪涛院士课题组在免疫细胞分化发育与功能调控方面的研究论文。论文报道了该课题组发现一种选择性表达于人树突状细胞中的长链非编码核糖核酸（lncRNA），通过与细胞质内信号转导蛋白分子直接作用的新方式调控了树突状细胞分化发育与抗原提呈功能。

4月29日，北京协和医学院教育工作会在京召开。院校领导，学校专家委员会、教学督导委员会正副主任、院校机关各部门负责人、教学部门全体成员，基础学院、临床学院、护理学院、公卫学院党政主要负责人、分管教学的领导、教育处负责人、教学管理人员，以及京内外其他分管教学的所院领导、教育部门负责人参加会议。

4 月 30 日，2014 年首都劳动奖状、首都劳动奖章评选活动揭晓公布。院校荣获首都劳动奖状。优秀援藏干部肿瘤医院魏文强荣获首都劳动奖章。

五月

5 月 4 日，国家卫生和计划生育委员会主任李斌一行到血液病医院（血液学研究所）调研，天津市市委常委、教育工委朱丽萍书记，曾益新校长、徐德成副院校长陪同。

5 月 7 日下午，院校召开纪念“5·12”护士节暨优秀护理人员表彰大会。院校党委副书记姚龙山出席会议并讲话。院校所属六家医院的部分院领导、工会负责人、护理部主任、护士代表，护理学院教师、学生代表参加了本次大会。

5 月 13 日，国家卫生与计划生育委员会刘谦副主任一行到生物所调研，国家卫生计生委疾病预防控制局、科技教育司、宣传司相关领导和专家、中国医学科学院曹雪涛院长、云南省卫生厅郑进副厅长陪同调研。

5 月 14 日上午，美国科学院院士，美国纽约 Memorial Sloan-Kettering 癌症中心 Dinshaw J. Patel 教授应邀在三条礼堂作了主题为“表观遗传调控的分子机理和功能”的报告。

5 月 14 日下午，为庆祝创建 60 周年，院校皮肤病医院、皮肤病研究所举办大型义诊活动，除特需高级专家门诊外，所有门诊一律免挂号费，为医患者诊病治病，讲解皮肤病健康、护理常识。

5 月 15 日，院校皮肤病医院、皮肤病研究所召开为期 3 天的第 7 届全国皮肤病与性病学术研讨会。来自国际、国内的 400 名专家学者就国内外皮肤性病（包括艾滋病）的诊断、治疗、预防与控制的学术最新进展和未来发展方向进行研讨。

5 月 18 日 ~ 19 日，第九届国际癌症基因组联盟（International Cancer Genome Consortium，ICGC）（www. icgc. org）研究大会在京举办，中国医学科学院院长曹雪涛院士和华大基因杨焕明院士参加会议并致辞。200 余位来自世界各地的肿瘤基因学家和近 300 位国内专家和学生参加会议。

5 月 21 日下午，中共中国医学科学院北京协和医学院代表大会在京举行，院校领导出席大会。本次大会应到代表 146 名，实到 131 名，会议通过无记名投票方式进行直接差额选举，51 名同志当选出席国家卫生计生委直属机关第一次党代会代表。

5 月 21 日教务处针对临床医学八年制笔试考试开展机考培训工作。本次培训内容涵盖了机考的组卷、监考、阅卷及试题分析等方面，来自基础学院、临床学院教育处、各教研室的四十多名教师参加。

5 月 23 日上午院校召开安保工作会议，院校学生处、宣传部、研究生院、信息中心负责人，京内各院所保卫处长参加会议

5 月 24 日，2012、2013 年度华夏医学科技奖颁奖大会在北京国家会议中心举行，院校有 11 项成果获得奖励。

5 月 27 日，院校党委李立明书记、姚龙山副书记等一行到信息所/图书馆调研指导工作，并组织召开干部大会。会上李立明书记宣布了干部免职决定并主持民主推荐副所馆长人选。干部大会由姚龙山副书记主持。

5 月 28 日，应清华大学的邀请，中国医学科学院神经科学中心的专家教授赴清华大学，与清华大学医学院及生命科学院的研究人员开展联合研讨会。

六月

6 月 20 日，北京协和医学院校友会筹备成立大会在京召开。大会由曾益新校长主持，院校领导、师生代表和校友代表作为会议代表出席了大会。

6 月 5 日下午，2005 年诺贝尔生理学和医学奖获得者，澳大利亚佩斯皇家医院罗宾·沃伦（Robin Warren）教授访应邀在医科院新科研楼八楼报告厅作了主题为“从幽门螺杆菌的发现谈创新性医学科学研究”的报告。

6 月 20 日，国际知名期刊《Neuron》杂志编辑部副主编 Meredith LeMasurier 博士访问院校，作了题为《Neuron 杂志同行评审流程》的报告，并与参加座谈的师生代表进行深入交流。

6 月 21~22 日，2014 年中美疼痛与痒转化医学研究论坛在京召开。200 多位来自全国各地多个医学院、医院和研究所院的专家学者、临床医生、研究生和医学生参会。

6 月 24 日，《柳叶刀》杂志在线发表了一项关于急性心梗住院诊疗模式发展的大规模临床研究。该研究由中国医学科学院阜外心血管病医院国家心血管病中心蒋立新教授带领的团队在国内组织实施，研究结果显示过去十年中国急性心梗住院患者人数增长翻两番。

6 月 26 日，国家卫生计生委李斌主任在院校接受了 The Lancet（《柳叶刀》）杂志主编 Richard Horton、执行主编 William Summerskill 及亚洲编辑王辉一行的专访。

6 月 26 日，第九届中国医师奖颁奖大会在京举行，院校北京协和医院泌尿外科主任医师、教授李汉忠、肾内科教授李学旺获奖。

6 月 30 日下午，新药创制先进技术与产业化协同创新中心科学咨询委员会议在京召开。

七月

7 月 1 日，全球慢病联盟（Global Alliance for Chronic Diseases，GACD）2014 年度理事会在上海召开。

7 月 1 日下午，院校庆祝中国共产党成立 93 周年暨“七一”表彰大会在京举行。大会表彰了在推进院校事业科学发展过程中涌现出来的先进典型。京内各单位党员代表和入党积极分子约 300 人参加了院校主会场会议，京外各单位同步召开视频会议。

7 月 2 日，由中国医学科学院承办的全球生物医学研究组织首脑会议（Heads of International Research Organizations，HIROs）2014 年会在上海召开。全国人大副委员长陈竺院士获得特别邀请在 HIROs 会议上做特邀报告。

7 月 11 日上午，北京协和医学院 2014 届毕业典礼在校园举行。曹雪涛院长主持了毕业典礼，李立明书记、曾益新校长、徐德成副院校长、詹启敏副院校长、姚龙山副书记和清华大学姜胜耀副校长，基础学院、临床学院、护理学院和公共卫生学院等教学主体单位的领导、学系主任、教研室主任以及各所院的教师代表出席了典礼。

7 月 16 日，阜外心血管病医院召开“经心尖 TAVI 临床试验成功启动发布会”，宣布该院在微创心脏瓣膜外科领域再获突破。

7月21日，中国医学科学院神经科学中心召开第一届理事会暨学术委员会第一次会议。会议听取中心主任的工作汇报和对未来发展计划。

八月

8月8日，国家心血管病中心在京召开《中国心血管病报告2013》发布会，发布了《中国心血管病报告2013》，中央电视台等30余家媒体记者参加了本次发布会。

8月14日和23日，院校先后召开两次专题会议，就埃博拉疫情防控和防治药物研发等问题进行研讨，形成了进一步加强埃博拉病毒防控研究的共识和建议，并深入讨论了院校应对埃博拉病毒疫情工作的科研攻关计划和实验室建设、临床诊疗的战略部署，提出了下一步的工作重点。

8月22~23日，院校领导班子召开了暑期班子务虚会。

8月24日，世界学术期刊《自然·遗传学》（Nature Genetics）在线发表了肿瘤医院赫捷院士课题组食管癌基因组学研究的最新成果。论文报道了迄今最大规模的食管鳞癌外显子组测序研究，重点阐释了组蛋白修饰和Hippo信号通路相关基因的突变与临床意义。

8月25日~9月1日，院校召开了党风廉政建设主体责任落实情况集体谈话会，曹雪涛院长、李立明书记、曾益新校长、徐德成副院校长、詹启敏副院校长和姚龙山副书记分别与分管部门负责人和联系单位党政主要负责人进行了谈话。

8月27日，阿根廷卫生部长Juan Luis Manzur及阿根廷驻华大使馆大使Gustavo Martino等一行14人访问院校。

8月29日，北京协和医学院2014纪开学典礼在九号院举行，曹雪涛院长、李立明书记、曾益新校长、徐德成副院校长，各教学主体单位的领导、教学管理单位的领导及教师代表出席了典礼。

九月

9月4日，院校党委书记李立明主持召开了院校党委理论学习中心组“党风廉政建设主体责任”专题学习会。

9月6日，传承协和精神感恩母校培育暨章央芬副校长诞辰100周年纪念大会在院校举行。院校领导、院校老领导、老专家、章老的生前好友和学生、章老的子女章盾之等亲属、院校教职员工和在校学生代表约300余人参加了大会。

9月10日下午，院校召开庆祝2014年教师节暨表彰大会。院校领导、专家委员会、教学督导委员会、本专科教学工作委员会、研究生教学工作委员会、继续教育工作委员、学生工作委员会成员，京内各所院及院校机关相关人员，教师代表，学生代表，受表彰人员代表等参加大会。京外各所院相关人员在各分会场同步参加视频会议。

9月12日，中国出生缺陷干预救助基金会颁发“2014年首届中国出生缺陷干预救助基金会科学技术奖”。基础所遗传学系主任张学教授获得杰出贡献奖。

9月13日，第十六届北京希望马拉松——为癌症患者及癌症防治研究募捐义跑活动在北京朝阳公园举行。

9 月 13 日，“求是”科学奖颁奖典礼在复旦大学举行。肿瘤医院吴晨研究员荣获奖。

9 月 15 日，中国医学科学院基础医学研究所徐成丽和蒋澄宇教授课题组合作在国际权威杂志《分子精神病学》（Molecular Psychiatry）在线发表研究论文“An association analysis between psychophysical characteristics and genome-wide gene expression changes in human adaptation to the extreme climate at the Antarctic Dome Argus”。该论文报道了人类对地球上气候最极端的地区之一南极冰穹 A 地区适应的生理心理表型变化与全基因组表达差异基因间的关联分析。

9 月 16 日，由协和医学院教育基金会与协和医学院学生处共同组织召开 2014 年度助困学生代表座谈会。

9 月 19 日，在中华医学基金会（CMB）诞辰 100 周年来临之际，院校举办了第六届协和国际医学教育研讨会及 CMB 百年译丛图书发布会、北京协和公共卫生学院揭牌仪式等系列活动。

9 月 22 日，第五届全国杰出专业技术人才表彰大会在京举行。药物所于德泉院士荣获“全国杰出专业技术人才”称号，成为院校继肖培根院士（2002 年）、郎景和院士（2006 年）之后，第三位获此殊荣的科学家。

9 月 24~25 日，院校党委召开了 2014 年院校离退休干部党支部书记学习班。院校党委副书记姚龙山同志主持会议并作开班讲话。院校直属院所及院校机关近 70 名离退休党支部书记参加了学习。

9 月 29 日，由中国医学科学院主办、中国医学科学院药用植物研究所承办的中药研发新模式、新理念研讨会在北京举行。来自上级主管部门、国内药物研究领域、中国医学科学院的领导及专家 120 余人参加了研讨。

9 月下旬，由中国科学技术信息研究所主办的“中国科技论文统计结果发布会”在北京举行，会上公布了“第三届中国精品科技期刊”评选结果。由国家卫生与计划生育委员会主管、中国医学科学院主办、医学信息研究所承办的《医学研究杂志》和《中国医学科学院学报》入选“第 3 届中国精品科技期刊”。

十月

10 月 8 日，北京协和医学院人文和社会科学学院暨协和人文讲坛在三条礼堂举行。

10 月 15 日，院校曹雪涛院长带队赴中国医科大学调研。中国医科大学领导班子成员及相关职能部门负责人，院校党政办公室、科技管理处、规划发展处等相关部门负责同志一同参加了调研。

10 月 17 日，澳大利亚 Griffith 大学校长 Ian O’Connor 教授、副校长 Sarah Todd 教授、大中华区负责人 Thomas Toh、环境与人口健康研究中心主任 Cordia Chu 教授一行四人访问了院校。北京协和医学院曾益新校长主持会谈，李立明书记和 Ian O’Connor 教授签署合作备忘录。

10 月 17 日~18 日，院校人力资源处和机关党委共同举办了院校机关第五期素质拓展培训班。院校党委副书记姚龙山、人力资源处和机关党委相关负责人出席培训活动。2014 年新入职员工及青年职工代表近 30 人参加了培训。

10 月 22 日，院校曹雪涛院长会见了来访的英国 E-life 杂志执行董事 Mark Patterson，院校科技管理处、研究生院和国际合作处等部门的负责同志一同参加了会见。

10 月 27 日上午，由北京市爱卫会、疾控中心等相关部门组成的无烟校园督导检查组莅临院校，检查指导校园控烟工作。院校党委副书记姚龙山出席汇报会，党委宣传部（控烟领导小组办公室）范晓明部长作院校控烟工作情况汇报。

10 月 29 日和 11 月 1 日，院校举办 2014 年度预备党员和入党积极分子培训班。院校党委副书记姚龙山同志出席会议并作开班讲话。来自京内各所院和院校机关的 480 余名预备党员和入党积极分子参加培训。

10 月 29 日，由中国医学科学院主办、中国医学科学院药物研究院和医药生物技术研究所承办的药物合成生物学学术论坛在京召开。

十一月

11 月 4 日下午，国家卫生计生委孙志刚副主任一行到中国医学科学院整形外科医院进行调研。院校党委书记、常务副院校长李立明、整形医院班子成员参加了调研活动。

11 月 5 日下午，院校召开科研经费管理专项检查工作动员部署会。

11 月 14 日下午，院校党委理论学习中心组在新教学科研楼八层报告厅召开扩大会议，学习、宣传和贯彻党的十八届四中全会精神，传达国家卫生计生委领导的相关会议精神和要求。院校领导曹雪涛、李立明、徐德成、詹启敏出席了会议。

11 月 16 日，病原所代表院校参加援塞医疗检测队的杨帆和苏浩翔同志在圆满完成了为期 2 个月的检测任务，随援塞医疗检测队乘专机回国。

11 月 19 日，爱尔兰著名免疫学家、都柏林三一学院免疫系主任 Andrew Bowie 教授访问院校，并作了题为“Innate immunity and inflammation”的学术报告。

11 月 20 日，国家心血管病中心、中国医学科学院阜外心血管病医院与麦克米伦科学与教育集团（Macmillan Science & Education）旗下的自然出版集团（Nature Publishing Group，NPG）战略合作签字仪式在北京举行。

11 月 25 日，第八届“首都特色行业院校改革与发展论坛暨北京协和医学院青年教师教学观摩活动”在我校举行。

11 月 26 日，院校科技产业管理工作会在京召开。曹雪涛院长、院校各单位科技产业管理职能部门的负责人、院校重点企业的负责人、院校科技产业处全体人员等参加了会议。

11 月 27 日，中国医科大学赵群校长、尚红副校长带队，到院校进行交流访问。院校曹雪涛院长、李立明书记、曾益新校长、詹启敏副院校长与中国医科大学一行进行了交流座谈。

11 月 28 日，曹雪涛院长在《科学》（Science）杂志上发表了题为《中国创新研究》（Innovating Research in China）的社论。文中，曹雪涛院长介绍了近来中国医学领域启动的一些创新研究及举措，分析了我国医学与健康领域目前面临的挑战，并对未来如何提升我国医学科学创新性研究进行了展望。

十二月

12 月 2 日，由中国医学科学院主办、中国医学科学院药物研究所承办的“化学生物学论坛”在北京召开。此次论坛主题为“化学生物学前沿和肿瘤药物研发”。

12 月 4 日上午，新英格兰杂志执行主编、美国哈佛医学院教授 Dan L Longo 应邀访问院校。新英格兰杂志副主编、北京大学分子医学研究所所长肖瑞平教授陪同访问。

12 月 10 日，院校“与书同行·实现梦想‘读讲一本书’心得演讲会”在新科研楼八层报告厅举行。国家卫生计生委直属机关党委副书记鹿文媛应邀出席并讲话。院校京内各所院及院校机关 300 余名同志参加会议。

12 月 11 日，院校党委举办了领导干部暨基层党组织负责人学习贯彻十八届四中全会精神专题培训班，学习宣传和贯彻党的十八届四中全会精神。京内各所院班子成员、党办主任、党总支和支部书记、特邀党外人士代表，院校机关处级干部、党总支和党支部书记约 240 人参加了现场培训。京外各单位采取视频直播方式设立分会场，约 130 人同步参加了培训。

12 月 12 日，院校科研基地建设工作交流会在药物所举办。院校国家级和部委级重点实验室主任和实验室人员，相关所院主管科研工作所院长和科研处长等 60 余人参加了会议。

12 月 12 日，全国党建研究会科研院所专委会 2014 年度课题成果交流暨换届会议在京召开。

12 月 15 日，中国科协在北京人民大会堂举行中国科协会员日暨第六届全国优秀科技工作者颁奖大会，表彰第六届全国优秀科技工作者。院校党委书记李立明、北京协和医院护理部吴欣娟主任 2 人获“十佳全国优秀科技工作者提名奖”。院校党委书记李立明，北京协和医院黄宇光、梁晓春、吴欣娟，肿瘤医院程书钧，实验动物研究所代解杰，血液病医院肖志坚等 7 人获“全国优秀科技工作者”称号。

12 月 16 日，2014 中国最具国际影响力学术期刊暨中国学术期刊国际、国内引证报告发布会在清华大学举行，学报中英文两版：《中国医学科学院学报》（中文版）和《Chinese Medical Sciences Journal》（英文版）入选本年度“中国国际影响力优秀学术期刊”。

12 月 23 日，院校曹雪涛院长、詹启敏副院校长带队，到首都儿科研究所调研，院校科技管理处、规划发展处、研究生院等职能部门的负责同志参加了调研。

12 月 23 日，青海省玉树州杂多县县委副书记、县长才旦周一行访问院校，院校党委书记、常务副院校长李立明、校长曾益新、副书记姚龙山，院校相关处室负责人与来宾进行座谈。目前担任杂多县副县长的院校援青干部王向华、上一任援青干部肿瘤医院科研处副处长魏文强一同参加了座谈。